"十四五"职业教育国家规划教材

"十三五"职业教育国家规划教材

21世纪高等学校系列教材

电厂燃料（第二版）

主　编　周桂萍　范志斌

副主编　刘吉堂　刘颖琳

参　编　冷述博　王东路　史传红

主　审　叶春松

中国电力出版社
CHINA ELECTRIC POWER PRESS

内容提要

本书主要内容包括：煤的形成、煤质特性、发电用煤一般性质、煤的采制样原理与技术、煤与煤灰的物理化学特性检测、电力生产中煤炭应用与管理、煤的清洁燃烧技术等。

本书可作为高等职业教育热能与发电工程类电厂化学与环保技术专业教材，也可作为普通高等院校能源与动力工程相关专业教材或参考书，还可作为电厂燃料管理、检测技术人员参考用书。

图书在版编目（CIP）数据

电厂燃料／周桂萍，范志斌主编．—2版．—北京：中国电力出版社，2017.5（2024.6重印）
21世纪高等学校规划教材
ISBN 978-7-5198-0627-9

Ⅰ．①电…　Ⅱ．①周…②范…　Ⅲ．①火电厂－电厂燃料系统－高等学校－教材　Ⅳ．①TM621.2

中国版本图书馆CIP数据核字（2017）第070362号

出版发行：中国电力出版社
地　　址：北京市东城区北京站西街19号（邮政编码100005）
网　　址：http://www.cepp.sgcc.com.cn
责任编辑：吴玉贤（010-63412540）
责任校对：黄　蓓　郝军燕
装帧设计：郝晓燕　左　铭
责任印制：吴　迪

印　　刷：北京锦鸿盛世印刷科技有限公司
版　　次：2007年3月第一版　2017年5月第二版
印　　次：2024年6月北京第十一次印刷
开　　本：787毫米×1092毫米　16开本
印　　张：15.75
字　　数：472千字
定　　价：45.00元

本书总码

前 言

为认真贯彻落实《国家职业教育改革实施方案》（职教20条）精神，着力推动职业教育“三教”（教师、教材、教法）改革，本书坚持突出职教特色、产教融合的原则，遵循技术技能人才成长规律，知识传授与技术技能培养并重，充分体现“精讲多练、够用、适用、能用、会用”的原则，主动服务于分类施教、因材施教的需要。

国家提出“碳达峰、碳中和”目标，倒逼能源电力转型。在能源结构调整过程中，基于我国能源结构特点，在今后一段时期，煤电还将对新型电力系统起到支撑和辅助调节作用。随着“互联网+”工业技术的不断推进，火电企业积极开展智慧电厂建设，低碳节能降耗和碳中和技术将是电厂科技创新方向。煤炭作为火电厂能量来源，具有成本占比高、运送方式多、质量和价格波动大的特点，今后仍是电厂实施数字化、智能化提升的焦点。

新的煤炭发展形势，为电厂煤炭采制化工作提出了更高要求。本教材从岗位基本技能入手，力求满足各类燃料采制化岗位培训、职业证书考核以及技能竞赛的需要。

本书第一版自出版以来，在火力发电厂电厂化学专业教学和电力行业燃料采制化岗位职工培训中得到了较广泛应用。但是2007年以来，随着国家标准与国际标准的逐步接轨，本教材依据的有关燃料采制化的标准都进行了修订，为保证教材内容的实用性，并力求满足各类燃料采制化岗位培训以及技能竞赛的需要，对本书进行了修订。

本次修订，按照数字化教材编写要求，以数字资源的形式增加了说课、课程设计、教学与操作视频、模拟题、课件、练习题等内容，立体化展现电厂燃料质量检验全过程。根据新的能源资源统计资料，更新了第一章数据，将上一版第十、十二章的内容以及各章中部分现场检测技术和方法改为拓展资源。拓展资源、各章课件及练习题可以通过扫描书中相应位置的二维码获取；说课、课程设计、教学与操作视频、模拟题等数字资源，请访问山东电力高等专科学校网站获取。

本书由周桂萍、范志斌主编，刘吉堂、刘颖琳副主编，冷述博、王东路、史传红参编。

限于编者水平，书中疏漏和不足之处在所难免，希望读者批评指正。

编 者

2021年12月

第一版前言

煤炭是火力发电厂生产过程中的主要原料，发电用煤的支出占电厂发电成本的70%以上，其质量优劣直接影响电厂的安全运行。火力发电厂煤粉锅炉对燃用煤质有特定要求，如果不能保证使用符合设计要求的煤炭，其燃烧效率就会降低，甚至危及锅炉设备安全。我国各种容量电力燃煤机组都不同程度存在着燃烧设备与燃料特性不相适应的问题，因此加强对燃料质量的管理不仅是电厂生产管理的要求，还是电厂获得经营利润的基础。

近年来，煤炭市场发生了较大变化，受供需矛盾影响，电力用煤价格上扬，质量却难以保证，如何正确验收煤炭质量、优化使用煤炭资源成为保证电力安全生产的首要问题。为解决煤炭检验结果严重滞后于锅炉燃烧的矛盾，各种先进的煤炭检测与管理技术得到开发与应用，为电力用煤的管理提供了先进有效的手段，充分吸收利用先进技术科学管理煤炭成为发电用煤质量管理的发展方向。此外，电力煤炭燃烧过程中产生的废渣、废气给环境带来了危害，对污染的治理引起人们的广泛关注，煤的清洁燃烧技术也在不断研究开发与应用推广之中。这些变化给电厂燃料的管理工作提出了新问题，带来了新机遇，从事电力燃料营销、生产利用与管理的人员迫切需要深入系统掌握相关理论，以适应电力生产的发展需求。

本书根据电厂燃料检验与管理的要求，系统介绍了电厂煤炭质量验收与管理的基本内容和方法，指出实际操作中的注意事项与存在问题，具有基础性、应用性以及综合性的特点。主要内容包括燃料采制样的基本理论及机械采制样机械的特点与性能要求，煤炭质量检验的项目、原理和方法，煤炭质量检验的控制方法以及电力用煤在线检测与清洁燃烧的新技术等。

本书由从事电厂燃料检验的教师与现场工程技术人员，结合实践经验，参考国内外相关书籍与文献编写而成。其中，第一、三、八、十三章由刘吉堂编写，第二、九、十、十一、十二章由周桂萍编写，第四、五章由范志斌编写，第六、七章由刘颖琳编写，全书由周桂萍担任主编，刘吉堂担任副主编。

本书由武汉大学动力与机械学院叶春松主审。本教材在编写过程中，得到了山东电力研究院暨山东电力高等专科学校的领导和老师的支持与帮助，在此一并表示感谢。

由于编者水平所限，疏漏与不当之处在所难免，敬请读者批评指正。

编　者

2007年2月

目　录

第一章 煤炭资源概况

党的十九大报告中提出要以“一带一路”建设为重点，形成陆海内外联动、东西双向互济的开发格局，构建人类命运共同体。“一带一路”建设、构建人类命运共同体写入了党章。在全球经济快速发展的过程中，能源消耗量越来越多，在能源经济可持续发展方面遇到前所未有的挑战。

2014 年 6 月 13 日，习近平总书记在中央财经领导小组第六次会议上提出“四个革命一个合作”能源安全新战略，着力推动能源消费革命、能源供给革命、能源技术革命和能源体制革命。十三五期间，全国能源行业落实能源安全新战略，取得显著成效。

2020 年 9 月 22 日，习近平总书记在第七十五届联合国大会一般性辩论上宣布，中国将采取更加有力的政策和措施，二氧化碳排放力争于 2030 年前达到峰值，努力争取 2060 年前实现碳中和，简称 30·60。12 月 12 日，习近平总书记在气候雄心峰会上进一步宣布，到 2030 年，中国单位国内生产总值二氧化碳排放将比 2005 年下降 65%以上，非化石能源占一次能源消费比重将达到 25%左右，风电、太阳能发电总装机容量将达到 12 亿千瓦以上。“碳达峰、碳中和”目标，不仅是一个应对气候变化的目标，更是一个经济社会发展的战略目标，体现了我国未来发展的价值方向，对构建以国内大循环为主体、国内国际双循环相互促进的新发展格局意义深远重大。

2021 年 3 月 15 日，中央财经委员会第九次会议提出，要构建清洁低碳安全高效的能源体系，控制化石能源总量，着力提高利用效能，实施可再生能源替代行动，深化电力体制改革，构建以新能源为主体的新型电力系统。构建以新能源为主体的新型电力系统是实现碳达峰与碳中和最主要的举措之一，它一方面能够加速推动电力行业清洁低碳转型的步伐，另一方面能够充分发挥其他行业电气化进程中减排效益，助力工业、交通部门和全社会的深度脱碳。能源电力转型为能源电力系统提供了新的发展机遇，也带来严峻挑战。

煤作为一种能源，人类已经使用了很长时间，但作为人类的基本能源需求，即照明、取暖的资源和提供完成工农业和运输等需求的动力来源，则是进入 19 世纪以后的事。在这之前使用的所有形式的能源都是可再生的。19 世纪初，世界煤炭的产量约为 1500 万 t，而到了 21 世纪已达到了上百亿吨。世界依赖于煤炭的高峰在 20 世纪初来临，煤炭资源在当时提供了世界能源消费中的 90%，此后，石油资源的开发和利用在一定程度上缓解了世界对煤炭的依赖。

然而煤炭的使用却带来了严重的生态问题，20 世纪重大的大气环境污染事件，如酸雨、臭氧层减少、温室气体效应、全球气候变暖等都与煤炭利用相关。大气中的主要污染物：二氧化硫、氮氧化物、一氧化碳、烟尘、可吸入颗粒物、有机污染物、重金属的主要来源都是煤的燃烧，这些污染物对人类的健康和生态环境造成了很大的损害。

20 世纪 70 年代，由于发生了严重的石油危机，人类开始思考如何在煤炭开发、利用过程中减少对环境的危害。世界上许多国家从能源发展战略的长远利益考虑，相继开始了以环境保护为核心的煤炭利用技术的研究工作，将其视为实现和保证能源稳定、安全和有力发展的关键。经过40多年的研究，这些技术正在使人们重新认识煤炭作为基础能源的价值。本章就煤炭资源的储量、消费、在能源结构中的地位及分布情况等加以介绍。

第一节 世界煤炭资源概况

1. 世界能源消费情况

人类的生产和生活离不开能源，一个国家的能源消费和生产情况在一定程度上反映了国家的经济发展水平。表1-1为2011—2020年世界一次能源结构及消费情况。可以看出，世界能源消费的增长与世界经济的发展趋势是完全一致的。

表1-1 2011—2020年世界一次能源结构及消费情况

年份（年）	一次能源总量（EJ）	一次能源结构中的份额（%）					
		石油	天然气	煤炭	核能	水电	可再生能源
2011	517.64	33.65	22.50	30.61	4.78	6.31	2.14
2012	524.61	33.67	22.79	30.32	4.37	6.45	2.40
2013	534.32	33.41	22.74	30.31	4.30	6.55	2.69
2014	539.56	33.30	22.69	30.12	4.32	6.61	2.97
2015	544.41	33.73	23.00	29.14	4.31	6.50	3.32
2016	551.74	33.87	23.22	28.38	4.29	6.59	3.64
2017	561.82	33.73	23.41	28.02	4.22	6.51	4.10
2018	576.13	33.21	23.98	27.64	4.19	6.49	4.49
2019	581.51	33.00	24.17	27.11	4.29	6.48	4.96
2020	556.63	31.21	24.72	27.20	4.31	6.86	5.70

表1-2为2020年世界前十位国家的一次能源消费量和全世界消耗的总量，可以看出：在全球的总消耗量中，石油占据第一位，达31.2%；煤炭为27.2%；天然气为24.7%；核能占4.3%；水电占6.8%。化石能源总量达83.1%，占有绝对重要的地位，而除石油之外，煤炭是第二位重要的能源。从国家和地区来看，这一分布也很不平衡，世界前十位国家消耗的能源占全球能源消耗的66.3%，其中，中国最多，一个国家就消耗了全世界25.5%的能源，美国其次，占到15.8%。

表1-2 2020年世界前十位国家一次能源消耗量及全世界消耗总量 (EJ)

国家	石油	天然气	煤炭	核能	水能	可再生能源	合计
美国	32.54	29.95	9.20	7.39	2.56	6.15	87.79
加拿大	4.26	4.05	0.50	0.87	3.42	0.54	13.63
巴西	4.61	1.16	0.58	0.14	3.52	2.01	12.01
德国	4.21	3.12	1.84	0.57	0.17	2.21	12.11
俄罗斯	6.39	14.81	3.27	1.92	1.89	0.04	28.31
伊朗	3.31	8.39	0.07	0.06	0.19	0.01	12.03
中国	27.91	11.06	81.67	3.11	11.32	6.63	141.70
印度	9.02	2.15	17.54	0.40	1.45	1.43	31.98
日本	6.49	3.76	4.57	0.38	0.69	1.13	17.03
韩国	5.30	2.01	3.44	1.30	0.02	0.29	12.37
全世界合计	173.73	137.62	151.42	23.98	38.16	31.71	556.63

2. 世界能源的储量状况

英国石油公司 BP 发布的《2020 年世界能源统计报告》相关数据如下：

截至 2020 年年底，世界石油探明储量为 17 324 亿桶，可以满足全球 53.5 年的生产需要。中国石油探明储量为 260 亿桶（35 亿 t），占世界石油探明储量的 1.5%，储采比为 18.2 年。

全球天然气探明储量为 188.1 万亿 m^3，可以满足全球 48.8 年的生产需要。中国天然气探明储量为 8.4 万亿 m^3，占世界天然气探明储量 4.5%，储采比为 43.3 年。

全球煤炭探明储量为 10 741 亿 t，可以保证全球 139 年的生产需要。美国、俄罗斯和中国是世界上煤炭探明储量前三的国家。2020 年底，中国煤炭探明储量为 1432 亿 t，占世界煤炭探明储量的 13.3%，储采比为 37 年。

世界能源储量分布区域上又很不均衡。石油储量最多地区是中东；天然气和煤炭储量最多的是欧洲；亚洲、大洋洲除煤炭稍多以外，石油、天然气都很少。

图 1-1、图 1-2 分别列出了 2020 年世界石油探明储量排名前十位的国家和 2020 年世界煤炭探明储量排名前十位的国家。

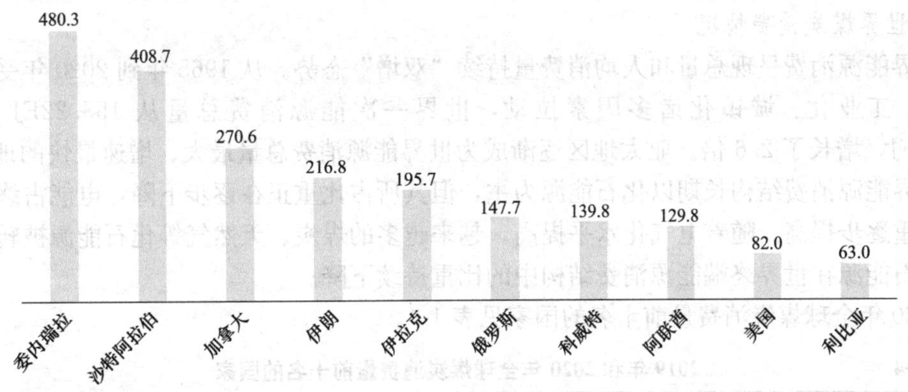

图 1-1　2020 年世界石油探明储量排名前十位的国家（单位：亿 t）

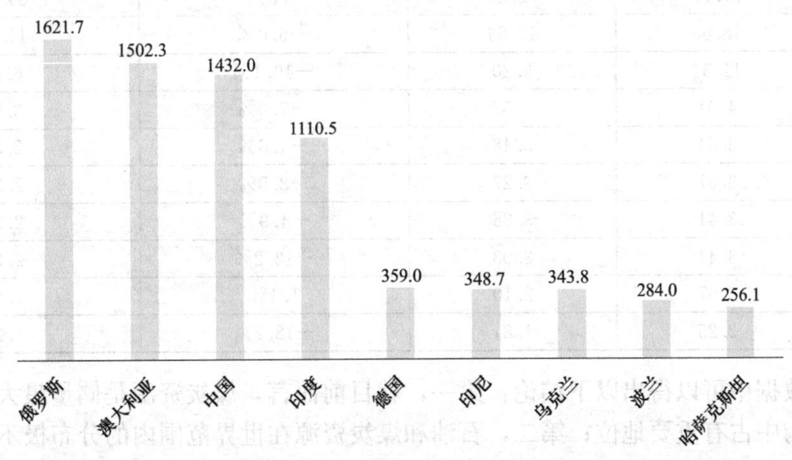

图 1-2　2020 年世界煤炭探明储量排名前十位的国家（单位：亿 t）

3. 世界煤炭生产情况

表 1-3 为 2014—2020 年世界煤炭生产基本情况，其情况与上述分析基本相同，中国、

印度、印度尼西亚、美国为煤炭生产大国，其中美国近年来产量持续下降。

表 1-3　　2014—2020 年世界煤炭生产基本情况

国家	2014 年	2015 年	2016 年	2017 年	2018 年	2019 年	2020 年
中国	38.74	37.47	34.11	35.24	36.98	38.46	39.02
印度	6.46	6.74	6.90	7.12	7.60	7.54	7.56
印尼	4.58	4.62	4.56	4.61	5.58	6.16	5.63
美国	9.07	8.14	6.61	7.03	6.86	6.41	4.85
澳大利亚	5.05	5.04	5.02	4.87	5.02	5.04	4.77
俄罗斯	3.57	3.72	3.87	4.13	4.42	4.41	4.00
南非	2.61	2.52	2.50	2.52	2.50	2.58	2.48
哈萨克斯坦	1.14	1.07	1.03	1.12	1.18	1.15	1.13
德国	1.86	1.84	1.75	1.75	1.69	1.31	1.07
波兰	1.37	1.36	1.31	1.27	1.22	1.12	1.01
世界总计	81.79	79.47	74.78	77.02	80.75	81.33	77.42

4. 世界煤炭消费情况

世界能源消费呈现总量和人均消费量持续“双增”态势。从 1965 年到 2020 年受世界人口增长、工业化、城镇化诸多因素拉动，世界一次能源消费总量从 155.22EJ 增加到 556.63EJ，增长了 2.6 倍。亚太地区逐渐成为世界能源消费总量最大、增速最快的地区。

世界能源消费结构长期以化石能源为主，但其所占比重正在逐步下降，电能占终端能源消费比重逐步提高。随着电气化水平提高，越来越多的煤炭、天然气等化石能源被转化成电能，化石能源在世界终端能源消费结构中的比重持续下降。

2020 年全球煤炭消费量前十名的国家见表 1-4。

表 1-4　　2019 年和 2020 年全球煤炭消费量前十名的国家

国家	2020 年消费量（EJ）	2019 年消费量（EJ）	2020 年比 2019 年增减（%）	2020 年占全球消费比例（%）
中国	81.79	82.27	0.3%	54.3%
印度	18.60	17.54	−6.0%	11.6%
美国	11.34	9.20	−19.1%	6.1%
日本	4.91	4.57	−7.0%	3.0%
南非	3.64	3.48	−4.6%	2.3%
俄罗斯	3.57	3.27	−8.5%	2.2%
印尼	3.41	3.26	−4.9%	2.2%
韩国	3.44	3.03	−12.2%	2.0%
越南	2.07	2.10	1.4%	1.4%
德国	2.25	1.84	−18.2%	1.2%

从以上数据中可以得出以下结论：第一，就目前而言，煤炭资源是储量最大的能源，在世界能源结构中占有重要地位；第二，石油和煤炭资源在世界范围内的分布极不平衡，各个国家应该根据自己国家及周边地区的资源特点来考虑自己能源方面的发展战略；第三，能源与各个国家社会经济发展水平密切相关，发达国家已经占据了世界能源消耗中的极大部分，这已经成为制约发展中国家经济社会发展的重要因素，同时也是影响国际政治关系的重要因素。

第二节　我国煤炭资源概况

1. 我国能源资源的基本状况

我国能源资源基本特点是富煤、贫油、少气，与石油和天然气相比较，我国煤炭资源的储量相对丰富。据统计，截至2020年底，我国探明煤炭储量1432亿t，占世界煤炭储量的13.3%；石油探明储量为35亿t，占世界石油储量的1.5%。天然气8.4万亿m^3，占世界天然气储量的4.5%，我国能源资源情况见表1-5。

表1-5　2020年我国一次能源探明储量情况

一次能源	探明储量	单位	占世界总量的比例（%）	储采比（年）
煤炭	1432	亿t	13.3%	37
石油	35	亿t	1.5%	18.2
天然气	8.4	万亿m^3	4.5%	43.3

随着经济的增长，以及对能源密集型行业的调整，我国的能源产量及结构也发生了变化。据统计，2020年我国的煤炭产量为39.02亿t，占世界煤炭产量的50.4%。石油产量（包括原油、致密油、油砂和天然气液）为1.948亿t，占全球石油产量的4.7%；天然气产量为1940亿m^3，占世界天然气产量的5.0%。由此可见，煤炭依然是我国能源的主要燃料。

2. 我国煤炭资源状况

煤炭是我国能源的主要支柱。煤炭资源的需求及分布情况可概括如下：

我国煤炭资源分布总体来说比较集中，东部南部少，西部北部多。山西、内蒙古、陕西、新疆、贵州、宁夏六省（区）为煤矿集中区，广东、江苏、浙江等东部发达省份基本没有煤矿分布；优质动力煤丰富，优质无烟煤和优质炼焦用煤较少；煤层埋藏较深，不适于露天开采；我国煤矿中，与煤层共生、伴生的矿产种类很多。含煤地层中有高岭岩、耐火黏土、铝土矿、膨润土、硅藻土、油页岩、石墨、硫铁矿、石膏、石英砂岩等；在煤层中除了煤层气，还有大量的微量元素，如：镓、锗、铀、钍、钒等；在煤层的基底和盖层中还有石灰岩、大理石、岩盐、矿泉水和泥炭等，有用物质总共30多种，分布广泛，储量丰富。

各省区煤炭资源差异很大，全国各省区及煤炭公司煤炭分布结构如图1-3所示。

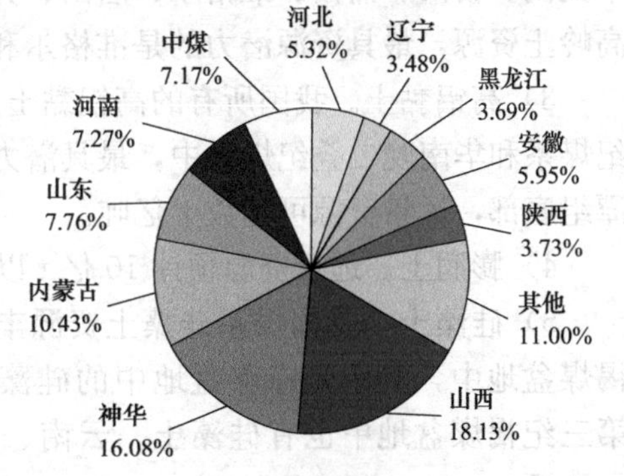

图1-3　全国煤炭分布结构

从总体资源数量上看，我国煤炭资源潜力很大，总的数量是具有优势的，大体排在俄罗斯、美国之后，但人均占有的资源量不足，约为全世界人均占有量的二分之一，不具优势，其开采条件更无优势可言。

3. 我国煤炭资源的主要特点

（1）煤炭资源与水资源、煤炭消费需求呈逆向分布。我国是一个水资源贫乏的国家，水资源年均总量约 2.8 万亿 m^3，人均占有量仅相当于世界人均占有量的四分之一。不仅如此，水资源分布还极不平衡，昆仑山—秦岭—大别山以北的 17 个省（市区）约占全国面积的 60%，而水资源仅占 22%；太行山以西、昆仑山—秦岭以北广大地区水资源更少，其面积占全国的 4.7%，而同一区域的煤炭资源量占全国的 90.30%，储量占 78.1%。煤炭资源与我国水资源分布正好呈逆向分布，煤炭工业的战略西进不可避免地将面临水资源缺乏的严峻问题。

我国东部沿海人口密集，经济发达，国内生产总值占全国一半以上，煤炭及能源需求越来越大，而沿海的辽、京、津、冀、苏、浙、闽、鲁、粤、桂、琼等 11 省（市区）煤炭资源储量总数仅为 538.32 亿 t，占全国 5.30%，其中储量有 132.65 亿 t，占全国煤炭储量 7.5%。煤炭消费需求与资源储量也呈逆向分布，北煤南运、西煤东调（或北电南送、西电东送）的格局将长期存在。

（2）地质条件中等偏差。

1）煤层多以薄煤层和中厚煤层为主，厚及特厚煤层少。少量特厚煤层多赋存于中新生代的褐煤盆地中，煤层的状况决定了我国煤炭开发主要是井工开采。

2）煤田构造以中等为主，复杂的较多。除山西和鄂尔多斯盆地的煤田大部分构造简单外，其余地区的煤田大多断裂、褶皱发育，有时还伴有火成岩侵入。构造较简单的山西一些煤田中还遭受陷落柱的影响和破坏。构造的总体趋势是，南方较北方复杂，东部较西部复杂。

3）煤矿地质灾害多。在我国相当一部分煤矿，瓦斯涌出量大，次数多、强度大。

综上所述，同世界主要采煤国家相比，我国煤炭资源的地质条件应属于中等偏差的水平。

（3）我国煤系地层分布广泛，与煤共伴生矿产较丰富。主要的共伴生矿产如下：

1）煤层气。资源量预计在 16 万亿 m^3 以上，资源特点和赋存条件最具潜力的地区是山西沁水煤田、河东煤田、安徽两淮煤田和黔西煤田。

2）高岭土。我国各含煤地层中均沉积有高岭土矿，尤以石炭二叠纪煤系成矿最好。其中大同、新汶、蒲白、准格尔、唐山、介休、阳泉、焦作、徐州、两淮矿区都有丰富的优质高岭土资源，最具资源潜力的是准格尔和徐淮地区，其远景资源可达百亿吨以上。

3）高铝黏土。我国所有的高铝黏土几乎都产于煤系地层中，主要分布于华北石炭二叠纪煤系和华南晚二叠纪煤系中，最具潜力的是山西、河南、山东各煤田和贵州二叠纪煤系龙潭组底部，远景资源可达数十亿吨。

4）膨润土。远景资源预计 10 亿 t 以上。

5）硅藻土。我国煤系硅藻土资源丰富，主要分布在云南的寻甸、腾冲、先锋第三纪褐煤盆地中，其中先锋煤盆地中的硅藻土矿层达 100 多米。另外，黑龙江鸡西南的永庆第三纪褐煤盆地中也有硅藻土。云南、黑龙江两省第三纪煤系中预计有数亿吨硅藻土远景资源。

6）锗矿。煤层中含有多种稀有元素，其中具有工业品位和开采价值的是锗矿。目前发现的锗矿主要分布在云南和内蒙古褐煤中，如胜利煤田的锗矿品位可达 200mg/kg 以上，所以内蒙古东部和云南大量的褐煤盆地中锗矿资源潜力很大。

（4）中国煤炭资源分布面积达 60 万 km^2。根据中国煤炭资源聚集和赋存规律，可以天山—阴山造山带、昆仑山—秦岭—大别山纬向造山带和贺兰山—龙门山经向造山带为界，将中国划分为东北、华北、华南、西北和滇藏五大赋煤区。在此基础上，根据大兴安岭—太行山—雪峰山断裂带将东部三个赋煤区划分为六个亚赋煤区，即二连浩特—海拉尔赋煤亚区、东三省亚区、黄淮海亚区、晋陕蒙宁亚区、华南和西南亚区。

既广泛又相对集中，西多东少、北多南少，是中国煤炭资源地理分布的重要特征。在大兴安岭—太行山—雪峰山一线以西的晋、陕、蒙、宁、甘、青、新、川、渝、黔、滇、藏12个省（市区）的煤炭资源量占全国总量的89%；而该线以东的20个省（市区）仅占全国的11%。分布在昆仑山—秦岭—大别山一线以北的京、津、冀、辽、吉、黑、鲁、苏、皖、沪、豫、晋、陕、蒙、宁、甘、青、新18个省（市区）的煤炭资源量占全国煤炭资源总量的93.6%；而该线以南的14个省（市区）仅占全国的6.4%。客观地质条件形成的这种不均衡分布格局，决定了中国北煤南运、西煤东调的长期发展态势。

资源总量相对分布不均。全国各地区均有煤炭资源分布，但主要集中在华北和西北，最大的为山西、陕西、内蒙古和新疆，其探明储量主要集中在以上四省区，占全国保有储量的75%～80%。

（5）煤种齐全，但不均衡。中国煤炭资源的煤种，从低变质的泥炭、褐煤到高变质的无烟煤均有赋存，其中烟煤占75%，褐煤占13%，从资源利用角度，动力用煤约占50%，炼焦用煤占20%。从资源需求角度，炼焦煤中的主焦煤、肥煤和瘦煤为短缺煤种。

（6）煤质较好。中国煤炭的质量总的来说比较好，已探明的保有储量中，灰分小于10%的特低灰煤占20%以上，含硫量小于1%的低硫煤约占65%，含硫量1%～2%的占15%～20%，含硫量大于2%的占10%～20%。

4. 我国煤炭资源开发利用现状

我国煤炭工业经过60多年的开发建设，特别是改革开放以后，煤炭产量迅速增长。煤炭产量的快速增长，对国民经济的发展和现代化建设起到了重要的支持和保障作用。自20世纪80年代中期开始，煤炭供不应求的情况出现缓解并出现供过于求的现象。特别是从1997年以来，由于受国内经济结构调整和亚洲金融危机的影响，我国的煤炭需求量下降，煤炭产量也随着市场的变化逐年减少；随着国家关闭非法小煤矿，整顿煤矿生产秩序等宏观调控措施的逐步落实，煤炭产量日渐稳定。

我国煤炭有两大主要用途：动力用煤和炼焦用煤。

（1）动力煤。

1）发电用煤。我国约1/3以上的煤用来发电，2020年全国6000kW及以上火电厂供电标准煤耗率为305.5g/kWh，十年累计下降了27.5g/kWh。

2）一般工业锅炉用煤：除热电厂及大型供热锅炉外，一般企业及取暖用的工业锅炉型号繁多，数量大且分散，用煤量约占动力煤的30%。

3）建材用煤。约占动力用煤的10%以上，以水泥用煤量为最大，其次为玻璃、砖、瓦等。

4）生活用煤。生活用煤的数量也较大，约占燃料用煤的20%。

5）其他用煤。蒸汽机车用煤、冶金用动力煤等。

（2）炼焦煤。我国虽然煤炭资源比较丰富，但炼焦煤资源还相对较少，炼焦煤储量仅占我国煤炭总储量27.65%。

炼焦煤的主要用途是炼焦炭，焦炭由焦煤或混合煤高温冶炼而成，一般1.3t左右的焦煤才能炼一吨焦炭。焦炭多用于炼钢，是目前钢铁等行业的主要生产原料，被喻为钢铁工业的“基本食粮”，是各国在世界原料市场上必争的原料之一。

据统计，2020年，我国发电装机总容量已达到22亿kW，全口径发电量达7.78万亿kWh，均稳居世界第一（见表1-6）。发电装机总量中火电占比为56.6%，装机容量占比从2010年的73.1%下降至2020年的56.6%。火电的绝大部分为燃煤火电，燃煤火电在火电装机中的占比在90%左右。

表1-6　2011—2020年我国年发电量

年份（年）	发电量（万亿kWh）	年份（年）	发电量（万亿kWh）	年份（年）	发电量（万亿kWh）
2011	4.713	2015	5.815	2019	7.503
2012	4.988	2016	6.133	2020	7.779
2013	5.432	2017	6.604		
2014	5.794	2018	7.166		

虽然最近几年我国的能源结构持续改进，但煤炭依然是中国能源消费的主导燃料。表1-7为2020年我国能源消费情况。

表1-7　2020年我国能源消费情况

能源类别	消费量（EJ）	占世界总耗量比例（%）
煤炭	82.27	54.3
石油	28.50	16.4
天然气	11.90	8.6
核电	3.25	13.6
水电	11.74	30.8
可再生能源（不含水电）	7.79	24.6

“十四五”时期，我国经济社会发展呈现新趋势，预测“十四五”煤炭需求将低速增长。一方面，从宏观经济发展趋势看，随着我国工业化、信息化、城镇化、农业现代化持续推进，能源需求仍将保持增长，煤炭作为我国能源的主体地位不会改变。另一方面，我国经济发展进入新常态，经济结构不断优化，服务业成为我国经济增长的主体；国家推动能源革命，能源结构不断优化，非化石能源比重上升，替代煤炭作用增强。同时，随着科技进步，煤炭利用方式、利用领域不断拓展，煤炭将由燃料向燃料和原料并重转变。

煤炭工业要着力推进结构调整与转型升级。要优化资源开发布局，严格控制煤炭总量；根据市场需求，控制煤矿新建规模；建立煤矿退出机制，淘汰落后产能，消化过剩产能，优化煤炭生产结构；支持建设大型坑口电厂，促进煤电联营和煤电一体化发展；支持现代煤炭物流、煤炭金融等新兴产业发展；鼓励煤炭上下游协调发展，推进企业兼并重组，推动煤炭结构调整与转型升级，催生新的增长点，促进发展方式由数量、速度型向质量、效益型转变。

课件

第二章 煤炭特性与分类

煤炭是天然形成的具有复杂的组成与结构的混合物，要充分利用煤炭资源，必须掌握煤炭的基本特性，了解煤炭质量指标的变化对电力生产过程的影响。本章主要阐述煤的形成过程、煤炭的主要类别及其特性，介绍煤炭的基本组成的表达方式，发电用煤常用的煤炭特性指标、物理意义及其与电力生产的关系等。

第一节 煤的形成与种类

一、煤的形成过程

煤是由古代植物形成的。植物分高等植物和低等植物两类，高等植物包括苔藓、蕨类、裸子和被子植物，有明显的根、茎、叶。低等植物为菌藻植物，大多生活在水中，无根、茎、叶器官分化。几乎所有的植物遗体，只要具备了成煤的条件，都可以转化成煤。不过，低等植物遗体所形成的煤，分布范围小，厚度薄，很少被人利用。自然界形成的应用广泛的煤是由高等植物演变而来的。

煤的形成过程非常复杂，从植物死亡堆积到转变为煤这一过程，可以划分为两个作用阶段：泥炭化阶段和煤化阶段。

1. 泥炭化阶段

泥炭化阶段是植物残体在化学和生物化学的作用下转变为泥炭的阶段。

远古时期，地球温暖潮湿的气候适宜植物的生长，地球表面覆盖了大量高大的绿色植物。由于地壳运动，在湖沼、盆地等低洼地带和有水的环境里，植物发生倒伏，淹没在水里。这些古代植物遗体的堆积层在微生物的作用下，不断地被分解又不断地化合，渐渐形成了泥炭层，这是煤形成的第一步。这一过程如图 2-1 所示。

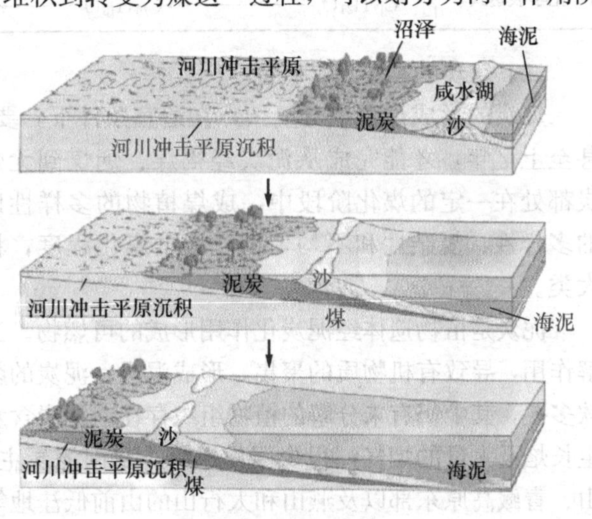

图 2-1 煤的形成

2. 煤化阶段

煤化阶段是指在适宜的温度和压力等条件下，泥炭经由褐煤、烟煤转变为无烟煤的阶段。

在成煤过程中，由于地壳的运动，泥炭层下沉，被泥沙、岩石等沉积物覆盖起来。受压力和地热的作用，泥炭层进一步发生演变：先是被压实脱水，从而比重加大，同时有机质发生分解和缩聚反应，碳的含量逐渐增加，氧的含量逐渐减少，腐殖酸的含量逐渐降低。之后便完成从无定形胶态物质向岩石状物质的转变，泥炭就变成了褐煤。

褐煤如果持续不断地受到增高的温度和压力的作用，就会引起内部分子结构、物理性质

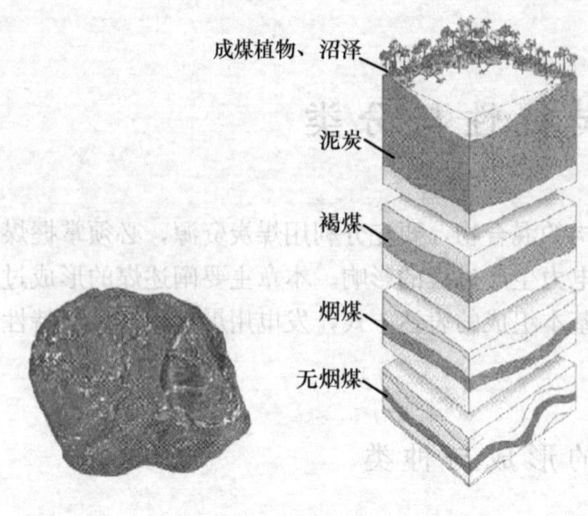

图 2-2　煤化阶段

和化学性质的进一步变化，褐煤就逐渐变成烟煤或无烟煤。

煤化作用阶段又可划分为成岩作用阶段和变质作用阶段。从泥炭转变为褐煤的过程为成岩作用阶段，由褐煤经烟煤向无烟煤的转变过程为变质作用阶段。随着变质程度的加深，煤中的碳元素含量逐渐增加，氧元素和短链有机质逐渐减少。

煤由泥炭演变为烟煤、无烟煤的煤化过程见图 2-2。

成煤过程中，各阶段主要作用因素及产生的化学变化列于表 2-1。

表 2-1　　**成煤过程中主要作用因素和化学变化**

成煤过程	植物→泥炭→褐煤→烟煤→无烟煤		
阶段划分	泥炭化阶段	煤化阶段	
条件	沼泽、细菌，数千年到数万年	地下（不太深），数百万年	地下（深处），数千万年以上
主要作用因素	生化作用	物化作用	化学作用
化学表达式	$C_{17}H_{24}O_{10} \xrightarrow{-3H_2O_2-CO_2} C_{16}H_{18}O_5 \xrightarrow{-2H_2O} C_{16}H_{14}O_3 \xrightarrow{-CO_2} C_{15}H_{14}O \xrightarrow{-2CH_4-H_2O} C_{13}H_4$		

二、煤炭的种类及其特征

煤炭的形成过程十分复杂，在适宜条件下，要经历泥炭化与煤化阶段，历时几百万年甚至上亿年，才能完成从泥炭经褐煤、烟煤到无烟煤的转变。实际上，已探明的各种煤炭都处在一定的煤化阶段中，成煤植物的多样性以及成煤过程中条件的变化，决定了煤的多样性、复杂性和不均匀性。根据煤化程度，将煤分为泥炭、褐煤、烟煤和无烟煤四大类。

泥炭是植物遗体经泥炭化作用形成的可燃物。当植物遗体堆积在水中时，会发生部分分解作用，导致有机物质的聚集，形成泥炭。泥炭的颜色一般为黄褐到棕黑色，含有纤维，松软多孔，其中仍有未分解的植物组织存在。泥炭含水量很高，使用前必须经过干燥，燃烧产生长焰及大量的烟气，很少用作燃料。我国泥炭主要分布在大小兴安岭、三江平原、长白山、青藏高原东部以及燕山和太行山的山前低洼地等。

褐煤是煤化程度低的煤，外表大多呈褐色或暗褐色。褐煤光泽暗淡，真密度为 1.30～1.60g/cm^3，极易被破碎。褐煤与泥炭的区别是不再呈无定形状态，外表上没有未分解的植物组织。随着变质程度的加深，褐煤外观发生变化，颜色逐渐加深，从无光泽逐渐有光泽，从土状到岩石状。我国褐煤资源丰富，储量约 893 亿 t，分布在东北、西北、西南和华北等地，主要集中在内蒙古（霍林河、伊敏河和胜利等）、云南（昭通和寻甸等）和吉林（舒兰和珲春等）。

烟煤的煤化程度高于褐煤而低于无烟煤，是自然界中分布最广的煤种。烟煤中已没有任何植物痕迹。烟煤具有不同程度的光泽，大多呈条带状。烟煤的特点是挥发分产率范围宽，燃烧时烟多。烟煤作为热能资源被广泛应用于工业生产中。我国烟煤储量最多，占总保有储量的75%。

无烟煤是煤化程度最高的一种煤，挥发分低、密度大、着火温度高、无黏结性。外观呈灰黑色，有金属光泽、无明显条带、燃烧时无烟、火焰较短。我国无烟煤探明储量占总保有储量的12%，主要集中在山西和贵州。

四种煤的主要特征见表2-2。

表2-2 煤炭的种类与特征

种类	泥炭	褐煤	烟煤	无烟煤
颜色	棕褐色	褐至黑褐色	黑色	灰黑色
光泽	无	大多无光泽	有一定光泽	有金属光泽
外观	有原始植物残体，土状	无原始植物残体，无明显条带	有亮暗相间的条带	无明显条带
燃烧现象	易着火，有烟	易着火，有烟	多烟	难着火，无烟
水分	多	较多	少	较少
硬度	很低	低	较高	高

第二节 煤的组成与燃煤特性指标

煤是由多种有机物和无机物组成的混合物，其结构非常复杂，并且处在连续的地质变化过程中。煤的有机组成主体是聚合物，但具体组成并不相同。低煤化程度的煤以非芳香结构居多，并且有较多含氧基团，芳香核心较小，结构无方向性，孔隙度和比表面积较大。中等变质程度的烟煤含氧基团和烷基侧链减少，结构单元间定向程度有所提高，分子间交联最少，附在芳香结构上的环烷环数较多，有较强的供氢能力。更高煤化程度的煤趋向于高度缩合的石墨结构，物理上出现各向异性，化学上有明显惰性。

由于泥炭化和煤化过程的特殊条件，煤中富集了多种元素，因此煤中无机物的组成也十分复杂。煤中无机物包含的元素有几十种之多，主要以硅酸盐、碳酸盐、硫酸盐和硫化物等矿物质形式存在，此外还伴生少量的稀土元素。煤中的无机物组成元素按含量的多少一般可分为三类：第一类是常量元素，含量大于1%，如Si、Al、Fe、Ca等；第二类含量为0.15%～1%的元素，如K、Mg、Na、Ti、P等；第三类称为痕量元素，在煤中含量一般为0.01～1500μg/g，如As、Hg、F、Cl、Cd等。其中不乏微量有毒有害元素。

煤的总体结构还是一个争论中的问题，作为发电用煤，只要从其燃烧角度分析和研究煤的组成即可。工业上划分煤的组分，常常采用煤的工业分析组成与煤的元素分析组成两种方式。这两种表达方式基本可以表征煤的化学组成和性质，判断煤的燃烧特性。

一、煤的工业分析组成

（一）煤的工业分析组成的划分

从燃烧角度看，煤中有些成分可以燃烧释放热量，有的则不能。根据其能否燃烧，可以将煤的组分划分为可燃成分和不可燃成分。煤的可燃成分主要是煤中的有机化合物，不可燃成分主要是煤中共生的无机矿物质。煤的可燃成分又可划分为挥发分和固定碳，分别用符号V和FC表示；煤的不可燃成分还可以细分为水分和灰分，分别用符号M和A表示。

实验室测得的工业分析组成不是煤的原有成分，而是在一定条件下，对煤样加热，煤中原有组分发生分解或转化后，利用化学分析方法测定并得到的检验结果。其中，水分是将煤样在105～110℃时干燥到质量恒定，煤样质量的减少量占煤样的质量分数；灰分是指煤样在815℃±10℃时充分燃烧后，剩余的残留物所占的质量分数；挥发分是指煤在900℃±10℃时隔绝空气加热，所分解逸出的可燃气体占煤样的质量分数，这些可燃气体是煤裂解产生的气态有机物；固定碳是煤样经热分解扣除挥发分后剩余的可燃固体有机物，实际采用计算方法得到。

煤的工业分析是指水分、灰分、挥发分和固定碳四个分析项目的总称。煤中工业分析各组分以质量分数形式表示，总和为100%。利用工业分析结果可以初步判断煤的质量，判断其作为燃料的燃烧特性，并利用挥发分测定后的焦渣特性大致判断煤的黏结性、熔融性和膨胀性。除煤的水分外，煤的工业分析组成大都不是煤中的固有物质，而是热分解反应的产物。

（二）煤的工业分析组成与电力生产关系

1. 水分

在电力生产过程中，煤炭燃烧后，煤中的水分变为气态，随锅炉烟气排出。1mol 水在100℃汽化，汽化热为40 680J，即1kg水的汽化热为2260kJ；1kg水从室温（25℃）升温到100℃吸收热量约为315kJ。因此，当煤中水分较大时，一方面，煤的可燃部分的含量相对减少，煤的发热量随之降低；另一方面，煤中的水分在工业燃烧过程中转化为水蒸气，排放过程中带走热量。通常情况下，煤中每增加1%的水分，煤的发热量降低250～290J/g。

对于制粉系统，煤水分大，容易造成给煤机和落煤管的黏结堵塞以及磨煤机出力下降。当煤中水分含量较高时，由于煤的发热量降低，会降低炉膛燃烧温度，水分含量高，煤的着火热增加，着火推迟。水分大还会给低温受热面的积灰和腐蚀创造条件。此外，水分还是露天存煤氧化和自燃的主要原因。

2. 挥发分

各种煤炭的挥发分含量及逸出温度不相同。挥发分含量高，可燃气体逸出温度低，煤更容易被点燃，因此挥发分含量的高低与煤的着火特性有很好的相关性。挥发分含量高，煤的着火点低；反之，挥发分含量低，煤的着火点高。因而挥发分是判别煤着火特性的重要指标。

某些煤种的挥发分特性见表2-3。

表 2-3 某些煤种的挥发分特性

煤种	挥发分开始逸出的温度（℃）	挥发分的发热量（MJ/kg）
无烟煤	约400	69.00
贫煤	320～390	54.36～56.45
烟煤	210～260	39.31～48.09
长焰煤	约170	约35.54
褐煤	130～170	约25.72

挥发分指标直接影响锅炉燃烧所需空间、过量空气系数、热风温度、煤粉细度、送粉方式、风粉比等。

对于已投运的锅炉，其燃用煤炭的挥发分含量应该在锅炉设计所允许的范围内波动。设计燃用低挥发分煤的锅炉如果燃用高挥发分煤，会造成炉膛中心逼近燃烧器出口，可能造成燃烧器烧毁事故，也易使火焰中心偏斜，水冷壁受热不均匀，甚至破坏正常水循环，引起炉管爆管。反之，对于设计燃用高挥发分煤的锅炉，改用低挥发分煤，可能会推迟着火，缩短煤粉在锅炉内燃烧时间与空间，降低炉膛温度，影响燃烧速度，增加飞灰和炉渣可燃物含量，锅炉可燃固体未完全燃烧热损失随之增加。当挥发分过低时，还会导致锅炉灭火事故。

3. 灰分

灰分高低首先影响煤炭的燃烧特性。灰分高会使火焰传播速度减慢，着火推迟，严重时造成锅炉灭火。燃料灰分越多，受热面的沾污和磨损就越严重。炉膛水冷壁受热面的沾污常造成过热器超温爆管，过热器和再热器的沾污常引起高温黏结和高温腐蚀，而尾部受热面的沾污会导致排烟温度的显著上升而降低运行的经济性。灰分增多还会加剧尾部受热面磨损，引起尾部受热面的积灰和低温腐蚀。

灰分增高，电厂用煤量和排灰量均增加，导致输煤系统、制粉系统和除灰系统电耗增加，锅炉事故停炉次数增多，设备磨损加剧，临检频度增加，检修费用增高。

二、煤的元素分析组成

(一) 煤的元素分析组成的划分

煤中有机化合物的组成十分复杂，难以逐一确定并测定含量，但是，可以对各有机元素质量分数进行测定。煤中有机物的主要组成元素包括碳、氢、氧、氮、硫元素，因此将煤中碳、氢、氧、氮、硫元素含量的测定称为元素分析，符号分别为 C、H、O、N、S。用相应元素的质量分数表示煤的组成的表达方式称为煤的元素分析组成。

煤的元素分析组成直接反映煤中主要有机元素的含量，元素分析的结果对于煤质研究、工业利用、锅炉设计、环境质量评价等都有重要意义。在电厂运行中，煤的元素分析结果用于理论空气量、锅炉燃烧效率和大气污染物排放量的计算。

(二) 煤的元素分析组成与电力生产关系

在燃烧过程中，煤中碳元素氧化为二氧化碳；氢元素燃烧形成水；硫元素大部分形成二氧化硫，少量形成三氧化硫；氮元素主要形成氮气释放。发生的变化可表示为

$$\text{煤} \longrightarrow CO_2 + H_2O + SO_2 + SO_3 + N_2 + NO_x$$

煤燃烧所释放的热量主要来自碳和氢的燃烧。煤中 1g 碳元素燃烧可释放 33.87MJ 的热量，1g 氢元素燃烧可释放 125.45MJ 的热量。由于煤的燃烧是由固态有机物生成气态产物的过程，因此煤的元素分析组成的变化对风量和烟气量都有影响。煤的元素分析组成对锅炉运行经济性的影响见表 2-4。

表 2-4　元素分析组成对锅炉运行经济性的影响

元素	烟气损失			辅机耗电			积灰结渣
	干烟气	水分	CO	制粉系统	送吸风机	除灰系统	
碳	√				√		
氢	√	√			√		
氧	√				√		
氮	√				√		
硫	√				√		√

注　“√”表示对该项运行指标有影响。

除此以外，煤中硫是大气污染物 SO_2 的来源，其含量的高低不仅影响电厂锅炉运行的安全性，更与经济性指标密切相关。

煤中硫的含量对电力生产的影响主要表现在三个方面：一是对制粉设备的腐蚀，二是对锅炉设备的腐蚀，三是对环境的危害。

煤中硫的主要存在形式之一为黄铁矿，莫氏硬度仅次于石英，为 6～6.5。其含量增加会加速磨煤机部件及输煤管道的磨损。

硫燃烧产物为二氧化硫和少量三氧化硫，易与烟气中的水蒸气形成 H_2SO_3 和 H_2SO_4。当与低于其露点的金属壁面接触时，会在上面凝结，造成低温受热面的酸腐蚀。煤中硫含量越高，露点越高，越易在较高温度受热面处凝结，危害也越大。当煤中硫含量较高时，为减轻腐蚀，必须提高排烟温度，从而导致排烟热损失增加，锅炉热效率下降，如不采取有效措施，会有明显的堵灰和腐蚀。对于高温受热面，锅炉结渣倾向与煤中硫含量有关。硫含量越高，锅炉结渣指数 R_s（＝碱性氧化物/酸性氧化物×$S_{t,d}$）越大，锅炉结渣可能性就越大。因为煤中硫可以与煤灰中其他无机物形成低熔点的混合物。

煤中硫燃烧形成的 SO_2 是大气污染物 SO_2 的主要来源。SO_2 形成的酸雨，对农作物危害极大，对建筑物的腐蚀也十分严重。为控制与减少大气污染物的排放，国家出台了一系列的法律法规，并辅以经济手段进行控制。为减少 SO_2 对环境的危害，国家相关法律法规规定新建和在役火电机组，都需要安装脱硫设备，增加了电厂投资和运行成本。

此外，随煤中硫含量的增加，煤粉的自燃倾向加大。

三、煤的工业分析和元素分析组成间的关系

煤的元素分析组成是对煤中可燃有机质的划分，包括碳、氢、氧、氮、硫五种元素，这些元素含量加上水分和灰分，总和为 100，其相互关系见图 2-3。

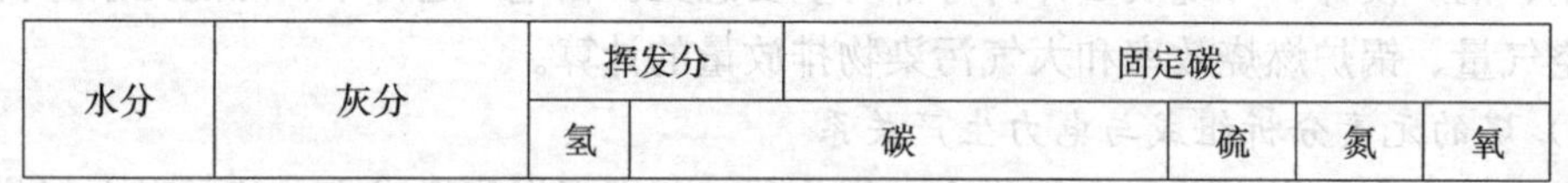

图 2-3　煤的工业分析和元素分析组成的关系

四、电力用煤特性指标

除了煤的工业分析和元素分析组成外，作为发电用煤，还需确定与煤的燃烧性质有关的部分特性指标。下面介绍主要特性指标、定义及其符号。

（一）发热量

发热量是指单位质量的煤完全燃烧所释放出的热量，符号为 Q，单位为 kJ/g 或 MJ/kg。电力生产是将煤炭燃烧释放的热能转化为电能，转化的效率直接与煤炭自身具有的燃烧热相关，同时发电用煤采用发热量计价，发热量的高低直接决定了煤炭的价格。因此发热量这一指标是发电用煤质量评价与应用的最重要的指标。

发热量影响锅炉运行安全与经济性。煤的发热量同锅炉的理论空气量、理论干烟气量和湿烟气量以及理论燃烧温度有关，是锅炉煤质设计与运行的重要依据。

发热量数值不仅取决于煤炭本身，还取决于煤炭燃烧条件和终态产物的状态。根据燃烧条件和燃烧产物的状态，发热量表达方式有弹筒发热量、高位发热量和低位发热量，见表 2-5。

表 2-5　发热量表达方式及其燃烧产物

发热量	符号	燃烧产物种类及其状态			
		C	H	S	N
弹筒发热量	Q_b	$CO_2(g)$	$H_2O(l)$	$H_2SO_4(aq)$	$HNO_3(aq)$
高位发热量	Q_{gr}	$CO_2(g)$	$H_2O(l)$	$SO_2(g)$	$N_2(g)$
低位发热量	Q_{net}	$CO_2(g)$	$H_2O(g)$	$SO_2(g)$	$N_2(g)$

煤炭结算与燃烧应用中，主要采用收到基低位发热量。该发热量代表单位质量的煤在收到状态，并且在工业锅炉中完全燃烧时所能释放出的热量，是电厂锅炉所能利用的热能的最大值。

（二）灰熔融性

煤灰熔融性是指煤灰受热时，由固态向液态转化过程中表现出的性质。煤灰类似于硅酸盐材料，没有固定的熔点，其由固态到液态的变化过程用特征变化点的温度来表征，分别是变形温度 DT、软化温度 ST、半球温度 HT 和流动温度 FT，单位℃。

煤燃尽后剩余的灰分，由多种无机物组成，当受热时，先是低熔点共熔体熔化，然后熔解煤灰中其他高熔点成分。煤灰熔融温度的高低，不仅取决于煤灰的化学组成，同时还与测定时样品所处的气氛条件有关，因为测定时气氛的氧化性或还原性直接影响到混合物中金属元素存在的价态。

电厂锅炉炉膛结渣是困扰电厂安全生产的主要问题之一。通过煤灰熔融性可以反映该煤在燃烧过程中锅炉结渣的可能性。电厂锅炉燃烧时，炉膛内的温度可高达 1500～1600℃，在这样的温度下，许多煤炭发生了局部熔化，其灰熔融性温度越低，就越易被熔化，锅炉结渣的可能性就越大。

（三）可磨性

可磨性用于表征煤炭磨制成粉的难易程度。对于煤粉锅炉，入炉煤的标称最大粒度通常为 50mm，入炉煤粉的粒度为几十微米。因此，需要通过制粉系统将粒度大的原煤磨制成符合要求的煤粉。对于固定的制粉系统，煤磨制过程中的能量消耗与磨制效率取决于煤炭自身的可磨性。

发电用煤的可磨性通常用哈氏磨性指数（HGI）来表示，它是一个无量纲量。该指数是由哈德格罗夫（Hardgrove）提出的煤研磨成粉难易程度的量度，以在规定条件下，将一定粒度的煤用哈氏可磨性测定仪研磨后，与小于 0.071mm 粒度的试样量相对应的可磨性指数表示。该数值越大，表示煤炭越容易被磨制成粉。发电用煤的 HGI 一般为 50～100。煤的变质程度越深，HGI 就越高。褐煤在磨制过程中产生片状，不易过筛，不能采用 HGI 表征其磨制成粉的难易程度。

HGI 是设计与选用磨煤机的重要依据。通常，若 HGI 降低 10，要将煤炭磨制成同样细度的煤粉，磨煤机的出力约减少 25%。

（四）磨损指数

磨损指数是煤破碎时对金属件磨损能力的量度。磨损指数有两种表示方式，一种是将煤在承压状态下与金属相接触，检测煤对研磨件的磨损；另一种是在通气过程中，检测煤对金属的磨损，又称冲刷磨损指数。

煤对金属的磨损属于磨粒磨损，根据磨损的基本原理，当磨粒的硬度低于金属的硬度时，几乎不产生磨损，对金属产生磨损的是煤中硬度较高的矿物质。煤中常见的对磨损起显著影响的矿物质主要有石英（SiO_2）、黄铁矿（FeS_2）和菱铁矿（Fe_2CO_3），莫氏硬度分别为7、6.5、4。随煤中三种矿物质的含量增加，煤的磨损性也随之增加。煤中其他矿物质如方解石（$CaCO_3$）、高岭土（$Al_2O_3 \cdot 2SiO_2 \cdot 2H_2O$）和石膏（$CaSO_4 \cdot 2H_2O$）等，因为硬度低，对金属的磨损作用甚微。

可磨性指数与磨损指数的区别在于，可磨性指数反映煤被磨碎的难易程度，磨损指数反映煤被破碎时对金属设备磨损的强弱程度。因此，磨损指数可以用于估计磨煤机研磨件的寿命，以及作为火电厂合理选择磨煤机的重要依据。可磨性指数高的煤并非是磨损性弱的煤，而可磨性指数低的煤也不一定是磨损性强的煤。

（五）煤粉细度

煤粉细度是指煤粉中不同粒度颗粒所占的质量分数。煤粉细度对煤炭燃烧的经济性有直接的影响，无论何种煤，都可以通过减小煤粉粒度的方式提高燃烧反应速度，改善燃烧效果，提高燃尽程度。

煤粉细度用R_x表示，x指筛分用的筛网孔径，单位为μm。一方面，煤粉越细，其在锅炉中的燃尽度就越高，灰渣未完全燃烧热损失就越小。另一方面，煤粉越细，制粉系统能耗就越高。因此，为保证燃烧效果，又兼顾制粉系统能耗，需要根据煤种、炉型确定经济煤粉细度。

煤粉细度还可用于计算煤粉粒度分布特性系数n，即

$$n = \frac{\lg\ln\frac{100}{R_{200}} - \lg\ln\frac{100}{R_{90}}}{\lg200 - \lg90} \tag{2-1}$$

当$n>1$时，煤粉粒度分布较均匀；当$n<1$时，煤粉粒度分布均匀性较差。根据不同设计煤质，发电厂一般选取$n=0.8\sim1.2$。

（六）着火温度

煤的着火温度是指煤在规定条件下加热到开始燃烧时的温度。可用于判断煤着火的难易程度和自燃倾向。

通常煤炭的挥发分越高，煤的着火温度就越低，越容易自燃；反之，煤的挥发分越低，煤的着火温度就越高。

各种煤的着火温度的大致范围见表2-6。

表2-6 各种煤的着火温度的大致范围

煤种	着火温度（℃）	煤种	着火温度（℃）
褐煤	270～310	肥煤	320～360
长焰煤	275～320	瘦煤	350～380
不黏煤	280～305	贫煤	360～385
气煤	300～350	焦煤	350～370
弱黏煤	310～350	无烟煤	370～420

（七）密度

煤的密度决定于煤的变质程度、镜岩组成和煤中矿物质的特性及其含量。煤的变质程度

不同，密度会有较大差异，通常褐煤最小，烟煤次之，无烟煤最大。煤的密度也随煤中矿物质含量的增加而增大。

火电厂需要对煤的堆密度进行测定，其结果用于盘点煤场的存煤量。在规定条件下，单位体积煤的质量称为煤的堆密度，单位为 t/m^3。影响煤的堆密度的因素有煤化程度、粒度大小、全水分含量以及煤是否被压实。

常用的发电用煤特性指标及符号见表 2-7。

表 2-7 常用发电用煤特性指标及符号

特性指标	英文名称	符号	特性指标	英文名称	符号
水分	moisture	M	全硫	total sulfur	S_t
全水分	total moisture	M_t	硫铁矿硫	pyretic sulfur	S_p
灰分	ash content	A	硫酸盐硫	sulphate sulfur	S_s
挥发分	volatile matter	V	有机硫	organic sulfur	S_o
固定碳	fixed carbon	FC	变形温度	deformation temperature	DT
高位发热量	gross calorific value	Q_{gr}	软化温度	softening temperature	ST
低位发热量	net calorific value	Q_{net}	半球温度	hemispherical temperature	HT
碳	carbon	C	流动温度	fluid temperature	FT
氢	hydrogen	H	哈氏可磨性指数	Hardgrove grindability index	HGI
氧	oxygen	O	碳酸盐二氧化碳	carbonate carbon dioxide	CO_2
氮	nitrogen	N	着火温度	ignition temperature	
硫	sulfur	S	灰成分	ash analysis	

第三节 煤 的 基 准

煤的组成分为可燃组分与不可燃组分，不可燃组分中的水分，受环境条件影响大，容易自然损失。同一批煤炭出矿与到达用户时，水分含量会有所变化，而其他组分的绝对数量变化不大。因此比较不同状态下的煤炭，需要剔除某些随外界条件而改变的成分，形成新的成分组合。这种按照煤存在的状态或者根据需要而规定的成分组合称为基准。在任一给定的基准条件下，都将此时的考察对象视为一个整体，各约定组分的质量分数之和仍为100%。因此，采用的基准不同，组分的质量分数也不同。

一、电力用煤常用基准

煤炭基准的种类较多，包括收到基、空气干燥基、干燥基、干燥无灰基、干燥无矿物质基、恒湿无灰基和恒湿无矿物质基等。电力用煤常用的基准有四种。

(1) 收到基：以收到状态的煤为基准，用 ar 表示。

(2) 空气干燥基：以与空气湿度达到平衡状态时的煤为基准，用 ad 表示。

(3) 干燥基：以假想无水状态的煤为基准，用 d 表示。

(4) 干燥无灰基：以假想无水分、无灰状态的煤为基准，用 daf 表示。

基准的表示方法列于表 2-8。

表 2-8　电力用煤常用基准的英文名称及符号

基准名称	英文名称	代表符号	基准名称	英文名称	代表符号
收到基	as received basis	ar	干燥基	dry basis	d
空气干燥基	air dry basis	ad	干燥无灰基	dry ash free basis	daf

以煤的工业分析和元素分析组成为例，不同基准下各指标间的关系见表 2-9。

表 2-9　不同基准下工业分析与元素分析组成表达式

基准	表达式
收到基 ar	$M_{ar}+A_{ar}+V_{ar}+FC_{ar}=100$
	$M_{ar}+A_{ar}+C_{ar}+H_{ar}+O_{ar}+N_{ar}+S_{ar}=100$
空气干燥基 ad	$M_{ad}+A_{ad}+V_{ad}+FC_{ad}=100$
	$M_{ad}+A_{ad}+C_{ad}+H_{ad}+O_{ad}+N_{ad}+S_{ad}=100$
干燥基 d	$A_{d}+V_{d}+FC_{d}=100$
	$A_{d}+C_{d}+H_{d}+O_{d}+N_{d}+S_{d}=100$
干燥无灰基 daf	$V_{daf}+FC_{daf}=100$
	$C_{daf}+H_{daf}+O_{daf}+N_{daf}+S_{daf}=100$

从基准的定义可以看出，对于同一批煤，各成分指标的表达方式有许多，选取的基准不同时，各指标的数值也不相同。

在煤炭分析试验中，实验室收到的样品通常是用于测定全水分的，即收到基水分的样品和用于测定工业分析、元素分析、发热量等项目的一般分析试验样品，即空气干燥基煤样，因此，实验室直接测得的结果是收到基的水分和空气干燥基检验结果，其他基准下的数据通过基准间的换算关系得到。在煤炭检验结果数据处理中应用最多的计算便是基准换算。

收到基与空气干燥基之间的差别在于水分含量的变化，这部分水分称为煤的外在水分，即煤样与空气湿度达到平衡时所失去的水分。煤炭从煤矿发出，到电厂接收，再到电厂入炉燃烧，通常有十余天甚至更长的时间间隔。这期间由于外在水分的蒸发，水分会有较大的变化。

空气干燥基与干燥基之间相差煤的内在水分，即煤样与空气湿度达到平衡时所包含的水分。煤的内在水分随测试环境条件的变化而变化，因此同一煤样在不同化验室之间测得的内在水分结果并不一致。

干燥基的引入，消除了煤样中水分的影响，使不同实验室之间的结果具有了可比性，因此主要用于不同化验室间试验结果的比对与评价。

干燥无灰基是把煤中的可燃部分作为一个整体来考察，与干燥基相比，组成中少了灰分。此时，煤中的挥发分在可燃成分中含量的高低不受水分和灰分的影响，在煤炭分类中通常采用干燥无灰基。但应注意，同样的干燥无灰基挥发分数值，在不可燃组分含量不同时，其实际燃烧速度和燃烧效果是不同的。

二、不同基准间的换算

煤炭的检验结果通常由空气干燥状态的检测数据和收到基水分组成，电厂在验收和使用煤炭时，往往需要利用收到基的结果，以便控制其数量、质量、价格在预期的范围内，避免支付不必要的运费，产生过多的灰渣，保证电厂生产的安全、经济、稳定性。此外，根据煤炭质量控制的要求，还需计算目标基准下的某一成分的含量。这些都需借助基准间的换算关系求得。

从前述的基准间的相互关系可以发现，每种基准的变化都是将某成分抛开或增加，考察变化以后各成分在规定的成分组合中所占的份额。目标基准下各成分在变化后均是同等程度的增加或减少。计算通式应为

$$X = KX_0 \tag{2-2}$$

式中 K——比例系数；

X_0——初始基准下某一成分的百分含量；

X——目标基准下该成分的百分含量。

当目标基准比初始基准的成分组成有所增加时，各成分所占的份额随之减少，比例系数 $K<1$；反之，当目标基准比初始基准成分组成有所减少时，各成分所占的份额增加，比例系数 $K>1$。下面介绍具体的比例系数推导过程。

（一）由空气干燥基换算到干燥基

空气干燥基工业分析组成：$M_{ad}+A_{ad}+V_{ad}+FC_{ad}=100$。

干燥基工业分析组成：$A_d+V_d+FC_d=100$。

根据干燥基定义，A_d、V_d、FC_d 含量相当于在空气干燥基条件下，各组分占灰分、挥发分和固定碳三组分含量之和的百分数。以灰分为例推导比例系数 K。

$$A_d(\%) = \frac{A_{ad}}{A_{ad}+V_{ad}+FC_{ad}} \times 100 = A_{ad} \times \frac{100}{100-M_{ad}} \tag{2-3}$$

$$K = \frac{100}{100-M_{ad}}$$

反之，由干燥基计算空气干燥基：$K=\frac{100-M_{ad}}{100}$。

（二）由空气干燥基换算到干燥无灰基

干燥无灰基工业分析组成：$V_{daf}+FC_{daf}=100$。

由空气干燥基计算干燥无灰基，等于用空气干燥基的挥发分或者固定碳的数值除以两部分含量总和，以挥发分为例。

$$V_{daf} = \frac{V_{ad}}{V_{ad}+FC_{ad}} \times 100$$

$$V_{ad}+FC_{ad} = 100-M_{ad}-A_{ad}$$

因此

$$V_{daf} = V_{ad} \times \frac{100}{100-M_{ad}-A_{ad}} \tag{2-4}$$

$$K = \frac{100}{100-M_{ad}-A_{ad}}$$

由干燥无灰基换算空气干燥基时，$K=\frac{100-M_{ad}-A_{ad}}{100}$，为前者的倒数。

（三）由干燥基换算到干燥无灰基

同上，利用干燥基组分表达干燥无灰基挥发分结果时

$$V_{daf} = \frac{V_d}{V_d+FC_d} \times 100 = V_d \times \frac{100}{100-A_d} \tag{2-5}$$

$$K=\frac{100}{100-A_d}$$

由干燥无灰基换算干燥基时，比例系数 K 取其倒数，$K=\frac{100-A_d}{100}$。

（四）由收到基换算到干燥基

与由空气干燥基计算干燥基的公式类似

$$A_d=\frac{A_{ar}}{A_{ar}+V_{ar}+FC_{ar}}\times 100=A_{ar}\times\frac{100}{100-M_{ar}} \tag{2-6}$$

$$\text{比例系数 } K=\frac{100}{100-M_{ar}}$$

反之，由干燥基换算收到基，比例系数 $K=\frac{100-M_{ar}}{100}$。

（五）由空气干燥基换算到收到基

利用干燥基作为中间基准，由空气干燥基和收到基计算干燥基的公式如下：

$$A_d=A_{ad}\times\frac{100}{100-M_{ad}}$$

$$A_d=A_{ar}\times\frac{100}{100-M_{ar}}$$

因此

$$A_{ad}\times\frac{100}{100-M_{ad}}=A_{ar}\times\frac{100}{100-M_{ar}}$$

$$A_{ar}=A_{ad}\times\frac{100-M_{ar}}{100-M_{ad}} \tag{2-7}$$

可见，由空气干燥基换算收到基，比例系数 $K=\frac{100-M_{ar}}{100-M_{ad}}$；由收到基换算空气干燥基，比例系数 $K=\frac{100-M_{ad}}{100-M_{ar}}$。

在煤炭检验数据处理过程中，有时会遇到煤中某种组分发生变化（主要是水分），但并没有变化到规定的基准条件，此时煤中各种组分的百分含量也随水分的变化而发生改变。变化后或变化前的结果都可以按照类似于基准换算的方法计算得到。

不同基准间的换算因数见表 2-10。

表 2-10　不同基准间的换算因数

已知基准 \ 换算后基准	收到基	空气干燥基	干燥基	干燥无灰基
收到基	1	$\frac{100-M_{ad}}{100-M_t}$	$\frac{100}{100-M_t}$	$\frac{100}{100-M_t-A_{ar}}$
空气干燥基	$\frac{100-M_t}{100-M_{ad}}$	1	$\frac{100}{100-M_{ad}}$	$\frac{100}{100-M_{ad}-A_{ad}}$
干燥基	$\frac{100-M_t}{100}$	$\frac{100-M_{ad}}{100}$	1	$\frac{100}{100-A_d}$
干燥无灰基	$\frac{100-M_t-A_{ar}}{100}$	$\frac{100-M_{ad}-A_{ad}}{100}$	$\frac{100-A_d}{100}$	1

注：$M_t=M_{ar}$。

从表 2-10 中可以直接查到基准之间的换算关系。例如由收到基计算干燥基，只需用收到基结果乘以因数$\frac{100}{100-M_t}$，其中每项工业分析检验结果均代入百分数值，如样品水分含量为 8.0%，则计算时 M_t 用 8.0 代入。收到基与空气干燥基之间的换算因数同样适用于不同水分煤样之间的换算，只是将 M_{ad}变为所要计算的另一状态下的水分。

【例 2-1】 某煤炭收到基水分检验结果为 $M_{ar}=10.0\%$，$A_{ar}=23.86\%$，合同约定水分为 $M'_{ar}=8.0\%$，计算在约定水分下收到基灰分的含量。

在约定条件下

$$A'_{ar}(\%)=A_{ar}\times\frac{100-M'_{ar}}{100-M_{ar}}$$

$$=23.86\times\frac{100-8.0}{100-10.0}$$

$$=24.39$$

【例 2-2】 已知：$A_{ad}=28.44\%$，$M_{ad}=1.14\%$，$M_t=8.4\%$，求 A_d 及 A_{ar}。

解： $A_d(\%)=A_{ad}\times\frac{100}{100-M_{ad}}$

$$=28.44\times\frac{100}{100-1.14}$$

$$=28.77$$

$$A_{ar}(\%)=A_{ad}\times\frac{100-M_{ar}}{100-M_{ad}}$$

$$=28.44\times\frac{100-8.4}{100-1.14}$$

$$=26.35$$

【例 2-3】 已知：$M_{ar}=6.0\%$，$V_{ar}=25.54\%$，$A_{ar}=26.82\%$，求 A_d 及 V_{daf}。

解： $A_d(\%)=A_{ar}\times\frac{100}{100-M_{ar}}$

$$=26.82\times\frac{100}{100-6.0}$$

$$=28.53$$

$$V_{daf}(\%)=V_{ar}\times\frac{100}{100-M_{ar}-A_{ar}}$$

$$=25.54\times\frac{100}{100-6.0-26.82}$$

$$=38.02$$

第四节　煤　炭　分　类

煤炭的形成过程复杂而漫长，使煤炭的组成差异很大，为便于合理利用煤炭，需要对煤种类与用途进行划分，以指导煤炭的生产与利用。

发电用煤涉及的煤炭分类标准主要有《中国煤炭分类》《煤炭产品品种和等级划分》《发电煤粉锅炉用煤技术条件》三个。这些标准从不同角度，如性质、品种、用途等方面，按照一定的分类依据对煤炭进行了类别和等级划分。

一、中国煤炭分类

GB/T 5751—2009《中国煤炭分类》中，按照煤的煤化程度及工艺性能，对煤炭进行了划分。用于表征煤化程度的参数有干燥无灰基挥发分 V_{daf}、干燥无灰基氢含量 H_{daf}、恒湿无灰基高位发热量 $Q_{gr,maf}$ 和低煤阶煤的透光率 P_M。用于表征煤工艺性能的参数包括烟煤的黏结指数 $G_{R.I.}$、烟煤的胶质层最大厚度 Y、烟煤的奥阿膨胀度 b。基本分类情况如下：

（1）采用煤的煤化程度参数，将煤划分为无烟煤、烟煤和褐煤三大类。

$V_{daf}\leqslant 10.0\%$ 为无烟煤；$V_{daf}=10.0\%\sim 37.0\%$ 的为烟煤；对于 $V_{daf}>37.0\%$ 的煤，再采用 P_M 来区分烟煤和褐煤。$P_M>50\%$ 的为烟煤，$30\%<P_M\leqslant 50\%$ 的煤，如 $Q_{gr,maf}>24\text{MJ/kg}$，划为长焰煤（烟煤），否则为褐煤。

$Q_{gr,maf}$ 的计算方法为

$$Q_{gr,maf}=Q_{gr,ad}\times\frac{100(100-\text{MHC})}{100(100-M_{ad})-A_{ad}(100-\text{MHC})}$$

式中 $Q_{gr,maf}$——煤样的恒湿无灰基高位发热量，J/g；

$Q_{gr,ad}$——一般分析试验煤样的高位发热量，J/g；

M_{ad}——空气干燥基水分，%；

MHC——煤的最高内在水分，%。

（2）无烟煤按照干燥无灰基挥发分和干燥无灰基氢含量，分为三个亚类，分别是无烟煤一号、无烟煤二号和无烟煤三号。

（3）烟煤采用两类参数来确定其类别，一是表征煤化程度的参数，二是表征工艺性能（主要是黏结性）的参数。煤化程度的参数采用干燥无灰基挥发分，烟煤工艺性能参数，以黏结指数作为主要指标，并以胶质层最大厚度（或奥阿膨胀度）作为辅助指标。当两者划分的类别有矛盾时，以按胶质层最大厚度划分的类别为准。据此，把烟煤细分为 12 个类别，分别是贫煤、贫瘦煤、瘦煤、焦煤、肥煤、1/3 焦煤、气肥煤、气煤、1/2 中黏煤、弱黏煤、不黏煤和长焰煤。

（4）褐煤按照透光率，又可分为两个亚类，分别是褐煤一号和褐煤二号。具体分类情况见表 2-11。

表 2-11　中国煤炭分类简表

类别	符号	编码	分类指标						
			V_{daf}(%)	H_{daf}(%)	$G_{R.I.}$	Y(mm)	b(%)	P_M(%)	$Q_{gr,maf}$(MJ/kg)
无烟煤	WY	01 02 03	≤3.5 >3.5～6.5 >6.5～10.0	≤2.0 >2.0～3.0 >3.0					
贫煤	PM	11	>10.0～20.0		≤5				
贫瘦煤	PS	12	>10.0～20.0		>5～20				
瘦煤	SM	13 14	>10.0～20.0 >10.0～20.0		>20～50 >50～65				
焦煤	JM	15 24 25	>10.0～20.0 >20.0～28.0 >20.0～28.0		>65* >50～65 >65*	≤25.0 ≤25.0	≤150 ≤150		

续表

类别	符号	编码	分类指标						
			V_{daf}(%)	H_{daf}(%)	$G_{R.I.}$	Y(mm)	b(%)	P_M(%)	$Q_{gr,maf}$(MJ/kg)
肥煤	FM	16 26 36	>10.0～20.0 >20.0～28.0 >28.0～37.0		(>85)* (>85)* (>85)*	>25.0 >25.0 >25.0	>150 >150 >150		
1/3 焦煤	1/3JM	35	>28.0～37.0		>65*	≤25.0	≤220		
气肥煤	QF	46	>37.0		(>85)*	>25.0	>220		
气煤	QM	34 43 44 45	>28.0～37.0 >37.0 >37.0 >37.0		>50～65 >35～50 >50～65 >65*	≤25.0	≤220		
1/2 中黏煤	1/2ZN	23 33	>20.0～28.0 >28.0～37.0		>30～50 >30～50				
弱黏煤	RN	22 32	>20.0～28.0 >28.0～37.0		>5～30 >5～30				
不黏煤	BN	21 31	>20.0～28.0 >28.0～37.0		≤5 ≤5				
长焰煤	CY	41 42	>37.0 >37.0		≤5 >5～35				
褐煤	HM	51 52	>37.0 >37.0					≤30 >30～50	 ≤24

注　1. 恒湿无灰基高位发热量以假想含最高内在水分、无灰状态的煤为基准（称为恒湿无灰基），该基准下的高位发热量为恒湿无灰基高位发热量，以符号 $Q_{gr,maf}$ 表示。

2. 煤炭分类编码的基本原则：①各类煤用两位阿拉伯数字表示。②十位数按煤的挥发分分组，无烟煤为 0，烟煤 1～4，褐煤为 5。③个位数，无烟煤类 1～3 表示煤化程度；烟煤 1～6 表示黏结性；褐煤 1～2 表示煤化程度。

* 对 $G_{R.I.}$>85 的煤，再用 Y 值或 b 值来区分肥煤、气肥煤与其他煤类。当 Y>25.0mm 时，应划分为肥煤或气肥煤；如 Y≤25.0mm，则根据其 V_{daf} 的大小而划分为相应的其他煤类。

按 b 值划分类别时，V_{daf}≤28.0%，暂定 b>150% 的为肥煤；V_{daf}>28.0%，暂定 b>22.0% 的煤为肥煤或气肥煤。如按 b 值和 Y 值划分的类别有矛盾时，以 Y 值划分的类别为准。

二、煤炭产品品种和等级划分

GB/T 17608—2006《煤炭产品品种和等级划分》将煤炭产品按照用途、加工方法和技术要求划分为 5 类 29 个品种。

（1）精煤。经精选（干选或湿选）加工生产出来的、符合品质要求的产品。

（2）粒级煤。经过筛选或洗选生产的、粒度下限大于 6mm 的产品。

（3）洗选煤。经洗选加工的煤。

（4）原煤。从毛煤中选出规定粒度矸石（包括黄铁矿等杂物）后的煤。矸石是指采掘煤炭过程中从顶、底板或煤层夹矸混入煤中的岩石。

（5）低质煤。A_d>40% 的各种煤炭产品。此外，还包括煤泥（粒度小于 1.0mm 的一种洗煤产品）和水采煤泥（粒度小于 0.5mm 的一种洗煤产品）。

三、发电煤粉锅炉用煤技术条件

GB/T 7562—2010《发电煤粉锅炉用煤技术条件》中，根据电力生产的基本要求，对于选定的相关分类指标进行了划分，作为锅炉设计与选用煤源的依据之一。

依据干燥无灰基挥发分、收到基高位发热量、干燥基灰分、全水分、干燥基全硫、煤灰熔融性软化温度、哈氏可磨性指数七项技术参数，将发电煤粉锅炉用煤技术条件按无烟煤锅炉、贫煤锅炉、烟煤锅炉和褐煤锅炉分别进行划分。

无烟煤煤粉锅炉用煤的技术要求见表 2-12。

表 2-12　无烟煤煤粉锅炉用煤的技术要求和试验方法

项目	符号	单位	技术要求	试验方法
挥发分	V_{daf}	%	＞6.50～10.00	GB/T 212
发热量	$Q_{net,ar}$	MJ/kg	＞24.00 ＞21.00～24.00	GB/T 213
灰分	A_d	%	≤20.00 ＞20.00～30.00	GB/T 212
全水分	M_t	%	≤8.0 ＞8.0～12.0	GB/T 211
全硫	$S_{t,d}$	%	≤1.00 ＞1.00～2.00 ＞2.00～3.00	GB/T 214
煤灰熔融性软化温度	ST	℃	＞1450 ＞1350～1450 ＞1250～1350	GB/T 219
哈氏可磨性指数	HGI	—	＞60 ＞40～60	GB/T 2565

贫煤煤粉锅炉用煤的技术要求见表 2-13。

表 2-13　贫煤煤粉锅炉用煤的技术要求

项目	符号	单位	技术要求	试验方法
挥发分	V_{daf}	%	＞10.00～20.00	GB/T 212
发热量	$Q_{net,ar}$	MJ/kg	＞24.00 ＞21.00～24.00 ＞18.50～21.00	GB/T 213
灰分	A_d	%	≤20.00 ＞20.00～30.00 ＞30.00～40.00	GB/T 212
全水分	M_t	%	≤8.0 ＞8.0～12.0	GB/T 211
全硫	$S_{t,d}$	%	≤1.00 ＞1.00～2.00 ＞2.00～3.00	GB/T 214
煤灰熔融性软化温度	ST	℃	＞1450 ＞1350～1450 ＞1250～1350	GB/T 219
哈氏可磨性指数	HGI	—	＞80 ＞60～80	GB/T 2565

烟煤煤粉锅炉用煤的技术要求见表 2-14。

表 2-14　烟煤煤粉锅炉用煤的技术要求和试验方法

项目	符号	单位	技术要求	试验方法
挥发分	V_{daf}	%	>20.00～28.00 >28.00～37.00 >37.00	GB/T 212
发热量	$Q_{net,ar}$	MJ/kg	>24.00 >21.00～24.00 >18.00～21.00 >16.50～18.00	GB/T 213
灰分	A_d	%	≤10.00 >10.00～20.00 >20.00～30.00 >30.00～40.00	GB/T 212
全水分	M_t	%	≤8.0 >8.0～12.0 >12.0～20.0	GB/T 211
全硫	$S_{t,d}$	%	≤1.00 >1.00～2.00 >2.00～3.00	GB/T 214
煤灰熔融性软化温度	ST	℃	>1450 >1350～1450 >1250～1350 >1150～1250	GB/T 219
哈氏可磨性指数	HGI	—	>80 >60～80 >40～60	GB/T 2565

褐煤煤粉锅炉用煤的技术要求见表 2-15。

表 2-15　褐煤煤粉锅炉用煤的技术要求

项目	符号	单位	技术要求	试验方法
挥发分	V_{daf}	%	>37.00	GB/T 212
发热量	$Q_{net,ar}$	MJ/kg	>18.00 >14.00～18.00 >12.00～14.00	GB/T 213
灰分	A_d	%	≤10.00 >10.00～20.00 >20.00～30.00	GB/T 212
全水分	M_t	%	≤30.0 >30.0～40.0 >40.0	GB/T 211
全硫	$S_{t,d}$	%	≤0.50 >0.50～1.00 >1.00～1.50	GB/T 214
煤灰熔融性软化温度	ST	℃	>1350 >1250～1350 >1150～1250	GB/T 219

发电用煤粉锅炉的质量标准可以用于新建锅炉设计与校核煤种的级区划分，对于电厂运行中煤炭质量的控制也有一定的指导意义。

课件

练习题

第三章 煤的采制样技术

煤炭可简单视为有机质和无机矿物质的混合物。因其生成、采掘、加工条件以及应用状态的不同，不均匀度也就各异。

为了准确地评价煤炭质量，需要从几千吨甚至上万吨的煤炭中采集少量的样品，最终缩制成100g左右的分析样品。要使之能够代表这批煤炭的平均质量与特性，就必须遵循一定的原则及采用科学的方法。所获得的检验结果的误差由采样、制样和化验三部分组成，如果用方差来表示，则采样误差最大，约占总误差的80%；制样误差次之，约占16%；化验误差最小，约占4%。可见，正确的采制样是电厂燃料质量检验中的一个重要环节，也是获得可靠分析结果的必要前提。

本章重点讲述电厂燃料采制样的基本概念及具体操作方法，针对电厂的实际情况对电厂采制样存在的问题进行详细深入的分析阐述，同时讲述了火电厂入炉煤粉、煤灰和灰渣的采制样方法。

第一节 采 样 原 理

一、煤的不均匀度

煤是一种不均匀的固体物料，其不均匀度主要由煤中水分、灰分、粒度等指标的变化决定。它与煤中矿物质的分布状态、煤的粒度和煤有无加工等密切相关。火电厂多燃用混煤，混煤的不均匀度一般要比参与混合的任一品种的煤都大，这意味着要达到同样的采样精密度就要多采取子样，灰分与粒度越大，煤的不均匀度就越大，要想采集到有代表性的煤样也就越困难。

煤的不均匀度主要体现在四个方面，一是煤中无机矿物质的存在及其分布的不均匀性；二是煤炭粒度分布的不均匀性，并且不同粒度煤炭的质量不同；三是由于煤的粒度与密度的不同，在重力作用下，产生自然分离与分层现象，即煤的偏析作用；四是煤炭有无加工处理。

用不同的煤质特性指标来表示不均匀度，会得到不同的结果。通常，可以用煤中分布最不均匀的两项指标灰分和全硫来表征煤质的不均匀度，实际使用最多的是灰分。用所采样品灰分的标准差S或方差V来表征不均匀度的计算方法为

$$S=\sqrt{\frac{\sum(x_i-\bar{x})^2}{n-1}} \tag{3-1}$$

式中　x_i——单次测定结果；

$\bar{x}$——测定结果的平均值；

$\sum(x_i-\bar{x})$——单次测定结果偏差的总和；

n——测定次数。

方差是指各测定值与平均值差值的平方和的均值，其数学表达式为

$$V=\sigma^2=\frac{\sum(x_i-\overline{x})^2}{n} \tag{3-2}$$

实际应用中，通常采取几十个或几百个子样计算方差，来确定煤的不均匀度。V越大，表示煤质越不均匀；V越小，表示煤质越均匀。方差的大小反映了煤的不确定度的大小，方差越大，煤的不均匀度就越大，要想达到同样的采样精密度就要多采子样。

二、采样的基本原理

由于煤炭自身的不均匀性，从中采取少量样品（即采样）时，不能像均匀物料那样只采取一次或很少几次就可以获得有代表性的样本，而是必须遵循概率论和数理统计的基本原则进行采样。这样，由足够多子样组成的样本才能具有被采煤的平均煤质特性，达到预期的采样精密度。

依据概率论的理论，对不均匀混合物料的采样应具备以下特点：

（1）采样必须是随机的。

（2）采样的次数要足够多。

（3）每次采出的质量与被采物料质量之比应是很小的。

（4）被采混合物料的平均组成对应着出现概率最高的那个组成。

（5）采样工具要符合被采物料粒度对它的要求。

不同粒度的煤煤质特性不同，特别是多品种的混合煤。实践证明，无论采取何种方式采样，每次采到的煤样（子样）的煤质特性都是不相同的，但不超过某个变化范围。采样的误差符合正态分布理论，正态分布理论的主要内容可以概括如下：

（1）正偏差和负偏差对称地分布在曲线中心轴的两边，且出现的概率相等。

（2）小偏差出现的概率高，集中分布在中心轴附近，大偏差出现的概率低，分布在距中心轴较远处。

（3）在正态分布曲线的中心轴处出现的概率最高，这意味着平均值是被测物料特性的最佳估计值。

综上所述，要想采到有代表性的煤样除了采样过程不存在系统误差外还必须遵循一定的原则：

（1）子样数满足一定采样精密度的要求。

（2）每个子样的量应满足一定的要求。

（3）采样点要合理分配（尽量做到随机分布）。

（4）使用适当的采样工具和机械。

只有严格遵循这些原则才能采到有代表性的煤样，并据此确定这批煤的平均质量。

三、各种不同的采样方式

由于采样对象和要求不同，所以有不同的采样类型，然而所依据的采样理论基础及数理统计方法却大致相同，下面简述常见的几种类型。

1. 随机采样

随机采样是指采取子样时，对采样的部位或时间均不施加任何人为的意志，使任何部位的煤都有机会采出，见图 3-1（a）。随机采样的特征是将采样总体中的所有部分看成均有被采到的同等机会，它适用于对被采对象性质知之甚少的场合。但是这种采样方式用机械或人工都不易操作，只有当煤炭质量上的周期变化与采样频度相一致时，才考虑使用。

2. 系统采样

系统采样是指按相同的时间、空间或质量间隔采取子样，但第一个子样在第一间隔内随机采取，其余的子样按选定的间隔采取，见图 3-1（b）。它不同于随机采样，可适用于对被采对象性质了解较多的场合。

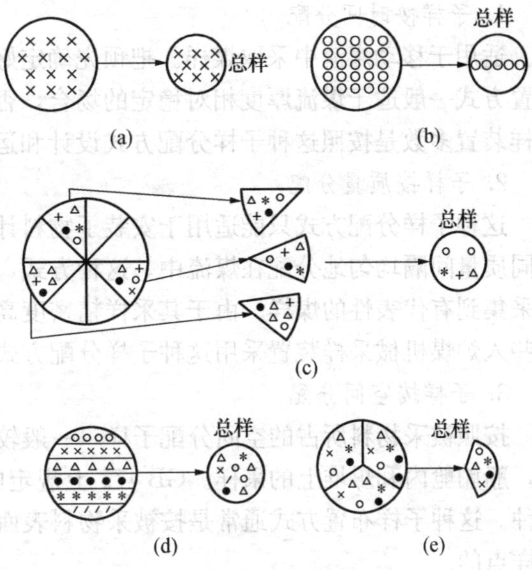

图 3-1　不同采样类型示意

（a）随机采样；（b）系统采样；（c）二段采样；（d）分层采样；（e）等分采样

按照相同的时间间隔采样称为时间基采样，即从煤流中采取子样，每个子样的位置用一时间间隔来确定，子样质量与采样时的煤流量成正比。按照相同的质量间隔采样称为质量基采样，即从煤流或静止煤中采取子样，每个子样的位置用一质量间隔来确定，子样质量固定。

系统采样由于采样简单，可按时间基或质量基分布子样数，故在实际应用中比较容易实现。在带式输送机上的机械采制样装置按等时间或按等质量采样就属于这一类型，GB 475《商品煤样采取方法》中规定的火车、汽车采样等基本属于这一类型。

3. 分割采样

指定批的分割采样是依据采样理论、经验知识，从被采对象总体中取出认为具有代表性的少部分煤样。这种采样类型只有用于对总体性质了解相当清楚的场合，才能得到良好的结果。这种方法不能十分客观地评价采样的差异。指定批的分割采样大致有以下三种情况：

（1）二段采样。这种采样类型一般适用于随机采样受到了限制的场合，例如地点、被采对象的形状、性质等，采到的样本与随机采样相比精密度较低，见图 3-1（c）。

（2）分层采样。分层采样的特征是将被测对象总体分成几层，使层内分散性小，层间分散性大。它同随机采样相比，尽管样本质量较少却可得到大致相同的精密度，见图 3-1（d）。例如船舶上采样时把船舱按深度划分成两三层，而后将子样均匀分布在各层新暴露煤的表面上。

（3）等分采样。等分采样是将被采对象总体分成几个相等的部分进行采样，见图 3-1（e）。这种采样特征是每部分内分散性大，各部分间分散性小，一般采取的总样质量较少，但可得到良好的精密度。例如煤堆四分法和二分器缩分法就是属于这种采样类型（煤样缩分从本质上讲，可看做是一种特殊的采样方式）。

四、子样的分配方法

采样工具操作一次或截取一次煤流全断面所采取的一份煤样称为子样。在采样第一阶段、于任何破碎和缩分前采取的子样称为初级子样。子样分配是指采样过程中应采子样数是按何种方式分配的。常见采样单元内子样分配有按时间、质量和空间三种分配方式。不同采样类型的子样分配取决于燃煤的输送方式和人们的需要。

1. 子样按时间分配

适用于移动煤流中采取煤样。把预先确定好的子样数目按间隔时间均匀布置，这种子样配置方式一般适于煤流厚度相对稳定的场合，否则会影响最终总样的精密度。我国燃煤机械采样装置多数是按照这种子样分配方式设计和运行的。

2. 子样按质量分配

这种子样分配方式只能适用于安装了物料计量装置的带式输送机上煤流的采样。子样按等同质量间隔均匀地分配在煤流中。这种方式，不论皮带上煤层厚度发生多大变化，一般都能采集到有代表性的煤样。由于其采样精密度高，常常应用于国际商务贸易计价。我国也有一些入炉煤机械采样装置采用这种子样分配方式设计和运行。

3. 子样按空间分配

按照被采物料所占的空间分配子样，一般较适用于静止状态的物料。例如火车、汽车车厢，船舶舱内和煤堆上的采样。GB 475 上规定的火车、汽车及煤堆上的子样布置就属于这一种。这种子样布置方式通常是按被采物料表面等距离、等面积或等（不同）深度均匀布置子样点的。

在采样中正确选择子样分配是个不可忽视的问题，它将会影响所采煤样的代表性。例如由往复式给料机供煤的带式输送机，其皮带上的煤流厚度不均匀，高低相差很大，若选择等时间间隔分配子样，有可能导致煤样失去代表性。对于这种情况，最好采用等质量间隔配置子样。

五、火电厂采集煤样的种类

火电厂在日常生产过程中，需要在收、存、耗各个环节检测煤炭的质量，因此需要采集多种用途的煤样。一方面煤炭在运送到电厂时需要采集煤样，即入厂煤采样，其目的是按合同约定煤质验收煤炭质量，以便按质计价，同时也为合理储存煤炭提供依据；另一方面，在煤炭入炉燃烧阶段需要采集煤样，即入炉煤采样，其目的是监督入炉煤质，以确保锅炉机组的安全经济运行和准确计算煤耗。此外，煤场煤炭质量抽查与盘点以及监控制粉系统的经济运行状况也要采集煤样。

火电厂采集的煤样按其用途不同大致可分为以下几类。

（1）普通煤样。在入厂、入炉以及煤场中都要采集普通煤样，即用于常规煤炭检测的煤样。它是为电力生产例行分析项目而采取的煤样，一般用于分析全水分、工业分析、发热量和全硫等，因为这些煤质特性是发电用煤的最基本资料。虽然全水分煤样可以单独采取，但在电厂中通常是在制样过程中分取全水分煤样。

（2）热效率试验用煤样。在锅炉热效率试验时，为了计算锅炉机组运行的相关参数和分析判断问题而需要采集的煤样。测定项目通常有工业分析、元素分析，有时还有可磨性、灰熔融性等。

（3）锅炉设计用煤样。锅炉设计用煤样也称基建煤样，它是专为设计锅炉机组而采集的煤样，一般从选定的煤矿或中转站的煤炭中采取。煤样数量较大，所需检测项目多，通常除常规检验项目外，还包括煤的元素分析、灰熔融性、灰成分、煤灰比电阻、煤的可磨性和磨损指数等。

（4）制粉系统煤样。它是为了监控制粉系统运行的安全经济性而采集的煤粉样品，一般只用于检测煤粉细度。

其中，商品煤样的采集方法（GB 475）适用于入厂、入炉原煤样的采集，因此，上述(1)～(3) 类煤样均可按此执行。

煤样还可按照试验项目不同划分：

(1) 专用试验煤样：为满足某一特殊试验要求而制备的煤样。

(2) 共用煤样：为进行多个试验而采取的煤样。

(3) 全水分煤样：为测定全水分而专门采取的煤样。

(4) 一般煤样：为制备一般分析试验煤样而专门采取的煤样。

(5) 一般分析试验煤样：破碎到粒度小于 0.2mm 并达到空气干燥状态，用于大多数物理和化学特性测定的煤样。

(6) 粒度分析煤样：为进行粒度分析而专门采取的煤样。

电厂通常采集共用煤样，由此制备出全水分煤样、一般分析试验煤样或粒度分析煤样。

第二节　商品煤人工采样方法

一、采样的一般原则和采样精密度

1. 采样的一般原则

煤炭采样的目的是获得一个能代表整批被采样煤平均质量特性的试验煤样。所采取的煤样应具有代表性。

采样的基本过程：首先从分布于整批煤的许多点收集相当数量的一份煤，即初级子样，然后将各初级子样直接合并或缩分后合并成一个总样，最后将此总样经过一系列制样程序制成所要求数目和类型的试验煤样。

采样的基本要求：被采样批煤的所有颗粒都可能进入采样设备，每一个颗粒都有相等的概率被采入试样中。

为了保证所得试样试验结果的精密度符合要求，采样时应考虑以下因素：

(1) 煤的变异性（一般以初级子样方差衡量）；

(2) 从该批煤中采取的总样数目；

(3) 每个总样的子样数目；

(4) 与标称最大粒度相应的试样质量。

2. 采样精密度

在所有的采样、制样和化验方法中，误差总是存在的，同时用这样的方法得到的任一指定参数的试验结果也将偏离该参数的真值。由于不能确切了解“真值”，单个结果对“真值”的绝对偏倚是不可能测定的，而只能对该试验结果的精密度进行估算。精密度是指在规定条件下所得独立试验结果间的符合程度。它经常用一精密度指数，如两倍的标准差来表示。煤炭采样精密度为单次采样测定结果与对同一煤（同一来源、相同性质）进行无数次采样的测定结果的平均值的差值（在 95%概率下）的极限值。

采样精密度与被采样煤的变异性（初级子样方差、采样单元方差）、制样和化验误差、采样单元数、子样数和试样量有关。在试样量一定的情况下，可用下列公式估算。

如果自同一个采样单元中采取大量的重复样品并分别制样和分析，则单次观测值的精密度（P）由式（3-3）给出，即

$$P = 2S = 2\sqrt{V_{SPT}} \tag{3-3}$$

式中 S——样品总体标准差估计值；

V_{SPT}——重复样品的总方差。

对于一个总样，V_{SPT} 可用式（3-4）得出，即

$$V_{SPT} = \frac{V_I}{n} + V_{PT} \tag{3-4}$$

式中 V_I——初级子样方差；

n——总样中的子样数目；

V_{PT}——制样和化验方差。

将一批煤分为多个采样单元并从每个采样单元中采取一个总样（即连续采样）时的 V_{SPT} 结果由式（3-5）得出，即

$$V_{SPT} = \frac{V_I}{mn_1} + \frac{V_{PT}}{m} \tag{3-5}$$

式中 m——批煤采样单元数目；

n_1——单个采样单元中的子样数目。

因为一个总样相当于一组重复总样中的一员，对于连续采样，合并式（3-3）和式（3-5），得到式（3-6）和式（3-7），即

$$P_L = 2\sqrt{\frac{V_I}{mn} + \frac{V_{PT}}{m}} = \frac{P_{SL}}{\sqrt{m}} \tag{3-6}$$

$$P_{SL} = P_L\sqrt{m} \tag{3-7}$$

式中 P_L——一批煤在95%置信概率下 m 个采样单元的平均测定值精密度；

P_{SL}——一个采样单元在95%置信概率下的采样精密度。

当将一批煤分成多个采样单元时，各采样单元平均值间可能有差异。当所有采样单元都采样并化验时，这种差异不会导致额外的方差。但是，如果只有部分单元被采样和化验（即间断采样），则应在式（3-5）中加入一项采样单元方差校正项，此时 V_{SPT} 和 P_L 计算按式（3-8）和式（3-9）进行，即

$$V_{SPT} = \frac{V_I}{un} + \frac{V_{PT}}{u} + \left(1 - \frac{u}{m}\right)\frac{V_m}{u} \tag{3-8}$$

$$P_L = 2\sqrt{\frac{V_I}{un} + \frac{V_{PT}}{u} + \left(1 - \frac{u}{m}\right)\frac{V_m}{u}} \tag{3-9}$$

式中 u——批煤中进行采样的采样单元数目；

V_m——采样单元方差。

二、基本采样方案

采样原则上按国标规定的基本采样方案进行。

基本采样方案包括正确划分采样单元、确定采样精密度、计算最少子样数目、最小子样质量、子样点的分布以及正确选用采样工具等。

1. 采样单元的划分

商品煤分品种以1000t为一基本采样单元。当批煤量不足1000t或大于1000t时，可根据下列情况，划分为一采样单元：

（1）一列火车装载的煤；

（2）一船装载的煤；

（3）一车或一船舱装载的煤；

（4）一段时间内发送或接收的煤。

如需进行单批煤质量核对，应对同一采样单元煤进行采样、制样和化验。

2. 采样精密度

采样精密度是指单次采样测定值与对同一煤（同一来源，相同性质）进行无数次采样的测定值的平均值的差值（在95%概率下）的极限值。原煤、筛选煤、精煤和其他洗煤（包括中煤）等产品的采样精密度规定见表3-1。

表3-1 采样精密度（灰分，A_d）

原煤、筛选煤		精煤	其他洗煤（包括中煤）
$A_d>20\%$	$A_d\leqslant20\%$		
±2%（绝对值）	±1/10×A_d 但不小于±1%（绝对值）	±1%（绝对值）	±1.5%（绝对值）

3. 每个采样单元的子样数目

（1）对于基本采样单元，原煤、筛选煤、精煤及其他洗煤（包括中煤）和粒度大于100mm的块煤应采取的最少子样数目规定于表3-2。

表3-2 基本采样单元最少子样数目

品种	A_d \ 采样地点	煤流	火车	汽车	船舶	煤堆
原煤、筛选煤	>20%	60	60	60	60	60
	≤20%	30	60	60	60	60
精煤		15	20	20	20	20
其他洗煤（包括中煤）和粒度大于100mm的块煤		20	20	20	20	20

（2）当采样单元煤量超过1000t时，子样数目按下式计算：

$$N=n\sqrt{\frac{m}{1000}} \tag{3-10}$$

式中 N——实际应采子样数目，个；

n——表3-2规定的子样数目，个；

m——实际被采煤量，t。

（3）当采样单元煤量少于1000t时，子样数目根据表3-2规定按比例递减，但最少不能少于表3-3规定的数目，计算式为

$$N=n\times\frac{m}{1000} \tag{3-11}$$

式中各符号含义同上。

表 3-3　　煤量少于 1000t 的最少子样数

煤种	A_d \ 采样地点	煤流	火车	汽车	船舶	煤堆
原煤、筛选煤	>20%	18	18	18	30	30
	≤20%	10	18	18	30	30
精煤		10	10	10	10	10
其他洗煤（包括中煤）		10	10	10	10	10

【例 3-1】 采取某矿点汽车煤样，煤炭品种为原煤，进煤数量 200t，计算应采子样数目。

解：由题意可知，采样单元煤量小于 1000t 时，子样数按式（3-11）计算：

$$N = n \times \frac{m}{1000} = 60 \times \frac{200}{1000} = 12(\text{个})$$

查表 3-3，煤量少于 1000t 时，应采子样数不能少于 18 个，因此，应采子样数为 18 个。

使用公式计算时，如果计算结果出现小数，一律进成整数，例如 1750t 原煤 $A_d>20\%$，计算结果为 79.4 个子样，取 80。另外，当实际发运量远大于 1000t 时（如 3000t 或更大），应适当划分为多个采样单元，以利于实际操作和保证采样的精密度达到国家标准规定。

4. 试样质量

（1）总样的最小质量。表 3-4 和表 3-5 分别列出了一般煤样（共用试样）、全水分煤样和粒度分析煤样的总样或缩分后总样的最小质量。表 3-4 给出的一般煤样的最小质量可使由于颗粒特性导致的灰分方差减小到 0.01，相当于精密度为 0.2%。

为保证采样精密度符合要求，当按式（3-5）计算的子样质量和表 3-2 和表 3-3 给出的子样数采样但总样质量达不到表 3-4 和表 3-5 规定值时，应增加子样数或子样质量直至总样质量符合要求。否则，采样精密度很可能会下降。

表 3-4　　一般煤样总样、全水分总样/缩分后总样最小质量

标称最大粒度（mm）	一般煤样和共用煤样（kg）	全水分煤样（kg）
150	2600	500
100	1025	190
80	565	105
50	170*	35
25	40	8
13	15	3
6	3.75	1.25
3	0.7	0.65
1.0	0.10	—

* 标称最大粒度 50mm 的精煤，一般分析和共用试样总样最小质量为 60kg。

表 3-5　**粒度分析总样的最小质量**

标称最大粒度（mm）	精密度 1%的质量（kg）	精密度 2%的质量（kg）
150	6750	1700
100	2215	570
80	1070	275
50	280	70
25	36	9
13	5	1.25
6	0.65	0.25
3	0.25	0.25

注　表中精密度为测定筛上物产率的精密度，即粒度大于标称最大粒度的煤的产率的精密度，其他粒度组分的精密度一般会更好。

（2）子样质量。

1）子样最小质量。子样最小质量是指在不产生系统误差的前提下，能够代表所采部位煤炭平均质量的最小值，保证大粒度煤不被剔除，并且子样中粒度分布与被采煤一致。煤炭的子样最小质量由煤的标称最大粒度决定。煤标称最大粒度是指与筛上物累计质量分数最接近（但不大于）5%的筛子相应的筛孔尺寸。具体数值可以根据经验公式计算。

子样最小质量按式（3-12）计算，但最少为 0.5kg，即

$$m_a = 0.06d \tag{3-12}$$

式中　m_a——子样最小质量，kg；

d——被采样煤标称最大粒度，mm。

表 3-6 给出了部分粒度的初级子样或缩分后子样最小质量。

表 3-6　**部分粒度的初级子样或缩分后子样最小质量**

标称最大粒度（mm）	子样质量参考值（kg）	标称最大粒度（mm）	子样质量参考值（kg）
100	6.0	13	0.8
50	3.0	≤6	0.5
25	1.5		

2）子样平均质量。当按规定子样数和规定的最小子样质量采取的总样质量达不到表 3-4 和表 3-5 规定的总样最小质量时，应将子样质量增加到按式（3-13）计算的子样平均质量，即

$$\overline{m} = \frac{m_g}{n} \tag{3-13}$$

式中　$\overline{m}$——子样平均质量，kg；

m_g——总样最小质量，kg；

n——子样数目。

三、专用采样方案的设计

当采样精密度用灰分以外的煤质特性参数表示时，或者要求的灰分精密度值小于表 3-1 所列值时，或者经有关方同意需另行设计采样方案时应设计专用采样方案，并在取得有关方同意后方可实施。无论基本采样方案还是专用采样方案，都应按标准规定的方法进行采样精密度核验和偏倚试验，并应确认符合要求。

1. 采样方案建立的基本程序

（1）确定煤源、批量。

（2）确定欲测定的参数和需要的试样类型。

（3）确定煤的标称最大粒度、总样和子样的最小质量（标称最大粒度可参考有关发货单确定或目视估计，最好用筛分试验测定）。

（4）确定或假定要求的精密度。

（5）测定或假定煤的变异性（即初级子样方差和采样单元方差）和制样化验方差。

（6）确定采样单元数和采样单元的子样数。

（7）决定所用的采样方法：连续采样或间断采样。

（8）决定采样方式和采样基：系统采样、随机采样或分层随机采样；时间基采样或质量基采样，并确定采样间隔（min 或 t）。

（9）决定采样的地点。

（10）决定将子样合并成总样的方法和制样方法。

根据采样的目的——技术评定、过程控制或质量控制等决定试样的类型：一般煤样、全水分煤样、粒度分析煤样或其他专用煤样。根据采样目的和试样类型决定测定的品质参数：灰分、水分、粒度组成或其他物理化学特性参数。

全采样程序设计中，应尽可能保证测定的参数不因采样、制样过程及试验前的试样储存而产生偏倚。

在某些情况下，需要限定初级子样、缩分后试样和试验样品的质量。

在设计人工采样方案的同时，还应制订相应的安全操作规程。

2. 采样精密度确定

采样精密度根据采样目的、试样类型和合同各方的要求确定。采样精密度一般用灰分表示，也可用其他煤炭品质参数表示。在用灰分表示精密度时，一般取干基灰分的十分之一。精密度确定后，应在例行采样中用双份采样法或多份采样法检验精密度是否达到要求。

3. 煤的变异性的确定

（1）初级子样方差的确定。初级子样方差可用以下方法之一确定：

1）直接对被采样的煤进行测定：从同一批煤或在同一煤源的几批煤中，至少采取 50 个子样，每个子样分别制样并化验，测定参数最好是干基灰分。然后用式（3-14）计算初级子样方差，即

$$V_{\mathrm{I}}=\frac{1}{n-1}\left[\sum X_i^2-\frac{(\sum X_i)^2}{n}\right]-V_{\mathrm{PT}} \tag{3-14}$$

式中 V_{I}——初级子样方差；

n——所采的子样数目；

X_i——分析参数测定值。

2）根据类似的煤炭在类似的采样方案中测定的子样方差确定。

3）在没有子样方差资料的情况下，对于灰分，最初可以假定 $V_{\mathrm{I}}=20$，并在采样后进行核对。

（2）采样单元方差确定。采样单元方差的影响和初级子样方差相同，只是影响程度较小。采样单元方差可用以下方法之一确定：

1）直接对被采样的煤进行测定：从同一批煤或在同一煤源的几批煤的至少20个采样单元中，各采取1个总样，将每个总样分别制样并化验，测定参数最好是干基灰分。然后用式（3-15）计算采样单元方差，即

$$V_{\mathrm{m}}=\frac{1}{m-1}\left[\sum X_{\mathrm{m}}^{2}-\frac{(\sum X_{\mathrm{m}})^{2}}{m}\right]-V_{\mathrm{PT}} \tag{3-15}$$

式中　V_{m}——采样单元方差；

m——采样单元数目；

X_{m}——总样的分析参数数值。

2）根据类似的煤炭在类似的采样方案中测定的采样单元方差确定。

3）在没有采样单元方差资料情况下，对于灰分，最初可以假定$V_{\mathrm{m}}=5$，并在采样后进行核对。

（3）制样和化验方差确定。制样和化验方差可用以下方法之一确定。

1）用下列两种方法之一直接测定。

方法一：从同一批煤或同一种煤的几批中至少采取20个分样，从每个分样缩制出（或在第一缩分阶段取出）两个试样，分别制成分析煤样并用例常分析方法化验品质参数（最好是灰分），然后按式（3-16）计算制样和化验方差，即

$$V_{\mathrm{PT}}=\frac{\sum d_{i}^{2}}{2n_{\mathrm{p}}} \tag{3-16}$$

式中　d_i——每对样品测定值之差；

n_{p}——样品对数。

方法二：将一个或多个总样缩制成至少20个试样，将它们制成分析试样并化验每一个试样的品质参数（最好是灰分），然后按式（3-17）计算制样和化验方差，即

$$V_{\mathrm{PT}}=\frac{1}{j-1}\left[\sum X_{j}^{2}-\frac{(\sum X_{j})^{2}}{j}\right] \tag{3-17}$$

式中　j——试样数目；

X_j——试样分析参数值。

2）根据类似的煤炭在类似的制样程序测定的制样和化验方差确定。

3）在没有制样和化验方差资料的情况下，对于灰分，最初可以假定$V_{\mathrm{PT}}=0.2$，并在制样和化验后进行核对。

4. 采样单元数和子样数

（1）V_{I}、V_{m}和V_{PT}已知时每个采样单元子样数的确定。

1）连续采样。按式（3-18）计算起始采样单元数，即

$$m=\sqrt{\frac{M}{M_0}} \tag{3-18}$$

式中　m——起始采样单元数；

M——批煤量，t；

M_0——起始采样单元煤量，t。

对大批量煤（如轮船载煤）M_0取5000t；对小批量煤（如火车、汽车和驳船载煤）M_0取1000t。

按式（3-19）计算每个采样单元子样数，即

$$n=\frac{4V_{\mathrm{I}}}{mP_{\mathrm{L}}^{2}-4V_{\mathrm{PT}}} \tag{3-19}$$

如计算的 n 值为无穷大或负数，则证明制样和化验方差较大，在 m 已设定时，达不到要求的精密度。此时，或当 n 大到不切实际时，应用下述方法之一增加 m：估计一适当的 m 值，然后按式（3-19）计算 n，如计算出的 n 仍不合适，则再给定一 m 值，重新计算 n，直到可接受为止；或设定一实际可接受的最大 n 值，然后按式（3-20）计算 m，即

$$m=\frac{4V_{\mathrm{I}}+4nV_{\mathrm{PT}}}{nP_{\mathrm{L}}^{2}} \tag{3-20}$$

需要时，可将 m 值调大到一适当值，然后重新计算 n。当计算的 n 小于 10 时，取 $n=10$。

当一批量大于起始采样单元量（1000t 或 5000t）的煤做一个采样单元采样时，按式（3-21）计算子样数，即

$$n=\frac{4V_{\mathrm{I}}}{P_{\mathrm{L}}^{2}-4V_{\mathrm{PT}}}\sqrt{\frac{M}{M_{0}}} \tag{3-21}$$

当一批量小于起始采样单元量的煤做一个采样单元采样时，子样数可按比例递减，但各子样合并成的总样质量应符合表 3-4 和表 3-5 规定，且最少子样数不应少于 10 个。

2）间断采样。设采样单元总数为 m，需进行采样的采样单元数为 u，然后按式（3-22）计算 n，即

$$n=\frac{4V_{\mathrm{I}}}{uP_{\mathrm{L}}^{2}-4(1-u/m)V_{\mathrm{m}}-4V_{\mathrm{PT}}} \tag{3-22}$$

如计算的 n 为无穷大或负数，则证明制样和化验方差较大，在已设定的实际采样单元数 u 下，达不到要求的精密度，此时，或当 n 大到不切实际时，应用下述方式之一，增加实际采样单元数 u：设定一较大的 u 值，然后按式（3-22）计算 n，并重复此过程，直到 n 值可以接受为止；或设定一实际可接受的最大 n 值，然后按式（3-23）计算 u，即

$$u=\frac{4m(V_{\mathrm{I}}/n+V_{\mathrm{m}}+V_{\mathrm{PT}})}{mP_{\mathrm{L}}^{2}+4V_{\mathrm{m}}} \tag{3-23}$$

需要时，可将 u 值调大到一适当值（有时还需要调大 m 值），然后按式（3-22）计算 n。当 n 小于 10 时，取 $n=10$。

（2）V_{I}、V_{m} 和 V_{PT} 未知时采样单元数和子样数的确定。V_{I}、V_{m} 和 V_{PT} 未知时，采样单元数和子样数按如下方式之一确定：

1）设 $V_{\mathrm{I}}=20$，$V_{\mathrm{m}}=5$ 和 $V_{\mathrm{PT}}=0.2$，分别按式（3-18）～式（3-23）确定采样单元数和每个采样单元的子样数，并在采样后对采样精密度进行核对，需要时对 m、u 和 n 进行调整；

2）粒度分析总样的子样数起始数为 25。

5. 总样和子样最小质量的确定

总样和子样最小质量确定方法同基本采样方案。综上所述，对于基本采样方案和专用采样方案的主要区别是：对于基本采样方案，国标给出了采样精密度、采样单元的划分方法、基本采样单元的子样数和采样单元应采的最少子样数；专用采样方案的精密度是需要提前设定的，各采样单元的子样数需要通过该批煤的初级子样方差、精密度、制样化验方差计算得

出，多个采样单元还和采样单元间的方差有关系。最主要的差别是采样单元的子样数一个是给定的（基本采样方案），一个是计算得来的（专用采样方案）。总样最小质量和子样最小质量的确定方法两种采样方案是一样的。

举例说明专用采样方案中子样数量的计算方法。

【例 3-2】 一批 20 000t 洗精煤由皮带输送装船，要求采样精密度为 0.5%（灰分）。已知：初级子样方差 $V_I=3.0$，制样和化验方差 $V_{PT}=0.1$。求每一采样单元子样数。

解： 取 5000t 为起始采样单元，按式（3-18）计算采样单元数：

$$m=\sqrt{\frac{20\,000}{5000}}=2$$

按式（3-19）计算每一采样单元子样数：

$$n=\frac{4V_I}{2P_L^2-4V_{PT}}=\frac{4\times3.0}{2\times0.5^2-4\times0.1}=120$$

答：每一采样单元子样数为 120 个。

【例 3-3】 一列火车由 50 节车皮组成，运输 3000t 筛选煤，要求采样精密度为 1.5%（灰分）。已知：标称最大粒度 50mm，初级子样方差 $V_I=20$，制样和化验方差 $V_{PT}=0.15$。试设计采样方案。

解： 将整批煤作为一个采样单元采样，即 $m=1$，计算初级子样数：

$$n=\frac{4V_I}{mP_L^2-4V_{PT}}=\frac{4\times20}{1.5^2-4\times0.15}=49$$

按每个车厢采一个子样计，$n=50$。

按标准规定，子样最小质量为 3kg（见表 3-6），总样最小质量 170kg（见表 3-4），则计算总样质量=3×50=150(kg)，计算总样质量小于规定的总样最小质量 170kg，故采用如下方法之一进行调整。

（1）在子样质量为 3kg 时，增加子样数：

$$n=\frac{\text{总样质量}}{\text{子样质量}}=\frac{170\text{kg}}{3\text{kg}}\approx57$$

故共采取 57 个子样，每车采 1 个子样（共 50 个子样），余下的 7 个子样按系统分配法，每 7 个车采 1 个子样。

（2）在子样数为 50 时，增加子样质量：

$$\text{子样质量}=\frac{\text{总样质量}}{\text{子样数}}=\frac{170\text{kg}}{50}=3.4\text{kg}$$

故每车采 1 个子样，共采取 50 个子样，每个子样最小质量为 3.4kg。

注：此采样方案需要经过采样精密度核验和偏倚试验的验证，符合国标要求才可执行。

【例 3-4】 某港进入一批 2400t（40 个车皮）粒度小于 25mm 的洗煤，要求采样精密度为 0.8%（干基灰分），拟进行间断采样。根据以往采样资料知：$V_I=5$，$V_m=0.5$，$V_{PT}=0.1$，求需进行采样的采样单元数。

解： 拟定 $m=10$（每 4 车为一采样单元），$n=12$（每车采 3 个子样）。

则

$$u=\frac{4m\left(\frac{V_I}{n}+V_m+V_{PT}\right)}{mP_L^2+4V_m}=\frac{4\times10\left(\frac{5}{12}+0.5+0.1\right)}{10\times0.8^2+4\times0.5}=4.8\approx5$$

设计采样程序：将 40 车皮每 4 车一组顺序分成 10 个采样单元，用随机方法从 10 个采样单元中选取 5 个，然后从每个采样单元的每个车皮中，用随机方法从 18 个采样点的 3 点中各采取 1 个子样，每个子样约 3.5kg（见表 3-4）。分别对 5 个总样进行制备和灰分或其他参数测定，取它们的平均值为该批煤的灰分或其他参数值。

四、采样方法——初级子样采取方法

初级子样的采取方法适用于基本采样方案和专用采样方案。

（一）移动煤流采样方法

移动煤流采样可在煤流落流中或皮带上的煤流中进行。为安全起见，国家标准不推荐在皮带上的煤流中进行人工采样。可按时间基或质量基以系统采样方式或分层随机采样方式进行采样。从操作方便和经济的角度出发，时间基采样较好。

采样时，应尽量截取一完整煤流横截段作为一子样，子样不能充满采样器或从采样器中溢出。试样应尽可能从流速和负荷都较均匀的煤流中采取。应尽量避免煤流的负荷和品质变化周期与采样器的运行周期重合，以免导致采样偏倚。如果避免不了，则应采用分层随机采样方式。

1. 落流采样法

落煤流人工采样方法不适用于煤流量在 400t/h 以上的系统。煤样在传送皮带转输点的下落煤流中采取。采样时，采样装置应尽可能以恒定的小于 0.6m/s 的速度横向切过煤流。采样器的开口应当至少是煤标称最大粒度的 3 倍并不小于 30mm，采样器容量应足够大。采出的子样应没有不适当的物理损失。采样时，使采样斗沿煤流长度或厚度方向一次通过煤流截取一个子样。为安全和方便，可将采样斗置于一支架上，并可沿支架横杆从左至右（或相反）或从前至后（或相反）移动采样。

落煤流采样又分为系统采样和分层随机采样。

（1）系统采样。

1）子样分布。初级子样应均匀分布于整个采样单元中。子样按预先设定的时间间隔（时间基采样）或质量间隔（质量基采样）采取，第 1 个子样在第 1 个时间/质量间隔内随机采取，其余子样按相等的时间/质量间隔采取。在整个采样过程中，采样器横过煤流的速度应保持恒定。如果预先计算的子样数已采够，但该采样单元煤尚未流完，则应以相同的时间/质量间隔继续采样，直至煤流结束。

为保证实际采取的子样数不少于规定的最少子样数，实际子样时间/质量间隔应等于或小于计算的子样间隔。

2）子样间隔。用下列方法确定系统采样时的子样间隔。

a）时间基采样。采取子样的时间间隔 Δt(min) 的计算方法为

$$\Delta t \leqslant \frac{60m_{sl}}{Gn} \tag{3-24}$$

式中　m_{sl}——采样单元煤量，t；

G——煤最大流量，t/h。

b）质量基采样。采取子样的质量间隔 Δm(t) 的计算方法为

$$\Delta m \leqslant \frac{m_{sl}}{n} \tag{3-25}$$

3）子样质量。子样质量与煤的流量成正比。初级子样质量应大于式（3-12）的计算值。

(2) 分层随机采样。采样过程中煤的品质可能会发生周期性的变化，应避免其变化周期与子样采取周期重合，否则将会带来不可接受的采样偏倚。为此可采用分层随机采样方法。

分层随机采样不是以相等的时间或质量间隔采取子样，而是在预先划分的时间或质量间隔内以随机时间或质量采取子样。

分层随机采样中，两个分属于不同的时间或质量间隔的子样很可能非常靠近，因此初级采样器的卸煤箱应该至少能容纳两个子样。

1) 子样分布。子样在预先设定的每一时间间隔（时间基采样）或质量间隔（质量基采样）内随机采取。

2) 子样间隔。按照下列方法确定分层随机采样时的子样间隔：

a) 时间基采样。按式（3-24）计算采样时间间隔。将每一时间间隔从 0 到该间隔结束的时间（s 或 min）划分成若干段，然后用随机的方法，如抽签，决定各个时间间隔内的采样时间段，并到此时间数时抽取子样。

b) 质量基采样。按式（3-25）计算采样质量间隔。将每一质量间隔从 0 到该间隔结束的质量（t）数划分成若干段，然后用随机的方法决定各个质量间隔内的采样质量段，并到此质量数时抽取子样。

2. 停皮带采样法

有些采样方法趋向于采集过多的大块或小粒度煤，因此很有可能引入偏倚。最理想的采样方法是停皮带采样法。它是从停止的皮带上取出一全横截段作为一子样，是唯一能够确保所有颗粒都能采到的、不存在偏倚的方法，是核对其他方法的参比方法。但在大多数常规采样情况下，停皮带采样操作是不实际的，故该方法只在偏倚试验时作为参比方法使用。

停皮带采样法子样采取方法：停皮带子样在固定位置，用专用采样框（见图 3-2）采取。

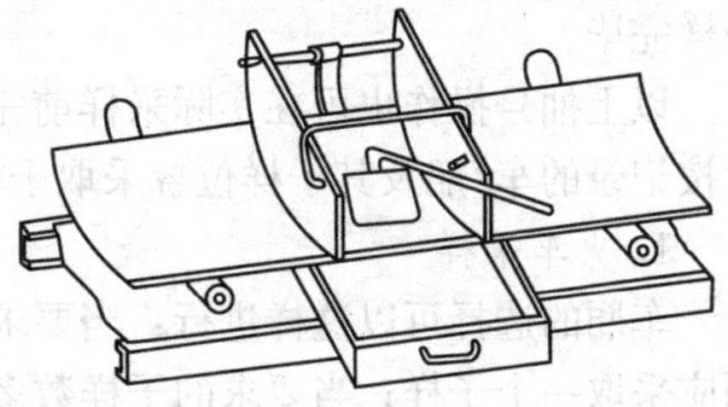

图 3-2　停皮带采样框

采样框由两块平行的边板组成，板间距离至少为被采样煤标称最大粒度的 3 倍且不小于 30mm，边板底缘弧度与皮带弧度相近。采样时，将采样框放在静止皮带的煤流上，并使两边板与皮带中心线垂直。将边板插入煤流至底缘与皮带接触，然后将两边板间煤全部收集。阻挡边板插入的煤粒按左取右舍或者相反的方式处理，即阻挡左边板插入的煤粒收入煤样，阻挡右边板插入的煤粒弃去，或者相反。开始采样怎样取舍，在整个采样过程中也怎样取舍。粘在采样框上的煤应刮入试样中。

（二）静止煤采样方法

国标规定的静止煤采样方法适用于火车、汽车、驳船、轮船等载煤和煤堆的采样。静止煤采样应首选在装/堆煤或卸煤过程中进行，如不具备在装煤或卸煤过程中采样的条件，也可对静止煤直接采样。

直接从静止煤中采样时，应采取全深度试样或不同深度（上、中、下或上、下）的试样；在能够保证运载工具中的煤的品质均匀且无不同品质的煤分层装载时，也可从运载工具顶部采样。

无论用何种方式采样，都应通过偏倚试验，证明其无实质性偏倚。

在从火车、汽车和驳船顶部煤采样的情况下，在装车（船）后应立即采样；在经过运输后采样时，应挖坑至0.4～0.5m采样，取样前应将滚落在坑底的煤块和矸石清除干净。子样应尽可能均匀布置在采样面上，要注意在处理过程（如装卸）中离析导致的大块堆积（例如，在车角或车壁附近的堆积）。

用于人工采样的探管/钻取器或铲子的开口应当至少为煤的标称最大粒度的3倍且不小于30mm，采样器的容量应足够大，采取的子样质量应达到国标要求。采样时，采样器应不被试样充满或从中溢出，而且子样应一次采出，多不扔，少不补。

采取子样时，探管/钻取器或铲子应从采样表面垂直（或成一定倾角）插入。采取子样时不应有意地将大块物料（煤或矸石）推到一旁。

采样单元数、子样数、子样最小质量及总样的最小质量在前边都已讲述。在此着重介绍各种部位采样时子样分布方法。子样分布方法分为系统采样法和随机采样法两种。

系统采样法：将采样车厢/驳船表面分成若干面积相等的小块并编号，然后依次轮流从各车/船的各个小块中部采取1个子样，第一个子样从第一车/船的小块中随机采取，其余子样顺序从后继车/船中轮流采取。

随机采样法：将采样车厢/驳船表面划分成若干小块并编号。制作数量与小块数相等的牌子并编号，一个牌子对应于一个小块。将牌子放入一个袋子中。

决定第1个采样车/船的子样位置时，从袋中取出数量与需从该车/船采取的子样数相等的牌子，并从与牌号相应的小块中采取子样，然后将抽出的牌子放入另一个袋子中；决定第2个采样车/船的子样位置时，从原袋剩余的牌子中，抽取数量与需从该车/船采取的子样数相等的牌子，并从与牌号相应的小块中采取子样。以同样的方法，决定其他各车/船的子样位置。当原袋中牌子取完时，反过来从另一袋子中抽取牌子，再放回原袋。如是交替，直到采样完毕。

以上抽号操作也可在实际采样前完成，记下需采样的车/船号及其子样位置。实际采样时按记录的车/船及其子样位置采取子样。

1. 火车采样

车厢的选择可以这样进行：当要求的子样数等于或少于一采样单元的车厢数时，每一车厢应采取一个子样；当要求的子样数多于一采样单元的车厢数时，每一车厢应采的子样数等于总子样数除以车厢数，如除后有余数，则余数子样应分布于整个采样单元。分布余数子样的车厢可用系统方法选择（如每隔若干车增采一个子样）或用随机方法选择。

车厢内子样位置的选择可以这样进行：子样位置应逐个车厢不同，以使车厢各部分的煤都有相同的机会被采出。常用的方法如下：

1	4	7	10	13	16
2	5	8	11	14	17
3	6	9	12	15	18

图3-3 火车采样子样分布示意

（1）系统采样法。本法仅适用于每车采取的子样相等的情况。将车厢分成若干个边长为1～2m的小块并编上号（见图3-3），在每车子样数超过2个时，还要将相继的、数量与欲采子样数相等的号编成一组并编号。如每车采3个子样时，则将1、2、3号编为第一组，4、5、6号编为第二组，依此类推。先用随机方法决定第一个车厢采样点位置或组位置，然后顺着与其相继的点或组的数字顺序，从后继的车厢中依次轮流采取子样。

（2）随机采样方法。将车厢分成若干个边长为1～2m的小块并编上号（一般为15块或

18块，图3-3为18块示例），然后以随机方法依次选择各车厢的采样点位置。

2. 汽车和其他小型运载工具采样

车厢的选择，可以按下述方法：①载重20t以上的汽车，按火车采样方法选择；②载重20t以下的汽车，按下述方法选择：当要求的子样数等于一采样单元的车厢数时，每一车厢采取一个子样；当要求的子样数多于一采样单元车厢数时，每一车厢的子样数等于总子样数除以车厢数，如除后有余数，则余数子样应分布于整个采样单元。分布余数子样的车厢可用系统方法或随机方法选择；当要求的子样数少于车厢数时，应将整个采样单元均匀分成若干段，然后用系统采样或随机采样方法，从每一段采取一个或多个子样。

子样位置选择与火车采样原则相同。

3. 驳船采样

驳船采样的子样分布原则上与火车采样相同。

4. 轮船采样

由于技术和安全的原因，国标不推荐直接从轮船的船舱采样。轮船采样应在装船或卸船时，在其装（卸）的煤流中或小型运输工具如汽车上进行。

5. 煤堆采样

煤堆的采样应当在堆堆或卸堆过程中，或在迁移煤堆过程中，按以下方式采取子样：于皮带输送煤流上、小型运输工具如汽车上、堆/卸过程中的各层新工作表面上、斗式装载机卸下煤上以及刚卸下并未与主堆合并的小煤堆上采取子样。不要直接在静止的、高度超过2m的大煤堆上采样。当必须从静止大煤堆表面采样时，也可以使用下列所述程序进行子样点布置，但其结果极可能存在较大的偏倚，且精密度较差：①在堆/卸煤新工作面、刚卸下的小煤堆采样时，根据煤堆的形状和大小，将工作面或煤堆表面划分成若干区，再将区分成若干面积相等的小块（煤堆底部的小块应距地面0.5m），然后用系统采样法或随机采样法决定采样区和每区采样点（小块）的位置，从每一小块采取一个全深度或深部或顶部煤样，在非新工作面情况下，采样时应先除去0.2m的表面层；②在斗式装载机卸下煤中采样时，将煤样卸在一干净表面上，然后按①采取子样。

五、采样其他规定

当经常对同一煤源、品质稳定的大批量煤（如港口入港煤）进行采样时，可用间断采样方法。采用间断采样方法时应事先征得有关方同意。

1. 各种煤样的采取

煤炭分析用煤样有一般分析用试样（用于煤的一般物理、化学特性测定的试样），全水分试样（专门用于全水分测定的试样），共用试样（为了多种用途，如全水分和一般物理、化学特性测定而采取的试样），物理试样（专门为特种物理特性，如物理强度指数或粒度分析而采取的试样）。

用于全水分测定的样品可以单独采取，也可以从共用试样中抽取。在从共用试样中分取全水分试样的情况下，采取的初级子样数目应当是灰分或全水分所需要的数目中较大的那个数目，如果在取出全水分试样后，剩余试样不够其余测试所需要的质量时，则应增加子样数目至总样质量满足要求。

在必要的情况下（如煤非常湿），可单独采取全水分试样，但应考虑以下几点：

（1）煤在储存中由于蒸发而逐渐失去水分；

(2) 如果批煤中存在游离水，它将沉到底部，因此随着煤深度的增加，水分含量也逐步增加；

(3) 如在长时间内从若干批中采取全水分试样，则有必要限制试样放置时间。

因此，最好的方法是在限制时间内从不同水分水平的各个采样单元中采取子样。

2. 人工采样工具

人工采样工具的基本要求如下：

(1) 采样器具的开口宽度应满足式（3-26）的要求且不小于 30mm，即

$$W \geqslant 3d \tag{3-26}$$

式中 W——采样器具开口端横截面的最小宽度，mm；

d——煤的标称最大粒度，mm。

(2) 器具的容量应至少能容纳一个子样的煤量，且不被试样充满，煤不会从器具中溢出或泄漏。

(3) 如果用于落流采样，采样器开口的长度大于截取煤流的全宽度（前后移动截取时）或全厚度（左右移动截取时）。

(4) 子样抽取过程中，不会将大块的煤或矸石等推到一旁。

(5) 黏附在器具上的湿煤应尽量少且易除去。

常用的人工采样工具如图 3-4 所示。

人工采样挖坑时应使用铁锹，挖好坑后再用采样铲取样。

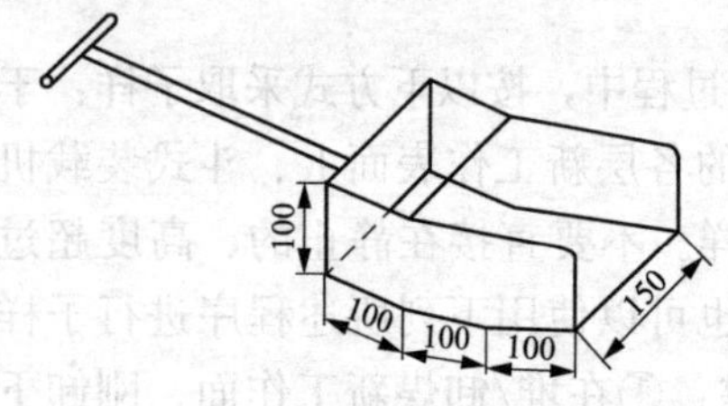

图 3-4 人工采样工具（适用于标称最大粒度 50mm）

3. 煤样的包装和标识

煤样应装在无吸附、无腐蚀的气密容器中，并有永久性的唯一识别标识。煤样标签或附带文件中应有以下信息：

(1) 煤的种类、级别和标称最大粒度以及批的名称（船或火车名及班次）；

(2) 煤样类型（一般煤样、全水分煤样等）；

(3) 采样地点、日期和时间。

4. 采样报告

采样应有正式签发的、全面的采样和试样发送报告或证书。采样报告或证书除了应给出煤样的包装和标识所述的全部信息外，还应包括以下内容：

(1) 报告的名称；

(2) 委托人的姓名、地址；

(3) 采样方法；

(4) 批煤的大约质量和采样单元数；

(5) 子样数目和总样质量；

(6) 采样器名称和编号；

(7) 气候和其他可能影响试验结果的状况；

(8) 试验试样、仲裁试样和存查试样的最长保存期；

(9) 任何偏离规定方法的采样及其理由，以及采样中观察到的任何异常情况。

采样报告的有关信息应附随样品或通知制样人员。

六、商品煤采样中应注意的问题

拓展资源 1-采样精密度核验和偏倚试验

1. 要有足够的子样数

对一采样单元来说，要取得有代表性的样品，关键就在于是否有足够的子样数。子样数是决定采样精密度的关键性因素。

采样精密度与煤的不均匀度及子样数三者的关系为

$$P = 1.96\frac{s}{\sqrt{n}} \tag{3-27}$$

式中　P——95%概率下的采样精密度；

1.96——$t_{0.05,\infty}$的临界值；

S——单个子样灰分标准差；

n——采集的子样数。

当选用不同的概率（即显著性水平α选值不同）时，则$t_{0.05,\infty}$值也不同，例如$\alpha=0.10$时，则$t_{0.10,\infty}=1.645$；如$\alpha=0.01$时，则$t_{0.01,\infty}=2.576$。这说明显著性水平α值越大，选用的概率就越小，采样精密度就越高（即P值越小）。

对同一采样单元来说，不论煤的不均匀度如何，S值总是一定的，因而当采集不同子样数时，其采样精密度也就不同。

【例 3-5】 按国家标准要求，对1000tA_d>20%的原煤，应采集60个子样，采集精密度可达到±2%，现如仅采集40个子样，采集精密度为多少？

解：

$$P_1=1.96\frac{s_1}{\sqrt{n_1}}$$

$$P_2=1.96\frac{s_2}{\sqrt{n_2}}$$

因为

$$s_1=s_2$$

所以

$$\frac{P_1}{P_2}=\sqrt{\frac{n_2}{n_1}}$$

将上式等号两侧平方，则

$$\frac{P_1^2}{P_2^2}=\frac{n_2}{n_1}$$

将$n_1=60$，$P_1=\pm2\%$，$n_2=40$代人，求P_2

$$P_2^2=P_1^2\times\frac{n_1}{n_2}=4\times\frac{60}{40}=6$$

故

$$P_2=\pm\sqrt{6}=\pm2.4(\%)$$

【例 3-6】 如［例 3-5］中采样精密度由±2%提高到±1%，应采集多少子样数？

解： $n_1=60$，$P_1=\pm2\%$，$P_2=\pm1\%$，求n_2

$$n_2=n_1\times\frac{P_1^2}{P_2^2}=60\times4=240(个)$$

由计算可知：要提高采样精密度，即减小P值，就得增加子样数。另外，采集的子样数也不是越多越好，随着子样数增加，样品量增多，制样工作量加大。

2. 子样质量符合要求

每个子样质量要符合国标的要求，子样量太小，大块煤采不到，容易引起系统误差。子样质量由煤的最大粒度决定（见表 3-6）。

3. 采样点的布置要合理

采样点的布置要尽量遵循均匀布点方式，使每一部分煤都有同等的机会被采到。另外，应尽量采用随机采样方式，减少人为操作误差，如果有条件可采用计算机随机定位方式。

4. 要使用适当的采样工具

人工采样一般采用宽 250mm、长 300mm 的尖头铲。按要求，采样工具的开口宽度应为煤的最大粒度的 2.5～3 倍，且一次能容纳 5kg 的样品。

以上 4 条是相互联系的，其中最重要的为第 1 条。子样数决定采样精密度，这并不是说，其他三条就无关紧要。采样要符合标准要求，首先是采样精密度合格，同时还要求所采样品没有系统误差，这才真正具有代表性。单纯增加子样数，只能提高采样精密度，并不能保证所采样品没有系统误差。例如子样量过少，采样点布置不当，采样工具开口宽度过小等，都易导致样品产生系统误差，而使该样品丧失其代表性。

任何采样方案都应经过精密度核对和偏倚试验来证明其采样精密度合格并且不存在实质性偏倚才能具体实施。

第三节　入炉煤粉与煤灰渣采样

我国燃煤锅炉普遍采用煤粉悬浮燃烧方式。煤粉性能直接影响锅炉的燃烧状态。电厂要采集入炉煤粉来测定煤粉细度，监督制粉系统的运行工况。如何保证煤粉采样的精密度，消除煤粉采样可能存在的系统误差，提高煤粉采样的准确性，是电厂燃料监督面临的一道难题。

一、电厂入炉煤粉的采样

1. 煤粉样采集的原则与目的

电力行业标准 DL/T 567.2《入炉煤和入炉煤粉样品的采取方法》规定了入炉煤粉样的采集目的、原则与方法。标准规定：入炉煤粉的采样原则是煤粉的任何部分都有机会被采取。标准又指出：入炉煤粉样的检测结果只用于监督制粉系统的运行工况，不能代表入炉原煤质量，并且不能用于计算煤耗。

煤粉样能不能代表原煤样，有过长期的争论。主要原因如下：

(1) 煤在制粉过程中，会有不同程度地受到氧化而变质。同时由于煤粉粒度分布的不均匀性，易产生偏析作用。其中密度最小的部分细粉易被三次风吹入炉膛，以至无法采集到这一部分煤粉，故现在所能采集的煤粉样并不能充分反映入炉煤的真实特性。

(2) 目前世界各国均采用炉前煤的测定结果来代表煤质，为与国际上保持一致，也不宜继续采用煤粉样来代表入炉煤。

(3) 我国已制定了电力行业标准，规定电厂入炉煤一律采集原煤样，并且要求采用机械化采制样装置。国内用于皮带上的采煤样机技术上已趋成熟，并有不少设备制造厂生产的产品，为普遍采用原煤样作为入炉煤样提供了较坚实的物质基础，从而可以保证上述标准的实施。

当然还应指出，应用煤粉样也有原煤样所不具备的优势，特别是煤粉颗粒细，均匀性好，易取得有代表性的样品。由三次风带进炉膛的细粉约占总粉量的10%左右，这部分细粉灰分较低，发热量较高，因而现在所采集的煤粉样与原煤样比较，呈现灰分偏高，发热量偏低的倾向，这是一种系统误差，其差值也不是太大，故它不难予以修正。

原煤通过磨煤机制成煤粉，煤质不会发生太大变化，特别是挥发分不高的煤，这种变化是可以忽略不计的。另外，人工或机械采集到原煤样后，也存在一个制成粉样的过程，如煤质发生变化的话，二者之间所造成的影响并没有显著的不同。

由于煤粉粒度的不均匀所造成的偏析作用对灰分、发热量、全硫含量的检测结果有一定影响，而对与灰分联系不大的煤质特性指标如挥发分、氢含量、氧含量、灰熔融性等影响不大。

综合上述情况，为了提供准确的灰分、发热量、全硫含量数据时，电厂入炉煤还是应执行电力行业标准，采用机械化采制样装置采制原煤样。如果只是为锅炉燃烧提供煤质数据以作为锅炉燃烧调整的依据，用煤粉样也是可以的。

采集原煤样与煤粉样各有利弊，它们可分别应用于不同的场合与要求，一概加以肯定或否定都是欠科学的。

在目前形势下，由于机械采样装置的使用在不少电厂存在很多问题，煤粉采样与皮带机械采样装置共存的现象还会存在很长时间，如何准确采集煤粉样也是我们应该研究的课题。

2. 煤粉采样方法

入炉煤粉随锅炉制粉系统结构的不同而应用不同的采样方法。

电厂将原煤输送到磨煤机，干燥并磨制成粉，送往锅炉燃烧设备及其管道，称为制粉系统。

制粉系统通常分为直吹式及中间储仓式两种。直吹式系统是指磨煤机将煤磨制成粉后直接吹入炉膛燃烧；中间储仓式系统是将磨制好的煤粉储存于煤粉仓中，然后根据锅炉负荷情况，从煤粉仓传至给粉机送入炉膛燃烧。

(1) 对于直吹式制粉系统，可在一次风煤粉管中采用等速采样器采样，见图3-5。

1) 采样管要安装在风粉流向下的垂直管道中，管口对准管道中心。

2) 采样时，应用微差压计控制内外气流速度使之相等。

3) 采样系统要保持良好的气密性，并防止堵塞。

(2) 对于中间储仓式制粉系统，可在旋风分离器下粉管或给粉机落煤管中采样。在落煤管中采样时，则可采用自由沉降采样器。见图3-6。

1) 采样管应安装在给粉机出口的垂直下粉管上，所采粉样应能代表仓内不同部位的煤粉。

2) 下粉管外采样管露出部分应用石棉或其他绝热材料围缠保温。

3) 采样管孔对准下粉管中心线，孔径一般为1.5～2.5mm。

4) 每次装入采样器后都要检查系统气密性。

在旋风分离器下粉管中采样时，可采用煤粉活动采样管，其结构如图3-7所示。

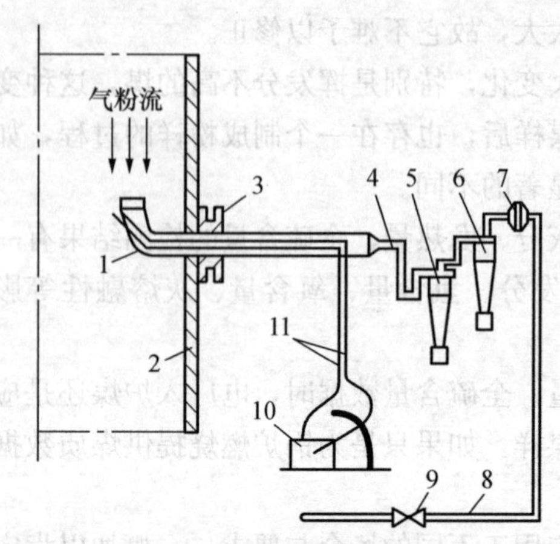

图 3-5　活动等速采样系统

1—采样管；2—输粉管壁；3—管座；4—软橡胶管；5、6——、二级旋风子；7—过滤器；8—帆布胶管；9—调节阀；10—微压计；11—静压传递管

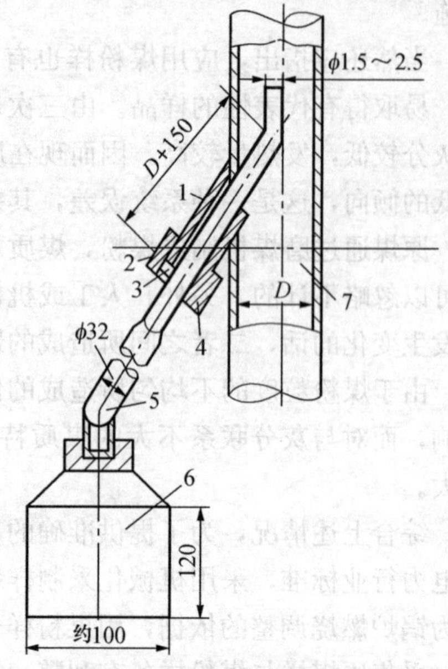

图 3-6　煤粉自由沉降采样器

1—斜管座；2—压板；3—橡皮垫；4—端盖；5—采样管；6—样品罐；7—下粉管；D—下粉管内径

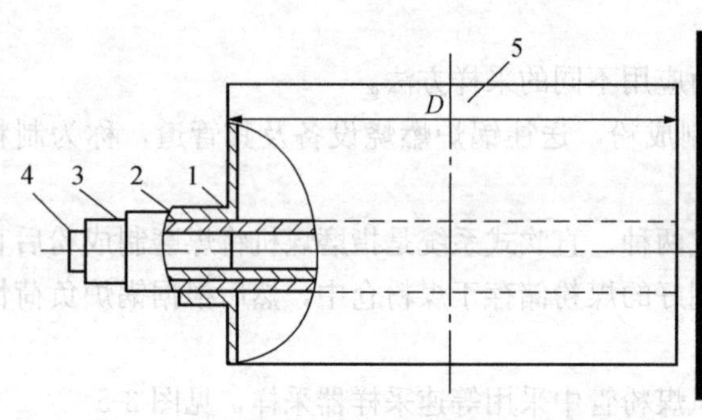

图 3-7　煤粉活动采样管

1—内管；2—外管；3—管座；4—堵头；5—下粉管

1）使内外管槽形开口相互遮盖，并使内管的槽口处于垂直向上的位置。

2）拧开锁气器堵头，迅速将采样管插入并保持密封。

3）转动外管槽口使之垂直朝上以接受煤粉。

4）采样管装满煤粉后，恢复内外管的槽口，使之处于遮盖位置。

5）取出采样管，立即拧上堵头，把煤粉样倒入密封的容器中。若采样量较大时，可用二分器缩分出 500g。

3. 煤粉采样的发展方向

直吹式系统结构简单，布置紧凑，投资及运行电耗较少，但运行中易出现风粉不均的情况，运行的可靠性较差，故要求有较好的运行操作水平；中间储仓式系统可采用热风送粉，这对燃用挥发分较低的无烟煤、贫煤及掺烧低质煤的锅炉来说，都是必要的。中间储仓式制粉系统运行可靠性高，即使出现一些故障，也不会直接影响锅炉运行。该系统不足之处在于系统复杂、投资及运行电耗较高。

煤粉采样有如下技术难点：一是应用等速采样方法是获得有代表性煤粉样的重要手段，然而实施起来却不容易；二是系统如何防止堵塞也是一个较难解决的问题；三是采样点如能实现连续采样，样品代表性就比较好，而实际上多为间断采样。

对于以上三个煤粉采样的技术难点，作者在一些电厂进行了试验，效果很好，现介绍如下：

(1) 为防止堵塞，在煤粉自由沉降采样器中，采样管采用内外套管方式，在采样管中加一根钢筋棍，内外管之间有一定的缝隙（1.5～2.5mm），这样不仅加大了采样量，还防止了堵塞（发生堵塞时，上、下移动钢筋棍就可以解决），同时达到了连续采样，采样的量随给粉机的给粉量而变化，接煤粉的容器可适当加大，取煤粉样时，可用二分器缩分至500g左右。

(2) 关于煤粉采样器的连续采样问题，可在给粉机出口的垂直下粉管中，加装切割式采样头，采到的大量煤粉经自动缩分器缩分后，样品进入样品槽，余煤粉进入一次风管，由一次风带走。全系统要求密封、保温，应有截门与系统隔开，以利于检修和调整缩分比。

二、飞灰和炉渣的采样

（一）飞灰样品的采集

飞灰可燃物是反映锅炉燃烧效果的主要技术指标。在日常运行中，为了监督锅炉运行工况并改进运行操作，需要经常采集飞灰样来测定其中的可燃物含量。对于不同燃烧方式的锅炉，应在尾部烟道的适当部位安装专用的取样系统，连续抽取少量烟气流并在系统中将其中所含飞灰全部分离出来作为飞灰试样。

飞灰采样有两种方式：

(1) 抽气式飞灰采样器。①抽气式飞灰采样系统（见图3-8）；②采样管应安装在省煤器出口，管口要对准烟气流；③采样管口的烟速应接近于烟道的流速；④露在烟道的采样管部分应予保温；⑤采样系统要保护良好的密封性；⑥取样瓶一次取样量不足时可分多次采取。

电厂中如装有高效干式除尘器，也可采集其排灰的样品作为飞灰样品。

(2) 撞击式飞灰采样器。①撞击式飞灰采样器（见图3-9）；②采样器应安装在空气预热器出口的水平烟道或省煤器后的垂直烟道上；③采样器要求密封，外露部分应予保温；④集灰瓶一次取样量不足时可分多次采取。

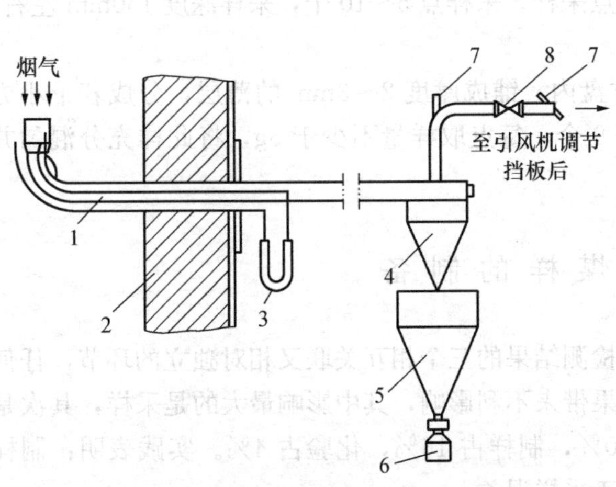

图3-8 抽气式飞灰采样系统

1—采样管；2—烟道墙壁；3—U形差压计；4—旋风捕集器；5—中间灰斗；6—取样瓶；7—吹灰孔；8—调节闸阀

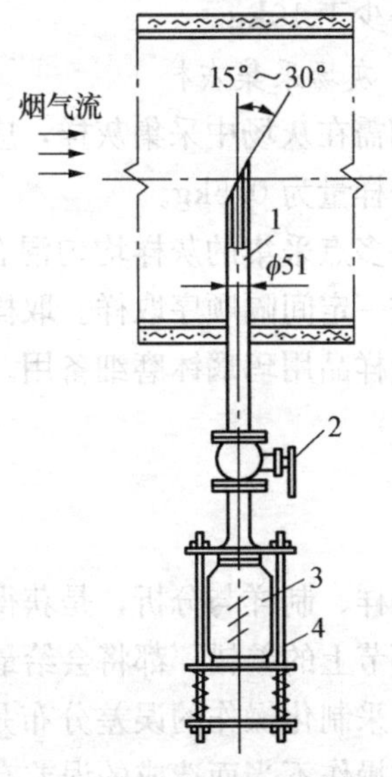

图3-9 撞击式飞灰采样器

1—采样管；2—Dg50球形旋塞；3—集灰瓶；4—灰瓶固定架

该采样器是利用撞击与重力作用进行气灰分离的采样装置，飞灰中颗粒大者易于被撞而落入集灰瓶中，造成所采集的飞灰样品中粗颗粒者比重较实际飞灰中为高，使其飞灰可燃物测定结果偏高，因而飞灰可燃物的实际含量应按测定值乘上 0.84～0.88 的修正系数。

飞灰与煤粉采样相似，要采集到有代表性的飞灰样品并不容易。由于炭粒在飞灰中分布极端不均匀，甚至凭借肉眼也能看出这种情况。炭粒一般粒径较大，而灰粒粒径较小，从粒径及颜色上就不难分辨其含碳量高低。

可燃物含量与飞灰颗粒有关，一般颗粒越大，含量就越高。要想获得有代表性的飞灰样，最好采取连续采样方式，至少也要分多次采样。

现在市场上有各种自动化程度较高，应用各种原理生产的飞灰采样装置，其性能评价不一，但确实代表飞灰采样的发展方向。

（二）炉渣及灰场灰样的采集

炉渣是指煤粉在燃烧中所形成的灰粒，由于受高温作用而表面熔融，经相互碰撞而粘在一起的渣块，从锅炉底排出。炉渣中也存在未燃尽的碳，故也需对炉渣进行采样，来测定其含碳量。

1. 炉渣样的采集

炉渣样品在除渣系统出渣口处按一定的时间间隔采集。在渣堆采样时，采样点应分布在渣堆各个部位，采样点可选择 5～10 个，每点采样量按渣的粒度确定（见表 3-7）。

表 3-7　炉渣粒度与最小采样量关系

渣的粒度（mm）	≤25	≤50	≤100	>100
最小采样量（kg）	1	2	4	5

采样时要注意渣块大小比例及外观颜色。每值每炉采样量约为总渣量的万分之五，但最少不得少于 10kg。

2. 灰场采集灰样

如需在灰场中采集灰样，应按网格布点采样。采样点 5～10 个，采样深度 150mm 左右，每点采样量为 0.5kg。

将多点采集的灰样均匀混合后倒入方盘内，铺成厚度 2～3mm 的薄层，分成若干小方块，按一定间隔顺序取样。取样点不少于 9 个，每点取样量不少于 5g，将此样充分混匀并取适量样品用玛瑙钵磨细备用。

第四节　煤样的制备

采样、制样与分析，是获得可靠煤质检测结果的三个相互关联又相对独立的环节，任何一个环节上的差错，都将会给最终分析结果带来不利影响，其中影响最大的是采样，其次是制样。采制化操作的误差分布是采样占 80%，制样占 16%，化验占 4%。实践表明：制样程序或操作不当而造成的误差有时并不亚于采样误差。

一、制样的基本概念

对于煤炭，采取的总样质量通常有数千克至数百千克，而在实验室化验时只需由总样制备得到的空气干燥煤样 100g 左右，因此有必要将总样制备成化验所需的试样。同时，还要保持总样的平均煤质特性。要达到这一要求，就要将所采取的具有代表性的总样按照规定的制备方法——破碎、掺和和缩分。由于总样一般数量较大，不可能在制备过程中全部磨制到实验室所需的粒度。这是因为在磨制中会消耗大量的人力和时间，同时还会引起尘化而增加损失量。所以，总样制备应遵循破碎与缩分相互交替进行，并在缩分的每一段要严格监控，使缩分出的保留样品量达到与相适应粒度要求的最小保留质量，以保持原煤样的代表性。

1. 制样的含义

对所采集的具有代表性的原始煤样，按照标准规定的程序与要求，对其反复应用筛分、破碎、掺和、缩分操作，以逐步减小煤样的粒度和减少煤样的数量，使得最终所缩制出来的试样能代表原始煤样的平均质量，这一过程称为制样。

2. 制样的基本操作

实验室制备煤样通常包括下列几个步骤：

(1) 破碎。当煤样粒度超过进行缩分作业所要求的粒度尺寸时就需破碎，使之减小粒度，以满足缩分粒度的要求。同时，增加不均匀物质的分散程度，以减少缩分误差。

(2) 过筛。为确保全部煤样破碎到必要的粒度，须用规定的筛子过筛，过筛后凡未通过筛子的煤样都要重新破碎，直到全部煤样通过所用筛子为止，以保证在各制样阶段，各不均匀物质达到一定的分散程度。

(3) 掺和。用某种规定的方法掺合煤样，使达到大小粒度分布均匀的目的，以减少下一步缩分误差。对于在制备中已采用过筛步骤，再破碎后的煤样更需掺和，使之尽可能均匀，因为筛分出来的煤样再掺合进去一般很难掺匀。因此在制备煤样中要尽可能减少过筛步骤。掺和的方法可采用人工或机械样品混合器。

(4) 缩分。由人工或机械方法将煤样缩制成两部分或多部分，以达到减少数量的目的。

缩分中应注意煤样最小质量与最大粒度的关系，以及选择的分析方法对试样最小质量的要求。缩分的方法可选用二分器或机械缩分器，堆锥四分法在堆锥过程中易产生粒度离析，大颗粒向四周滚落，细颗粒集中于中部，很难使粒度分布均匀，由于矸石和煤炭的粒度不同，大颗粒和小颗粒的组成和特性也不同，因此，如果堆锥不当使得缩分后的保留样和弃样就会产生较大差别，煤样就很难有代表性。国际标准中建议除水分大无法使用机械缩分器外，不主张使用堆锥四分法。

(5) 干燥。在制备煤样过程中，有时遇到煤样太湿，无法进一步破碎缩分时，才有必要进行干燥，干燥温度一般不应超过 50℃。

上述各步骤构成了一个完整制样阶段，其中 (1)～(4) 步骤可重复多次，直到煤的数量和粒度大小符合试验要求为止。然而所有煤样并非都要经过这些步骤，视煤样状态和试验要求而定。例如煤样粒度已较细（符合缩分时要求的粒度），且数量较多时，则可不必破碎而直接掺合和缩分，又如煤样量尽管不多，但其粒度较大，超过缩分要求的粒度，则要先进行破碎再缩分，再如煤样较湿无法进行下一步制备作业，则需先进行干燥等。总之，煤样所处状态是多种多样的，其要求也各不相同。

在制备煤样中要灵活运用上述几个步骤，但又不失制样的原则，这样制备出的煤样不仅符合试验要求，而且还可保持原煤样的代表性。

3. 制样的基本原则

（1）制样的目的是将采集的煤样，经过破碎、混合和缩分等程序制备成能代表原来煤样的分析（试验）用煤样。制样方案的设计，以获得足够小的制样方差和不过大的留样量为准。

（2）煤样制备和分析的总精度为 $0.05A^2$，并无系统偏差。A 为采样、制样和分析的总精密度（见 GB 475）。

（3）在下列情况下需要按规定检验煤样制备的精密度：①采用新的缩分机和破碎缩分联合机械时；②对煤样制备的精密度发生怀疑时；③其他认为有必要检验煤样制备的精密度时。

（4）在缩制过程中尽可能减少煤粒、煤粉、水分的损失以及外界杂质的混入。

（5）无论煤样的粒度多大，只要满足相应粒度下的最小留样量，都是允许缩分的（对于初级子样的缩分国标也有相应的规定）。

（6）在缩分煤样时，应严格遵守粒度所要求的最小保留样品量。

（7）在缩分中应采用经确认无系统偏差的二分器或机械缩分器。

二、制样室、制样设备及制样基本操作

1. 对制样室的基本要求

（1）制样室的面积随电厂机组容量、煤源分布、进煤方式不同而异。一般大中型电厂，制样室面积宜为 40～80m²（不包括煤样室、工具室等），上铺厚度不小于 6mm 的钢板，通常钢板的面积应为制样室面积的 40%～50%。制样室宜采用水泥地面。

（2）制样室应不受风雨侵袭及外界尘土的影响，要有完善的照明、排水、通风设施。在可能条件下要加装除尘设备，以确保制样人员的健康。

（3）制样室内应安装 380V 的交流电源，电源容量要满足制样设备的需要，要有可靠的接地线，各种制样设备宜安置于水泥台座上，用地脚螺丝固定好。

（4）除安置制样设备及进行制样操作的上述制样室外，还应配备有关辅助设施，主要包括工具室、更衣室、浴室等，辅助设施的面积与要求随各厂具体条件而定。

2. 制样设备及制样基本操作

（1）筛分设备。制样室需要配备各种用途不同规格的筛子。

1）用于测定煤的最大粒度的筛子，为孔径 25、50、100、150mm 的圆孔筛。

2）用于制样的一组方孔筛，其孔径为 25、13、6、3、1、0.2mm 方孔筛，外加一只 3mm 的圆孔筛。

3）用于煤粉细度测定孔径为 200μm 和 90μm 的标准试验筛，并配筛底及筛盖。

4）用于测定哈氏可磨性指数的孔径为 1.25mm 和 0.63mm 的制样筛及孔径为 0.071mm 的筛分筛，并配筛底及筛盖。

应该注意：筛子有方孔与圆孔之分。设某一孔径的圆孔筛，其筛孔半径为 r，则圆孔的面积为 πr^2；如同一尺寸的方孔筛，则其面积为 $2r\times2r=4r^2$ 故方孔筛为同一孔筛圆孔筛面积的 4/3.14=1.27 倍。也就是说，同样孔筛的方孔筛要大于圆孔筛，故煤样如能通过圆孔筛，就必定能通过相同孔径的方孔筛；反之，如能通过方孔筛，就不一定能通过相同孔径的圆孔筛。

（2）破碎设备有以下几种。

1）颚式碎煤机。它是借固定颚板与振动颚板的挤压作用破碎物料的一种碎煤设备，如图 3-10 所示。

颚式碎煤机转速比较低，一般出料粒度小于 13mm（大型机出粒粒度可小于 25mm，小型机出料粒度可小于 6mm），属于粗、中碎设备。颚式碎煤机调节机构易锈蚀失灵，同时碎煤时煤尘飞扬较严重，不过这种设备比较耐用（颚板可以更换），价格也较低。

2）密封锤式碎煤机。这是目前应用较多的一种碎煤机（见图 3-11），转速高，破碎效果好。由于为密封式，煤尘飞扬程度较轻，碎煤机对煤的黏性及水分均有一定的适应范围。锤式碎煤机较其他类型碎煤机还是适应性比较好的一种，一般其对原煤水分的适应性为 8%左右。水分过大，筛网易堵。如拆除筛网，能缓解受堵情况，但煤的出料粒度就会变粗，而达不到出料粒度的要求。随着技术的发展密封锤式碎煤机的使用越来越广泛。

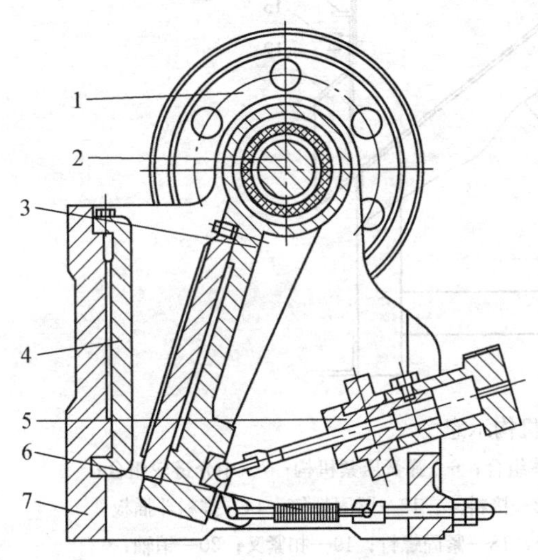

图 3-10　颚式碎煤机结构示意

1—大胶带轮；2—偏心轴；3—连杆机构；4—定颚板组合；5—调节机构；6—闭锁机构；7—机体

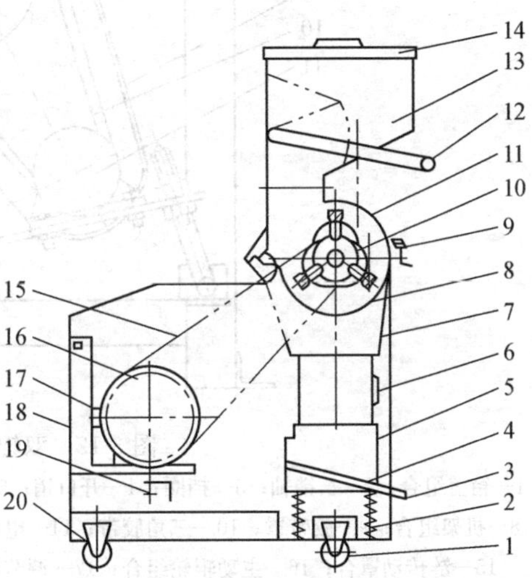

图 3-11　密封锤式碎煤机结构示意

1—脚轮；2—弹簧；3—踏脚板；4—接样器座；5—小接样器托架；6—小接样器；7—下壳体；8—筛板；9—锁紧手柄；10—转子；11—上壳体；12—闸门手柄；13—加料斗；14—加料斗盖；15—三角胶带；16—电机；17—胶带轮；18—底座；19—调节螺杆；20—万向脚轮

锤式碎煤机的缺点是存在不同程度的过破碎现象。

3）双辊式碎煤机。这是一种用相向转动的 2 个带齿的圆辊，借其劈裂作用破碎煤样的碎煤机（见图 3-12）。

该碎煤机转速比较低，碎煤效果一般，特别是黏性与水分较大的煤，易堵，它基本上用于低水分、低黏性煤的破碎，其出料粒度多为 3mm 以下。随着使用时间加长，双辊上齿被磨平，出料粒度会增大。

4）破碎缩分联合制样机。将破碎设备与缩分设备组合在一起，图 3-13 所示为一种类型的破碎缩分机，上方为颚式碎煤机，下方为缩分器，并装有振筛装置，出料粒度一般有小于 13mm 或小于 6mm 的两种。

现在有各种类型的联合破碎缩分机，其碎煤机与缩分器的选型各不相同，同时加装了给煤机。新型的破碎缩分机由给煤机、一级碎煤机、一级缩分器、二级碎煤机、二级缩分器组成。通常一级出料粒度小于 13mm，二级出料粒度小于 3mm。

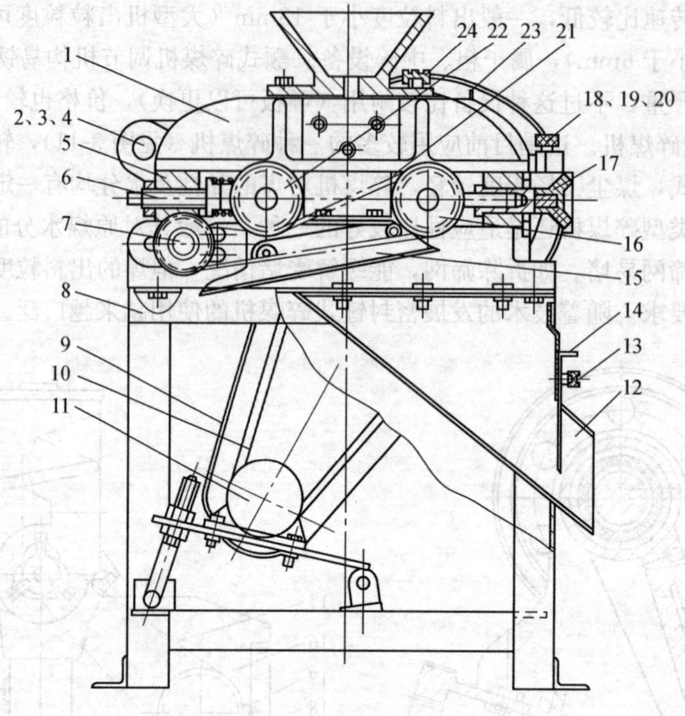

图 3-12　双辊碎煤机构示意

1—箱盖组合；2—长销轴；3—挡圈；4—开口销；5—箱体组合；6—弹簧压紧机构；7—中介链轮组合；8—机架组合；9—胶带罩；10—三角胶带；11—电机；12—接料斗；13—紧固螺钉；14—排料斗插板；15—链传动罩合；16—主动辊轮组合；17—调节杆组合；18—紧固螺钉；19—扣紧叉；20—销轴；21—传动链；22—从动辊轮组合；23—进料口插板；24—顶丝

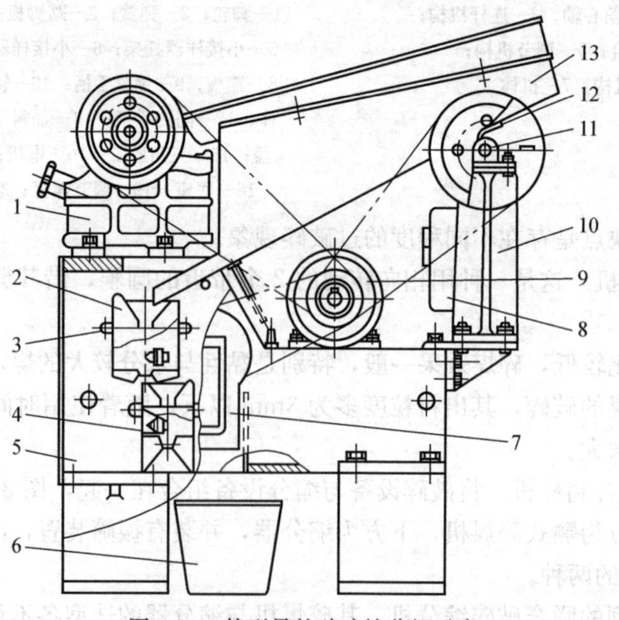

图 3-13　某型号的破碎缩分机示意

1—颚式碎煤机；2—缩分器；3—导杆；4—连杆；5—机座；6—接样斗；7—齿轮减速箱；8—磁力启动器；9—电动机；10—后轴承支座；11—油轴；12—轴承轴；13—振筛器

给煤机有连续给煤的，也有脉冲间断给煤的，碎煤机与缩分器的选型与组合也不一样。

5）密封式制样粉碎机。制备的最后一个环节，是制取粒度小于 0.2mm 的粉样。现在普遍使用密封式制样粉碎机，如图 3-14 所示。

该设备破碎煤样效率高，其粉碎装置可选 1 个或多个，最多宜选 3 个。该粉碎机振动大，为保证获得小于 0.2mm 的粉样，粉碎装置中加料量不宜过大，同时加入的样品粒度应为小于 1mm 或小于 3mm（圆孔筛）。过粗过大粒度的煤样，其破碎自然不能达到预期的效果。制粉过程中要严格防止煤粉的损失，因此时样品量较少，任何不当损失都可能造成重大误差。

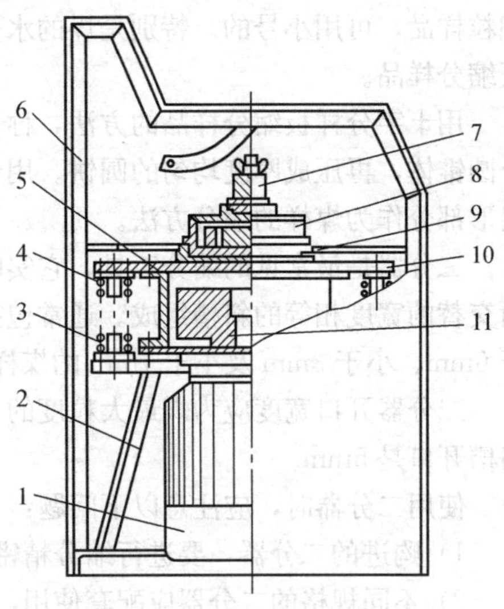

图 3-14　密封式制样粉碎机示意

1—电机；2—机架；3—压缩弹簧；4—弹簧座；5—连接套；6—机壳；7—压紧装置；8—粉碎装置；9—座圈；10—振动面板；11—偏心锤

在制样中，破碎设备最为关键。电厂应选择不同出料粒度的碎煤机，并配套使用。煤样粒度越小，就越难破碎，就越需要配备适当的碎煤设备。

（3）掺和设备。铲子、铁锨等为主要掺合工具，在每次缩分以前，必须掺合均匀。标准规定至少要掺合 3 遍。当前普遍还是采用人工掺和方式，煤样的掺和应在制样室内的制样钢板上进行，机械混合设备如满足需要也可使用。

（4）缩分设备。在制样室应用最多的缩分工具是十字分样板及不同规格的槽式二分器（见图 3-15）。

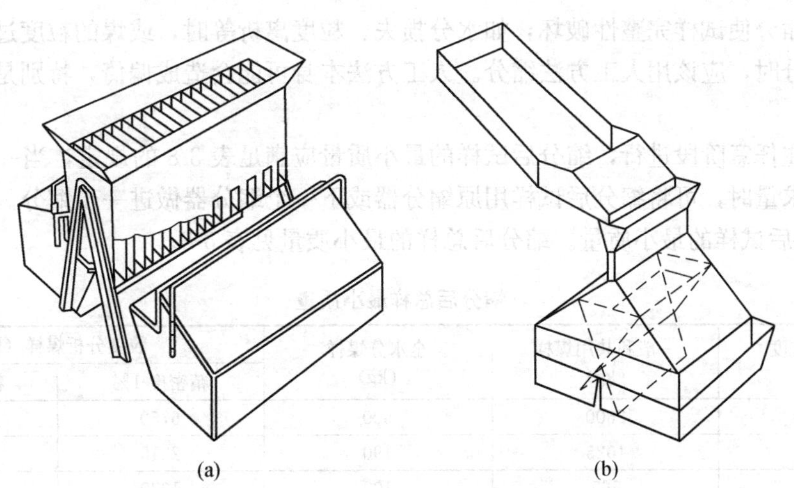

图 3-15　槽式二分器示意

（a）开式；（b）闭式

十字分样板是最简单，也最实用的缩分工具。通常制样室至少需配备不同规格的三四只十字分样板，用于缩分小于 25mm、小于 13mm、小于 6mm、小于 3mm、小于 1mm 的样品。样品粒度大、缩分的样品量多时，要使用大号的；反之，缩分小于 3mm、小于 1mm 的细粒样品，可用小号的。特别是煤的水分较大，使用槽式二分器易堵时，更要使用十字分样板缩分样品。

用十字分样板缩分样品的方法，称为堆锥四分法，即把煤样从顶到底分布均匀，堆成一个圆锥体，再压成厚度均匀的圆饼。用十字分样板将其分成 4 个相等的扇形，取其中相对的扇形部分作为煤样的缩分方法。

二分器是最常见的缩分工具，它实际上具有掺和与缩分的双重功能。二分器由一列平行而交替的宽度相等的斜槽组成。通常包括大小不同规格的二分器，用于缩分小于 13mm、小于 6mm、小于 3mm 及小于 1mm 的煤样，故二分器应大小不同规格配套使用。

二分器开口宽度应为煤最大粒度的 3 倍，但不应小于 5mm，也就是最小规格的二分器，格槽开口是 5mm。

使用二分器时，应注意以下问题：

1）购进的二分器，要进行缩分精密度的检验（见本章第四节），合格者方可使用。

2）不同规格的二分器应配套使用，一般选用不锈钢加工的二分器。

3）在使用二分器时，煤样应均匀垂直加入全部格槽中，才能保证两侧煤样量一致。

4）当缩分时，应适当控制加煤速度，以防堵煤。对于水分特大的煤，不宜用二分器缩分，可采用堆锥四分法。

缩分器大多采用二分器的原理，凭借其往返运动达到缩分的目的，由于煤样始终处于运动过程中，故不易发生堵煤。

(5) 机械缩分方法。试样缩分可以用机械方法，也可用人工方法进行。为减小人为误差，应尽量使用机械方法缩分。

当试样明显潮湿，不能顺利通过缩分器或沾到缩分器表面时，应在缩分前按国标要求进行空气干燥。

当机械缩分使试样完整性破坏，如水分损失、粒度离析等时，或煤的粒度过大使得无法使用机械缩分时，应该用人工方法缩分。人工方法本身可能会造成偏倚，特别是当缩分煤量较大时。

缩分可在任意阶段进行，缩分后试样的最小质量应满足表 3-8 的规定，当一次缩分后的质量大于要求量时，可将缩分后试样用原缩分器或下一个缩分器做进一步缩分。

1）缩分后试样的最小质量。缩分后总样的最小质量见表 3-8。

表 3-8　　缩分后总样最小质量

标称最大粒度（mm）	一般和共用煤样（kg）	全水分煤样（kg）	粒度分析煤样（kg）	
			精密度 1%	精密度 2%
150	2600	500	6750	1700
100	1025	190	2215	570
80	565	105	1070	275
50	170	35	280	70
25	40	8	36	9
13	15	3	5	1.25
6	3.75	1.25	0.65	0.25
3	0.7	0.65	0.25	0.25
1.0	0.10	—	—	—

表 3-8 第 2 列所列的一般煤样和共用煤样的缩分后总样最小质量，可使由于颗粒特性导致的灰分方差减小到 0.01，相当于 0.2%的灰分精密度。第 3 列所列的全水分煤样缩分后总样最小质量，约为一般煤样的 20%，但不能少于 0.65kg。第 4 和第 5 列所列值都是根据筛上物（即粒度大于标称最大粒度）的测定精密度计算出来的，其他粒度组分的精密度一般会优于这些值。在所有情况下，总缩分精密度都取决于每一试样缩分阶段的缩分方差的总和。

在其他制样精密度水平下的缩分后试样最小质量 m_s 可按式（3-28）计算，即

$$m_s = m_{s,0}\left(\frac{0.2}{P_R}\right)^2 \tag{3-28}$$

式中　$m_{s,0}$——表 3-8 规定的给定标称最大粒度下的缩分后试样最小质量，kg；

P_R——给定缩分阶段要求的精密度。

当制备多种用途煤样时，应全面考虑每种试样的要求质量和粒度组成。

2）缩分机械。机械缩分器是以切割大量的小质量试样的方式从试样中取出一部分或若干部分。图 3-16 所示为几种机械缩分器示例。

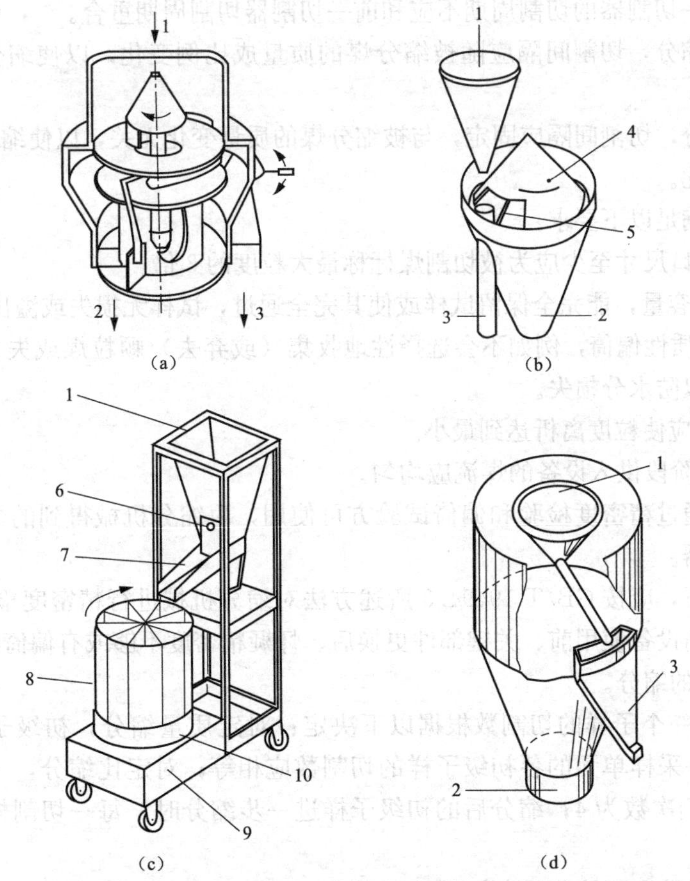

图 3-16　机械缩分器示例

（a）旋转盘型；（b）旋转锥型；（c）旋转容器型；（d）旋转斜管型

1—供料；2—弃样；3—缩分后试样；4—旋转锥；5—可调开口；6—放料门；7—下料溜槽；8—旋转接料器；9—电机；10—转盘

a）煤样从一混合容器供到缩分盘中央顶部，然后通过特殊的清扫臂分散到整个盘上，留样经过若干可调口进入溜槽；弃样经一管道排出，缩分器整个内部由刮板清扫。

b）煤流落在一旋转锥上，然后通过一带盖的可调开口进入接收器，锥每旋转一周，收集一部分试样。

c）煤流经漏斗流下，然后被若干个扇形容器截割成若干相等的部分。

d）一旋转漏斗下部带一斜管，煤流进入漏斗并从斜管排出，在旋转斜管出口的运转轨迹道上有一个或多个固定的切割器。斜管出口每经过切割器一次，即截取一个“切割样”。

3）机械缩分方法。机械缩分可对未经破碎的单个子样、多个子样或总样进行，也可对破碎到一定粒度的试样进行。缩分可采用定质量缩分或定比缩分方式。

缩分时，各次切割样质量应均匀，为此，供入缩分器的煤流应均匀，切割器开口应固定，供料方式应使煤流的粒度离析减到最小。

为最大限度地减小偏倚，缩分时，第 1 次切割应在第 1 切割间隔内随机进行。对第二和第三缩分器，后一切割器的切割周期不应和前一切割器切割周期重合。

对于定质量缩分，切割间隔应随被缩分煤的质量成比例变化，以使缩分出的试样质量一定。

对于定比缩分，切割间隔应固定，与被缩分煤的质量变化无关，以使缩分出的试样质量与供料质量成正比。

缩分设备应满足以下要求：

a）切割器开口尺寸至少应为被切割煤标称最大粒度的 3 倍。

b）有足够的容量，能完全保留试样或使其完全通过，试样无损失或溢出。

c）不产生实质性偏倚，例如不会选择性地收集（或弃去）颗粒煤或失去水分。必要时应为全封闭式，以防水分损失。

d）供料方式应使粒度离析达到最小。

e）每一缩分阶段供入设备的煤流应均匀。

缩分机械应通过精密度检验和偏倚试验方可使用，由缩分机械得到的煤样的进一步缩分，应使用二分器。

在下列情况下，应按 GB/T 19494.3 所述方法对缩分机械进行精密度检验和偏倚试验：新设计生产时、新设备使用前、关键部件更换后、怀疑精密度不够或有偏倚时。

4）单个子样的缩分。

a）切割数。一个子样的切割数根据以下决定：对定质量缩分，初级子样的最少切割次数为 4，且同一采样单元的各初级子样的切割数应相等；对定比缩分，一个平均质量初级子样的最少切割次数为 4；缩分后的初级子样进一步缩分时，每一切割样至少应再切割 1 次。

单个子样的缩分和再缩分程序如图 3-17 所示。

b）缩分后子样最小质量。缩分后子样的质量应满足以下要求：每一缩分阶段的全部缩分后子样合并的总样的质量，应不小于表 3-8 规定的相应采样目的和标称最大粒度下的质量；并且子样的质量满足式（3-12）的要求；如子样质量太少，不能满足这两个要求，则应将其进一步破碎后再缩分。

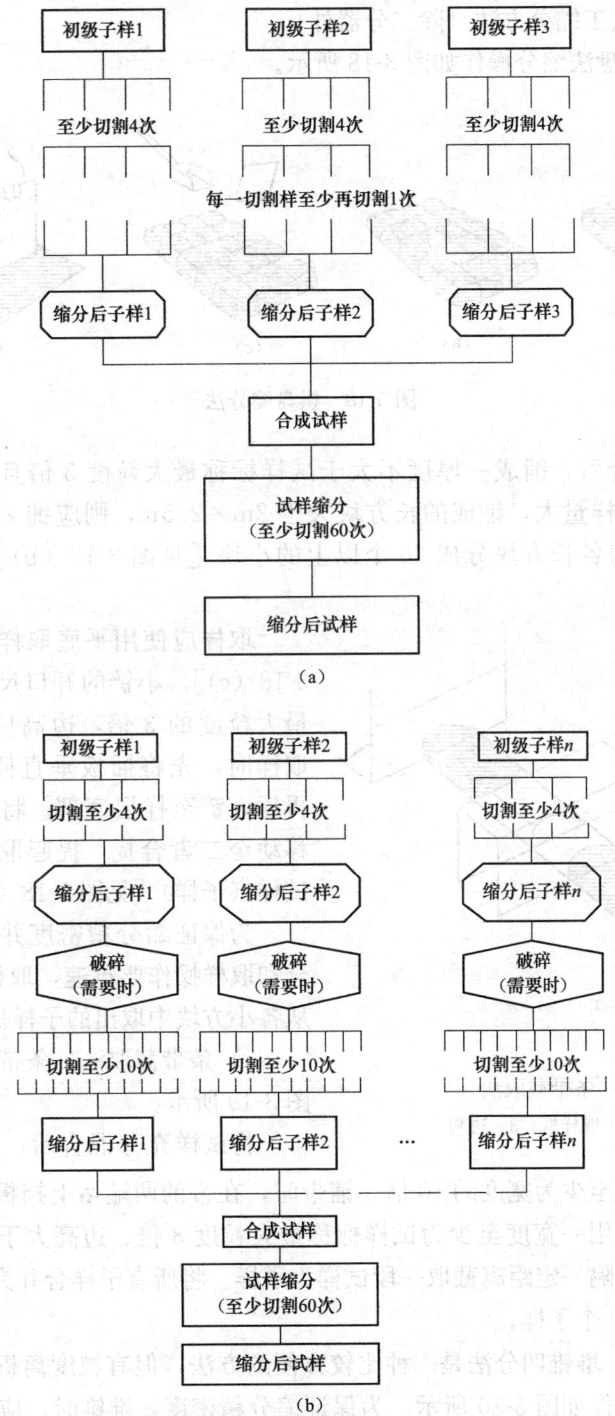

图 3-17　单个子样的缩分和再缩分程序示例

(a) 示例（一）；(b) 示例（二）

c）试样的缩分。全部子样或缩分后子样的合成试样缩分的最少切割数为 60 次。缩分后试样的最小质量应满足表 3-8 的规定。如试样质量太少，则应改用人工方法缩分。粒度小于 13mm 的试样应用二分器缩分。

（6）其他常用人工缩分方法（除二分器外）

1）棋盘法。棋盘法缩分操作如图 3-18 所示。

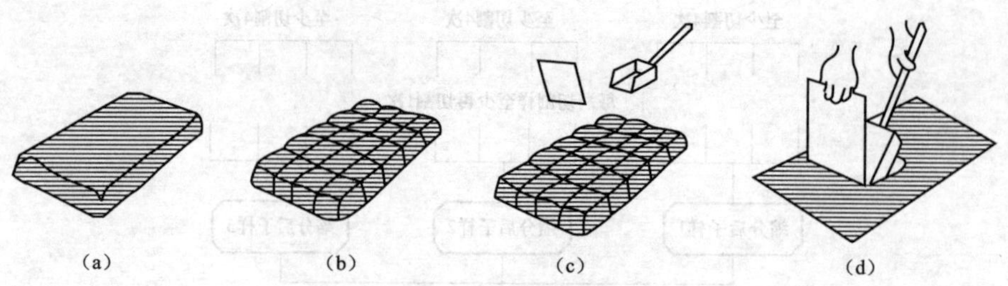

图 3-18　棋盘缩分法

将试样充分混合后，铺成一厚度不大于试样标称最大粒度 3 倍且均匀的长方块［见图 3-18（a）］。如试样量大，铺成的长方块大于 2m×2.5m，则应铺 2 个或 2 个以上质量相等的长方块，并将各长方块分成 20 个以上的小块［见图 3-18（b）］，再从各小块中部分别取样。

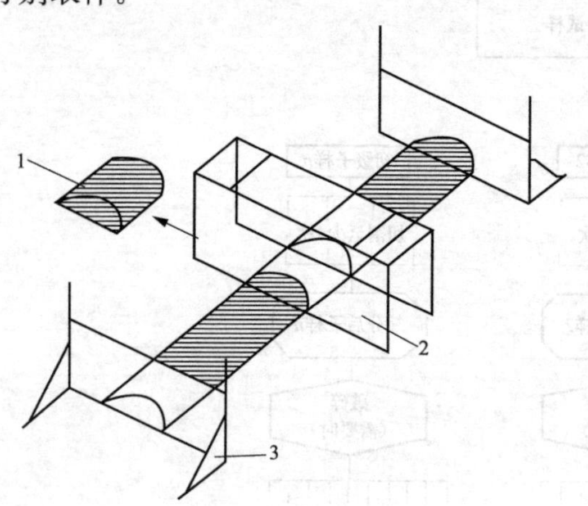

图 3-19　条带截取法

1—子样；2—取样框；3—边板

取样应使用平底取样小铲和插板［见图 3-18（c）］。小铲的开口尺寸至少为试样标称最大粒度的 3 倍，边高应大于试样堆厚度。取样时，先将插板垂直插入试样层至底部，再插入铲至样层底部。将铲向插板方向水平移动至二者合拢，提起取样铲和插板，取出试样（子样）［见图 3-18（d）］。

为保证缩分精密度并防止水分损失，混合和取样操作要迅速，取样时样品不要撒落，从各小方块中取出的子样量要相等。

2）条带截取法。条带截取缩分法操作如图 3-19 所示。

将试样充分混合后，顺着一个方向随机铺放成一长带，带长至少为宽度的 10 倍。铺带时，在带的两端堵上挡板，使粒度离析只在带的两侧产生。然后用一宽度至少为试样标称最大粒度 3 倍、边高大于试样带厚度的取样框，沿样带长度，每隔一定距离截取一段试样为子样。将所有子样合并为缩分后试样。每一试样一般至少截取 20 个子样。

3）堆锥四分法。堆锥四分法是一种比较方便的方法，但有粒度离析，操作不当会产生偏倚。堆锥四分法操作如图 3-20 所示。为保证缩分精密度，堆锥时，应将试样一小份一小份地从样堆顶部撒下，使之从顶到底、从中心到外缘形成有规律的粒度分布，并至少倒堆 3 次。摊饼时，应从上到下逐渐拍平或摊平成厚度适当的扁平体。分样时，将十字分样板放在扁平体的正中间，向下压至底部，煤样被分成四个相等的扇形体。将相对的两个扇形体弃去，另两个扇形体留下继续下一步制样。为减少水分损失，操作要快。

4）九点取样法。本方法仅用于抽取全水分试样。如图 3-21 所示，用堆锥法将试样混合一次后摊开成厚度不大于标称最大粒度3倍的圆饼状，然后用与棋盘缩分法类似的取样铲和操作从图中所示的9点中取9个子样，合成一全水分试样。

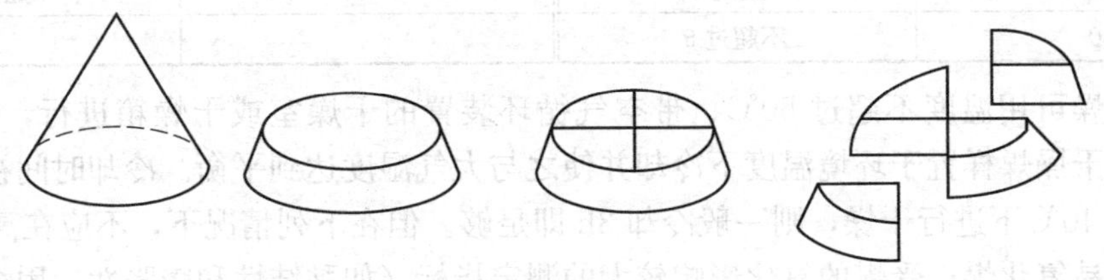
图 3-20　堆锥四分法

(7) 破碎。破碎的目的是增加试样颗粒数，减小缩分误差。同样质量的试样，粒度越小，颗粒数就越多，缩分误差就越小。但破碎耗时间、耗体力、耗能量，而且会产生试样特别是水分损失。因此，制样时不应将大量大粒度试样一次破碎到试验试样所要求的粒度，而应采用多级破碎缩分的方法来逐渐减小粒度和试样量，但缩分阶段也不宜多。

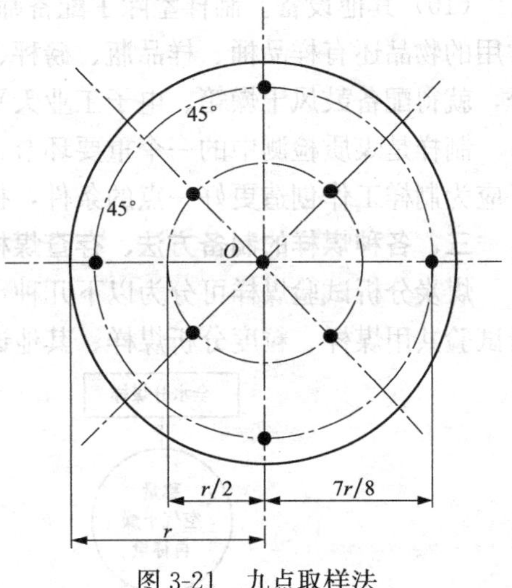

图 3-21　九点取样法

应该用机械设备破碎，但允许用人工方法将大块试样破碎到第1破碎阶段的最大供料粒度。

破碎机的出料粒度取决于机械的类型及破碎口尺寸（颚式、对辊式）或速度（锤式、球式）。要求破碎粒度准确，破碎时试样损失和残留少；用于制备全水分、发热量和黏结性等煤样的破碎机，更要求生热和空气流动程度尽可能小。因此，不宜使用圆盘磨和转速大于950r/min的锤碎机和高速球磨机（大于20Hz）。制备有粒度范围要求的特殊试验样时应采用逐级破碎法。

应经常用筛分法来检查破碎设备的出料标称最大粒度。

(8) 混合。混合的目的是使煤样尽可能均匀。从理论上讲，缩分前进行充分混合会减小制样误差，但实际并非完全如此。如在使用机械缩分器时，缩分前的混合对保证缩分精密度没有多大必要，而且混合还会导致水分损失。

也可采用二分器或多容器缩分器混合。使试样多次（3次以上）通过二分器或多容器缩分器［图3-18 (c)］，每次通过后把试样收集起来，再供入缩分器。

在试样制备最后阶段，用机械方法对试样进行混合能提高分样精密度。

(9) 空气干燥。空气干燥是将煤样铺成均匀的薄层、在环境温度下使之与大气湿度达到平衡。煤层厚度不能超过煤样标称最大粒度的1.5倍或表面负荷为$1g/cm^2$（哪个厚用哪个）。

表3-9给出了在环境温度小于40℃下，使煤样与大气达到平衡所需的时间。这只是推荐性的，在一般情况下已足够。如果需要的话，可以适当延长，但延长的时间应尽可能短，特别是对易氧化煤。

表 3-9　　不同环境温度下的干燥时间

环境温度（℃）	干燥时间（h）	环境温度（℃）	干燥时间（h）
20	不超过 24	40	不超过 4
30	不超过 6		

煤样干燥可用温度不超过 50℃、带空气循环装置的干燥室或干燥箱进行，但干燥后、称样前应将干燥煤样置于环境温度下冷却并使之与大气湿度达到平衡。冷却时间视干燥温度而定，如在 40℃下进行干燥，则一般冷却 3h 即足够。但在下列情况下，不应在高于 40℃温度下干燥：易氧化煤；受煤的氧化影响较大的测定指标（如黏结性和膨胀性）用煤样；空气干燥作为全水分测定的一部分。

（10）其他设备。制样室除了配备筛分、破碎、混合、缩分操作的工具及设备外，其他常用的物品还有样品桶、样品瓶、磅秤、样品盘、清扫工具等，若还在制样室测定煤中全水分，就得配备鼓风干燥箱、电子工业天平等。

制样是煤质检测中的一个重要环节，由于它要求高，劳动强度大、工作条件差，故各电厂应为制样工作创造更好一点的条件，提高制样的机械化水平。

三、各种煤样的制备方法、存查煤样及保存时间

煤炭分析试验煤样可分为以下几种：全水分煤样、一般分析试验煤样、全水分和一般分析试验共用煤样、粒度分析煤样、其他试验煤样等。

1. 全水分煤样

（1）制样程序。测定全水分的煤样既可由水分专用煤样制备，也可在共用煤样制备过程中分取。

全水分测定煤样应满足 GB/T 211 的要求，水分专用煤样的一般制备程序如图 3-22 所示。该程序仅为示例，实际制样中可根据具体情况予以调整。当试样水分较低而且使用没有实质性偏倚的破碎缩分机械时，可一次破碎到 6mm，然后用二分器缩分到 1.25kg；当试样量和粒度过大时，也可在破碎到 13mm 前，增加一个制样阶段。但各阶段的粒度和缩分后试样质量应符合表 3-10 要求。

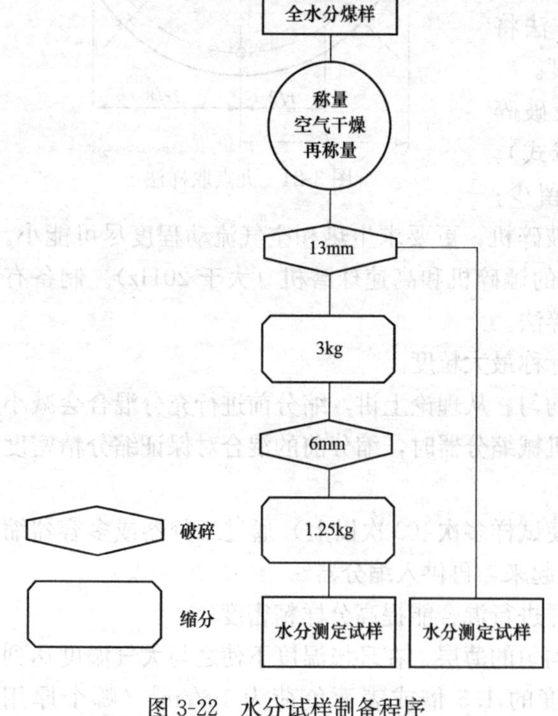

图 3-22　水分试样制备程序

制备完毕的全水分煤样应储存在不吸水、不透气的密封容器中（装样量不得超过容器容积的 3/4）并准确称量。煤样制备后应尽快进行全水分测定。

制样设备和程序应根据 GB/T 19494.3 进行精密度和偏倚试验，偏倚试验可采取下述方法之一进行：

1）与未被破碎的煤样的水分测定值进行对比，但该法只适用于粒度在 13mm 以下的煤样。

2）与人工多阶段制样——测定程序测定值进行对比（即先空气干燥测定外在水分，再

破碎到适当粒度测定内在水分，计算全水测定值，再进行对比)。但应使用密封式、空气流动小的破碎机和二分器制样。

(2) 空气干燥。空气干燥的目的主要是测定外在水分和在随后的制样过程中尽可能减少水分损失。空气干燥一般应在试样破碎和缩分之前进行，在下列情况下可变动空气干燥程序：

1) 煤样水分较低，制样过程中不产生水分实质性偏倚时，可不预先进行空气干燥；

2) 试样量过大，难以全部进行空气干燥时，可先破碎-缩分到一定阶段，再进行空气干燥，但破碎-缩分过程应经检验无实质性偏倚；

3) 试样粒度过大，难以进行空气干燥，可先破碎到一定粒度再干燥，但破碎过程中应不产生实质性偏倚。

当煤样过湿，水分从煤中渗出来或沾到容器上时，应将容器和煤样一块进行空气干燥。

空气干燥进行到连续干燥 1h 后，煤样的质量变化不超过 0.1%为止，煤样的质量损失作为其外在水分，计入全水分中，计算方法为

$$M_t = X + M\left(1 - \frac{X}{100}\right) \tag{3-29}$$

式中　M_t——校正后的全水分，用质量分数表示，%；

X——空气干燥时煤样的质量损失率，用质量分数表示，%；

M——按照 GB/T 211 测定的全水分，用质量分数表示，%。

(3) 破碎和缩分。应使用不明显生热、机内空气流动很小的设备进行破碎，以免破碎过程中水分损失，除非试验证明破碎不会产生水分实质性偏倚，否则试样在空气干燥前不能破碎。

缩分一般也应在空气干燥以后进行。如在空气干燥之前缩分，则应使用空气流动很小的缩分机械并快速操作，以最大限度地减小水分变化程度。如果煤样过湿、不能顺利通过缩分机械，则将试样先进行空气干燥再缩分，或者用人工棋盘法、条带法或九点法进行缩分。

(4) 储存。煤样在制备前、后以及制备过程中的任何中间阶段都应储存在不吸水、不透气的密封容器中并放在阴凉处。当采样过程很长导致试样放置时间太久时，应增加采样单元数，以缩短试样放置时间。试样制完后应储存在不吸水、不透气的密封容器中，并准确称量，以便测定在后续储存和运输过程中的水分变化。

2. 一般分析试验煤样

(1) 制样程序。一般分析试验煤样应满足一般物理化学特性参数测定有关的国家标准要求，一般制备程序如图 3-23 所示。一般分析试验煤样制备通常分两三阶段进行，每阶段由干燥（需要时）、破碎、混合（需要时）和缩分构成。必要时可根据具体情况增加或减少缩分阶段。每阶段的煤样粒度和缩分后煤样质量应符合表 3-8 的要求。

为了减少制样误差，在条件允许时，应尽量减少缩分阶段。

制备好的一般分析试验煤样应装入煤样瓶中，装入煤样的量应不超过煤样瓶容积的3/4，以便使用时混合。

(2) 空气干燥。空气干燥的目的，一是为了使煤样顺利通过破碎和缩分设备，二是为了避免分析试验过程中煤样水分发生变化。

空气干燥可在任一制样阶段进行。最后制样阶段前的干燥不要求达到湿度平衡状态。如煤样能顺利通过破碎和缩分设备也可不进行干燥，但最后制样阶段的空气干燥应达到湿度平衡状态。

(3) 破碎和缩分。应使用机械方法破碎，如煤样原始粒度太大，则允许使用人工方法将

大块破碎到破碎机最大供料粒度以下。

一般来说，在可能情况下，最好在第一阶段就将煤样破碎到3mm以下，以减少下一阶段的留样量，同时最大限度地减小缩分误差；当煤样粒度太大或水分太高时，可在3mm以前增加一个制样阶段。

应使用机械方法缩分，如用人工方法，则粒度小于13mm时，最好使用二分器。如用棋盘法和条带法，则至少取20个子样。

粒度小于3mm的煤样（质量符合表3-8规定），如使之全部通过3mm圆孔筛，则可用二分器直接缩分出不少于100g用于制备一般分析试验煤样。

在粉碎成粒度小于0.2mm的煤样之前，应用磁铁将煤样中铁屑吸去，再粉碎到全部通过孔径为0.2mm的筛子，在煤样达到空气干燥状态后，装入煤样瓶中。

3. 共用煤样

(1) 制样程序。在多数情况下，为方便起见，采样时都同时采取全水分测定和一般分析试验用的共用煤样。制备共用煤样时，应同时满足GB/T 211和一般分析试验项目国家标准的要求，其制备程序如图3-24所示。

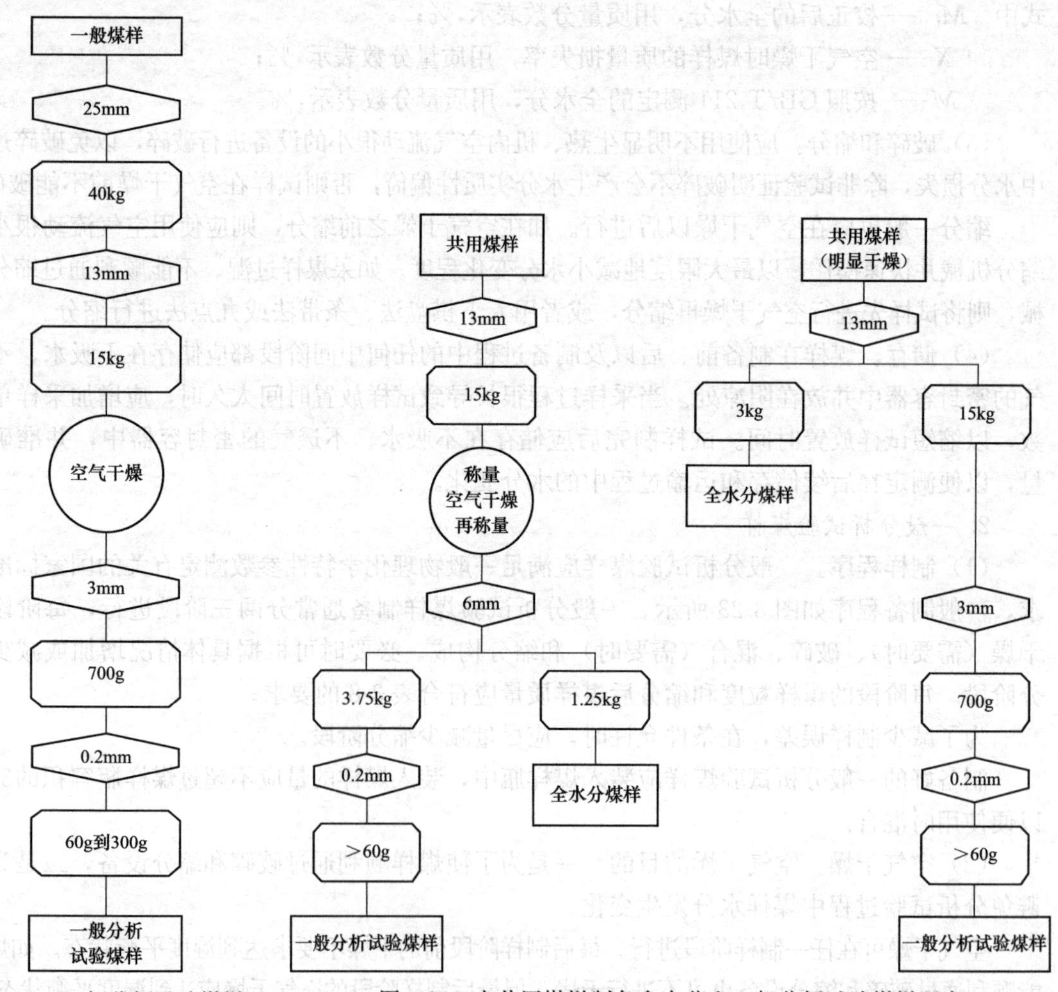

图3-23 一般分析试验煤样制备程序示例

图3-24 由共用煤样制备全水分和一般分析试验煤样程序

全水分煤样最好用机械方法从共用煤样中分取；当水分过大而又不可能对整个煤样进行空气干燥时，可用人工方法分取。

抽取全水分煤样后的留样用于制备一般分析试验煤样，但如用九点法抽取全水分煤样时，则应先将其分成两部分（每份煤样量应满足表 3-10 的要求），一部分制全水分煤样，另一部分制一般分析试验煤样。

（2）机械缩分法采取全水分煤样。理论上全水分煤样可以在任一制样阶段抽取，但为了防止水分损失，应尽可能早抽取，在抽样前煤样应按全水分制备方法所述进行处理。如在抽样前进行了空气干燥，则应测量水分损失并计入全水分。

（3）人工方法抽取全水分煤样。全水分煤样可用棋盘法、条带法、二分器法和九点法采取。为了避免水分损失，空气干燥前应尽量少对煤样进行处理，空气干燥后煤样的处理应按全水分制备方法进行。采取全水分后余下的煤样，除九点法取样后的余样外，可用于制备一般分析试验煤样。

4. 粒度分析煤样

图 3-25 为粒度分析和其他物理试验煤样制备程序。

如果原始煤样的质量大于表 3-8 规定的相应标称最大粒度下的质量，则可按试样的构成规定缩分到不少于表 3-8 的规定量。缩分时应避免煤粒破碎。

如煤样的标称最大粒度大于切割器开口尺寸的 1/3，则应筛分出粒度大于切割器开口 1/3 的这部分单独进行粒度分析，然后将筛下物缩分到质量不少于表 3-8 的规定量再进行粒度分析。取筛上和筛下物粒度分析的加权平均值为最后结果。

5. 其他试验煤样

其他试验用煤样按一般分析试验煤样和共用煤样所述进行制备，但其粒度和质量应符合有关试验方法的要求，制样程序如图 3-25 所示。

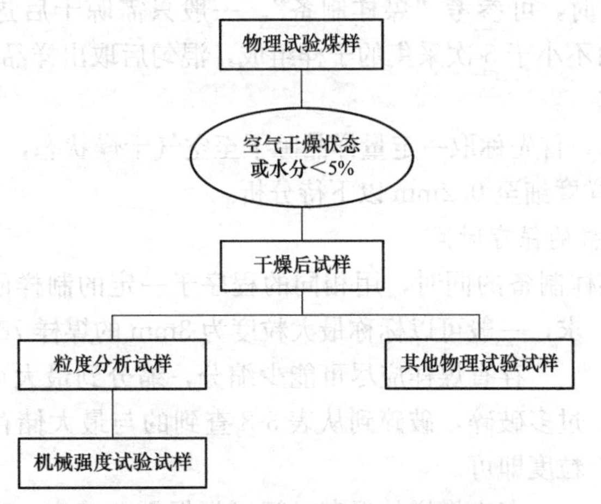

图 3-25　粒度分析和其他物理试验煤样制备程序

粒度要求特殊的试验项目所用煤样，在相应的阶段使用相应设备制取，同时在破碎时应采用逐级破碎的方法，即只使大于要求粒度的颗粒破碎，小于要求粒度的颗粒不再重复破碎。

6. 煤的可磨性指数煤样制备

按照煤样缩制方法的规定，将原始煤样破碎到 6mm 以下，用二分器缩分出 1kg，将破碎好的煤样放在盘中，摊成厚度不大于 10mm 的煤层，在空气中干燥 24～28h，或在不超过 50℃恒温干燥箱中干燥，如连续相隔 1h 称量，其质量变化不超过 0.1%时即认为已达到空气干燥状态。制备时把孔径 1.25mm 的筛子放在孔径 0.63mm 的筛子上，将已达到空气干燥的煤样分多次倒入 1.25mm 筛子上过筛，把大于 1.25mm 的试样再送入破碎机破碎，直到全部通过 1.25mm 为止，留取 0.63～1.25mm 的试样（注意：在破碎中每批约 200g 采用逐级破碎的方法不断调节破碎机辊轴或圆盘间距使其只能破碎较大的颗粒）。

制备好 0.63～1.25mm 的试样，其质量应占破碎前煤样总质量的 45%以上，否则应重新制样。

7. 炉渣样的制备

将全部渣样破碎到 25mm 以下后，按表 3-10 规定缩制，如炉渣水分较高，应预先干燥并达到恒重后制备分析试样。

表 3-10　炉渣缩制粒级与最小质量的关系

炉渣粒度（mm）	≤25	≤3	≤1	≤0.2
最小质量（kg）	15	1	0.5	0.1

将磨制 0.2mm 以下的渣样充分混匀并取适量样品用玛瑙钵研细备用。

8. 入炉煤粉样品的制备

（1）用于分析煤粉细度时，需经过空气冷却至室温。若有特殊要求时则冷却至质量恒定，即 1h 之内两次称量质量变化小于 0.1%。

（2）用于成分分析时，可参考“煤样制备”。一般只需晾干后进一步磨细至粒度小于 0.2mm，其样品量需由不小于 5 次采集的子样组成，混匀后取出样品不少于 50g。

9. 煤灰样品的制备

煤灰样品较潮湿时，首先称取一定量样品晾干至空气干燥状态，记下游离水分损失量备查；再缩分出 200g 试样磨细至 0.2mm 以下待分析。

10. 存查煤样及煤样的保存时间

存查煤样在原始煤样制备的同时，用相同的程序于一定的制样阶段分取。如无特殊要求，一般可以标称最大粒度为 3mm 的煤样 700g 作为存查煤样。

存查煤样应尽可能少缩分，缩分到最大可储存量即可；也不要过多破碎，破碎到从表 3-8 查到的与最大储存质量相应的标称最大粒度即可。

存查煤样的保存时间可根据需要确定。商品煤存查煤样，从报出结果之日起一般应保存 2 个月，以备复查。

拓展资源 2-煤样制备精密度的检验

第五节　商品煤质量抽查验收方法

商品煤质量抽查验收对于火电厂来说是至关重要的，煤炭质量的好坏，关系到电厂的安全经济运行，同时决定了电厂经济效益的优劣。对于商品煤质量抽查验收，国家制订了相应标准即 GB/T 18666。

从电厂锅炉设计开始，入厂煤的验收、入炉煤的监督、煤粉的制备与燃烧、灰渣的排放与利用，直至标准煤耗率的计算，电力生产的各个环节，均与煤质特性的各项指标密切相关。

GB/T 18666 包括两部分内容：一是商品煤质量抽查，二是商品煤质量验收。电力系统为用煤大户，自然更关注商品煤质量验收问题。

一、商品煤质量验收方法

（一）产品（商品）质量检验的分类

产品质量检验分为三类：

（1）产品生产者（例如煤矿）进行的质量检验称为生产检验或第一方检验。

（2）产品消费者或购买者（如电厂）进行的质量检验称为验收检验或第二方检验。

（3）独立于买卖双方的机构（如商检局）进行的质量检验称为第三方检验。

（二）检验方法的分类

检验方法分为抽查方法和验收方法两类。

抽查方法是适用于有关单位对商品煤质量进行的抽查检验，如国家煤炭质量检测中心根据国家产品质量监督部门的规定进行的监督抽查检验。

GB/T 16888 标准对商品煤质量抽查单位没有进行明确规定，但并不意味着对抽查单位没有限制。产品质量监督抽查分为以下四种：一是国家监督抽查，它由国务院产品抽查单位负责组织；二是地方监督抽查，它由县以上地方产品质量监督部门在国务院产品质量监督部门统一规划和协调下负责组织；三是行业监督抽查，它由行业主管部门在同级政府产品质量监督部门统一规划和协调下负责组织；四是企业内部监督抽查，它由企业主管部门根据企业生产经营的需要负责组织。前三类是政府产品质量管理部门依法办事，具有强制性，抽查结果向社会公布。抽查单位必须具有以下资质：第三方公正地位和向社会提供公正数据的资格；经政府授权；必须取得国家质量监督部门的计量认证合格证书和通过国家质量监督部门的机构审查，取得审查认可证书。

验收方法是适用于煤炭买收方进行的验收检验，如电厂入厂煤质量验收。

（三）术语和定义

对于商品煤质验收方法，标准做了如下表述：由买受方从收到的、出卖方发给的一批煤中采取一个或数个总样，然后进行制样和有关项目测定，以出卖方的报告值和买受方的检验值进行比较，对该批煤质量进行评定。标准中对检验值、报告值及质量指标允许差做了如下说明：

检验值——检验单位按国家标准方法对被检验批煤进行采样、制样和化验所得到的煤炭质量指标值。

报告值——被检验单位出具的被检验批煤的质量指标值，包括被检验单位的测定值或贸易合同约定值、产品标准（或规格）规定值。

由报告值的含义可知，报告值有两种不同情况：一是被检验单位的测定值；二是贸易合同的约定值、产品标准（或规格）规定值。在前一种情况下，煤炭买受方（检验单位）与出卖方（被检验单位）均须对同一批煤各自采集一个总样，然后分别制样、化验，对其结果进行比较；后一种情况下，煤炭买受方的检验值只是与贸易合同的约定值、产品标准（或规格）规定值做比较，故此时只有检验单位采集一个总样，因而在验收方法中提出一批煤中有采取一个或数个总样之分。

当一批煤中采取一个或数个总样时，其质量评判标准是不同的。如采取一个总样进行测定，其测定值在95%的概率下落在真值$\pm A$（A是指采制化总精密度）范围内；如采取两个总样，则测定值的差值在$\pm\sqrt{2}A$范围内，则判为合格，这就是该标准制定质量评定允许差的理论基础。

质量指标允许差——被检验单位对某一批煤的某一质量指标的报告值和检验单位对同一批煤的同一质量指标的检验值的差值在规定概率下的极限值。

（四）商品煤质量验收方法

由买受方从收到的、出卖方发给的一批煤中采取一个或多个总样，然后进行制样和有关项目测定，以出卖方的报告值和买受方的检验值进行比较，对该批煤质量进行评定。

1. 检验项目

（1）原煤、筛选煤和其他洗煤（包括非冶炼用精煤）：检验发热量（或灰分）和全硫。

（2）冶炼用精煤：检验全水分、灰分和全硫。

2. 煤样采取、制备和化验

（1）采样、制样和化验人员应经过专门的煤炭采样、制样和化验技术培训，并持有有效的操作证书或岗位合格证书。

（2）采样应符合GB 475的要求。

（3）采样地点。煤样应从被抽查单位销售或待销煤炭中，在移动煤流或火车、汽车载煤中采取，一般不直接在煤堆和轮船载煤中采取，而应在堆（装）煤和卸煤过程中、从转运煤流或小型转运工具如汽车载煤中采取。在特殊情况下，可从煤堆上分层采取，也可从高度小于2m的煤堆上直接采取。

（4）采样基数。抽查煤样的采样基数一般为1000t或一个发运批量。在采样基数小于1000t时，至少应为一个作业班的生产、堆存或运输量。在用被抽查单位的测定值进行质量评定时，抽查单位和被抽查单位的采样单元应相同。

（5）采样方法。煤样按GB 475的规定采取。当采样基数小于等于1000t时，采取1个总样；大于1000t时，可采取1个或多个总样。

总样的子样分布除遵守GB 475的有关规定外还应遵守以下原则：

1）在火车顶部采取原煤和筛选煤样时，抽查煤样和非抽查煤样的子样应分布在错开的小方块中，并将可能重合的采样点在最近的距离内错开。

2）在汽车顶部采样时，根据每车子样数目，按1）所述方法将抽查煤样和非抽查煤样的子样错开。

采样应由抽查单位两名以上人员进行，并做好记录。

（6）煤样的制备。煤样按GB 474和有关测定方法规定的粒度进行制备。煤样缩分一般应使用二分器，煤样粒度过大或煤样过湿时，可用堆锥四分法进行缩分。全水分煤样在一般分析煤样的制备过程中抽取。制样过程中应避免水分损失。煤样可在采样后就地制成实验室煤样然后带回抽查单位进一步制成分析用煤样。

（7）煤样的化验。全水分按GB/T 211测定，一般分析煤样的水分和灰分按GB/T 211测定，发热量按GB/T 213测定，全硫按GB/T 214测定。

3. 商品煤质量评定

（1）质量评定指标允许差。

1）当被抽查单位采用 GB 475 基本采样方案时，商品煤质量抽查的各项质量评定指标允许差见表 3-11 和表 3-12。

2）当被抽查单位未采用 GB 475 基本采样方案而采用 GB 475 专用采样方案或 GB/T 19494.1 采样时，被抽查单位应提供相应采样方案的采样精密度，抽查单位应予以确认。合成采样精密度的计算式为

$$p_{h}=\sqrt{p_{o}^{2}+p_{b}^{2}} \tag{3-30}$$

式中　p_h——抽查单位和被抽查单位的合成采样精密度（A_d），以质量分数表示，%；

p_o——GB 475 基本采样方案的精密度（A_d），以质量分数表示，%；

p_b——被抽查单位的预期采样精密度（A_d），以质量分数表示，%。

当被抽查单位未采用 GB 475 基本采样方案时，商品煤质量抽查的灰分和发热量允许差见表 3-13。

（2）单项质量指标评定。标准指出，出卖方提供测定值的商品煤的单项质量指标评定：当买受方与出卖方分别对同一批煤采样、制样和化验时，如出卖方报告值（测定值）和买受方的检验值的差值满足下述条件，则该项质量指标为合格，否则评为不合格。

灰分和发热量的允许差见表 3-11，全硫允许差见表 3-12。

1）灰分（A_d）。（报告值-检验值）≥表 3-11 规定值。

2）发热量（$Q_{gr,d}$）。（报告值-检验值）≤表 3-11 规定值。

3）全硫（$S_{t,d}$）。（报告值-检验值）≥表 3-12 规定值。

表 3-11　灰分和发热量允许差

煤的品种	灰分（以检验值计）	允许差（报告值－检验值）	
		ΔA_d(%)	$\Delta Q_{gr,d}$(MJ/kg)
原煤和筛选煤	＞20.00～40.00	−2.82	+1.12
	10.00～20.00	$-0.141A_d$	$+0.056A_d$
	＜10.00	−1.41	+0.56
非冶炼用精煤	—	−1.13	按原煤、筛选煤计
其他洗煤	—	−2.12	
冶炼用精煤	—	−1.11	

注　1. ΔA_d 为灰分（干燥基）允许差。

2. $\Delta Q_{gr,d}$为发热量（干燥基高位）允许差。

表 3-12　全 硫 允 许 差　（%）

煤的品种	全硫（以检验值计）$S_{t,d}$	允许差（报告值－检验值）
冶炼用精煤	＜1.00	−0.16
	≥1.00	$-0.16S_{t,d}$
其他煤	＜1.00	−0.17
	1.00～2.00	$-0.17S_{t,d}$
	＞2.00～3.00	−0.34

被抽查单位未采用GB 475基本采样方案时，按照表3-13评定灰分和发热量。

表3-13 被抽查单位未采用GB 475基本采样方案时，灰分和发热量允许差

煤的品种	允许差（报告值－检验值）	
	ΔA_d/%	$\Delta Q_{gr,d}$/(MJ/kg)
原煤和筛选煤 非冶炼用精煤 其他洗煤	$-p_h$	$+0.396p_h$
冶炼用精煤	$-p_h$	—

注 以上允许差值的绝对值不能大于表3-14相应允许差的绝对值。

表3-11和表3-12中规定的允许差是判断煤炭质量是否达到某一标准，故允许差值是单向的。也就是说，只要被验收煤的品质达到或优于报告的品质就算合格。

标准指出，有贸易合同值或产品标准（或规格）规定值的商品煤质量指标评定：以合同约定值或产品标准（或规格）规定值和买受方检验值比较，按规定进行评定，但各项指标允许差应按下式修正：

$$T=\frac{T_0}{\sqrt{2}} \tag{3-31}$$

式中 T——实际允许差，%或MJ/kg；

T_0——表3-11、表3-12规定的允许差，%或MJ/kg。

注意：当合同约定值或产品标准（或规格）规定值为一数值范围时，全水分、灰分和全硫取约定值或规定值的上限值为被抽查单位报告值，发热量取下限值为报告值。

(3) 批煤质量评定。标准指出，原煤、筛选煤和其他洗煤（包括非冶炼用精煤）：以灰分计价者，干燥基灰分和干燥基全硫都合格，该批煤质量评为合格；否则，该批煤质量评为不合格。以发热量计价者，干燥基高位发热量和干燥基全硫都合格，该批煤质量评为合格；否则，该批煤质量评为不合格。

二、商品煤验收发生争议时的解决方法

GB/T 18666对煤质验收时发生争议做出这样规定：当买受方的检验值和出卖方报告值不一致（二者差值超过标准规定的允许差）并发生争议时，先协商解决，如协商不一致，应改用下述两种方法之一进行验收检验，在此情况下，买受方将收到的该批煤单独存放：

(1) 双方共同对买受方收到的批煤进行采样、制样和化验，并以共同检验结果进行验收。

(2) 双方请共同认可的第三公正方对买受方收到的批煤进行采样、制样和化验，并以此检验结果进行验收。

电厂收到一批煤，一般为一列火车来煤，其煤量往往达二三千吨，如是海轮，则可能多达万吨以上，将这批煤单独存放，将涉及卸煤或转运的人力、机械及费用，存煤场地与保管责任等诸多实际问题。因此，协商解决应成为解决煤质争议的基本方法。（合同中应有对煤炭采制化所用标准及煤质指标比较详细的规定）

如确需改用（1）或（2）法进行验收检验，双方共同进行采制化，也就是说共同采集一个总样，按表3-11及表3-12规定评判其质量指标是否合格，实际允许差应按式（3-31）进行计算。

对于双方认可的第三公正方，一般指获得国家计量认证合格证书或中国实验室认可委员会认可的权威煤质检验机构，不仅要求第三方公正方进行煤质化验，还应包括采样、制样及化验全过程操作及检测。

三、GB/T 18666 具体应用实例

【例 3-7】 某电厂 6 月按合同收到某煤矿经火车运来的一批原煤，分 12 次到达。总共约 3 万 t，每次煤量大致相等。双方按照 GB/T 18666 的规定方法分别对每一批次进行了质量检测（采制样和化验）。双方使用的主要设备如破碎缩分机和量热仪型号相同。各批次干燥基高位发热量测定结果见表 3-14。

表 3-14　　各批次干燥基高位发热量

批次	高位发热量 $Q_{gr,d}$(J/g)		批次	高位发热量 $Q_{gr,d}$(J/g)	
	煤矿	电厂		煤矿	电厂
1	25 397	24 632	7	25 420	25 003
2	25 625	24 582	8	25 495	24 390
3	26 118	25 146	9	26 907	26 230
4	25 884	24 203	10	27 649	26 376
5	27 688	26 550	11	24 474	24 169
6	27 841	26 190	12	27 295	26 924

根据上述情况，煤矿方面认为该批煤发热量合格，理由是供需双方采用了相同的采制化方法和相同的设备且供需双方测定的平均高位发热量之差符合 GB/T 18666 规定。你同意这一结论吗？请给出你的观点并说明理由。

答：答案要点如下：不同意煤矿方面的结论。该批煤发热量总体上不合格。理由如下：

(1) 按照 GB/T 18666 的规定该批煤 12 个批次，有 9 个批次合格，有 4 个批次不合格，见表 3-15。

表 3-15　　发热量差及结论

批次	高位发热量 $Q_{gr,d}$(J/g)			结论	批次	高位发热量 $Q_{gr,d}$(J/g)			结论
	煤矿	电厂	差值			煤矿	电厂	差值	
1	25 397	24 632	765	合格	7	25 420	25 003	417	合格
2	25 625	24 582	1043	合格	8	25 495	24 390	1105	合格
3	26 118	25 146	972	合格	9	26 907	26 230	677	合格
4	25 884	24 203	1681	不合格	10	27 649	26 376	1273	不合格
5	27 688	26 550	1138	不合格	11	24 474	24 169	305	合格
6	27 841	26 190	1651	不合格	12	27 295	26 924	371	合格

(2) 按照 GB/T 18666 的规定，发热量允许差 $\Delta Q_{gr,d}$为 1.12MJ/kg，指的是卖方和买方对一个采样单元（总样）的允许差，并不是一批煤多个采样单元平均值的允许差。根据采样理论，该批煤 12 个批次采样单元平均值的允许差应为 $1.12/12^{1/2}=0.32$MJ/kg。经计算，该批煤 12 个批次卖方和买方采样单元平均值之差为 0.95MJ/kg，显然远大于 0.32MJ/kg。

对比测定结果知，卖方总是高于买方，正向系统偏差估计值为 950J/g，说明至少有一方存在实质性偏倚，这是不符合标准方法要求的。在没有找出产生系统误差的原因之前，做出结论是不合理的。

【例 3-8】 某电厂收到一批商品煤（原煤），矿方出具的检验报告与电厂验收时的检验报告一并列于下表。请判断该批煤质量指标（干基高位发热量、干基全硫）是否合格（依照 GB/T 18666—2014 商品煤质量抽查和验收方法）。

检验项目	厂方检验值	矿方报告值
全水分 M_t(%)	5.5	6.4
空气干燥基水分 M_{ad}(%)	2.22	2.48
收到基灰分 A_{ar}(%)	32.37	30.05
干燥无灰基挥发分 V_{daf}(%)	37.13	37.69
收到基氢 H_{ar}(%)	3.32	3.12
收到基全硫 $S_{t,ar}$(%)	1.24	1.33
收到基低位发热量 $Q_{net,ar}$(MJ/kg)	19.32	20.67

解： 厂方 $H_{ad}=3.32\times100-2.22/100-5.5=3.44\%$

矿方 $H_{ad}=3.12\times100-2.48/100-6.4=3.25\%$

厂方 $Q_{gr,ad}=(Q_{net,ar}+23\times M_t)/(100-2.22/100-5.5)+206H_{ad}=20\,830J/g$

矿方 $Q_{gr,ad}=(Q_{net,ar}+23\times M_t)/(100-2.48/100-6.4)+206H_{ad}=22\,359J/g$

厂方 $Q_{gr,d}=20\,830\times100/100-2.22=21\,303J/g=21.30MJ/kg$

矿方 $Q_{gr,d}=22\,359\times100/100-2.48=22\,928J/g=22.93MJ/kg$

厂方 $S_{t,d}=1.24\times100-2.22/100-5.5=1.28\%$

矿方 $S_{t,d}=1.33\times100-2.48/100-6.4=1.39\%$

报告值－检验值＝22.93－21.30＝1.63MJ/kg＞＋1.12MJ/kg 不合格

报告值－检验值＝1.39－1.28＝0.11%＞－0.17×1.28%＝－0.22%合格

综合判定该批煤不合格。

【例 3-9】 某火电厂收到某供应商用火车运来的一批原煤，供应商检测报告单上给出发运时煤检测结果如下：$Q_{net,ar}=22.46MJ/kg$，$S_{t,ad}=0.98\%$，$M_t=6.89\%$，$M_{ad}=2.25\%$。到达电厂后经检查车厢上煤没有被盗现象，过衡后电厂立即采制样，检测结果如下：$Q_{net,ar}=21.55MJ/kg$，$Q_{gr,ad}=24.08J/g$，$M_{ad}=2.53\%$，$S_{t,ad}=1.08\%$，$M_t=8.90\%$。合同约定该供应商全硫（按 $S_{t,d}$）应不大于 1.00%。假定 $H_d=4.00\%$，A_d 约为 25%，该批煤按发热量计价，请按 GB/T 18666 对该批煤进行验收评定。

解：（1）发热量验收。

1）电厂 $Q_{gr,ad}$ 换算为 $Q_{gr,d}$。

$$\begin{aligned}Q_{gr,d}&=Q_{gr,ad}\times100/(100-M_{ad})=24\,080\times100/(100-2.53)\\&=24\,705(J/g)=24.70(MJ/kg)\end{aligned}$$

2）供应商 $Q_{net,ar}$ 换算为 $Q_{gr,d}$。

$$\begin{aligned}Q_{gr,d}&=(Q_{net,ar}+23M_t)\times100/(100-M_t)+206H_d\\&=(22\,460+23\times6.89)\times100/(100-6.89)+206\times4.00\end{aligned}$$

$$=25\,116(J/g) = 25.12(MJ/kg)$$

3）$Q_{gr,d}$验收评定。

报告值－检验值＝25.12－24.70＝0.42（MJ/kg）<1.12(MJ/kg)

所以该批煤发热量验收合格。

（2）全硫验收。

1）供应商$S_{t,ad}$换算为$S_{t,d}$。

$$S_{t,d} = 0.98 \times 100/(100-2.25) = 1.00(\%)$$

2）电厂$S_{t,ad}$换算为$S_{t,d}$。

$$S_{t,d} = 1.08 \times 100/(100-2.53) = 1.11(\%)$$

3）与检验值比较。

1.00－1.11＝－0.11>－0.17×1.11＝－0.19(%)，全硫验收合格。

4）与合同值比较。

1.00－1.00＝0>－0.17×1.11/1.414＝－0.13(%)，全硫验收合格。

全硫验收合格。

所以该批煤合格。

课件

练习题

第四章　机械采制样技术与应用

煤炭的采制样过程是规范性强、劳动强度大、操作环境较差的一项工作，同时也经常产生争议，需要付出大量的人力付诸实施并进行监督，因此，用机械采制样替代人工采制样，是发电用煤质量监督检验工作的发展方向。机械采制样是指利用专门设计的机械设备来完成由人工采样和制样的过程，对电力系统主要是指带式输送机上移动煤和运输工具上静止煤的机械采样。目前，国内机械采制样装置已较广泛地应用于入厂煤与入炉煤的采制样，技术性能有较大的改善和提高，同时针对机械采样装置的技术规范与验收标准也日益完善，为提高机械采制样设备采样与制样精密度提供了依据。

本章主要介绍机械采制样设备的发展过程、种类和特点以及验收方法。

第一节　采制样机基本结构

实现机械化采制样，既可避免人为的操作误差，提高采制样质量，又可大大减轻采制样人员的劳动强度，提高工作效率。在电厂中应用采煤样机，其根本目的就是能从一批煤中采集并缩制出有代表性的煤样，供分析煤质之用。

煤炭本身是很不均匀的散状固体物料，煤炭采样所获得的样品量占原始煤量的几百分之一甚至千分之一，而煤炭制备过程获得的煤样量约占初始样品量的千分之一，可见，要从一采样单元中获得极少量的样品，并使之能代表该采样单元煤的平均质量与特性，这具有很高的难度。同时，采制样的技术难度还与煤的不均匀性及精密度的要求密切相关。煤的不均匀性越大，对采样精密度要求就越高，对采煤样机的技术要求也越高，要实现其目标难度也越大。

因此，煤炭采制样机要替代人工采制样，必须具备一定的条件：

（1）采样应具有代表性，精密度应符合有关标准要求，且不允许存在系统误差；

（2）制样应具有代表性，煤样制样与分析总方差应符合 $0.05P^2$ 的要求，P 为采制样总精密度，且不允许存在系统误差；

（3）采煤样机应具有运行可靠性，其年投运率达到95%以上，检修周期要与输煤系统大致相同，一般为1～2年。

上述技术要求，无论对皮带、火车、汽车采煤样机制样，均是适用的。

一、采制样机的结构和流程

各类煤炭采制样机的结构组成大致相同，主要包括采样头、给煤机、破碎机、缩分器、余煤处理装置等。从系统流程上，根据采样地点、采样对象的不同又有所区别。以皮带采制样机的系统流程为例，根据其破碎-缩分单元的数目，可分为一级采样制样和二级采样制样两种。

1. 一级采制样机流程

一级采制样机含有一套破碎-缩分单元，通常设计出料粒度小于13mm或小于6mm，满足全水分和普通分析煤样的保留量的要求。从采样头采集到的样品经给煤机输送到破碎机，经破碎机破碎后进入缩分器，按照一定的缩分比进行缩分，需保留的部分进入集料器，其余的做弃煤处理。样品流程见图 4-1。

2. 二级采制样机的系统流程

二级采制样机含有两套破碎-缩分单元，通常设计一级破碎的出料粒度小于 13mm，二级破碎的出料粒度小于 3mm，在一级出料处收集全水分煤样，在二级出料处收集分析煤样，基本流程见图 4-2。

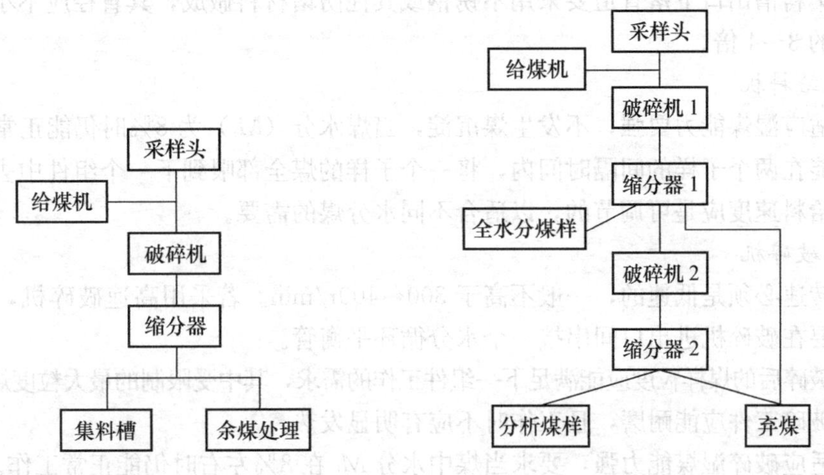

图 4-1　一级采制样机系统流程　　图 4-2　二级采制样机系统流程

二、采制样机的主要部件与要求

一台完整而性能良好的机采装置，不仅包括所必需的全部组件，且各组件的技术性能也要符合有关技术规范，这样才能发挥其各组件应有的作用，从而达到良好的效果。国家标准中对各部件的性能规定如下。

（一）采样器

1. 用于皮带端部下落煤流采样

(1) 进料口宽度至少为煤最大粒度的 3 倍。

(2) 容积大小要满足当带式输送机在额定出力下采取全横断面煤流样时，不发生溢流或梗阻现象。

(3) 采样时采样器的切割速度始终保持恒定，一般以不超过 0.46m/s 为限。

(4) 采样周期可依据需要调节，调节范围一般为 2～10min。

2. 用于皮带中部移动煤流采样

(1) 进料口宽度至少为最大煤粒度的 3 倍。

(2) 采样时不发生“犁煤”、溅煤和留底煤。

(3) 横过煤流的切割速度要大于皮带运行速度，一般为 4～10m/s。

(4) 采样时，刮板式采样器的两旁封闭板要稍离皮带（尽可能小），而后封闭板与皮带软接触。

(5) 采样器移动的弧度要与采样段皮带的弧度相一致，每动作一次能切割一完整煤流横断面。

(6) 动作周期在 2～10min 内可调。

无论是下落煤流的采样器，还是皮带上移动煤流采样器，其操纵机构的设计要合理，选材要符合机械规范设计要求。当采样器后续的任一组件发生故障、带式输送机断煤或停运时，采样器均可自动停止工作。

（二）集料槽

（1）应能收集从采样器采到的全部子样量，且不发生任何损失煤样的现象。

（2）应具有防止比设计大的煤块进入集料槽内，以防止煤样下落管及制样设备堵塞。

（3）集料槽出口下落管道要采用不锈钢或其他防堵材料做成，其直径应不小于通过煤的最大粒度的3～4倍。

（三）给料机

（1）适应湿煤能力要强，不发生煤沉淀，当煤水分（M_t）为8%时仍能正常给料。

（2）能在两个子样的间隔时间内，将一个子样的煤全部喂到下一个组件中去。

（3）给料速度应是可调节的，以适合不同水分煤的需要。

（四）破碎机

（1）转速必须是低速的，一般不高于300～400r/min。若采用高速破碎机，为防止水分损失，则要在破碎机进出口间串接一个水分循环平衡管。

（2）破碎后的煤样粒度应能满足下一组件工作的需求，其中受限制的最大粒度煤不超过5%。

（3）破碎工件应能耐磨，且工作时不应有明显发热。

（4）适应破碎湿煤能力强，要求当煤中水分 M_f 在8%左右时仍能正常工作。

（五）缩分器

（1）切割（进料）口宽度至少为通过煤的最大粒度的3～4倍。

（2）缩分比要稳定，一般不超过5%～10%，并能随着采取子样量的变化自动调节，使其缩分出的留样量始终保持符合粒度的要求。

（3）缩分出的留煤样在粒度组成上要与弃煤样一致，使缩分精密度达到小于 $0.37P_L$（P_L 为采制化总精密度）和缩分无系统偏差的要求。

（4）抗湿煤能力要强，当煤含水分 M_f 达到8%左右时能正常工作。

（六）弃煤处理系统

（1）要尽量利用现场条件设计简单易行、运行可靠和投资少的处理系统。

（2）抗湿煤能力要强，要求在煤中水分 M_f 达到8%左右时仍能正常工作。

（3）能在带式输送机额定出力下，于两个子样间隔时间内，将弃煤全部返回到采样点煤流的下游处或其他适宜的地方。

三、常见各组件的不同型式

国内外机采装置中常用的采样器、破碎机和缩分器的型式大致有以下几种。

（一）采样器

1. 溜槽式采样器

溜槽式采样器是上大下小的窄形容器。采样时采样器从皮带侧面垂直于煤流作往复运动，单向截取煤流斜横断面，可适用于不同粒度的煤。采样器见图4-3。

2. 料斗式采样器

料斗式采样器像矩形箱子，底部设有供卸煤用的活动小门。采样时采样器从皮带侧面垂直于或从皮带正面迎着煤流作往返运动，单向截取下落煤流断面，前者采到的是煤流斜横断面，后者采到的是煤流正横断面。它较适用于不同粒度的煤。图4-4所示为该采样器示意。

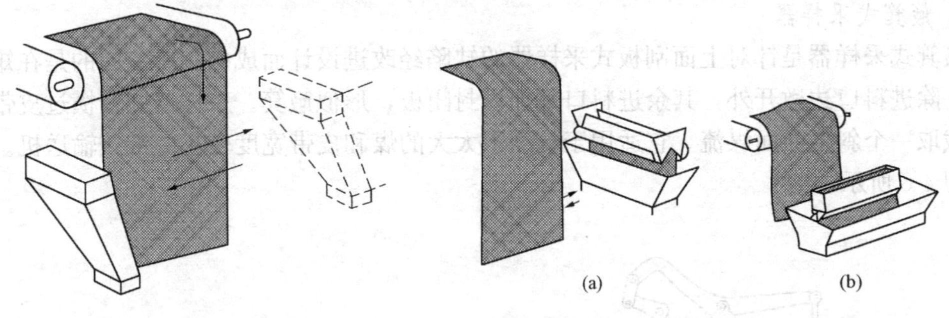

图 4-3　溜槽式采样器

图 4-4　料斗式采样器示意
(a) 侧向垂直切割；(b) 正向垂直切割

3. 重锤式扇形采样器

此种采煤器设计成夹层扇形体，三面封闭，一面敞开，两侧封闭板的前沿为弧形，后侧封闭板的前沿加设弹性耐磨材料。采样时采样器横过皮带截取一个斜横断面煤流。这适用于粒度大的煤和皮带宽度小于 1.5m 的带式输送机。采样器如图 4-5 所示。

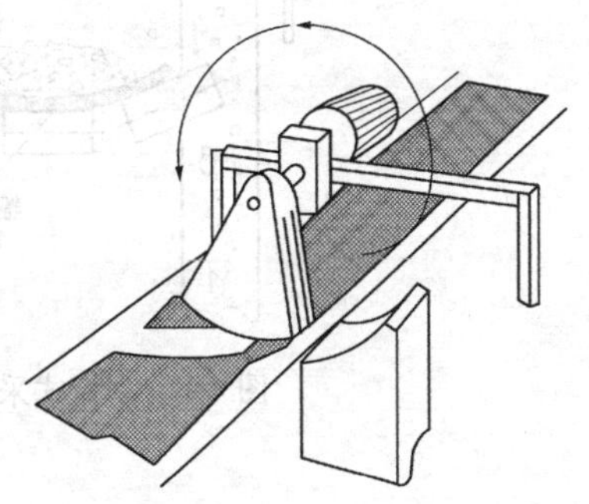

图 4-5　重锤式扇形采样器

4. 摇臂式采样器

摇臂式采样器的外形与料斗式有些类似，所不同的是它借助摇臂（含旋转臂）操纵机构进行采样。采样时采样器从皮带侧面垂直于下落煤流，或从皮带背面逆着下落煤流做往返运动，单向截取斜横断面煤流或正横断面煤。它适用于各种粒度的煤和现场空间小受限制、不易布置的场合。采样器如图 4-6 所示。

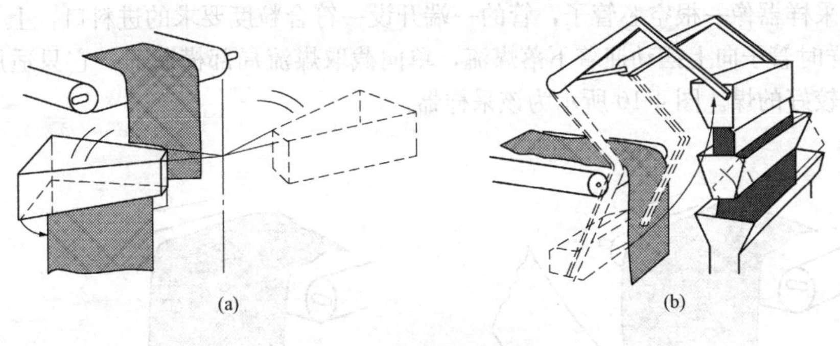

图 4-6　摇臂式采样器
(a) 侧向切割；(b) 背向切割

5. 刮板式采样器

刮板式采样器是最简单的一种刮板式采样器，它是由一块四边无任何封闭板的矩形平板作为采样器。采样时采样器从皮带侧面横过煤流，由于采样器只单向截取斜横断面煤流，因而采样效果差。它适用于粒度不太大的煤和皮带宽度较小的带式输送机，此采样器如图 4-7 所示。

6. 簸箕式采样器

簸箕式采样器是针对上面刮板式采样器的缺陷经改进设计而成的。所不同的是在矩形板四边，除进料口边敞开外，其余进料口都加设封闭板，形似簸箕。采样器旋转横过皮带一次可以截取一个斜横断面煤流。它适用于粒度不太大的煤和皮带宽度较小的带式输送机。采样器如图 4-8 所示。

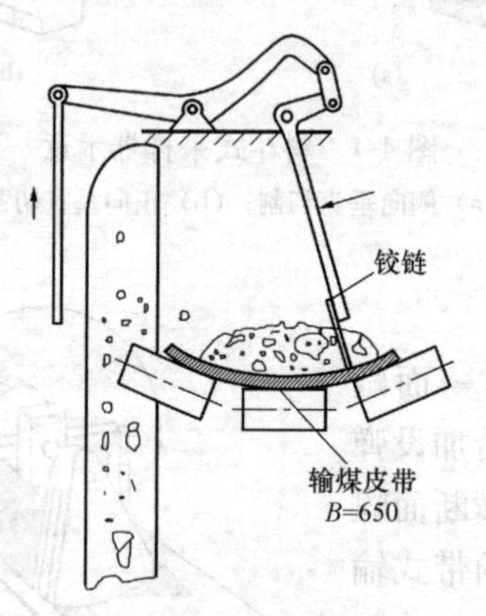

图 4-7　刮板式采样器

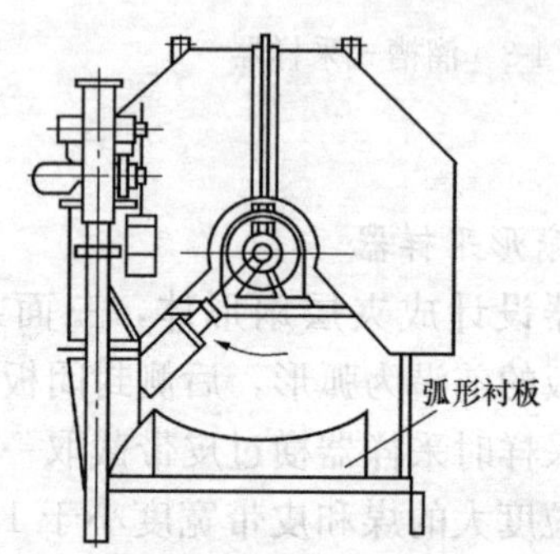

图 4-8　簸箕式采样器

7. 旋转圆板式采样器

旋转圆板式采样器是由一块开设有矩形孔的圆形板（或弧形板）构成，结构简单，采样时圆形板或弧形板从皮带侧面截取一个斜弧形横断面煤流。它适用于粒度不太大的煤。采样器如图 4-9 所示。

8. 管勺式采样器

管勺式采样器像一根空芯管子，管的一端开设一符合粒度要求的进料口，上下方向可摆动 90°。采样时管子向上摆动迎着下落煤流，单向截取煤流局部横断面。它只适用于粒度较小且均匀性较好的煤。图 4-10 所示为该采样器。

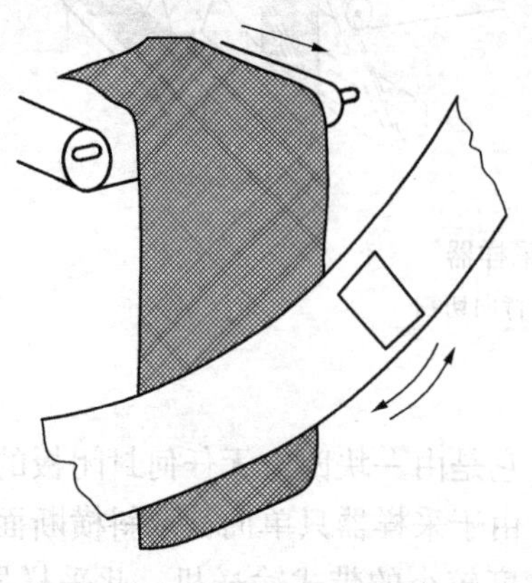
图 4-9　旋转圆板式采样器

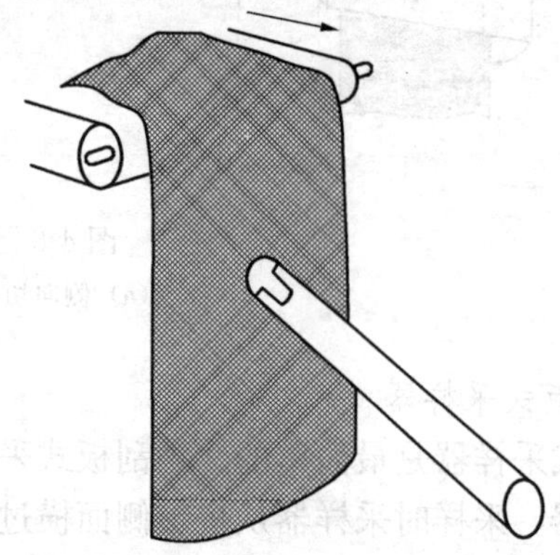
图 4-10　管勺式采样器

（二）破碎机

1. 卧式环锤破碎机

该破碎机在一根水平转动轴上，安有多排锤子，转速为 954～1450r/min；进出料口间一般设有气流循环平衡管，以减轻水分损失，破碎效率高；出料口装有限制筛，使出料粒度有保证，但容易堵煤，如图 4-11 所示。

2. 立式环锤破碎机

该破碎机如图 4-12 所示，可伸缩的环锤套接在水平臂上，水平臂固定在一根铅直的转动轴上，一般要求转速低于 700r/min，否则煤样受热水分蒸发损失严重。出料口设有防堵刮板，破碎效率高，但出料粒度不易保证。

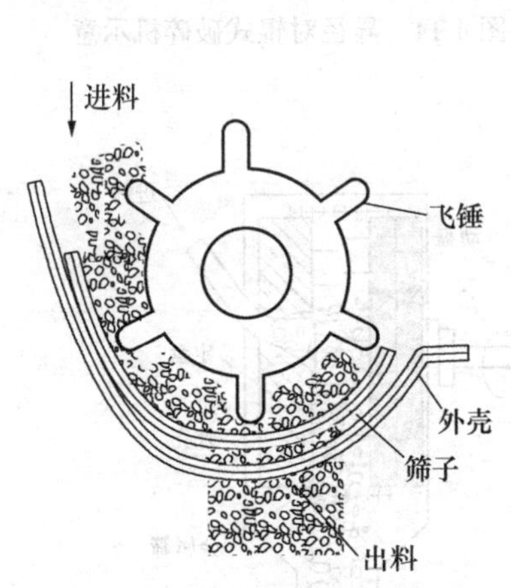

图 4-11　卧式环锤破碎机示意

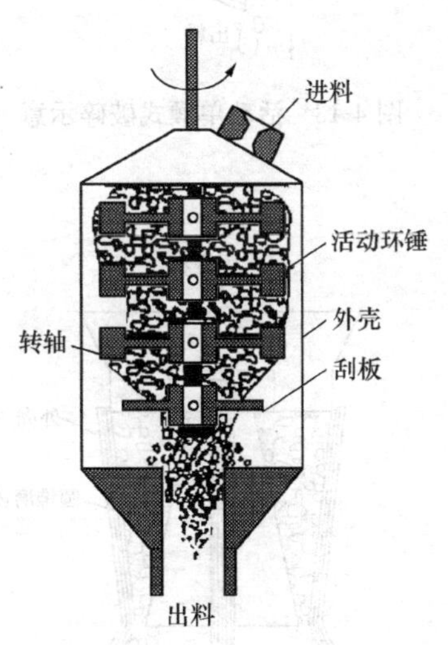

图 4-12　立式环锤破碎机示意

3. 活动单颚式破碎机

该破碎机由转动的单辊（上布有许多凸钉）和相对固定的颚板组成，由电动机带动的单辊转动，转动速度慢，一般每分钟只有数十转，不会产生强烈气流，对减少水分损失有利。在机采装置中，它通常要和其他破碎设备组合成两级破碎才能达到使用要求。相对破碎效率较低，如图 4-13 所示。

4. 异径对辊式破碎机

该破碎机由两个不同直径的棍棒组成，一为主动轴，由电动机带动，另一为从动轴。主动轴一般为每分钟数十转，破碎效率相对较低。在机采装置中，它要和其他破碎设备组合成两级破碎才能达到使用要求，如图 4-14 所示。

5. 锥式（哈夫）破碎机

该破碎机中央有一均匀布置凸钉的锥形磨件，磨件与外壳之间构成一个上大下小的圆形腔体。煤从破碎机上方料斗进入，依靠磨件转动，煤逐渐下移而被挤压磨碎。磨碎后的煤样经下方出料口排出机外，如图 4-15 所示。

6. 鼠笼式破碎机

该破碎机由两个焊有圆短棒且相互错开的圆盘组成，一个为主动盘，另一为从动盘。盘的周围有限制粒度筛，煤样从从动盘中间进入被破碎，符合粒度要求的煤样依靠离心作用穿透筛进入样品集中槽，如图 4-16 所示。

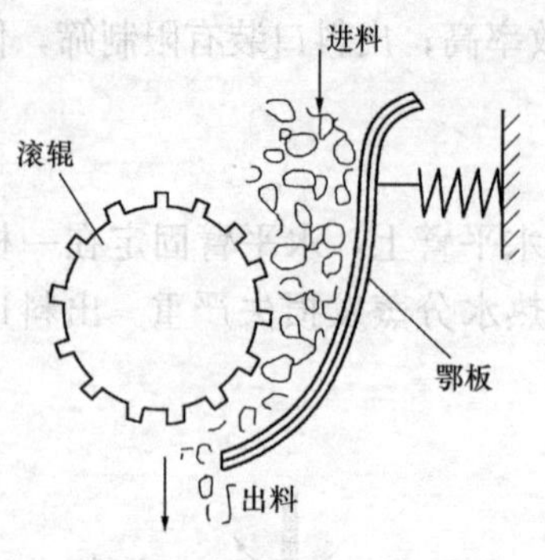

图 4-13　活动单颚式破碎示意

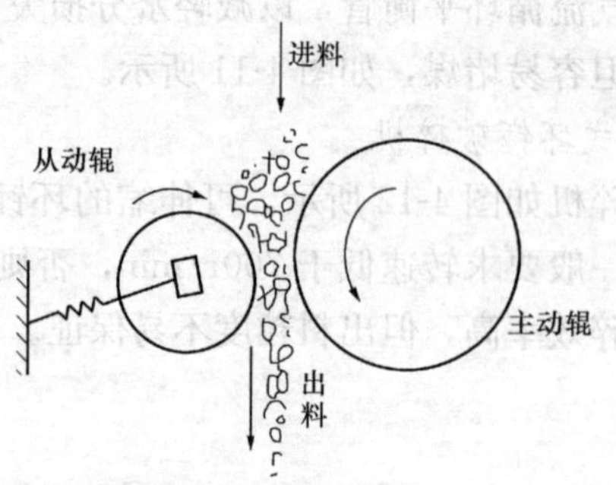

图 4-14　异径对辊式破碎机示意

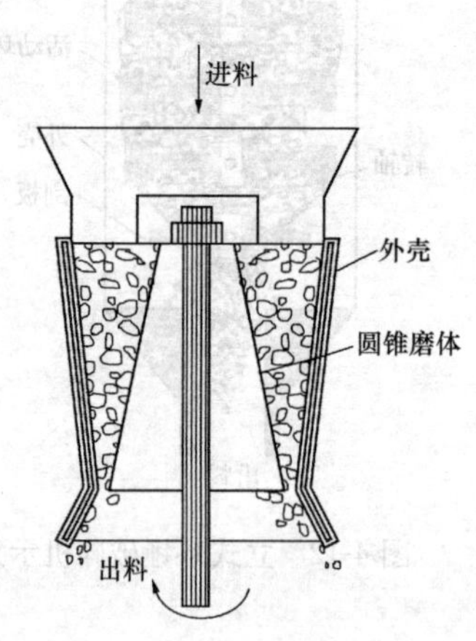

图 4-15　锥式破碎机示意

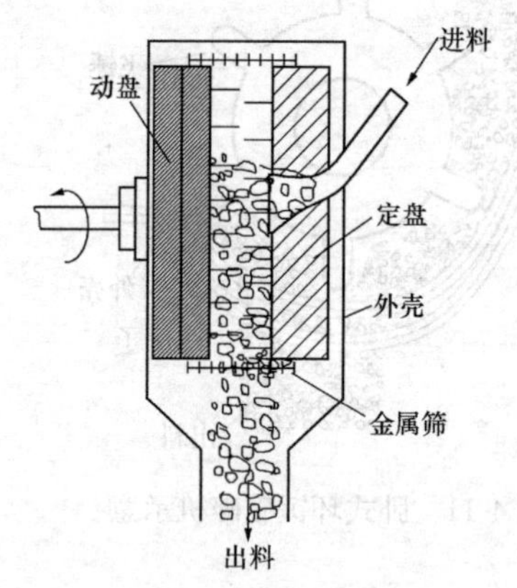

图 4-16　鼠笼式破碎机示意

（三）缩分器

1. 旋转锥体缩分器

该缩分器圆锥台表面开设一道缝隙（可调），由电动机带动旋转，每旋转一圈就从给料煤流中切割少量煤样作为留样的一部分，如图 4-17 所示。

2. 旋转缝隙缩分器

该缩分器由上下两层的扇形体组成两级缩分器，第一级是固定的，第二级是可旋转的。当给料煤流经分配盘进入一级缩分器后，被缩分出的少量煤样又经分配盘进入二级缩分器，缩分出少量煤作为留样的一部分，如图 4-18 所示。

3. 旋转料斗缩分器

如图 4-19 所示，给料煤流进入料斗后，从下端管口排出。在排料口下面的适当部位设置一个固定的切割器，料斗每旋转一圈，切割器就从料斗排出的煤样中采样一次。若有需要切割器可设置多个。

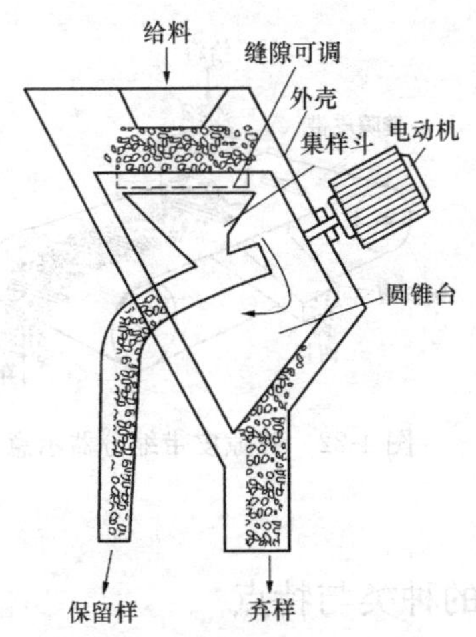

图 4-17 旋转锥体缩分器示意

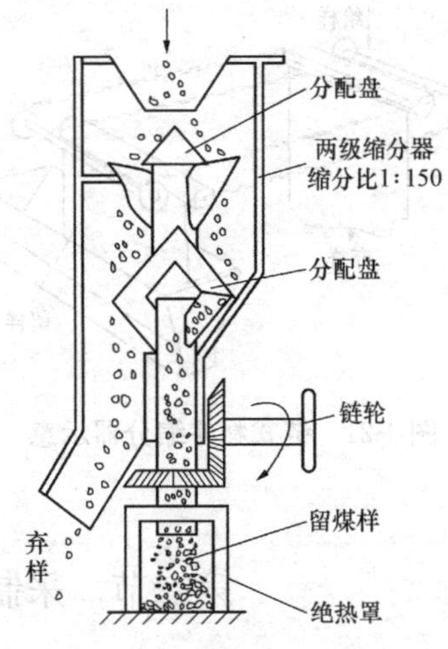

图 4-18 旋转缝隙缩分器示意

4. 旋转平盘缩分器

在一个平圆板上按等弧度布置开设若干缝隙，平盘由电动机带动旋转，当给料煤流下落时，由盘上的缝隙切割器切割煤流，每转一圈切割两次，切割采到的煤样经集样槽流出，多余的煤样通过犁板流入弃煤槽排出，如图 4-20 所示。

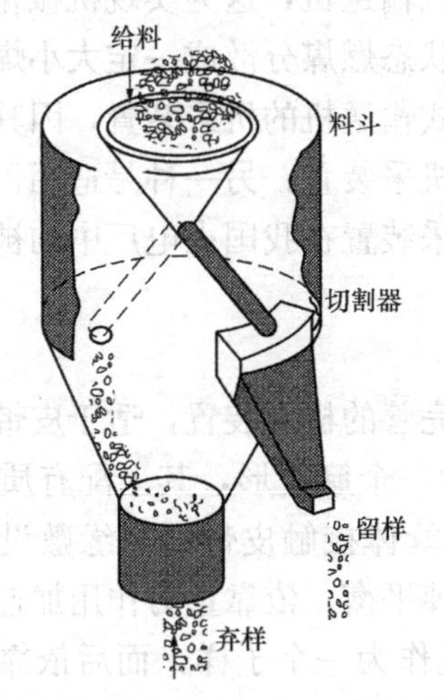

图 4-19 旋转料斗缩分器示意

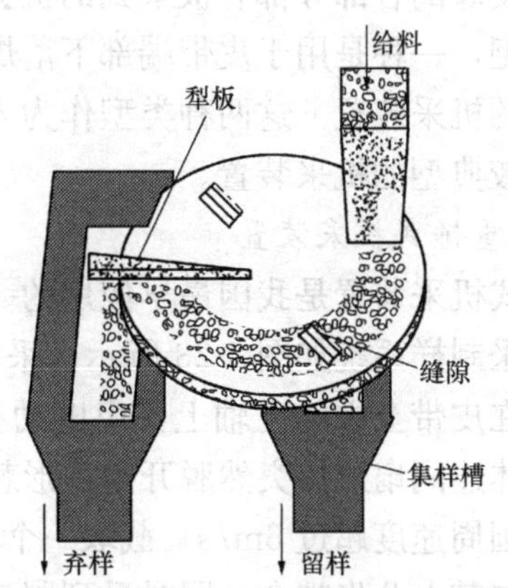

图 4-20 旋转平盘缩分器示意

5. 链式料斗缩分器

采样料斗安装在一条等节距的链子上，料斗按单方向移动，若预先设置时间周期，也可改变移动方向，料斗每通过给料煤流一次，就采到组成留样量的一部分煤样，当料斗移动到链子头端时，经翻转将煤样卸入留样槽中，如图 4-21 所示。

6. 缝隙皮带缩分器

在一条无端的皮带上按等同距离开设若干切割缝隙，当皮带转动时，每当切割缝隙经过给料煤流时就切割煤流一次，采到一个子样，采到的煤样经倾斜槽排出作为留样，如图 4-22 所示。

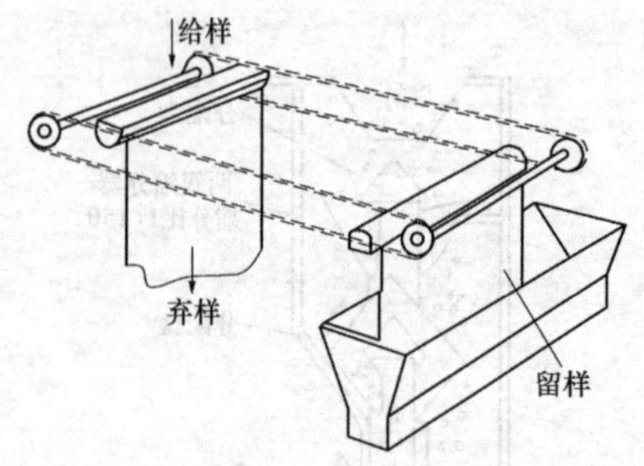

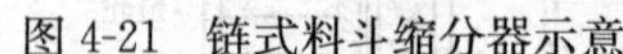
图 4-21　链式料斗缩分器示意

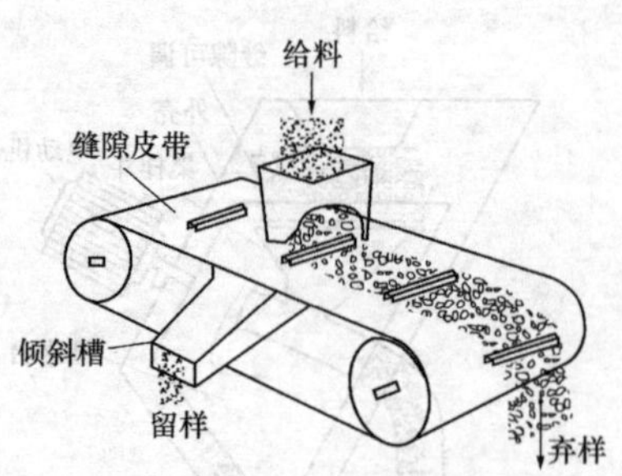

图 4-22　缝隙皮带缩分器示意

第二节　采制样机的种类与特点

火电厂入厂煤以火车、汽车、船舶等运输方式为主，有些坑口电厂入厂煤采用带式输送，而入炉煤运输主要采用带式输送机。根据采样对象的不同，采制样机可以分为煤流采制样机和静止煤采制样机；根据采样部位的不同，采制样机可以分为顶部采样、皮带中部采样和皮带端部采样。本节对煤流采制样和静止煤采样进行阐述。

一、煤流采制样机的种类与特点

火电厂中、大型燃煤锅炉为输送燃煤都设置带式输送机，这为实现机械化采样提供了极其有利的条件。因它在输送燃煤过程中能将原静止状态燃煤分散成一定大小煤流，增加了裸露表面，使煤的各部分都有被采到的机会。用于带式输送机的机采装置，因其安装位置不同有两种类型，一种是用于皮带端部下落煤流采样的机采装置；另一种是适用于皮带中部移动煤流采样的机采装置。这两种类型作为入炉煤的机采装置在我国火电厂中均被采用过，下面介绍几种较典型的机采装置。

（一）重锤式机采装置

重锤式机采装置是我国最早使用的一种设计较完善的机采装置，适于皮带中部移动煤流采样，其采制样系统如图 4-23 所示。采样器设计为一个簸箕形，其上配有质量很大的扇形体，安装在皮带上方的主轴上，由电动机驱动。簸箕体接触皮带的边缘敷设有毛刷。采样时，簸箕体连同扇形体突然脱开半月形棘轮凸齿失掉平衡，依靠重力作用加速下落（刮煤部分的平均圆周速度超过 6m/s）截取一个横断面煤流作为一个子样，而后依靠其运动惯性冲向棘轮并与其上凸齿啮合。同时受到制动力作用不能后退，只能沿着半月形棘轮逐步上升，到达最高位置后又脱开棘轮失去平衡，簸箕体又加速下落采取一个煤样，如此循环采样。采到的煤样经集料槽进入储煤斗，储煤斗可容纳一班所采集的煤样。由工作人员操作将储煤斗内的全部煤样通过绞龙输送机均匀地送入卧式锤击破碎机（出料口设置有 3mm 条筛）破碎成 3mm 的粒度。而后依次流经一级旋转扇形缩分器和二级转盘缩分器（两级缩分比为 1∶324）进行缩分，缩分出的煤样进入样品罐。

此机采装置的采样系统流程设计较合理，采样器选用目前国内广泛采用的簸箕体结构，并加重锤配置，采样时切割煤流断面速度快，且采样器接触皮带边缘加设毛刷、消除了留底煤的现象。但在流程中增设了储煤斗。实践证明，由于煤样在储煤斗内储存时间较长，致使下部煤样受压变实不易排出。尤其在严冬季节，遇到煤中水分含量大时，易冻结成块状，更无法排出。

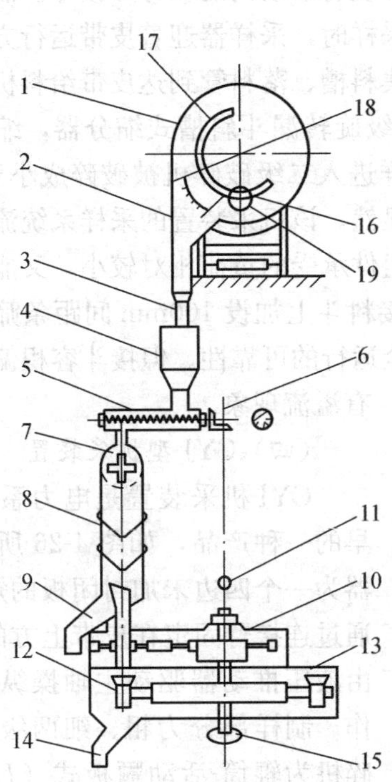

图 4-23 重锤式机械采样装置示意

1—取样斗；2—受煤斗；3—输煤斗；4—储煤斗；5—绞龙；6—伞齿轮；7—碎煤机；8—缩分器（扇形）；9—一次余煤排出管；10—减速器；11—离合器；12—煤样桶；13—转盘缩分器；14—第二次余煤排出管；15—调整手柄；16—制动；17—棘轮；18—主轴；19—配重

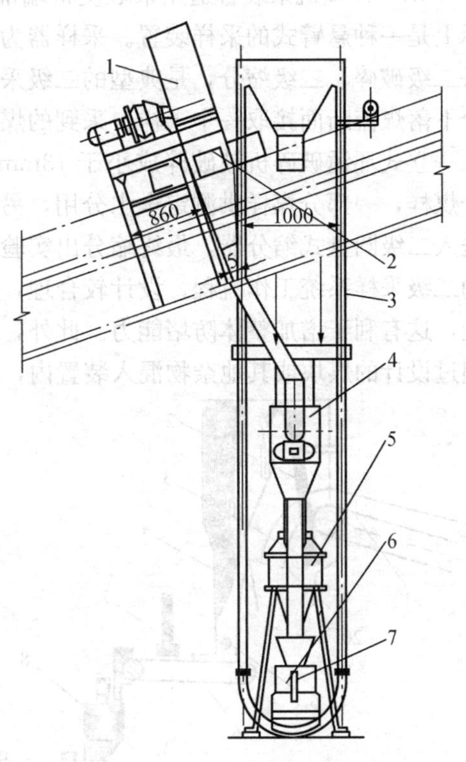

图 4-24 ZC-1 型机械采样装置示意

1—采样器；2—采样除铁器；3—弃煤回送器；4—旋振筛；5—破碎机；6—缩分器；7—留样出料口

（二）ZC-1 型机采装置

ZC-1 型机采装置是一种适于皮带中部采样的较新颖的采样装置，如图 4-24 所示。采样时由微机程控采样器（簸箕形）按预置的间隔时间或间隔质量指令操纵采样器自动旋转，从运行的带式输送机上截取一个横断面煤流，采取的煤样进入带有除铁功能的集料槽，经落煤管到旋振筛给料机，筛分出大于 6mm 粒度的煤样直接进入立式环锤破碎机破碎成不大于 6mm 的粒度，继而被送入锥形缝缩分器（缩分比为 1∶40）的受样斗内与通过旋振筛的小粒度煤样会合后，进入缩分器，缩分出的煤样流入样品罐，弃煤经由 108 管做成的环形埋板式弃煤回送器返回到煤流下游。这种机采装置整机结构紧凑，低位布置，便于使用和维护，其工作流程与一般机采装置采用的工作流程略有不同。它选用了旋振筛给料机，该给料机既具有均匀给料功能，又具有筛分功能，这可减少煤样水分的损失和提高破碎机的防堵能力。实践证明，在一定程度上增加了整机的抗湿煤性能，但均匀给料能力较差，同时对缩分器也提出了更高的要求。

（三）3S-ND 型机采装置

3S-ND 型机采装置适用采取皮带端部下落煤流，机采装置的结构如图 4-25 所示。它实际上是一种悬臂式的采样装置。采样器为一个底部开设有活动门的长方形接斗。制样系统配备二级破碎、二级缩分，是典型的二级采样系统。采样时，采样器迎着皮带运行方向穿过整个下落煤流断面接取一个子样，采到的煤样依次经集料槽、落料管到达皮带给料机，而后进入一立式环锤破碎机被破碎成小于 13mm 后进入一级旋转漏斗斜槽式缩分器，缩分出两部分煤样，一部分煤样供测定全水分用，另一部分煤样进入二级破碎机被破碎成小于 3mm 后送入二级圆盘式缩分器，最终缩分出实验室煤样。显然，该机采装置的采样系统流程是典型的二级采样系统工作流程，设计较合理，既能使各组件承受的负荷相对较小，又能较均匀分配，这有利于增加整体防堵能力。此外，在采样器接料斗上加设 100mm 间距条筛，可防止超过设计的煤块或其他杂物混入装置内，增强了安全运行的可靠性。但接斗容积偏小，煤样有溢流现象。

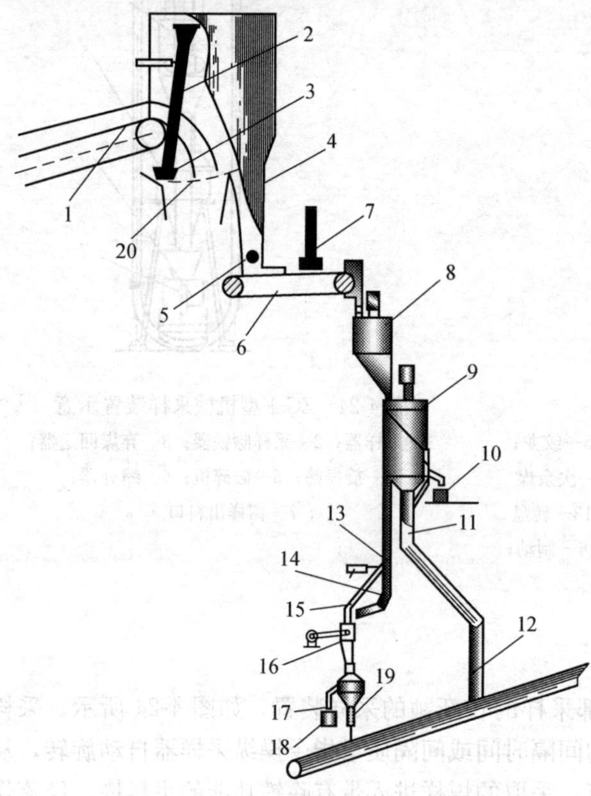

图 4-25 3S-ND 型机械采样装置结构示意

1—输煤皮带；2—采样器摇臂；3—采样器料斗；4—芯样管；5—振荡器；6—皮带给料机；7—磁铁分离器；8—一级环锤式破碎机；9—一级缩分器；10—Mt 样品收集容器；11—一级余煤排除管；12—下层皮带；13—三通；14—旁路；15—加热器；16—二级碎煤机；17—二级缩分器；18—样品罐；19—二级余煤排除管；20—采样器运动轨迹

（四）CYJ 型机采装置

CYJ 机采装置是电力系统使用较早的一种产品，如图 4-26 所示。采样器为一个四边未加封闭板的矩形平板，通过连接臂固定在皮带上方的主轴上，由液压推动器驱动主轴操纵采样器工作。制样部分为粗、细两级破碎，粗碎机为辊筒-活动颚板式（$I=7\sim8$），细碎机为差动对辊式（$I=4\sim5$），采用旋转缝隙缩分器，两级缩分，其缩分比为 1/12×1/12。采样时，由液压推动器操纵刮板式采样器，迅速横过皮带截取一个横断面煤流作为一个子样，采取到的煤样经落煤管到两级破碎机破碎成小于 3mm 后依次进入两级缩分器缩分，缩分出的煤样流入样品罐。这种机采装置结构紧凑、体积小、易于现场布置，破碎机与缩分器均采用低速，有利于制备煤样时减少水分损失和保持原煤样代表性。为防止煤中混入的特硬非磁性金属使破碎设备损坏，还设置有反排功能，及时将金属异物排出系统外。但也存在一些缺陷：采样系统工作流程不合理，早期产品未设置给料机，这会增加破碎机甚至整机的堵煤机会；采样器设计成平板形，且采样器进料口边缘采样时与皮带距离大，故在采样时发生“犁煤”和“留底煤”现象严重，采集煤样的代表性差。

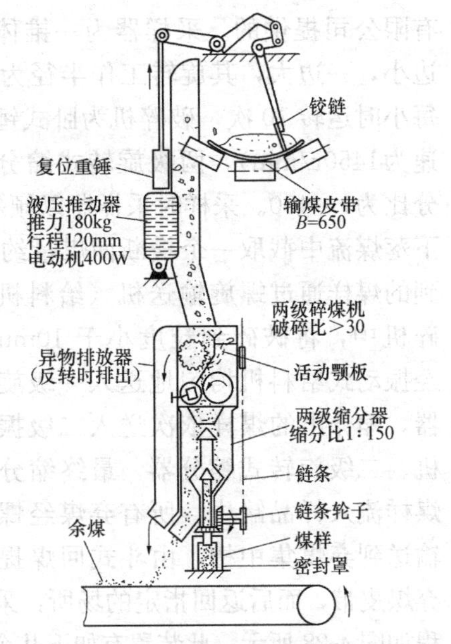

图 4-26 CYJ 型采样装置采样系统流程示意

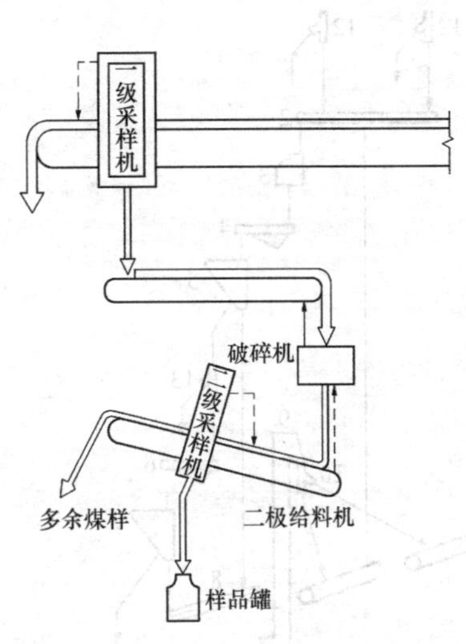

图 4-27 SCSU 单元式采样系统示意

（五）SCSU 型单元式采样装置

SCSU 型单元式采样装置属于皮带端部采样的一种机采装置，是由美国拉姆齐公司生产的，其采样系统流程是一级的，如图 4-27 所示。采样头类似一个扇形体，扇形体下部开口宽度为 80mm（燃煤粒度小于 25mm），臂长约 800mm 并附有配重，臂的端部与转轴连接，采样时采样头以大于皮带运行速度截取皮带上移动煤流断面，采到的煤样经落煤管、一级皮带给料机进入卧式锤击破碎机（1450r/min）被破碎成粒度小于 3mm 后，又进入二级皮带给料机，由安装在该皮带上方的小刮斗采取煤样（相当于缩分器），缩分出的煤样送入样品桶中，[注：二级给料机带宽度为 118mm，小刮头臂长为 300mm，宽度为 40mm，采样周期（可调）为 40s]。弃煤送入专用的小车中，每天由人工运往煤场。此装置的特点如下：

(1) 采样头设计合理。扇形体两面敞开，其后挡板边缘加设硬毛刷，可有效地防止产生“犁煤”和“留底煤”现象。

(2) 利用小型皮带输送机，使给料和缩分（采样）组合一起。结构紧凑，不会发生像国内目前使用的机械缩分器堵煤的现象，但缩分精密度相对降低。

(3) 采样皮带段（采样器的前后皮带）上方设有密封罩子，可防止采样时煤样的飞溅和撒落。

(4) 整机的主要连接管道及其易发生堵煤的部件全部采用不锈钢材质。

该装置对湿煤适应性能力不高，一般在 $M_t<8\%$ 时能长期运行，若水分再增大容易发生堵煤。为了解决破碎机堵煤问题，已将限制粒度条筛的间距从 3mm 扩宽到 5mm。另外，该装置各组件体积大，流程基本垂直布置，这在一定程度上可减少堵煤机会，但整机体积庞大，高度达 20m。

（六）旋转锥式采样装置

旋转锥式采样装置实际是摇臂式采样装置的一种，用于皮带端部采样，由意大利 Sala

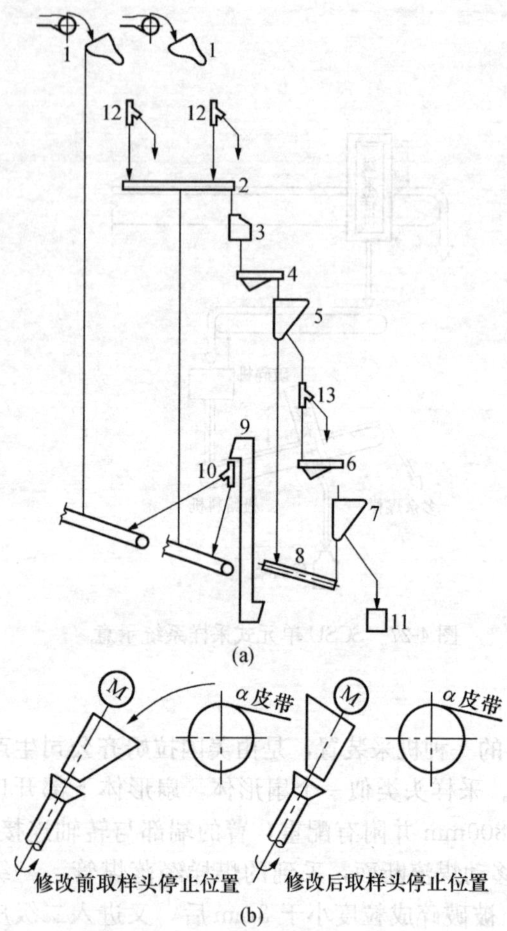

图 4-28　旋转锥式采样系统流程示意
(a) 旋转锥式采样系统；(b) 旋转式取样头运行方式
1—旋转式取样头；2—取样螺旋输送机；
3—冲击式碎煤机；4——级振动输送器；
5——级旋转缩分器；6—二级振动输送器；
7—二级旋转式缩分器；8—回煤螺旋输送机；
9—斗式回煤提升机；10—回煤裤衩管；
11—煤样收集筒；12—试验旁路三通；
13—试验旁路三通

有限公司提供的。采样器为一锥体料斗，一边小，一边大，其旋转工作半径为1200mm，每小时运转10次，破碎机为卧式锤击式（转速为1450r/min），两级旋转式缩分器，总缩分比为1∶400。采样时采样器以倾斜角15°从下落煤流中截取一个横断面煤量约70kg，采到的煤样通过螺旋输送机（给料机）送到破碎机中，将破碎到粒度小于10mm的煤样，经振动式给料机均匀地送入一级旋转式缩分器，缩分出的煤样依次送入二级振动式给料机、二级旋转式缩分器，最终缩分出实验室煤样流入样品罐中。所有弃煤经螺旋输送机输送到弃煤集中槽，由斗式回煤提升机送到弃煤皮带，而后返回指定的场所，采样系统流程如图4-28所示。此装置有如下几个特点：

(1) 在整个采样系统流程中加设了三个为监督煤样用的裤衩管（落煤管出口、一级缩分器出口和回煤提升机出口）。

(2) 在一、二级缩分器前都加设振动式给料机，提高了缩分的精密度。但该装置同样体积庞大，不便于现场布置。

（七）管勺式机采装置

管勺式机采装置是日本三菱公司生产的，整机采样系统流程如图4-29所示，采样头为一根直径较粗的空芯管子，其一端开设一个缺口（切分器），宽度为100mm，切取次数10～20次/h，可调。采样时管子向上摆动（摆动角度90°）截取下落煤流断面中部的少量煤量（约7kg）作为一个子样，采到的煤样经皮带给料机进入卧式活动环锤破碎机，粒度小于40mm被破碎到小于10mm，破碎过的煤样进入螺旋输送机（原为皮带输送机）到皮带缝隙缩分器，该皮带可正向运行，也可反向运行。当皮带上方形孔切割下落煤流时就采取一个子样。此装置尽管结构简单，但由于只采取下落煤流的局部断面，故采到的煤样代表性差，因此，它只适用于粒度较小而均匀性较好的煤。

二、入炉煤机采装置较普遍存在的问题

(1) 堵煤屡有发生。就目前来说，堵煤是影响机采装置正常和长期运行的主要因素。它常发生在制样系统，尤其破碎机出口和缩分器入口部位，有时也发生在此两者的腔体内。发生堵煤的主要原因是煤的水分过大，一般当煤中水分达到8%左右就开始产生堵煤。这一水

分条件下，由于煤粒表面的结合力作用，使煤的堆积密度变小，单位质量煤的体积变大，容易引起堵煤。堵煤除了水分过大的原因外，有时还会遇到比设计允许大的煤块或异物混入采样系统内而导致。

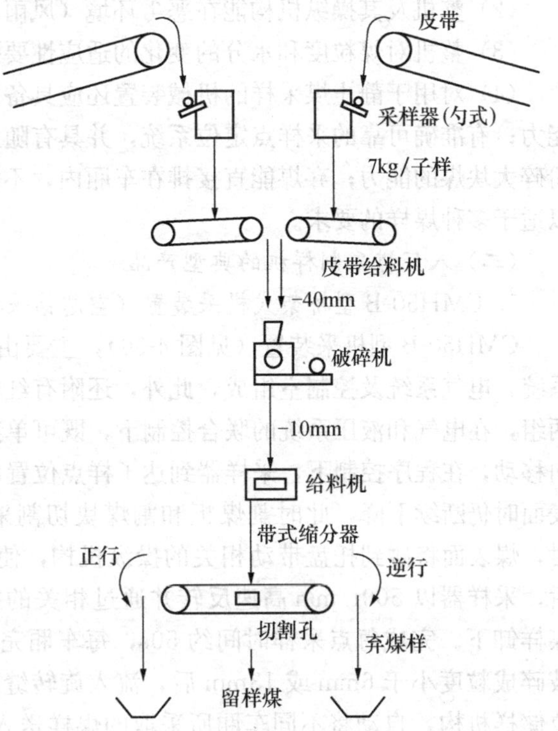

图 4-29 管勺式机械采样装置流程示意

(2) 采样系统流程不合理。各组件的设计出力应足够大，且各组件间要相互匹配，能通过全部子样量而不发生损失，但有些采样机出力偏小，难以适应带式输送机出力增加和煤中全水分的变化。

(3) 采样代表性不够理想。对于皮带中部采样，存在的问题有：采样头运行轨迹与采样皮带段的弧度不一致，采样器进料口边缘远离皮带平均为 2～5cm，留底煤现象严重；采样器为矩形平板，结构不合理，加上采样器横过皮带煤流速度慢，产生“犁煤”现象严重，致使实际采到的煤样只是采样器最后从皮带上煤流中采到的那部分煤；采样器前后皮带段上方未加设防止采样时煤样可能飞溅而撒落地上的密封罩子，导致集料槽不能全部收集所采到的全部煤样量。

皮带端部采样的问题：采样器容积一般偏小，采样时产生“溢流”现象，因此采到的只是最初接取煤流的那部分煤样；采样器进料口未增设与采样处煤流移动方向相一致的导向板，使与煤流形成一个适宜的倾角，导致发生选择性进料。

(4) 最终留样量偏小。这里所说的留样量偏小是指未按照 GB 474《煤样制备方法》中规定的粒度与最小留样量关系保留煤样。

(5) 材质选择不当。由于设计中选择材质不合理，机械故障时有发生，也影响使用寿命，例如破碎机研磨面严重磨损，采样头操纵杆断裂等。

(6) 安装工艺质量低。装置中各组件间连接管道的截面积偏小，有时管道坡度也不够(小于 65°)，这些都会增加堵煤的概率。

三、静止煤采样机械的特点

静止煤采样机械大多应用在入厂煤的采制样，替代人工在火车、汽车上采集商品煤样。适于火车和汽车上静止煤的机采装置，其采样器多采用螺旋式的，此外还有振插式，抓斗式等多种形式的采样点。

(一) 入厂煤采样装置的要求

依据入厂煤采样的需要和实践的运行经验，入厂煤机采装置除了要符合上述入炉煤机采装置的有关规定外，还要遵循下列基本要求：

(1) 整机体积要求既可适于新建电厂采用，也可便于已运行电厂应用。

（2）整机及其操纵机构能在恶劣环境（风雨、日晒和粉尘）下长期运行。

（3）整机对煤粒度和水分的变化的适应性要强。

（4）对用于静止煤采样的机械装置还应具备以下功能：采样头具有三维方向移动的工作能力；有准确可靠的采样点定位系统，并具有随意布点和随意深度的采样功能；采样头具有粉碎大块煤的能力；弃煤能直接排在车厢内，不需另备弃煤处理系统；配备有自动储样箱，以适于多种煤样的要求。

（二）入厂煤采制样机的典型产品

1. CMH50-B 型桥架式机采装置（空芯钻采样器适于火车）

CMH50-B 型机采装置（见图 4-30），主要由桥架、采样钻头（2 个）、制样设备、液压系统，电气系统及控制室组成，此外，还附有红外线定位测距和监控系统。采样器有 A、B 两组，在电气和液压系统的联合控制下，既可单独作业，也可轮换作业，采样器可按三组方向移动，在程序控制下，采样器到达子样点位置后，抓斗张开并正向旋转，当采样器接触煤表面时仍断续下降，此时割煤板和割煤块切割采样范围内的煤块。一旦降至 400mm 以下时，煤表面将碰到托盘带动相关的操纵机构，使抓斗合拢完成采样，在限定采样时间完毕后，采样器以 500r/min 高速反转并通过相关的操纵机构移近到破碎机进料口，将采取的煤样卸下。完成每点采样时间约 50s，每车厢完成采样时间约 3min。煤样进入破碎机后被破碎成粒度小于 6mm 或 13mm 后，流入旋转缝隙式二级缩分器，缩分出的煤样通过多工位储样机构，自动将不同车厢所采取的煤样送入预先选定的煤样桶中，共设有 20 个工位样品桶可连续供 20 个车厢煤的采样。

2. MRC-1 型门架式机采装置（螺旋钻采样器，适于火车）

MRC-1 型门架式机采装置采用移动式龙门架结构。由上下横梁、支腿组装、小车组装、小车运行、电气系统及操纵室组成。在小车上装有采样器、破碎机、缩分机及传动机构等，此外，还附有超声波测距定位和监控系统。采样器内为垂直螺旋形结构，该结构主要由反向叶片、提升叶片、钻杆、钻刃构成。缩分器的缩分比可依据采取的子样数目（数量多少）及最终实验室留样的要求自动调节，调节范围为 1/200～1/30。MRC-1 型机采装置如图 4-31 所示。当运煤火车进入卸煤场后，将所要采的子样数目和子样点位置输入计算机，由计算机控制。采样装置开始工作，当超声波探测器控测出煤车的纵向位置（采样点纵坐标）后，再由光电编码器发生计数脉冲给计算机进行行程计算，以确定采样点横坐标，而后采样器旋转并由钢丝绳子牵引下降，达到煤层表面、限位开关接通，下至 400mm 处稍停，待螺旋中煤全部排出，喂料门关闭。采样器继续下降，采得 400mm 下的煤。由螺旋将煤样上升送到喂料斗暂存，采样器随机上升到位，喂料门自动打开，煤样依次流入复合式破碎机、二分器和旋转缝隙式缩分器，缩分出的煤样通过集料盘机构，按不同煤品种流入所指定的样品罐中（多工位）。该装置设计紧凑，具有两个独特之处：

（1）缩分器的缩分比能自动跟踪所采子样量多少自动调节，使煤样量始终保持一定量，可确保煤样的代表性。

（2）弃（余）煤样直接自排到车厢内，免去另设输送机构，可节省投资。但整机体积较大，达到 495.3m^3，需用功率 60kW。

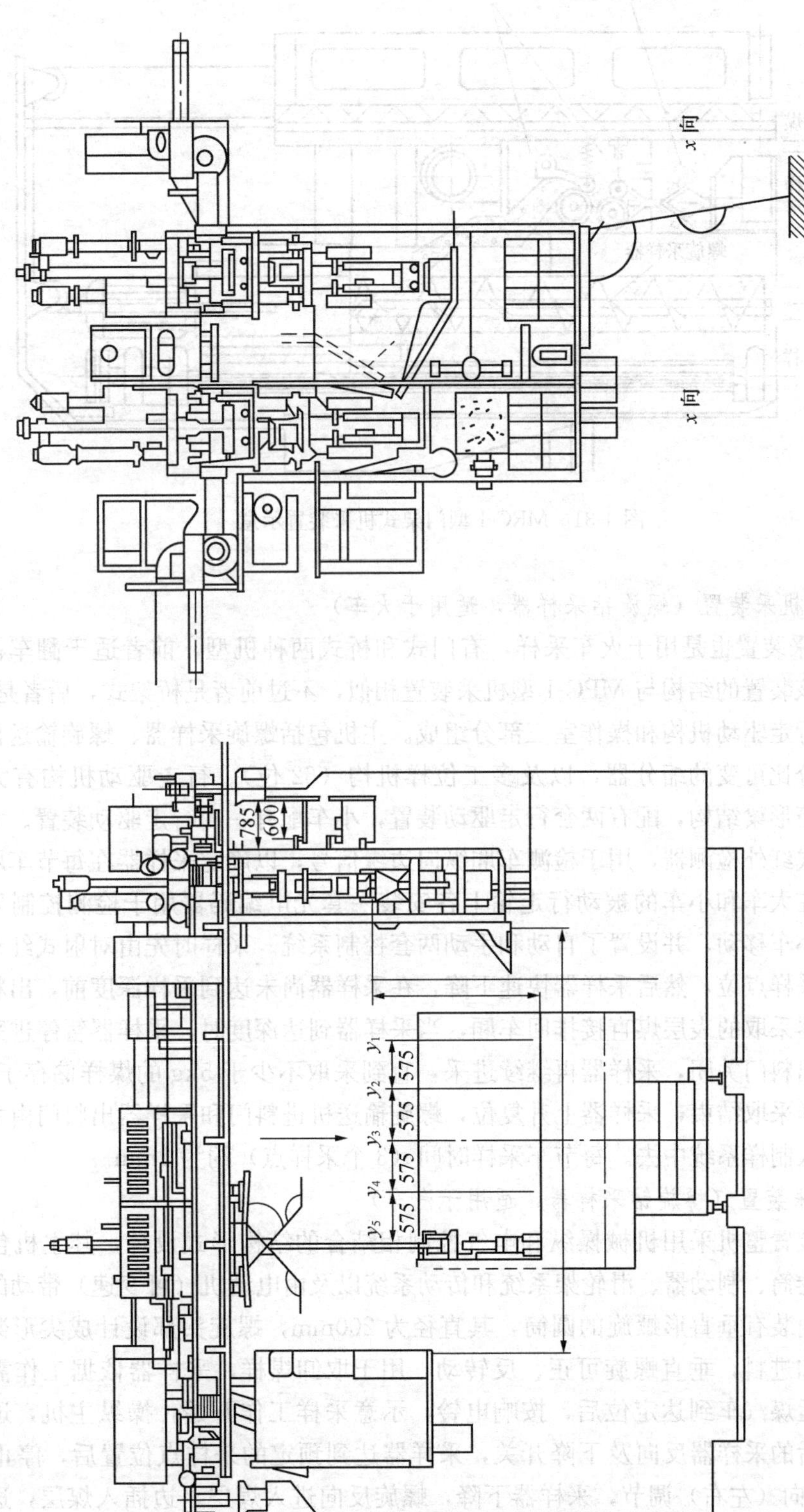

图 4-30　CMH50-B 型桥架式机采装置示意

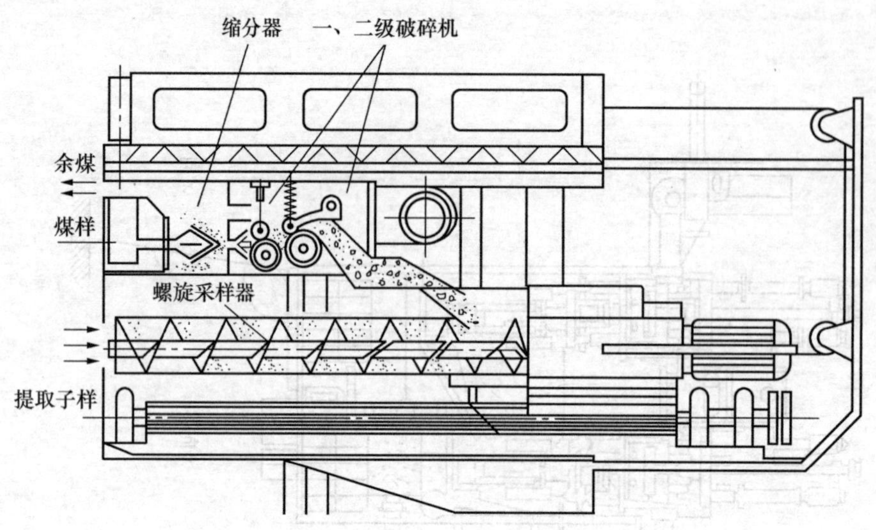

图 4-31　MRC-1 型门架式机采装置示意

3. QCZ 型机采装置（螺旋钻采样器，适用于火车）

QCZ 型机采装置也是用于火车采样，有门式和桥式两种机型，前者适于翻车机、卸煤机、卸煤场。该装置的结构与 MPC-1 型机采装置相似，不过前者是桥架式，后者是门架式。它是由主机、行走驱动机构和操作室三部分组成。主机包括螺旋采样器、螺旋输送机、锤击式破碎机和缩分比可变的缩分器，以及多工位样机构（62 位）。行走驱动机构有大车和小车。大车采用箱形梁结构，配有两套行走驱动装置，小车配有一套行走驱动装置。大车主梁下部装有对射式红外检测器，用于检测车厢纵向边缘信号，以确定采样器在每节车厢内的采样行程基准。在大车和小车的被动行走轮上各安装一套光电编码器用于检测控制采样点位置。操作室随小车移动，并设置了自动和手动两套控制系统。采样时先由对射式红外探测器确定采样器的采样点位，然后采样器快速下降，在采样器尚未达到采样深度前，出料门一直开启，把采样器采取的表层煤直接排回车厢，当采样器到达深度时，采样器暂停进采，待表层煤排净之后出料门关闭，采样器再继续进采，直到采取不少于 5kg 的煤样储存于料斗内，该采样点的煤样采取结束，采样器上升复位，螺旋输送机进料门和采样器出料门由关闭转为开启，煤样喂入制样系统中去。每节车采样时间（3 个采样点）约为 2min。

4. 海西机采装置（螺旋钻采样器，适用于汽车）

海西机采装置整机采用机械操纵和电气控制相结合的结构形式设计，其主机包括电动机、减速器、卷筒、制动器、滑轮架系统和传动系统以及由电动机（可变速）带动的采样器等。采样器为内装有垂直形螺旋的圆筒，其直径为 200mm，螺旋头部设计成尖形桨状，以利于切割块煤和进料，垂直螺旋可正、反转动，用于取卸煤样，采样器依据工作需要可上升、下降。当运煤汽车到达定位后，按响电铃，示意采样工作开始，操纵主机，迅速接通左、右、前、后的采样器反向及下降开关，采样器达到预定的采样点位置后，停止 x 方向（前后）和 y 方向（左右）调节，采样器下降，螺旋反向进入煤层，边插入煤层，边将表层煤（0.4m）迅速抛向四周，当达到 0.4m 以下时，采样器螺旋正向转动，并继续下降采取煤样，当到达要求的煤层深度时，借助上升操纵机构提升采样器到一定高度后平移到接料口上，螺旋反向转动卸下煤样于接料上，煤样经螺旋输送机进入破碎机，被破碎成粒度 3mm 进入缩分机，弃煤经提升机返回车厢。每次采样量 1.5～3.0kg。采制样部分结构设计较紧凑，但桥架与机械传动机构以及控制系统设计不合理，选用技术落后且子样量偏小，图 4-32 所示为该机采装置结构。

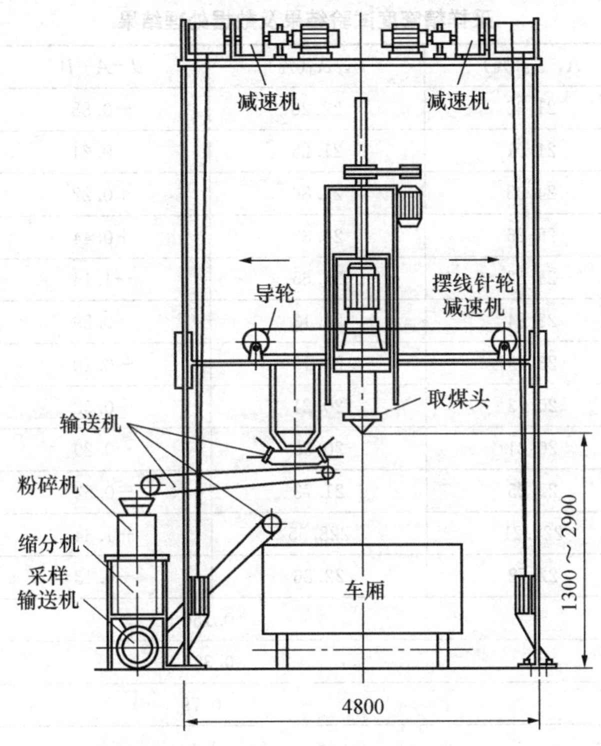

图 4-32　海西机采装置结构示意

第三节　采制样机性能检验方法

采制样机必须经过性能检验，才能取代人工采样。发电用煤机械采制样装置性能试验的目的是评判采制样装置所采样品是否具有代表性，采样精密度是否达到国标要求，缩分系统误差与精密是否合格、缩分比、调节范围、水分损失率、水分适应性以及整机能否稳定正常运行等，对采制样装置总体性能做出评价。性能试验由具备检验资质的机构负责实施，检验周期为两年。按照 GB/T 19494 煤炭机械化采样（1～3）部分的有关规定，采煤样机的性能检验应包括采样精密度、缩分精密度、水分损失以及缩分比等内容，本节介绍采煤样机的性能检验方法，检验结果的数据处理与结果判断等内容。

一、采制样装置试验内容及试验结果

1. 采样精密度检验

采样精密度检验，按 GB/T 19494.3 标准，采用双倍子样双份采样方法。根据采样单元，计算出采样机采样间隔时间，计算方法如下：

采样单元煤量约 3700t，上煤时间为 4h，应采子样数为 116 个，在采样机正常工作状态

下，设定采样间隔120s的采样间隔，连续采取子样，使每个子样分别通过制样系统。将通过制样系统后的留样按奇偶数目分别合并成两个试样，奇数样记为A样，偶数样记为B样，从而构成一对试样，按要求共采取10对试样。然后按GB 474和GB/T 212分别对10个试样进行制样和化验。采样精密度试验结果见表4-1。

表4-1　采样精密度试验结果及数据处理结果

试样号	A，A_d(%)	B，A_d(%)	$d=A-B$	d^2
1	21.32	22.20	−0.88	0.774 4
2	21.01	21.25	−0.24	0.057 6
3	24.08	23.86	+0.22	0.048 4
4	25.26	24.82	+0.44	0.193 6
5	24.52	25.66	−1.14	1.299 6
6	23.84	24.13	−0.29	0.084 1
7	23.99	24.19	−0.20	0.040 0
8	20.73	20.21	+0.52	0.270 4
9	20.21	20.50	−0.29	0.084 1
10	22.25	21.73	+0.52	0.270 4
总和	227.21	228.55	−1.34	3.122 6
平均值	22.72	22.86	−0.13	
S^2	0.156 1			
S	0.395 1			
$P=2S$	0.79			
a_L	0.70			
a_U	1.75			
a_LP	0.55			
a_UP	1.38			

（1）双份样品的单个采样单元的精密度计算：

$$S=\sqrt{\frac{\sum d^2}{2n_p}} \tag{4-1}$$

$$P(\%)=2S \tag{4-2}$$

式中　d——试样对中单、双两个样品A_d的差值；

n_p——双份试样对数；

P——单个采样单元的精密度（95%置信概率下）。

（2）试验结果评定。按照GB/T 19494.3规定，根据预期的采样精密度$P_{预期}=1.6\%$及$a_LP\sim a_UP$范围判断采样系统的采样精密度是否达到要求：

如果$P_{预期}$介于$a_LP\sim a_UP$之间，说明采样精密度符合预期要求；

如果$P_{预期}$高于a_UP，说明采样精密度高于预期要求；

如果$P_{预期}$低于a_LP，说明采样精密度低于预期要求，需要对采样方案进行调整。

（3）试验数据处理。灰分测定差值的方差：

$$S^2 = \frac{\sum d^2}{2n_p} = \frac{3.1226}{2 \times 10} = 0.1561$$

$$S = \sqrt{0.1561} = 0.3951$$

单个采样单元精密度为

$$P = 2S = 2 \times 0.3951 = 0.79\%$$

查精密度范围计算因素表得，自由度为 10 时，a_L=0.70，a_U=1.75，则

$$精密度上限 = a_U \cdot P = 1.75 \times 0.79 = 1.38\%$$

$$精密度下限 = a_L \cdot P = 0.70 \times 0.79 = 0.55\%$$

$$采样精密度波动范围:0.55\% \sim 1.38\%$$

由于 $P_{预期}$ 高于 a_UP，说明采样精密度高于预期 P=1.6%的要求。

2. 缩分器缩分精密度、系统误差检验

由于在技术说明书中未提供缩分器的详细信息，实际测量缩分器开口宽度为 51mm，通过反复观察确认开口宽度不可调，而且缩分器的电机为定速电机，说明缩分器的缩分比不可调节，因此只能按当前情况进行缩分精密度检验。准备每个约 13kg 煤样 20 组，由人工在螺旋给煤机进料口处投料，煤样经过破碎缩分后收集样品和余煤，并一一对应编号 1～20 组，按 GB 474 分别制出分析煤样，并对 20 组样品及余煤按 GB/T 212，分析空气干燥基灰分（A_{ad}）及水分（M_{ad}），并计算出干燥基灰分（A_d）。检验结果见表 4-2。

表 4-2　　样品与余煤干基灰分 A_d 对比数据　　（%）

组　号	样　品 A_{di}	余煤 A_{dj}	样品与余煤 $A_{di}-A_{dj}$	组　号	样　品 A_{di}	余煤 A_{dj}	样品与余煤 $A_{di}-A_{dj}$
1	15.05	16.14	−1.09	11	16.24	16.30	−0.06
2	15.56	16.01	−0.45	12	16.27	16.74	−0.47
3	16.69	16.00	+0.69	13	16.25	16.84	−0.59
4	15.04	15.46	−0.42	14	15.06	15.80	−0.74
5	15.93	15.57	+0.36	15	16.28	16.43	−0.15
6	15.55	15.75	−0.20	16	16.97	16.99	−0.02
7	16.49	16.46	+0.03	17	15.60	16.29	−0.69
8	15.94	16.49	−0.55	18	16.28	16.39	−0.11
9	15.65	16.19	−0.54	19	15.86	15.71	+0.15
10	17.07	16.76	+0.31	20	16.70	17.04	−0.34
$\overline{h_1}$	0.46			$\overline{h_2}$	0.33		
$\overline{d}$	−0.244						
S_d^2	0.1833						
S_d	0.43						

（1）缩分精密度检查。将表 4-2 中 1～10 号列为第一组，11～20 号列为第二组，求第一组、第二组二基灰分差值 $h=|A_{di}-A_{dj}|$ 绝对值的平均值 $\overline{h_1}$ 和 $\overline{h_2}$。经计算 $\overline{h_1}$=0.46，$\overline{h_2}$=0.33，连续两组的平均值都小于 0.37A（A 为采制化总精密度，±1.6%），缩分器的缩分精

密度达到要求。

(2) 系统误差试验。系统误差根据样品与余煤干基灰分 A_d 之间是否存在显著性差异来判断。

$$\overline{d}=\frac{1}{n}\sum(A_{di}-A_{dj})=-0.244$$

再计算 A_d 差值的方差 $S_d{}^2$

$$S_d{}^2=\frac{1}{n-1}\left[\sum d^2-\frac{(\sum d)^2}{n}\right]$$
$$=\frac{1}{20-1}\left[4.5732-\frac{(-3.88)^2}{20}\right]$$
$$=0.1833$$

$$S_d=0.43, t=\frac{|\overline{d}|\sqrt{n}}{S_d}=2.54$$

查 t 值表 $t_{0.05,19}=2.09$，由于 $t=2.54>t_{0.05,19}=2.09$，二者有显著性差异，故制样缩分装置存在系统误差。

3. 破碎机出料粒度检验

收集经破碎机破碎后的煤样，混合后称取试验煤样 50.0kg，然后按 GB 477 进行筛分试验，试验结果见表 4-3。

表 4-3　出料粒度试验结果

粒度（m）/ 样量	>13		6～13		3～6		1～3		<1	
	kg	%	kg	%	kg	%	kg	%	kg	%
50.0kg	0.035	0.07	4.50	9.00	16.40	32.80	16.02	32.04	13.045	26.09

破碎机出料的最大粒度（最接近但不大于 5%）为 13mm。

4. 缩分比检验

试验前将采样头下部最接近一级螺旋给煤机的落煤管拆开，用于倒试验煤。准备每个约 13kg 煤样 20 个，试验时从螺旋给煤机的进料口处倒煤。煤样经过破碎缩分后，称量留样质量 M_0 和余煤质量，留样质量 M_0 加余煤质量为煤样总质量 M_i。连续进行两个 10 组留样与总样质量之比，用 t 检验法检验其有无显著性差异。检验结果见表 4-4。

表 4-4　缩分比检验结果

序号	留样质量 M_0(g)	煤样总质量 M_i(g)	缩分比 $r=M_0/M_i$	留样质量 M_0(g)	煤样总质量 M_i(g)	缩分比 $r=M_0/M_i$	两组缩分比差值
1	1465	12 310	$0.119\left(\frac{1}{8}\right)$	1565	12 360	$0.127\left(\frac{1}{8}\right)$	−0.008
2	1595	12 920	$0.123\left(\frac{1}{8}\right)$	1630	13 310	$0.122\left(\frac{1}{8}\right)$	+0.001

续表

序号	留样质量 M_0(g)	煤样总质量 M_i(g)	缩分比 $r=M_0/M_i$	留样质量 M_0(g)	煤样总质量 M_i(g)	缩分比 $r=M_0/M_i$	两组缩分比差值
3	1585	12 680	$0.125\left(\frac{1}{8}\right)$	1640	13 370	$0.123\left(\frac{1}{8}\right)$	+0.002
4	1575	12 690	$0.124\left(\frac{1}{8}\right)$	1580	12 480	$0.127\left(\frac{1}{8}\right)$	−0.003
5	1645	13 360	$0.123\left(\frac{1}{8}\right)$	1605	12 760	$0.126\left(\frac{1}{8}\right)$	−0.003
6	1570	12 800	$0.123\left(\frac{1}{8}\right)$	1600	12 720	$0.126\left(\frac{1}{8}\right)$	−0.003
7	1520	12 460	$0.122\left(\frac{1}{8}\right)$	1610	13 150	$0.122\left(\frac{1}{8}\right)$	0
8	1625	13 290	$0.122\left(\frac{1}{8}\right)$	1615	12 690	$0.127\left(\frac{1}{8}\right)$	−0.005
9	1520	12 260	$0.124\left(\frac{1}{8}\right)$	1595	13 180	$0.121\left(\frac{1}{8}\right)$	+0.003
10	1575	12 690	$0.124\left(\frac{1}{8}\right)$	1640	13 370	$0.123\left(\frac{1}{8}\right)$	+0.001
平均值	1568	12 746	$0.123\left(\frac{1}{8}\right)$	1608	12 939	$0.124\left(\frac{1}{8}\right)$	$\overline{d}=-0.0015$

由表 4-4 中 10 个缩分比的差值，求出平均差值 $\overline{d}$ 和方差 V_d，即

$$\overline{d}=\frac{\sum d}{n}=-0.0015$$

$$V_d=S_d{}^2=\frac{\sum d^2-\frac{(\sum d)^2}{n}}{S_d}=1.21\times10^{-5}$$

$$t=\frac{|\overline{d}|\sqrt{n}}{S_d}=1.36$$

因为 $(t=1.36)<(t_{0.05,9}=2.26)$，所以缩分器缩分比检验无显著性差异。

5. 全水分损失试验

(1) 取同一煤种粒度小于 50mm 的煤，用堆锥法掺和煤样 3 次，在堆锥过程中用喷壶逐层喷水以增大煤中水分。

(2) 把准备好的煤样分成 20 份，每份质量大于 70kg，再将每份用堆锥法缩分成两份，把每组各 20 份一一对应分别编号人工 1～20 号、机械 1～20 号。

(3) 取其中一份，用水分无明显损失的破碎机破碎到粒度小于 13mm，按 GB 474 规定的九点法取出 2kg，按 GB/T 211 规定测定全水分（M_R），计为人工全水分。

（4）将另一份 35kg 以上煤样，逐一倒入进样口，煤样经制样系统后收集留样，按 GB/T 211 规定测定全水分（M_P），计为机械全水分。全水分损失试验结果见表 4-5。

表 4-5　制样系统全水分损失试验结果

序　号	人工全水分 M_R(%)	机械全水分 M_P(%)	$d_i(M_R-M_P)$（%）	d_i^2
1	10.7	10.8	−0.1	0.01
2	11.5	10.8	+0.7	0.49
3	10.6	11.0	−0.4	0.16
4	11.4	10.7	+0.7	0.49
5	10.8	10.8	0	0
6	11.4	11.0	+0.4	0.16
7	11.1	11.2	−0.1	0.01
8	10.8	10.4	+0.4	0.16
9	10.8	10.9	−0.1	0.01
10	11.0	11.4	−0.4	0.16
11	11.2	10.8	+0.4	0.16
12	10.7	11.2	−0.5	0.25
13	10.8	10.8	0	0
14	11.4	10.7	+0.7	0.49
15	11.5	11.0	+0.5	0.25
16	11.4	10.8	+0.6	0.36
17	11.0	11.3	−0.3	0.09
18	10.8	11.0	−0.2	0.04
19	11.4	11.4	0	0
20	10.8	11.4	−0.6	0.36
统计量			$\overline{d}=0.085$	$\sum d_i^2=3.65$

设全水分最大允许偏倚为 $B=1.0\%$。

计算各对试样的全水分差值：$d_i=M_R-M_P$（带正负号）

计算 20 对试样全水分差值的平均值：

$$\overline{d}=\frac{\sum d_i}{20}=\frac{1.7}{20}=0.085$$

计算 20 对试样全水分差值的标准差：

$$S=\sqrt{\frac{\sum d_i^2-(\sum d_i)^2/n}{n-1}}=\sqrt{\frac{3.65-(1.7)^2/20}{20-1}}=0.43$$

若 $\bar{d} \leqslant -B$ 或 $\bar{d} \geqslant +B$，则制样机全水分偏倚明显大于最大允许偏倚。

若 $-B \leqslant \bar{d} \leqslant +B$，则按下式计算 t_{nz}：

$$t_{nz} = \frac{B - |\bar{d}|}{S}\sqrt{n}$$

如果 $t_{nz} < t_{\beta} = 1.729$，则证明存在实质偏倚，$t_{\beta}$ 为自由度 $n-1$ 时的单尾值；如果 $t_{nz} \geqslant t_{\beta}$，则证明不存在实质偏倚。

全水分最大允许偏倚为 $B=1.0\%$ 时

$$t_{nz} = \frac{1.0 - 0.085}{0.43}\sqrt{20} = 9.52$$

由于 $(t_{nz}=9.52) > (t_{\beta}=1.729)$，故证明制样机全水分不存在实质偏倚。

6. 试验结论

(1) 采样间隔时间 120s 时，采样装置的采样精密度高于预期 1.6%的要求。

(2) 缩分器缩分精密度达到规定要求，但存在系统误差。

(3) 相对于最大允许偏倚 $B=1.0\%$，制样机全水分不存在实质偏倚。

(4) 破碎机实际出料粒度为 13mm，大于标称出料粒度 6mm。

(5) 在试验期间，该机余煤返排斗式提升机系统出现 1 次堵煤现象，而且在以前运行时也发生过堵煤现象，说明斗式提升机系统存在问题。

二、停带采样

停带采样是保证样品不产生系统误差的最适宜的方法。在停带状态，整批煤可以露置以便采样，此时，在整个皮带宽度上可以采取断面，使所有粒度的煤都能被采到。因此，停带采样被推荐作为最可靠的参比方法，用于检验其他方法。具体可以按照 GB/T 19494.1-3 的规定，以停带人工所采样品作参比，与机械所采样品构成一组，进行对比试验，这样共收集 20 组样品，然后按国标要求分别制样与化验，测出各样品的 M_{ad}、A_{ad}，从而计算出 A_d 值，之后进行数据处理。以一组机械采样与停带人工采样结果为例，数值汇总于表 4-6。

表 4-6　机械采样与停带人工采样 A_d 值汇总表　(%)

组　别	机械采样 A_d	停带人工 A_d	两种采样方法 A_d 差值（机－人）
1	25.56	24.88	0.68
2	30.04	26.11	3.93
3	26.26	25.70	0.56
4	27.09	26.54	0.55
5	26.28	25.73	0.55
6	28.83	29.06	−0.23
7	26.21	27.01	−0.80
8	28.97	27.32	1.65
9	27.42	28.04	−0.62
10	26.02	27.75	−1.73
11	29.95	29.48	0.47
12	28.11	27.01	1.10

续表

组　别	机械采样 A_d	停带人工 A_d	两种采样方法 A_d 差值（机一人）
13	26.61	26.12	0.49
14	27.26	28.16	−0.90
15	29.29	30.36	−1.07
16	28.30	30.30	−2.00
17	33.49	30.03	3.46
18	28.49	31.09	−2.60
19	28.25	29.26	−1.01
20	30.54	30.39	0.15
平均	28.24	28.11	0.13

1. 采样精密度一致性检验

应用 F 检验法对两种采样方法的精密度是否具有一致性进行检验。

机械采样标准差 $S_{机}=1.87$

停带人工采样标准差 $S_{人}=1.97$

$F=S_{机}^2/S_{人}^2=1.87^2/1.97^2=1.09$

查 F 表，显著性水平 α 取 0.05，此单双侧检验，$F_{0.025,19,19}=2.51$，由于 $1.09<F_{0.025,19,19}$，故说明两种采样方法精密度之间无显著性差异，即两种方法采样精密度具有一致性。

2. 灰分平均值一致性检验

先求出 $S_{机}$ 与 $S_{人}$ 平均标准差 $\overline{S}$：

$$\begin{aligned}\overline{S}&=\sqrt{\frac{(n_{机}-1)S_{机}^2+(n_{人}-1)S_{人}^2}{n_{机}+n_{人}-2}}\\&=\sqrt{19\times1.87^2+19\times1.79^2/38}\\&=1.83\end{aligned}$$

再计算统计量 t 值：

$$t=\frac{|A_{机}-A_{人}|}{\overline{S}}\sqrt{\frac{n_{机}\times n_{人}}{n_{机}+n_{人}}}=0.22$$

显著性水平 α 取 0.05，此系双侧检验，查 t 值表 $t_{0.05,38}=2.02$，由于 $0.22<t_{0.05,38}$，故两种方法采样，其灰分平均值具有一致性。

3. 系统误差检验

系统误差是利用两种不同采样方法所采样品 A_d 之间是否存在显著性差异来判断的。

先求出两种采样方法 A_d 差值的平均值 $\overline{d}$：

$$\overline{d}=\sum(A_{机}-A_{人})/n=0.13\%$$

再计算 A_d 差值的方差 S_d^2：

$$S_d^2=[\sum d^2-(\sum d)^2/n]/n-1$$

$$=[51.02-2.48^2/20]/19$$
$$=2.67$$
$$S_d=1.63$$

最后计算统计量 t 值：

$$t=|\bar{d}|\sqrt{n}/S_d$$
$$=0.13\times\sqrt{20}/1.63$$
$$=0.36$$

显著性水平 α 取 0.05，$f=20-1=19$，查 t 值表 $t_{0.05,19}=2.09$，由于 $0.36<t_{0.005,19}$，故二者无显著性差异，机械采样不存在系统误差。

4. 置信范围的计算

两种采样方法 A_d 差值的置信范围 D 按下式计算：

$$D=\bar{d}\pm t_{0.05,19}S_d/\sqrt{n}$$
$$=0.13\pm2.09\times1.63/\sqrt{20}$$
$$=(0.13\pm0.76)(\%)$$

计算表明：两者 A_d 差值在 95%的置信概率下，为−0.63%～0.89%。

由此可以得出结论：机械采样与停带人工采样之间灰分平均值具有一致性，且不存在系统误差，故机械采样可以代替人工停带采样。

在实施停带采样时，必须考虑系统的安全性。输煤皮带带负荷启停，可能会烧坏电机，只有输煤系统设备允许条件下，才可以进行停带采样。

三、偏倚试验方法

1. 最大允许偏倚

国标和电力行业标准对最大允许偏倚规定的规定有些不同。

国标规定最大允许偏倚用以下方法之一确定：①各有关方协商；②使最大允许偏倚（B）和可能产生的最大偏倚相匹配，例如取 10%的最大颗粒被排斥时的偏倚为最大允许偏倚；③在没有其他资料可用的情况下，取 B 值为 0.20%至 0.30%（灰分或全水分）。

电力行业标准规定：①应按 GB/T 19494.1 和 GB/T 19494.2 规定采取和制备煤样，用灰分（A_d）表示的实质性偏倚的最低值即最大允许偏倚满足下列要求之一：a）使最大允许偏倚与可能产生的最大偏倚相对应，例如取 10%的最大颗粒被排斥时产生的偏倚；b）相关方如机械采制样装置的买卖双方或煤炭的买卖双方协商值；c）在无其他资料可用的条件下，对于 A_d 不大于 30%的煤，A_d 可选取 0.20%～0.30%之间值；对于 A_d 大于 30%的煤，可选取预期采样精密度 1/5～1/3 之间的值。②采样精密度应为待采煤灰分的±1/10，但其绝对数值应在±1.60%以内。③整机全水分损失不应超过 0.70%。

2. 偏倚试验程序

（1）样品采集制备化验。首先决定最大允许偏倚 B，决定要求的初级试样对数 n_p。对煤样实施采样，取出 n_p 对试样，并进行制备和化验。

（2）统计量计算。在对起始试样对进行化验，获得化验结果后，进行基本统计计算。

设被试验系统或部件的测定值为 A_i，参比方法测定值为 R_i，$i=1, 2, 3, \cdots, n$，i 为试样序数，n 为总对数。

计算每对结果间的差值 $d_i=A_i-R_i$（计正负），参比方法的平均值 $\bar{R}$，差值的平均值 $\bar{d}$，差值的方差 V 和标准差 S_d，计算公式为

$$\bar{R}=\frac{\sum R_i}{n} \tag{4-3}$$

式中 n——参比试样数。

$$\bar{d}=\frac{\sum d_i}{n} \tag{4-4}$$

式中 n——试样对数。

$$V=\frac{\sum d^2-\frac{(\sum d)^2}{n}}{n-1} \tag{4-5}$$

$$S_d=\sqrt{\frac{\sum d^2-(\sum d)^2/n}{n-1}} \tag{4-6}$$

（3）离群值检验。判别一离群值的统计准则不是舍弃该观测值的充分证据。当统计发现一观测值离群时，应查明其原因。只有在有直接确凿证据证明离群值是由于对规定试验程序的过失偏差造成时，该观测值才舍弃，舍弃值及舍弃原因应一并在报告中注明。

离群值判定以科克伦（Cochran）最大方差准数 C 为依据，计算式为

$$C=\frac{d_{max}^2}{\sum_{i=1}^{n_p} d_i^2} \tag{4-7}$$

式中 d_{max}——一组差值中最大差值；

n_p——差值组中的试样对数。

如果计算的 C 值大于表 4-7 中的相应值，则 d_{max} 可能为离群值。

表 4-7　科克伦最大方差检验临界值

n	95%置信概率	n	95%置信概率
20	0.480	31	0.355
21	0.465	32	0.347
22	0.450	33	0.339
23	0.437	34	0.332
24	0.425	35	0.325
25	0.413	36	0.318
26	0.402	37	0.312
27	0.391	38	0.306
28	0.382	39	0.300
29	0.372	40	0.294
30	0.363		

注　n 为试验系列中差值的个数。

（4）所需试验对数核验。

1）计算试样因数 g，然后从表 4-8 查出相应的最少观测对数 n_p：

$$g = \frac{B}{S_d} \tag{4-8}$$

式中　B——预先确定的最大允许偏倚；

S_d——试样对的标准差。

表 4-8　估算最少试样对数的试样因数 g 值

n_{pR}	0	1	2	3	4	5	6	7	8	9
10	>1.295	1.218	1.154	1.099	1.051	1.009	0.971	0.938	0.909	0.880
20	0.855	0.832	0.810	0.790	0.772	0.755	0.739	0.724	0.710	0.696
30	0.684	0.672	0.660	0.649	0.639	0.629	0.620	0.611	0.602	0.594
40	0.586	0.579	0.571	0.564	0.558	0.551	0.545	0.539	0.533	0.527
50	0.521	0.516	0.511	0.506	0.501	0.496	0.491	0.487	0.483	0.478
60	0.474	0.470	0.466	0.463	0.459	0.455	0.451	0.448	0.445	0.441
70	0.438	0.435	0.432	0.429	0.426	0.423	0.420	0.417	0.414	0.411
80	0.409	0.406	0.404	0.401	0.399	0.396	0.394	0.392	0.389	0.387
90	0.385	0.383	0.380	0.378	0.376	0.374	0.372	0.370	0.368	0.366

由于在试验结束前不可能知道试样对的 S_d 值，此时，可根据以往的试验资料先暂定一个替代值。如果无资料可鉴，则至少取出 20 对试样。为避免再补充采样以及产生数据合并问题，可用一个比试验所得值大的 S_d 值来计算出一个较小的 g 值，以期一次采足需要的试样对数，如需要补充采取的试样对数小于 10，至少应再采 10 对。

2）试验结束后，用实际得到的 S_d 重新计算试样因数 g，并从表 4-8 查得新的 n_{pR} 值。

如 $n_p > n_{pR}$，则试样对数已足够，可继续进行统计分析。

如 $n_p < n_{pR}$，则可能要补充采样。此时，先用试验得到的 s_d 值按下式求出 B'：

$$B' = gS_d$$

如果 B' 可以代替 B，则不用补充采样，否则应补充采样并在得到补充试样数据后，计算其平均值、标准差及检查离群值，再检验原始数据组和补充数据组的一致性。如果结果满意，则两组数据合并，然后重新检验离群值。

（5）新旧数据一致性检验。

1）方差一致性检验。计算新、旧数据方差比 F_c：

$$F_c = \frac{V_1}{V_2}$$

式中　V_1——大方差组的方差；

V_2——小方差组的方差。

根据与 V_1 和 V_2 相应的观测数 n_1 和 n_2，从表 4-9 中查出横排自由度为 n_1-1 和竖栏自由度为 n_2-1 的 F 值。

将 F_c 与 F 比较，如 $F_c < F$，则认为两组数据来自一个具有共同方差的总体；如 $F_c \geqslant F$，则认为两组数据方差不一致。

表 4-9　　95%置信概率下的 F 值

f_2 \ f_1	9	10	11	12	13	14	15	16	17	18
9	3.179	3.137	3.102	3.073	3.048	3.025	3.006	2.989	2.974	2.960
10	3.020	2.978	2.943	2.913	2.887	2.865	2.845	2.828	2.812	2.798
11	2.896	2.854	2.818	2.787	2.761	2.739	2.719	2.701	2.685	2.671
12	2.796	2.753	2.717	2.687	2.660	2.637	2.617	2.599	2.583	2.568
13	2.714	2.671	2.635	2.604	2.577	2.554	2.533	2.515	2.499	2.484
14	2.646	2.602	2.565	2.534	2.507	2.484	2.463	2.445	2.428	2.413
15	2.588	2.544	2.507	2.475	2.448	2.424	2.403	2.385	2.368	2.353
16	2.538	2.494	2.456	2.425	2.397	2.373	2.352	2.333	2.317	2.302
17	2.494	2.450	2.413	2.371	2.353	2.329	2.308	2.289	2.272	2.257
18	2.456	2.412	2.374	2.342	2.314	2.290	2.269	2.250	2.233	2.217
19	2.423	2.378	2.340	2.308	2.280	2.256	2.234	2.215	2.918	2.182
20	2.393	2.348	2.310	2.278	2.250	2.225	2.203	2.184	2.167	2.151
21	2.366	2.321	2.283	2.250	2.222	2.197	2.176	2.156	2.139	2.123
22	2.342	2.297	2.259	2.226	2.198	2.173	2.151	2.131	2.114	2.096
23	2.320	2.275	2.236	2.204	2.175	2.150	2.128	2.109	2.091	2.075
24	2.300	2.255	2.216	2.183	2.155	2.130	2.108	2.088	2.070	2.054
25	2.282	2.236	2.198	2.165	2.136	2.111	2.089	2.069	2.051	2.035
26	2.265	2.220	2.181	2.148	2.119	2.094	2.072	2.052	2.034	2.018
27	2.250	2.204	2.166	2.132	2.103	2.078	2.056	2.036	2.018	2.002
28	2.236	2.190	2.151	2.118	2.089	2.064	2.041	2.021	2.003	1.987
29	2.223	2.177	2.138	2.104	2.075	2.050	2.027	2.007	1.989	1.973
30	2.211	2.165	2.126	2.092	2.063	2.037	2.015	1.995	1.976	1.960
35	2.161	2.114	2.075	2.041	2.012	1.986	1.963	1.942	1.924	1.907
40	2.124	2.077	2.038	2.003	1.974	1.948	1.924	1.904	1.885	1.868
45	2.096	2.049	2.009	1.974	1.945	1.918	1.895	1.874	1.855	1.838
50	2.073	2.026	1.986	1.952	1.821	1.865	1.871	1.850	1.831	1.814
55	2.055	2.008	1.968	1.933	1.903	1.876	1.852	1.831	1.812	1.795
60	2.040	1.993	1.952	1.917	1.887	1.860	1.836	1.815	1.796	1.778

f_2 \ f_1	19	20	21	22	23	24	25	26	27
9	2.948	2.936	2.926	2.917	2.908	2.900	2.893	2.886	2.880
10	2.785	2.774	2.764	2.754	2.745	2.737	2.730	2.723	2.716
11	2.658	2.646	2.636	2.626	2.617	2.609	2.601	2.594	2.588
12	2.555	2.544	2.533	2.523	2.514	2.505	2.498	2.490	2.484
13	2.471	2.459	2.448	2.438	2.429	2.420	2.412	2.405	2.398
14	2.400	2.388	2.377	2.367	2.357	2.349	2.341	2.333	2.326
15	2.340	2.327	2.316	2.306	2.296	2.288	2.280	2.272	2.265
16	2.288	2.275	2.264	2.254	2.244	2.235	2.227	2.220	2.212
17	2.243	2.230	2.219	2.208	2.199	2.190	2.181	2.174	2.167

续表

f_2 \ f_1	19	20	21	22	23	24	25	26	27
18	2.203	2.191	2.179	2.168	2.159	2.150	2.141	2.133	2.126
19	2.168	2.155	2.144	2.133	2.123	2.114	2.160	2.098	2.090
20	2.137	2.124	2.112	2.102	2.092	2.082	2.074	2.066	2.059
21	2.109	2.096	2.084	2.073	2.063	2.054	2.045	2.037	2.030
22	2.084	2.071	2.059	2.048	2.038	2.028	2.020	2.011	2.004
23	2.061	2.048	2.036	2.025	2.014	2.005	1.996	1.998	1.980
24	2.040	2.027	2.015	2.003	1.993	1.984	1.975	1.967	1.959
25	2.021	2.007	1.995	1.984	1.974	1.964	1.995	1.947	1.939
26	2.003	1.990	1.987	1.966	1.956	1.946	1.937	1.929	1.921
27	1.987	1.974	1.961	1.950	1.940	1.930	1.921	1.913	1.905
28	1.972	1.959	1.946	1.935	1.924	1.915	1.906	1.897	1.889
29	1.958	1.945	1.932	1.921	1.910	1.901	1.891	1.883	1.875
30	1.945	1.932	1.919	1.908	1.897	1.887	1.878	1.870	1.682
35	1.892	1.878	1.866	1.854	1.843	1.833	1.824	1.815	1.807
40	1.853	1.839	1.826	1.814	1.803	1.793	1.783	1.775	1.766
45	1.823	1.808	1.795	1.783	1.772	1.762	1.752	1.743	1.735
50	1.798	1.784	1.771	1.768	1.748	1.737	1.727	1.718	1.710
55	1.779	1.764	1.751	1.739	1.727	1.717	1.707	1.698	1.689
60	1.763	1.748	1.735	1.722	1.711	1.700	1.690	1.681	1.672

f_2 \ f_1	28	29	30	35	40	45	50	55	60
9	2.874	2.869	2.864	2.842	2.826	2.813	2.803	2.784	2.787
10	2.710	2.705	2.700	2.678	2.661	2.648	2.637	2.628	2.621
11	2.582	2.576	2.570	2.548	2.531	2.517	2.507	2.498	2.490
12	2.478	2.472	2.466	2.443	2.426	2.412	2.401	2.392	2.387
13	2.392	2.386	2.380	2.357	2.339	2.325	2.314	2.304	2.297
14	2.320	2.314	2.306	2.284	2.266	2.252	2.240	2.231	2.223
15	2.259	2.253	2.247	2.223	2.204	2.190	2.178	2.168	2.160
16	2.206	2.200	2.194	2.169	2.151	2.136	2.124	2.114	2.106
17	2.160	2.154	2.148	2.123	2.104	2.089	2.077	2.067	2.058
18	2.119	2.113	2.107	2.082	2.063	2.048	2.035	2.025	2.017
19	2.084	2.077	2.071	2.046	2.026	2.011	1.999	1.998	1.980
20	2.052	2.045	2.039	2.013	1.994	1.978	1.966	1.955	1.946
21	2.023	2.016	2.101	1.984	1.964	1.949	1.936	1.925	1.916
22	1.997	1.990	1.984	1.958	1.938	1.922	1.909	1.898	1.889
23	1.973	1.967	1.960	1.934	1.914	1.898	1.885	1.874	1.865
24	1.952	1.945	1.939	1.912	1.832	1.876	1.862	1.852	1.842
25	1.932	1.925	1.919	1.892	1.872	1.855	1.842	1.831	1.822

续表

f_2 \ f_1	28	29	30	35	40	45	50	55	60
26	1.914	1.907	1.901	1.874	1.853	1.837	1.823	1.812	1.803
27	1.897	1.891	1.884	1.857	1.836	1.819	1.806	1.795	1.785
28	1.882	1.875	1.869	1.841	1.820	1.803	1.790	1.778	1.769
29	1.868	1.681	1.854	1.827	1.805	1.789	1.775	1.763	1.754
30	1.854	1.847	1.841	1.813	1.792	1.775	1.761	1.749	1.740
35	1.799	1.792	1.768	1.757	1.735	1.717	1.703	1.691	1.681
40	1.759	1.751	1.744	1.715	1.683	1.675	1.680	1.648	1.637
45	1.727	1.720	1.713	1.683	1.660	1.541	1.626	1.614	1.603
50	1.702	1.694	1.687	1.657	1.634	1.615	1.599	1.587	1.576
55	1.681	1.674	1.666	1.636	1.612	1.593	1.577	1.561	1.553
60	1.664	1.656	1.649	1.618	1.594	1.575	1.559	1.546	1.534

2）均值一致性检验。计算结合标准差$\bar{S}_x$：

$$\bar{S}_x=\sqrt{\frac{(n_1-1)S_1^2+(n_2-1)S_2^2}{n_1+n_2-2}} \tag{4-9}$$

式中 n_1 和 S_1——原数据的观测数和标准差；

n_2 和 S_2——新数据的观测数和标准差。

计算统计量 t_m：

$$t_m=\frac{|\bar{x}_1-\bar{x}_2|}{\bar{S}_x\sqrt{\frac{1}{n_1}+\frac{1}{n_2}}} \tag{4-10}$$

式中 $\bar{x}_1$——原数据平均值；

$\bar{x}_2$——新数据平均值；

$\bar{S}_x$——由式（4-9）计算的结合标准差。

从表4-10中查出自由度为 n_1+n_2-2 的双尾值 t_a。如 $t_m<t_a$，则认为新旧两组数据来自一个具有共同均值的总体；如 $t_m\geqslant t_a$，则两组数据值均不一致。

表4-10　95%置信概率下，双尾和单尾颁布的Student t 值

自由度	双尾 t_α	双尾 t_β	自由度	双尾 t_α	双尾 t_β
5	2.571	2.015	14	2.145	1.761
6	2.447	1.943	15	2.131	1.753
7	2.365	1.895	16	2.120	1.746
8	2.306	1.860	17	2.110	1.740
9	2.262	1.833	18	2.101	1.734
10	2.228	1.812	19	2.093	1.729
11	2.201	1.796	20	2.086	1.725
12	2.179	1.782	21	2.080	1.721
13	2.160	1.771	22	2.074	1.717

续表

自由度	双尾 t_α	双尾 t_β	自由度	双尾 t_α	双尾 t_β
23	2.069	1.714	40	2.021	1.684
24	2.064	1.711	41	2.020	1.683
25	2.060	1.708	42	2.019	1.682
26	2.056	1.708	43	2.017	1.681
27	2.052	1.703	44	2.016	1.680
28	2.048	1.701	45	2.015	1.679
29	2.045	1.699	46	2.013	1.679
30	2.042	1.697	47	2.012	1.678
31	2.040	1.695	48	2.011	1.678
32	2.037	1.694	49	2.010	1.677
33	2.035	1.692	50	2.009	1.676
34	2.033	1.691	55	2.005	1.673
35	2.031	1.690	60	2.000	1.671
36	2.029	1.688	70	1.995	1.667
37	2.027	1.687	80	1.990	1.664
38	2.025	2.686	90	1.987	1.662
39	2.023	1.685	100	1.984	1.660

3）数据合并。如方差和均值一致性检验均证实两组数据具有统计一致性（统计上无显著差异），则将两组数据合并，重新进行离群值统计检验和计算平均值、标准差。

如两组数据中任何一种试验未通过，则表明两组数据不一致。此时应舍弃两组数据，查找无统计一致性的原因，在确认这些原因已查明并予以排除后，重新进行试验。

（6）差值独立性检验。为了用 GB/T 19494 中规定的程序得出正确的采样系统误差的结论，试样差值必须是独立的。下述独立性检验，是对试样中位值以上和以下的运算群数的随机性检验。所谓“运算群”是全部在中位值以上或以下的一列符号相同的值。

在进行独立性检验前，应先进行离群值检验。

差值总体运算群数 r 的测定方法如下：

剔除离群值后，将各差值按由小到大顺序排列，当观测值为奇数时，取中间值为中位值；当观测值为偶数时，取中间两数的平均值为中位值。

按试样对采取的先后顺序列出各对差值，然后用差值减去中位值，得到正值的记为“＋”号，得到负值的记为“－”号，数出符号变换的次数 r，但差值与中位值相等者不计入。

令 n_1 为最少相同符号数，n_2 为最多相同符号数。

从表 4-11 中查得与 n_1，n_2 相应的显著性下限值 L 和显著性上限值 u。

如 $r<L$ 或 $r>u$，则独立性检验未通过。此时，在偏倚试验报告中应注明差值无独立性的原因（如果知道的话）并附上以下陈述：检验证明参比值和系统值的差值系列无独立性。

表 4-11　群数显著性值

n_1	n_2	下限 L	上限 u	n_1	n_2	下限 L	上限 u
3	5	3	—	11	11	8	16
3	6	3	—	11	12	9	16
3	7	3	—	11	13	9	17
4	4	3	7	11	14	9	17
4	5	3	8	11	15	10	18
4	6	4	8	11	16	10	18
4	7	4	8	11	17	10	18
4	8	4	—	12	12	9	17
5	5	4	8	12	13	10	17
5	6	4	9	12	14	10	18
5	7	4	9	12	15	10	18
5	8	4	10	12	16	11	19
5	9	5	10	12	17	11	19
6	6	4	10	12	18	11	20
6	7	5	10	13	13	10	18
6	8	5	11	13	14	10	19
6	9	5	11	13	15	11	19
6	10	6	11	13	16	11	20
7	7	5	11	13	17	11	20
7	8	5	12	13	18	12	20
7	9	6	12	13	19	12	21
7	10	6	12	14	14	11	19
7	11	6	13	14	15	11	20
7	12	7	13	14	16	12	20
8	8	6	12	14	17	12	21
8	9	6	13	14	18	12	21
8	10	7	13	14	19	13	22
8	11	7	14	14	20	13	22
8	12	7	14	15	15	12	20
9	9	7	13	15	16	12	21
9	10	7	14	15	17	12	21
9	11	7	14	15	18	12	22
9	12	8	15	15	19	13	22
9	13	8	15	15	20	13	23
9	14	8	16	16	16	12	22
10	10	7	15	16	17	13	22
10	11	8	15	16	18	13	23
10	12	8	16	16	19	14	23
10	13	9	16	16	20	14	24
10	14	9	16	17	17	13	23
10	15	9	16	17	18	14	23

续表

n_1	n_2	下限 L	上限 u	n_1	n_2	下限 L	上限 u
17	19	14	24	18	20	15	25
17	20	14	24	19	19	15	25
18	18	14	24	19	20	15	26
18	19	15	24	20	20	16	26

（7）偏倚最终评定。

1）显著偏倚条件。对配对偏倚试验，差值平均件的期望值为 0。如 $\bar{d}\leqslant -B$ 或 $\bar{d}\geqslant +B$，则证明有偏倚，无须做进一步的统计分析。

2）与 B 有显著性差异检验。如 $-B<\bar{d}<+B$，则按式（4-11）计算出 $\bar{d}$ 和 B 间差值的统计量 t_{nz}，即

$$t_{nz}=\frac{B-|\bar{d}|}{\dfrac{S_d}{\sqrt{n_p}}} \tag{4-11}$$

式中　B——最大允许偏倚；

$\bar{d}$——差值平均值；

S_d——差值标准差；

n_p——差值数。

从表 4-10 查得自由度为 $n-1$ 时的单尾 t 值 t_β，比较 t_{nz} 和 t_β：

如 $t_{nx}<t_\beta$，证明存在显著大于 0 且显著不小于 B 的偏倚，即试验结果证明存在实质性偏倚；如 $t_{nx}\geqslant t_\beta$，证明偏倚显著小于 B，即试验结果证明不存在实质性偏倚。

3）与 0 有显著性差异检验。如 $-B<\bar{d}<+B$，且 $t_{nz}\geqslant t_\beta$，则按式（4-12）计算差值的统计量 t_z，即

$$t_z=\frac{|\bar{d}|}{\dfrac{S_d}{\sqrt{n_p}}} \tag{4-12}$$

从表 4-10 查得自由度为 $n-1$ 时得单尾 t 值 t_α，比较 t_z 和 t_α：

如 $t_z<t_\alpha$，证明差值平均值与 0 无显著性差异，被检系统或部件可接受为无偏倚；如 $t_z\geqslant t_\alpha$，证明被检系统或部件存在小于 B 的偏倚。

3. 应用国标方法评价的具体实例

某电厂的皮带采样机进行偏倚试验，假定最大允许偏倚 B 为 0.30%(A_d)，共进行 40 组机采和停带成对试验，得到 38 组符合要求的干基灰分试验结果。统计量计算结果如下：成对试验差值的平均值 $\bar{d}=0.205$，差值的标准差 $S_d=0.291$。请根据以上试验结果进行偏倚评定。(查 t 表自由度为 37 时，双边 $t=2.027$，单边 $t=1.687$)

解：由题意可知：因为 $-B<\bar{d}<+B$，可以进行以下评定：

（1）$\bar{d}$ 和 B 是否有显著性差异的检验

$$t_{nz}=\frac{(B-|\bar{d}|)}{\dfrac{S_d}{\sqrt{n_p}}}=\frac{0.30-0.205}{\dfrac{0.291}{\sqrt{38}}}=2.012$$

$t_{nz} > t_\beta$（单边），$\bar{d}$ 显著小于 B，不存在实质性偏倚。

(2) $\bar{d}$ 和 0 是否有显著性差异的检验

$$t_z = \frac{|\bar{d}|}{\frac{S_d}{\sqrt{n_p}}} = \frac{0.205}{\frac{0.291}{\sqrt{38}}} = 4.343$$

$t_z > t_\alpha$（双边），说明 $\bar{d}$ 与 0 有显著性差异。

结论：该皮带采样机存在显著小于 B（$A_d = 0.30\%$）且不为 0 的偏倚。

课件

练习题

第五章 煤的工业分析

煤的工业分析是评价煤炭质量、合理利用煤炭资源的最基本依据，用于指导煤炭的订购、运输、储存及使用。煤的工业分析通常包括水分、灰分、挥发分和固定碳四项，是煤炭分类、计质与计价的重要指标。对电力用煤而言，根据煤的工业分析可以初步判断煤的燃烧特性。因此，掌握煤的工业分析技术，具有重要意义及实用价值。

第一节 煤的全水分

煤中的水分是煤炭的不可燃组分，它与煤的变质程度、结构有关。煤的变质程度不同，水分也不同，一般泥炭的水分最大，褐煤次之，烟煤与无烟煤最小。煤的全水分是指煤的外在与内在水分的总和，它与电力生产关系密切，对安全生产及电厂的经济效益影响很大，是入厂煤与入炉煤的常规检测项目。

一、煤中水分与电力生产

水分是煤中的不可燃组分，它一方面影响电力用煤的发热量计价、运输成本等经济指标，另一方面还影响锅炉燃烧、制粉、储存等生产环节。煤中水分因受热蒸发、汽化而消耗大量的热量，从而导致炉膛温度水平下降，煤粉着火困难，排烟量增大，增大了厂用电率。同时还增加了输煤系统堵塞的概率，影响正常供电。燃用高水分煤，烟气中的水蒸气分压高，促进了烟气中三氧化硫形成硫酸蒸气，增加锅炉尾部低温处硫酸的凝结沉积，造成空气预热器腐蚀、堵灰和烟筒内衬的脱落。煤中水分过高，在制粉系统的设计中，就要采取特殊的干燥措施，以保证制粉系统的正常运行。

然而，对于层式燃烧，适当增加水分可减少煤层阻力，提高通风量，改善燃烧状况，对煤粉的燃烧起一定的催化作用。在煤的储存、输送过程中，煤的水分不宜过低，否则将导致煤场及输煤皮带周围等作业场所的煤尘飞扬、环境污染，影响人员健康。一般燃用烟煤或无烟煤的锅炉，煤中全水分控制为5%～6%，若水分超过8%～10%，则会严重威胁机组的安全运行。

二、煤中水分的存在形态

煤中水分按结合状态可分为游离水和化合水两大类。

1. 游离水

游离水是指以机械方式附着在煤颗粒的表面和以物理化学吸附的方式存在于煤中的水分。游离水按其赋存状态又分为外在水分和内在水分。在煤炭开采、运输、储存、洗选时附着在煤粒表面和大毛细孔中的水分称为外在水分，又称表面水分；吸附或凝聚在煤粒内表面小毛细孔中的水分称为内在水分或固有水分。

外在水分的蒸气压力与同温度下纯水的蒸气压力相等，在空气中，这部分水分子会不断蒸发，直至煤表面的水蒸气压力与周围空气的相对湿度达到平衡为止，这部分失去的水分就是外在水分。内在水分的大小与煤的内表面积有关，变质程度越浅，内表面积越大，其内在水分就越高。内在水分的蒸汽压力小于纯水的蒸汽压力，因而在室温条件下这部分水不易失去，内在水分需在100℃以上的温度经过一定时间才能析出。

2. 化合水

化合水又称结晶水，是以化合方式同煤中的矿物质结合的水，它是矿物晶格的一部分，如硫酸钙（$CaSO_4 \cdot 2H_2O$）、高岭土（$Al_2O_3 \cdot 2SiO_2 \cdot 2H_2O$）中的结晶水，在煤中的含量很低。化合水的逸出温度通常在200℃以上，此时部分有机物也会有少量分解，难以定量测定，因此化合水并不包含在煤的全水分中。

三、煤的全水分的测定

煤的全水分是指煤中全部的游离水分，即煤中外在水分和内在水分之和，用符号 M_t 表示。由于煤中外在水分及内在水分的样品所处的状态不同，并不处于同一基准，因此二者不能直接相加，必须换算到同一基准后才可相加。

GB/T 211 规定了测定煤中全水分的 A、B、C 三种方法。其中，方法 A1 和方法 B1 是在氮气流中干燥的方式，适用于所有煤种；方法 A2 和方法 B2 是在空气流中干燥的方式，适用于烟煤和无烟煤；方法 C 是微波干燥法，适用于烟煤和褐煤。

1. 全水分煤样的准备

由于煤中水分随空气湿度的变化而变化，即便是同一煤样，在矿发原煤状态、入厂原煤状态以及入炉原煤状态，其全水分含量也是不同的。因此在水分样品的采制和测定过程中，应尽量减少操作步骤，减少水分的损失，使全水分的测定结果正确反映实际状态。

全水分煤样分为粒度小于 13mm 和 6mm 的两种煤样。粒度小于 13mm 的全水分煤样，样品量不少于 3kg；粒度小于 6mm 的煤样，样品量不少于 1.25kg。

试验室在收到煤样后，首先应检查全水分煤样容器外表有无损坏及密封是否完好，然后将其表面擦拭干净，用工业天平称量，准确到总质量的 0.1%。该质量与容器标签所注明的总质量之差不应超过 1%。当确定煤样在运送过程中没有损失时，应将减少的质量作为煤样在运送过程中的水分损失，并计算出该量对煤样质量的百分数，计入煤样全水分。在称取煤样之前，应将密封容器中的煤样混合至少 1min 后再称量。

2. 煤的全水分测定方法要点

煤中全水分的测定方法是将已知质量的煤样放在一定温度（105～110℃）的恒温鼓风干燥箱或专用微波炉内干燥规定的时间，根据煤样水分蒸发后的质量损失计算煤的水分。

三种方法基本原理类似，所不同的只是加热方式与条件有所差异，如所适用的煤种、干燥介质、煤样的粒度大小以及加热干燥所采用的设备不同等。全水分测定的关键是使煤中的游离水分在加热过程中析出，并且尽量减少甚至避免煤样被氧化及煤的热分解而导致测定结果偏低，测定方法中加热温度、时间及环境等条件的选择也都基于此。三种检测方法对比见表 5-1。

表 5-1　三种全水分检测方法的对比

方法名称		适用范围	样品粒度	称样量	干燥介质
两步法（方法 A）	方法 A1	各种煤	＜13mm（第一步）	500g	空气
			＜3mm（第二步）	(10±1)g	氮气
	方法 A2	烟煤和无烟煤	＜13mm（第一步）	500g	空气
			＜3mm（第二步）	(10±1)g	

续表

方法名称		适用范围	样品粒度	称样量	干燥介质
一步法（方法 B）	方法 B1	烟煤和无烟煤	＜6mm	(10～12)g	氮气
	方法 B2		＜13mm	500g	空气
			＜6mm	(10～12)g	
微波干燥法（方法 C）		烟煤和褐煤	＜6mm	(10～12)g	空气

3. 测定全水分的主要设备

（1）通氮干燥箱，用于方法 A1 及方法 B1。通氮干燥箱要求箱体严密，带有自动控温和鼓风装置，能控制温度为 105～110℃，可容纳适量的称量瓶，具有较小的自由空间，有氮气进出口，每小时可换气 15 次以上。

在 105～110℃的干燥过程中通入干燥的氮气，煤样处于氮的惰性气氛中，能有效地防止变质程度较浅的煤样的氧化，测定准确度高。由于该法消耗大量高纯度的氮气，测定成本高，一般只用于科研部门和仲裁样品试验，日常生产监督不宜采用。

（2）鼓风干燥箱，用于方法 A1（第一步）、方法 A2 及方法 B2。带有自动控温和鼓风装置，能控制温度为 30～40℃和 105～110℃，有气体进、出口，有足够的换气量，如每小时可换气 5 次以上。

一般干燥箱底部和顶部分别设有可调的进气孔和排气孔，以形成对流。箱内空气借助安装在底部的电阻丝热源加热，并不断形成自然对流，使要干燥的物质温度不断升高，迫使其中水分逸出，并借助鼓风机的作用使箱内的热空气强迫对流，产生扰乱气流，这有助于消除不同层高度的温度差别，因而场温度比自然对流均匀。实验证明，箱内温差一般不超过 0.5℃，同时，强迫热空气对流也加速了煤样的干燥速度。空气干燥法适用于烟煤、无烟煤，在现场例行煤质监督中被广泛采用。

（3）微波水分测定仪，用于方法 C。微波干燥法测定中，煤中水分子在微波发生器的交变电场作用下，高速振动产生摩擦热，使水分迅速蒸发。该法要求微波辐射时间可控，煤样放置区微波辐射均匀，经试验证明测定结果与方法 B 中小于 6mm 煤样的测定结果一致。

4. 测定方法

（1）两步法。

1）外在水分测定。称量盛样浅盘质量，称小于 13mm 全水分样品（500±10）g，称准到 0.1g，平摊样品盘中，在环境温度或不高于 40℃的干燥箱中干燥到质量恒定，记录干燥后的质量。

2）内在水分测定。将测定完的煤样立即破碎到粒度小于 3mm。在称量瓶内称取（10±1）g煤样，平摊。打开称量瓶盖。采用通氮干燥法时，将称量瓶放入预先通入干燥氮气并加热到 105～110℃的通氮干燥箱中，采用空气干燥法时，将将称量瓶放入预先鼓风并加热到 105～110℃的空气干燥箱中，烟煤干燥 1.5h，无烟煤干燥 2h。取出称量瓶，立即盖盖，在干燥器中冷却到室温，称量。

3）检查性干燥。外在水分样品检查性干燥，样品连续干燥 1h，质量变化不超过 0.5g。内在水分样品检查性干燥，每次 30min，直到连续两次干燥煤样的质量减少不超过 0.01g 或质量增加时为止。在后一种情况下，采用质量增加前一次的质量作为计算依据。内在水分2%以下时不必进行检查性干燥。

4）结果计算。外在水分的计算式为

$$M_{f}=\frac{m_{1}}{m}\times 100 \tag{5-1}$$

式中 M_f——煤样的外在水分，%；

m——称取的小于13mm煤样质量，g；

m_1——煤样干燥后的质量损失，g。

内在水分的计算式为

$$M_{inh}=\frac{m_{3}}{m_{2}}\times 100 \tag{5-2}$$

式中 M_{inh}——煤样的内在水分，%；

m_2——称取的煤样质量，g；

m_3——煤样干燥后的质量损失，g。

全水分的计算式为

$$M_{t}=M_{f}+\frac{100-M_{f}}{100}\times M_{inh} \tag{5-3}$$

报告值修约到小数点后一位。

（2）一步法。

1）小于6mm样品。在预先干燥和已称量过的称量瓶内迅速称取粒度小于6mm样品10～12g（称准至0.001g），摊平。打开称量瓶盖，放入预先通入干燥氮气并已加热到105～110℃的通氮干燥箱中，采用空气干燥法时，将称量瓶放入预先鼓风并加热到105～110℃的空气干燥箱中，烟煤干燥2h，褐煤和无烟煤干燥3h。从干燥箱中取出称量瓶，立即盖上盖，在空气中放置约5min，然后放入干燥器中，冷却到室温，称量（称准至0.001g）。进行检查性干燥，每次30min，直到连续两次干燥煤样的质量减少不超过0.01g或质量增加时为止。在后一种情况下，采用质量增加前一次的质量作为计算依据。

2）小于13mm样品。在预先干燥和已称量过的浅盘内迅速称取粒度小于13mm的煤样（500±10）g（称准至0.1g），平摊在浅盘中。将浅盘放入预先加热到105～110℃的空气干燥箱中，在鼓风条件下，烟煤干燥2h，无烟煤干燥3h。将浅盘取出，趁热称量（称准至0.1g）。进行检查性干燥，每次30min，直到连续两次干燥煤样的质量减少不超过0.5g或质量增加时为止。在后一种情况下，采用质量增加前一次的质量作为计算依据。

3）结果计算。全水分的计算式为

$$M_{t}=\frac{m_{1}}{m}\times 100 \tag{5-4}$$

式中 M_t——煤样的全水分，%；

m——称取的煤样质量，g；

m_1——煤样干燥后的质量损失，g。

报告值修约到小数点后一位。

5. 水分损失补正

如果在运送过程中煤样的水分有损失，则需对水分损失进行补正，计算式为

$$M_t' = M_1 + \frac{100 - M_1}{100} \times M_t$$

式中　M_t'——煤样的全水分，%；

M_1——煤样在运送过程中的水分损失率，%；

M_t——不考虑煤样在运送过程中的水分损失时测得的水分，%。

报告值修正约到小数点后一位。

当 M_1 大于 1%时，表明煤样在运送过程中可能受到意外损失，不可补正，但测得的水分可作为试验室收到煤样的全水分，在报告结果时应注明"未经补正水分损失"，并将煤样容器的标签和密封情况一并报告。

【例 5-1】 将粒度小于 6mm 的全水分煤样装入容器中密封后称得质量为 1550g，容器质量为 250g。化验室收到煤样后称量容器和试样共重 1540g，测定煤样全水分时称取试样 10.100g，用空气干燥法干燥后的质量损失为 1.060g。问煤样装入容器时的全水分是多少？

解： 计算运输中煤样的水分损失 M_1

$$M_1 = \frac{1550 - 1540}{1550 - 250} \times 100 = 0.77(\%)$$

计算煤样测得的全水分

$$M_t = \frac{m_1}{m} \times 100 = \frac{1.060}{10.100} \times 100 = 10.50(\%)$$

$$M_t' = M_1 + \frac{100 - M_1}{100} \times M_t = 0.77 + \frac{100 - 0.77}{100} \times 10.50 \approx 11.2(\%)$$

经水分损失补正后，样品的全水分为 11.2%。

6. 测试重复性限规定

全水分测定的重复性限规定见表 5-2。

表 5-2　煤的全水分测定重复性限

全水分 M_t（%）	重复性限（%）
<10	0.4
≥10	0.5

四、测定全水分的注意事项

（1）样品的制备。制备全水分样品的关键是保持原始煤样的全部水分，尽量减少从样品采集到测定前这段时间的水分损失，因此，制样操作要求制样速度要快，最好用密封式破碎机；煤样粒度必须符合要求。制备全水分煤样时，要求不应过细，若需用较细的煤样，则选用密封式破碎机制样，或采用两步法进行全水分测定；煤样粒度过大，则在规定时间内干燥不完全，使测定结果偏低。制备完成的全水分煤样应保存在密封良好的容器内，并存放在阴凉干燥的地方。全水分样品送至化验室后应立即测定。

（2）在测定全水分前，应检查盛放煤样容器的密封状况。在称取煤样前，应将密封容器中的煤样混合至少 1min 后再称量。

（3）全水分是规范性的测定项目，因此，要严格按照标准中的规定要求进行操作。鼓风干燥箱的控温性能与鼓风性能良好；干燥时间要根据样品的煤种合理掌握。

（4）方法 B 一步法中，煤样干燥后，要立即称重。如在空气中冷却一段时间再称重，它就会从空气中吸收水分，使得全水分测定结果偏低。

第二节 煤的工业分析

煤的工业分析包括对水分、灰分、挥发分的测定和固定碳的计算四项内容，水分、灰分为煤中的不可燃无机组分，挥发分和固定碳是煤的可燃有机组分。通过工业分析，可以基本掌握各种煤的燃烧特性及其在工业上的实用价值，工业分析各项参数还是调整锅炉的燃烧工况、合理利用煤炭资源的基本依据。在火电厂中，煤的工业分析是每天对入厂煤及入炉煤必测的项目。

一、煤的工业组成的来源和特点

煤中水分、灰分、挥发分等工业分析特性指标是评价煤质的基本指标，它们对电厂生产有着十分重要的影响。为准确测定煤的工业组成，需要掌握煤的工业组分的来源及工业分析测试过程中各组分的变化情况。

1. 灰分

煤中无机组分有矿物质和水分两种。煤中矿物质是指煤中无机物质的总称，其燃烧时发生分解、氧化，残留的固态物质即灰分。无机矿物质按其来源可分为原生矿物质、次生矿物质和外来矿物质三类。原生矿物质参与成煤过程，是成煤植物自身所含的无机元素，主要为碱金属及碱土金属的盐类，呈细微分散状，它在煤中含量很少，一般为1%～2%，很难除去；次生矿物质是在成煤过程中进入煤层的矿物质，由刮风、流水带入的黏土、沙粒，或由水中的钙、镁、铁等离子生成的腐殖酸盐和硫化铁等形成，它与煤伴生，分布较为均匀，含量一般也不高，约10%以下；外来矿物质是采煤过程中混入煤的顶、底板及夹矸层的矸石，它是随煤炭的开采而混入的矿物质，它的含量因煤层结构的复杂程度和开采方法而异，一般为5%～10%，有的高达20%以上，分布很不均匀，但可用重力洗选法脱除。

煤的主要矿物质组分见表5-3。

表5-3 煤中主要矿物质的组成

类别	矿物	组成
页岩	钾云母石	$K_2O \cdot 2Al_2O_3 \cdot 6SiO_2 \cdot 2H_2O$
	钠云母石	$Na_2O \cdot 3Al_2O_3 \cdot 2H_2O$
	高岭石（黏土）	$(Mg \cdot Ca)O \cdot Al_2O_3 \cdot 6SiO_2 nH_2O$
高岭土	高岭土	$Al_2O_3 \cdot 2SiO_2 \cdot 2H_2O$ $Al_2O_3 \cdot 2SiO_2 \cdot 4H_2O$
碳酸盐	石灰石	$CaCO_3$
	白云石	$CaCO_3 \cdot MgCO_3$
	铁白云石	$2CaCO_3 \cdot MgCO_3 \cdot FeCO_3$
	菱铁矿	$FeCO_3$
硫化物	黄铁矿及白铁矿	FeS_2
氯化物	钠盐	$NaCl$
	钾盐	KCl

续表

其他矿物质	与页岩同时存在的少量矿物质，如： 石英　SiO_2 长石　$(K, Na)_2O \cdot Al_2O_3 \cdot 6SiO_2$ 柘榴石　$3CaCO_3 \cdot Al_2O_3 \cdot 6SiO_2$ 角闪石　$CaO \cdot 3FeO \cdot 4SiO_2$ 石膏　$CaSO_4 \cdot 2H_2O$ 磷灰石　$9CaO \cdot 3P_2O_5 \cdot CaF_2$ 锆石　$ZrSiO_4$ 水铝石　$Al_2O_3 \cdot H_2O$ 磁铁矿　Fe_3O_4 赤铁矿　Fe_2O_3

煤中矿物质含量可以按国标 GB/T 7560《煤中矿物质测定方法》直接测定，将煤样用盐酸和氧氟酸处理，计算用酸处理后煤样的质量损失；测定酸处理过的煤样的灰分及氧化铁含量，经分别计算扣除氧化铁后残留灰分及酸处理过的煤样中黄铁矿含量，再测定酸处理过的煤样中氯的含量，以计算其吸附盐酸的量，根据以上结果计算出煤中矿物质含量，也可采用经验公式计算。根据煤中矿物质与灰分的相关性，经验公式如下：

$$(MM)_{ad} = 1.08A_{ad} + 0.55S_{t,ad} \tag{5-5}$$

式中　$(MM)_{ad}$——空气干燥煤样的矿物质含量，%；

A_{ad}——空气干燥煤样的矿物质含量，%；

$S_{t,ad}$——空气干燥煤样的全硫含量，%。

灰分是煤在一定条件下完全燃烧后残留的固态物质。煤的灰分不是煤中的固有成分，而是煤中所有可燃物质完全燃烧以及煤中矿物质在一定温度下产生一系列分解、化合等复杂反应后剩下的残渣。原生及次生矿物质形成了煤的内在灰分；由外来矿物质所形成的灰分，称为外在灰分。

灰分是煤中不可燃成分，其含量的增高造成煤发热量的降低，灰分含量的增加，对电厂的安全经济运行及基建投资都会产生不利影响。因此，电力用煤要求灰分不宜过高，煤粉锅炉灰分一般为 20%～30%，最大不应超过 40%。

目前，随着粉煤灰综合利用技术的不断发展，电厂的粉煤灰已变废为宝，广泛用于高速公路、大型水坝的建设，水泥、砌块、陶粒的生产，另外粉煤灰的精细利用也有着十分广阔的前景。

2. 挥发分

挥发分是煤在温度 900℃±10℃下隔绝空气加热 7min，煤中分解出的气态产物减去煤中水分含量后的产率，以百分数表示。挥发分是煤中最易燃烧的组分，挥发分含量随煤的变质程度的加深而减少。

挥发分是煤炭分类的主要指标，根据挥发分可以大致判断煤的煤化程度。挥发分是电力用煤的重要参数，其值的高低对煤的着火和燃烧有较大影响。挥发分高的煤易着火，火焰大，燃烧稳定，但火焰温度较低；挥发分低的煤，不易点燃，燃烧不稳定，可燃气体和固体未完全燃烧热损失增加，严重时甚至还能引起熄火。因此锅炉燃烧器的结构形式的设计、燃烧室的形状、卫燃带的铺设、一二次风的选择以及制粉系统的选型与防爆等都必须与设计煤种的挥发分数值相匹配。入厂煤的供应合同中应根据设计煤种挥发分的数值，规定其波动范围。

3. 水分

煤的工业分析方法规定的水分，是空气干燥基煤样的水分（M_{ad}）。空气干燥基水分是指吸附或凝聚在煤颗粒内部的毛细孔中并在一定条件下煤样达到空气干燥状态时所保持的水分。煤中空气干燥基水分含量与煤质有一定的关系，通常随煤的变质程度加深而减小。吸附和凝聚在煤粒内部小毛细管中的水分随煤的内表面积的大小而变化。煤的内表面积与煤变质程度有关，变质程度越深，内表面积就越小，水分就越低。由于空气干燥基水分以物理化学方式与煤相结合，煤粒内部的小毛细孔中水分的蒸汽压力小于纯水的蒸汽压力，较难蒸发，必须加热至105～110℃才可析出。

4. 固定碳

煤中固定碳是从煤中除去水分、灰分和挥发分后的残留物。固定碳同挥发分、灰分一样，都不是煤中的固有物质形态成分，而是煤热分解后的固相产物。工业分析中水分、灰分和挥发分均为实测项目，而固定碳含量通过工业分析组成的差减法求得，它累积了水分、灰分、挥发分的测定误差，所以它是一近似值。

二、空气干燥基水分的测定

为了使煤中在小毛细孔中结合的部分水分也能析出，试验室测定空气干燥水分的加热温度需控制在105～110℃。而对变质程度较浅的煤如褐煤，在热风干燥过程中易氧化，因而对于不同的煤种，采用不同的方法测定分析煤样中的空气干燥基水分。国标GB/T 212—2008规定了煤的三种水分测定方法，方法A——通氮干燥法为仲裁分析方法，即在仲裁分析中遇到有用空气干燥煤样水分进行校正及基的换算时，应用通氮干燥法测定空气干燥煤样的水分。适用于所有煤种；方法B——空气干燥法适用于烟煤和无烟煤，在例行试验中应用更为广泛，方法C——微波干燥法，适用于烟煤和褐煤。

1. 测定步骤

用预先干燥并称量过的称量瓶称取粒度小于0.2mm的空气干燥煤样（1±0.1）g（称准至0.000 2g），平摊在称量瓶中。打开称量瓶盖，放入预先通入干燥氮气并已加热到105～110℃的干燥箱中，烟煤干燥1.5h、褐煤和无烟煤干燥2h。若采用空气干燥法，则放入预先鼓风并已加热到105～110℃的干燥箱中，在一直鼓风的条件下，烟煤干燥1h、无烟煤干燥1～1.5h。取出称量瓶，盖上盖，放入干燥器中冷却至室温，再称量。水分大于2%的煤样需进行检查性干燥，每次30min，直到连续两次干燥煤样的质量减少不超过0.001g或质量增加时为止。在后一种情况下，要采用质量增加前一次的质量为计算依据。

2. 结果计算

空气干燥煤样的水分计算式为

$$M_{ad}=\frac{m_1}{m}\times 100 \tag{5-6}$$

式中 M_{ad}——空气干燥煤样的水分含量，%；

m_1——煤样干燥后失去的质量，g；

m——煤样的质量，g。

3. 测量重复性限

空气干燥水分测定的重复性限见表 5-4。

表 5-4　空气干燥基水分测定结果的重复性限　(%)

水分 M_{ad}	重复性限
<5.00	0.20
5.00～10.00	0.30
>10.00	0.40

4. 水分测定中的注意问题

(1) 测定方法的选择。通氮干燥法以氮气替代空气为加热介质，加热中煤样不易氧化，因此特别适用于易氧化的煤，如褐煤。但通氮干燥箱消耗大量氮气，成本较高。因此，通氮干燥法一般适用于科研部门和仲裁样品实验，不宜用作生产、监督日常检验方法。

空气干燥法以空气为干燥介质，只适用于烟煤和无烟煤。该法所需设备简单，操作方便，一次同时可测定数个样品，从这个意义上说，测定速度快，测定条件易于掌握。但由于煤样处于热态下干燥，各种类别煤都不同程度地受到氧化，测定结果有可能偏低或偏高。此法可作为日常例行监督煤质用。

(2) 煤样的制备。试样粒度应小于 0.2mm，制备到规定粒度后，应在空气中放置一段时间，处于空气干燥状态后方可进行水分的测定。不少单位在制样时，为加速煤样的干燥而提高干燥温度（标准规定干燥温度不应超过 40℃），结果使煤样处于干燥或半干燥状态，这样所测出的 M_{ad} 往往很小，如仅仅在 0.5%左右或更低。一旦出现空气干燥煤样的水分测定值过低的情况，可将小于 0.2mm 的样品倒入小盘中摊开，让其与空气接触一段时间，当达到恒重时，立即再次装入瓶中，重新测定空气干燥基水分。

(3) 温度与时间的控制。干燥温度必须按要求加以控制（105～110℃），干燥时间以达到干燥完全为准，不同煤源，即使属于同一煤种，其干燥时间也不一定相同。用干燥法测定水分时，尽管对各类别煤规定了干燥温度和时间，但由于煤炭性质十分复杂，所以煤样在规定的温度和时间内干燥后，还需进行检查性干燥实验。实验每次 30min，直到最后一次干燥后称量与前一次称量比较，质量的减少不超过 0.0010g 或质量有所增加为止。在后一种情况下，采用增重前的一次质量作为计算依据。当水分小于 2%时，不必进行检查性干燥。

(4) 称量瓶的冷却。在煤样干燥操作时，煤样置于称量瓶中，瓶盖打开垂直于瓶体，让水分充分逸出。当干燥完毕，将瓶盖盖好，自干燥箱中取出后，立即加盖，放入干燥器中冷却至室温。由于热的干燥煤样吸湿性极强，当温度急剧下降时，因称量瓶内产生微负压而吸入潮湿空气，使干燥过的煤样增重，水分测定结果偏低。为此，规定称量瓶需置入干燥器中冷却。

三、灰分的测定

1. 煤中矿物质灼烧时的变化

煤中矿物质在空气中高温灼烧时将发生如下变化：

(1) 失去结晶水。当温度高于 200℃时，硫酸盐和硅酸盐中含有结晶水的发生脱水反应，即

$$CaSO_4 \cdot 2H_2O \longrightarrow CaSO_4 + 2H_2O\uparrow$$

$$Al_2O_3 \cdot 2SiO_2 \cdot 2H_2O \longrightarrow Al_2O_3 \cdot 2SiO_2 + 2H_2O\uparrow$$

(2) 受热分解。碳酸盐在 500℃左右开始分解为二氧化碳和金属氧化物，即

$$CaCO_3 \longrightarrow CaO + CO_2\uparrow$$

$$FeCO_3 \longrightarrow FeO + CO_2\uparrow$$

（3）氧化反应。某些矿物质在400～600℃时发生氧化反应，即

$$4FeS_2 + 11O_2 \longrightarrow 2Fe_2O_3 + 8SO_2\uparrow$$

$$2CaO + 2SO_2 + O_2 \longrightarrow 2CaSO_4$$

$$4FeO + O_2 \longrightarrow 2Fe_2O_3$$

（4）受热挥发。在700℃以上时，碱金属化合物和氯化物开始部分挥发。

（5）硫酸盐受热分解。硫酸盐在900℃以上时，开始缓慢分解至1300～1400℃基本结束。

（6）灰分熔融、低熔点共熔体形成。在1200～1600℃时，灰分开始熔融并形成结晶相的莫来石、方石英，以及硅酸钙、硅酸铁等低熔点共熔晶体。

煤中灰分的测试温度为815℃±10℃，主要发生（1）～（4）的化学变化。

GB/T 212规定测定灰分的方法有缓慢灰化法和快速灰化法，快速灰化法又包括方法A和方法B。缓慢灰化法为仲裁法。

2. 缓慢灰化法

（1）缓慢灰化法测定步骤。称一定量的空气干燥煤样，放入炉温不超过100℃的马弗炉恒温区，关上炉门并使炉门留有15mm左右的缝隙。在不少于30min的时间内将炉温缓慢升至500℃，并在此温度下保持30min。继续升温到（815±10）℃，并在此温度下灼烧1h。从炉中取出灰皿，放在耐热瓷板或石棉板上，在空气中冷却5min左右，移入干燥器中冷却至室温后称量。之后进行检查性灼烧，温度为（810±10）℃，每次20min，直到连续两次灼烧后的质量变化不超过0.001 0g为止，以最后一次灼烧后的质量为计算依据。灰分小于15.00%时，不必进行检查性灼烧。

（2）结果计算方法。以残留物的质量占煤样的质量分数作为灰分产率，计算公式为

$$A_{ad} = \frac{m_1}{m} \times 100 \tag{5-7}$$

式中 A_{ad}——空气干燥基灰分，%；

m_1——灼烧后残留物的质量，g；

m——煤样质量，g。

（3）方法精密度见表5-5。

表5-5 灰分测定的精密度 （%）

灰分	重复性限（A_{ad}）	再现性（A_d）
＜15.00	0.20	0.30
15.00～30.00	0.30	0.50
＞30.00	0.50	0.70

（4）缓慢灰化法测定中的注意事项。为保证灰分测定结果可靠，就必须确保煤样灼烧反应完全，残留物中除了极少量硫酸盐外不含任何未燃尽的有机质及未分解的矿物质。

在灰分测定过程中，为防止硫氧化物被碳酸钙的分解产物氧化钙吸收而生成灰化条件下不分解的硫酸钙，从而使灰分测定值偏高，缓慢灰化法采用分段升温。500℃以前的升温速度要慢，炉温达到500℃时恒温30min，以保证硫化物分解出的SO_2排出炉外，而此时碳酸钙还未开始分解。

灼烧结束，从马弗炉取出灰皿后，要控制灰皿在空气中的冷却时间。因为热态灰分具有很强的吸湿性，若在空气中冷却时间过久，会使测值偏高。因此，国标规定，在空气中冷却约5min后，移入干燥器中冷却至室温（约20min）后称量。

为保证灼烧后的灰中不含有可燃物及未分解的矿物质，须进行检查性灼烧。每次检查性灼烧20min，直到连续两次灼烧质量变化不超过0.001 0g为止。灰分含量大于15%的煤，特别是对高变质程度的无烟煤及高灰分的石煤等，必须进行检查性灼烧。

煤中含有少量的黄铁矿硫，在灰分测定的灼烧过程中，黄铁矿中的硫氧化成二氧化硫逸出，而铁被氧化成三氧化二铁而固定了部分氧元素，使灰分的测值偏高，影响元素分析结果的可靠性。因此，应对实测灰分进行修正。具体修正方法如下：按规定方法测定煤中黄铁矿硫的含量 $S_{p,ad}$；根据黄铁矿分子式中的硫铁质量比计算出相应于 $S_{p,ad}$ 的铁含量，即计算出三氧化二铁分子式中的氧铁质量比计算铁变成三氧化二铁的系数；计算出的铁含量乘以0.429 8系数可得出由于Fe转化为 Fe_2O_3 时灰分的额外增量；从实际测得的灰分中减去Fe变成 Fe_2O_3 的额外增重，即为应有的灰分产率。

3. 快速灰化法

快速灰化法分为方法A和方法B。方法A要求配备快速灰分测定仪。方法要点是将装有煤样的灰皿放在预先加热到815℃±10℃的灰分快速测定仪的传送带上，煤样自动送入仪器内完全灰化，然后送出。以残留物的质量占煤样质量的百分数作为灰分测定结果。方法B无须配备设备，在电厂中使用较多。方法B用的马弗炉同缓慢灰化法一致，将马弗炉加热到850℃，打开炉门，把放有灰皿的耐热瓷板或石棉板缓慢地推入马弗炉中，先使第一排灰皿中的煤样灰化。待5～10min后，煤样不再冒烟时，以不大于2cm/min的速度把二、三、四排灰皿顺序推入炉内炽热部分（注意不能使煤样爆燃，否则试验作废）。关上炉门，在815℃±10℃的温度下灼烧40min，其余步骤同缓慢灰化法。

方法A用的快速灰分测定仪应满足标准规定的条件。其恒温区应足够长，出口温度不高于100℃，炉温的控制条件应能尽量减少硫酸钙的生成，样品的自动传送装置传送速度可调，一般调节在17mm/min左右。

应该注意的是，快速灰化法测定过程中，煤中碳酸盐的分解与硫化物的氧化反应几乎同时进行，因而 SO_2 还未及时排出炉外就被氧化钙所固定，从而使得灰分结果偏高。一般，高硫高钙煤不宜用快速灰化法。

快速灰化法较适用于例行的监督试验，在灰分的仲裁及校核分析中仍需使用缓慢灰化法。

四、挥发分的测定

1. 挥发分的逸出过程

在隔绝空气条件下加热，煤中挥发性物质的逸出过程大体如下：

（1）20～200℃下，放出吸附于煤中的水分、二氧化碳和甲烷等气体。

（2）200～500℃下，含氧官能团分解产生二氧化碳和水，非芳香族物质呈气态或液态，脱离煤的基本结构单元，分解出大量的甲烷、烯烃和低温焦油类物质。

（3）500～700℃下，热分解更加剧烈，主要是甲基以及较长的侧链分解产生甲烷、氢和一氧化碳等，基本结构单元的芳香族碳环聚合形成半焦。

（4）700～950℃半焦分解，产生大量的氢、一氧化碳，低温焦油和气态产物二次裂解，对热不稳定的一些原子团从煤的基本结构上失去并发生分解，基本结构单元缩聚、脱氢。

2. 方法提要与测定步骤

称取一定量的空气干燥煤样，放在带盖的瓷坩埚中，在 900℃±10℃温度下隔绝空气加热 7min，以减少的质量占煤样质量的百分数，再减去该煤样水分含量作为挥发分产率。

用预先在 900℃温度下灼烧至质量恒定的带盖瓷坩埚，称取粒度小于 0.2mm 的一般分析试验煤样 1g±0.01g（称准至 0.000 2g），然后轻轻振动坩埚，使煤样摊平，盖上盖，放在坩埚架上。褐煤和长焰煤应预先压饼，并切成约 3mm 的小块。将马弗炉预先加热至 920℃左右，打开炉门，迅速将放有坩埚的架子送入恒温区并关上炉门，准确加热 7min。坩埚及架子刚放入后，炉温会有所下降，但必须在 3min 内使炉温恢复至（900±10）℃，否则此试验作废。从炉子中取出坩埚，放在空气中冷却 5min 左右，移入干燥器中冷却至室温后称量。

3. 挥发分的结果计算

（1）空气干燥煤样挥发分的计算式为

$$V_{ad}=\frac{m_1}{m}\times 100-M_{ad} \tag{5-8}$$

式中 V_{ad}——空气干燥基挥发分，%；

m_1——煤样加热后减少的质量，g；

m——煤样质量，g；

M_{ad}——煤样水分，%。

【例 5-2】 称取某一般分析试样 0.999 6g，称得挥发分坩埚重 15.100 3g。已知 $M_{ad}=$ 1.50%，按照挥发分测定步骤灼烧后，称得坩埚重 15.986 7g，求 V_{ad} 及 V_d 各为多少？

解： 设 m_1 为灼烧失重，则

$$\begin{aligned}m_1&=15.100\,3+0.999\,6-15.986\,7\\&=0.113\,2(\text{g})\end{aligned}$$

$$\begin{aligned}V_{ad}&=\frac{m_1}{m}\times 100-M_{ad}\\&=\frac{0.113\,2}{0.999\,6}\times 100-1.50\\&=9.82(\%)\end{aligned}$$

$$\begin{aligned}V_d&=V_{ad}\times\frac{100}{100-M_{ad}}\\&=9.82\times\frac{100}{100-1.50}\\&=9.97(\%)\end{aligned}$$

（2）干燥无灰基挥发分的计算式为

$$V_{daf}=\frac{V_{ad}}{100-M_{ad}-A_{ad}}\times 100 \tag{5-9}$$

当一般分析试验煤样中碳酸盐二氧化碳的质量分数为 2%～12%时，计算式为

$$V_{daf}=\frac{V_{ad}-(CO_2)_{ad}}{100-M_{ad}-A_{ad}}\times 100 \tag{5-10}$$

当一般分析试验煤样中碳酸盐二氧化碳的质量分数大于 12%时，计算式为

$$V_{daf}=\frac{V_{ad}-[(CO_2)_{ad}-(CO_2)_{ad(焦渣)}]}{100-M_{ad}-A_{ad}}\times 100 \tag{5-11}$$

式中　$(CO_2)_{ad}$——一般分析试验煤样中碳酸盐二氧化碳的质量分数（按 GB 218 测定），%；

$(CO_2)_{ad(焦渣)}$——焦渣中二氧化碳对煤样量的质量分数，%。

4. 方法精密度

挥发分测定的精密度规定见表 5-6。

表 5-6　挥发分测定的精密度　（%）

挥发分含量	重复性 V_{ad}	再现性 V_d
＜20.00	0.30	0.50
20.00～40.00	0.50	1.00
＞40.00	0.80	1.50

5. 测定中应注意的技术问题

(1) 加热温度与加热时间的控制。煤的挥发分测定是一种规范性很强的试验，严格控制加热温度与加热时间是得到挥发分准确测值的关键。国标规定测定温度定为 (900±10)℃，加热时间定为 7min（其中至少有 4min 在规定温度下）。在此条件下，各种煤中有机物的热分解反应趋于完全，挥发分测定结果比较稳定。可采用秒表或其他较精确的计时器计时，保证坩埚在高温炉恒温区的时间准确为 7min。

(2) 高温炉应有足够的恒温区。国标规定，高温炉要有足够的恒温区，温度为 (900±5)℃。测温热电偶的安装位置要正确，马弗炉的恒温区应定期校准，温控仪及热电偶至少每年检定一次。

(3) 坩埚的要求。测定挥发分时，必须使用符合标准要求的挥发分坩埚，其盖与坩埚配合严密，总质量为 15～20g，形状与尺寸如图 5-1 所示。

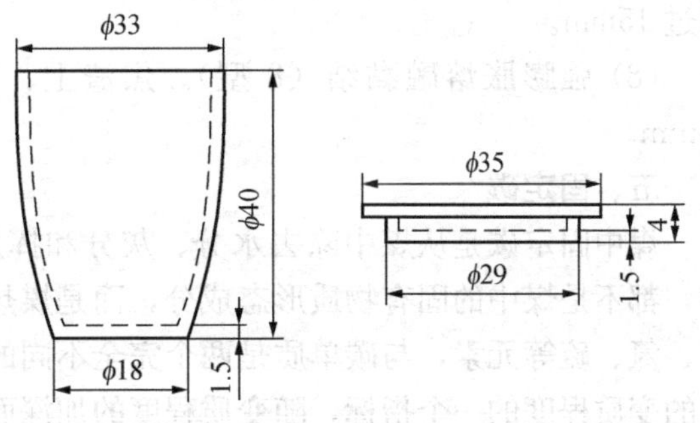

图 5-1　挥发分坩埚

称量试样时须连同坩埚盖一起称重。为了使同一炉中测定的各个试样保持相同的试验条件，应将挥发分坩埚置于坩埚架上，将其放于高温炉恒温区域内。这样既可避免坩埚底与高温炉壁直接接触，又可使各个坩埚所处温度尽可能一致。一般一次操作不宜超过 4～6 个坩埚。

(4) 测定较高或较低挥发分。在测定时，坩埚及其盖的外表面如聚有黑烟，多因煤中挥发分含量太大，逸出速度太快所致。碰上这种情况，试验应作废。此时可将煤样压成饼并切成小块后重新测定，如仍出现上述情况，则称样量可减少，另外，制备该类煤样要避免细粉过多。测定无烟煤和焦炭等变质程度高、挥发分低的煤，加热过程中可能发生严重氧化反应，坩埚内压力下降过快，此时可加入几滴挥发性液体（如苯）来阻止空气侵入，防止氧化。

(5) 测定结果的检查。在煤的工业分析中，挥发分是比较难测准的一个项目，一方面要严格控制测试条件，另一方面所用仪器设备均须满足标准要求。挥发分测定结果的检查可采用标准煤样，找到一个最佳操作条件。

6. 焦渣及焦渣特征

挥发分测定后残留的不挥发固体残渣称为焦渣。焦渣的外形特征与煤种有关，可作为煤炭分类的参考指标。根据坩埚中残留焦渣的特征，可初步判断煤在骤热下的黏结性、熔融性和膨胀性。一般，褐煤、烟煤中的长焰煤、贫煤和无烟煤的焦渣都没有黏结性；烟煤中的肥煤和焦煤的黏结性最好，其焦渣呈膨胀熔融黏结。按下列规定区分焦渣特征，其序号即为焦渣特征代号。

（1）粉状（1型）。全部是粉末，没有互相黏着的颗粒。

（2）黏着（2型）。用手指轻碰即成粉末或基本上是粉末，其中较大的团块轻轻一碰即成粉末。

（3）弱黏结（3型）。用手指轻压即成小块。

（4）不熔融黏结（4型）。以手指用力压才裂成小块，焦渣上表面无光泽，下表面稍有银白色光泽。

（5）不膨胀熔融黏结（5型）。焦渣形成扁平的块，煤粒的界线不易分清，焦渣上表面有明显的银白色金属光泽，下表面银白色光泽更明显。

（6）微膨胀熔融黏结（6型）。用手指压不碎，焦渣的上、下表面均有银白色金属光泽，但焦渣表面具有较小的膨胀泡（或小气泡）。

（7）膨胀熔融黏结（7型）。焦渣上、下表面有银白色金属光泽，明显膨胀，但高度不超过15mm。

（8）强膨胀熔融黏结（8型）。焦渣上、下表面有银白色金属光泽，焦渣高度大于15mm。

五、固定碳

煤中固定碳是从煤中除去水分、灰分和挥发分后的残留物。固定碳同挥发分、灰分一样，都不是煤中的固有物质形态成分，而是煤热分解后的固相产物。它不仅含有碳，还包括氧、氮、硫等元素，与碳单质是两个完全不同的概念。煤的固定碳与挥发分一样，也是表征煤的变质程度的一个指标，随变质程度的加深而增高。煤中干燥无灰基固定碳的含量随煤化程度加深而增高：褐煤中的含量不大于60%，烟煤为50%～90%，无烟煤则大于90%。

固定碳计算公式：

$$FC_{ad} = 100 - (M_{ad} + A_{ad} + V_{ad}) \tag{5-12}$$

第三节　煤的工业分析方法（仪器法）

煤的工业分析是电力用煤的重要检测项目，既用于入厂煤的计价，又用于指导锅炉燃烧。各指标值的国标检测方法准确可靠，但耗费时间较长，往往滞后于煤质控制的需要。近年发展起来的工业分析自动检测技术因具有自动化程度高、检测速度快、检测精密度高等特点，受到电厂燃煤技术管理各级人员的普遍重视，在众多电厂的日常煤质监督试验中被广泛使用，据此电力行业制定了DL/T 1030—2006《煤的工业分析　自动仪器法》，2014年国家标准化技术委员会发布了GB/T 30732—2014《煤的工业分析方法　仪器法》。电力行业标准规定了标准法及快速法两种方法，标准法可作为GB/T 212的替代方法，其测定结果与

GB/T 212 等同使用，而快速法仅用于日常生产监督与控制分析。下面介绍国标规定的仪器法。

一、测定原理

称取一定量的一般分析试验煤样，于加热炉内、在 105～110℃下于空气或氮气流中干燥到质量恒定，根据煤样的质量损失计算煤样的水分；称取一定量的一般分析试验煤样，于加热炉内、按规定的程序加热至（815±10)℃，并在此过程中于空气或氧气流中灰化并灼烧至质量恒定，根据残留物的质量计算煤样的灰分质量分数；称取一定量的一般分析试验煤样，于加热炉内在（900±10)℃下隔绝空气加热 7min，以减少的质量占煤样质量的质量分数，减去该煤样的水分质量分数作为煤样的挥发分质量分数。

大多数厂家设备均采用热重法，热重法是将加热与称量设备（俗称热天平）结合在一起，可以在一台仪器上完成工业分析特性指标的检测。系统自动升温至恒温点并维持恒温状态，煤样称量完毕后，通过机械传动装置送入燃烧炉中，经过预定的分析时间后，再通过机械传动送入称样盘中进行称量，然后自动计算出相应的指标值。水分测定温度为 110℃，在氮气中烘干恒重；挥发分测定温度为 900℃，在氮气中加热 7min；灰分测定温度为 815℃，在氧气流中燃烧至恒定。

二、仪器构成

专用自动工业分析仪由特殊设计的多温区炉、电子天平、自动进样盘及其旋转机构、电子控制系统、电子计算机和打印机等构成。各种多温区炉分为卧式盆状炉型、卧式环状炉型及立式管状炉型等几类，均带有气体进出口及自动控温装置。炉膛应具有较小的工作空间和足够大的恒温区，内表面应干净整洁、无脱落，炉膛周围布置加热元件和耐高温材料且绝缘良好，在测定水分、灰分及挥发分时炉温应能保持在各自的规定范围内。

自动工业分析仪的主机即测定系统主要包括称样室、燃烧炉、电子分析天平模块、样品传送机构等，如图 5-2 所示。

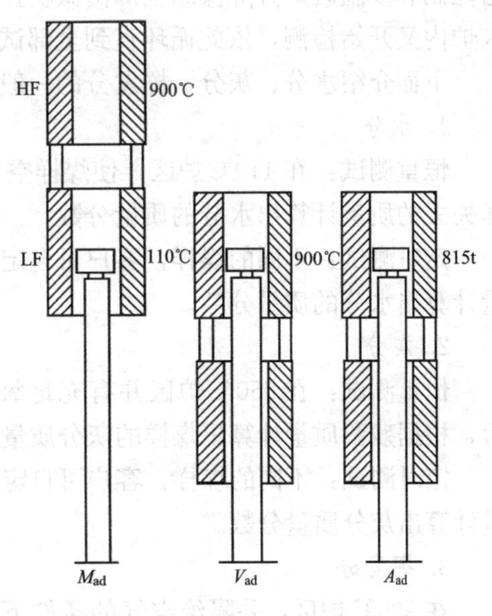

图 5-2 自动工业分析仪结构示意

（1）称样室。称样室主要由称样盘和保温装置组成。用于放样称量待测样品以及水分、灰分、挥发分样品经加热或灼烧的保温、冷却、称量计算及丢弃。

（2）水分测定炉。能控温度范围为 105～110℃，有足够的恒温区，有较小的炉膛自由空间和通气、排气口。恒温区至少每年测定一次。

（3）灰分测定炉。能控温度范围为（815±10)℃，有足够的恒温区，有较小的炉膛自由空间和通气、排气口。能按规定的程序加热。恒温区至少每年测定一次。

（4）挥发分测定炉。能控温度范围为（900±10)℃，有足够的恒温区（900℃±5℃)。炉子热容量为炉温在 900～920℃时放入室温下的坩埚和坩埚架后在 3min 内恢复到（900±10)℃。需要时炉膛可通入惰性气体。恒温区至少每年测定一次。

（5）电子分析天平模块。量程 120g，感量 0.000 1g。安装在称样盘下方，用于称量待测样品或称量加热或灼烧并经冷却后的样品。

（6）传动机构。能使燃烧盘和称样盘稳定旋转，称样盘稳定上下移动、机械手左右移动及上下移动。

（7）供气系统。根据计算机指令向燃烧炉提供所需的气体。

（8）控制电路。根据计算机指令控制加热机构、传动机构、供气系统等部件协调工作。

三、检测流程

以全自动工业分析仪为例，检测流程：系统自动升温至恒温点并维持恒温状态，煤样称量完毕后，通过机械传动装置送入燃烧炉中，经过预定的分析时间后，再通过机械传动送入称样盘中进行称量，然后自动计算出相应的指标值。称取多个试样放置在进料盘的固定孔上，可实现连续自动进料，当仪器炉温达到预定要求时，多温区炉开始下降，使试样位于低温区（110℃）中心处进行空气干燥基水分的检测，等到质量恒定时，检测结束。这时，多温区炉再次下降，使试样位于高温区（900℃）中心处，检测挥发分，同样待到质量恒定时，检测结束。此时，多温区炉开始降温，当炉温降到815℃时，开始检测灰分，直到质量不变为止。试样整个检测过程宣告结束，同时多温区炉上升恢复到原来位置。整个检测过程的炉温控制和多温区炉升降操纵全部由微机控制。当第一个试样检测完后，第二个试样自动被顶入炉内又开始检测，依此循环直到全部试样检测完毕为止。

下面介绍水分、灰分、挥发分的一般检测步骤。

1. 水分

恒重测试：在110℃炉区，使煤样空气干燥基水分逸出，待到煤样质量恒重后，根据煤样失去的质量计算出水分的质量分数。

定时测试：不同的煤样，客户可自定义测试时间，根据自定义测试时间里煤样失去的质量计算出水分的质量分数。

2. 灰分

恒重测试：在850℃炉区并有充足氧气的条件下，使煤样充分燃烧，待煤样质量恒定后，根据残留质量计算出煤样的灰分质量分数。

定时测试：不同的煤样，客户可自定义测试时间，根据自定义试验时间里煤样残留的质量计算出灰分质量分数。

3. 挥发分

在900℃炉区，并隔绝空气的条件下（带盖隔绝空气），灼烧7min，根据7min里煤样失去的质量计算出挥发分质量分数。

四、仪器特点

目前，自动工业分析仪产品众多，由于该类仪器速度快、在线程度高，广泛用于日常生产监督中。如电厂煤质实验室在用的SDTGA5000a工业分析仪、YX-GYFX/D全自动工业分析仪及5E-MAG66005E-MAG6600全自动工业分析仪等批量优势明显，大大提高工作效率。其测定结果的精密度、准确度符合GB/T 212《煤的工业分析方法》、DL/T 1030《煤的工业分析方法——自动仪器法》和GB/T 30732《煤的工业分析方法 仪器法》的要求。该类仪器具备了以下几方面的特点。

（1）一般配置了多种程序，每个程序配置工业分析或热分析程序。工业分析程序作为一个独立程序，它可进行单独灰分测定或水分和挥发分联合测定，或水分、挥发分和灰分三者联合测定。

（2）分析能力。可同时测定 19 个试样，若另增一个炉子，则可同时测这 38 个试样，以适应大量煤试样的要求。

（3）操作简便、安全。不需要在开始做挥发分之前和做完挥发分之后打开恒温炉盖，免去坩埚加盖和取盖的操作，避免高温烫伤及炉丝发出的红外线对操作人员眼睛的伤害。实验开始后的全部过程均由计算机控制，无须人工参与，且燃烧炉完全封闭在机内，操作人员不必担心高温所带来的危害，既安全又可靠。

（4）自动化程度高。能自动升温、恒温、降温、存储、处理实验数据；自动进行线性、系统偏差、样重校正；具有超温、热电偶断开、反接等自动报警和保护功能。

（5）可任选热重分析参数。每试验阶段可依据需要选用坩锅盖、温度上升速度（℃/min）和检测最终温度。每验阶段炉内环境气氛可按程序在每阶段开始时或到达终点时切换。

（6）测定结果的准确度较高。

课件

练习题

第六章 煤的元素组成分析

煤的元素分析是指对构成煤的有机组分的碳、氢、氧、氮、硫五种元素含量的测定，是研究煤的变质程度、计算煤的发热量以及估算煤的干馏产物的重要指标。动力用煤的用途主要取决于煤中有机质的组成和特性，同时也受到其中无机物部分的影响。了解煤中有机质的组成，在电力生产上有重要的作用和意义。在火力发电厂及其他将煤炭用作燃料的工业中，煤种的元素分析组成等指标用于燃烧设备自送风机、炉膛到排烟风机的设计与选型，计算电厂锅炉理论空气量、过剩空气量及排烟空气量等锅炉运行参数，并为电厂的锅炉设计、燃烧调整、燃烧特性计算等提供煤质基础资料。因此，煤的元素组成在锅炉的设计和运行上都有着十分重要的意义及实用价值。本章将重点阐述元素分析中碳氢氮含量及煤中全硫的检测方法与氧含量的计算。

第一节 煤中碳氢含量的测定

各类煤炭均由有机质和无机质两部分组成，碳、氢、氧、氮、硫五种元素是煤中有机质主要组成成分。随着煤变质程度的不同，煤中有机质元素含量呈现出较为明显的规律性变化，碳含量随着煤变质程度的加深而变高，煤中氢和氧的含量则随煤的变质程度的加深而降低，氮的含量变化范围不大，一般为1%～2%。元素组成中的硫，严格定义上仅指有机硫，一般实际应用时可采用可燃硫，而不是全硫。国家标准中，煤的元素组成分析中把煤中碳氢元素的测定、氮的测定和全硫的测定三部分单独列出，本节讨论有关碳氢含量的测定。

一、煤的燃烧

煤在工业锅炉中的燃烧大体上经过加热干燥、挥发分的析出及着火燃烧、剩余焦炭的着火和燃烧等一系列过程。煤的燃烧反应是一个复杂的物理、化学过程，反应机理相当复杂。煤中有机质的各元素组成中，碳、氢、氧三种元素约占95%，氮和硫含量较少，能够燃烧产生热量的实际上为碳、氢、硫三种元素。有关燃烧反应及其定量关系如下：

$$C+O_2 \longrightarrow CO_2$$（1kg 碳燃烧需要 2.67kg 氧，产生 3.67kg 二氧化碳）

12　　32　　44

$$H+\frac{1}{4}O_2 \longrightarrow \frac{1}{2}H_2O$$（1kg 氢燃烧需要 8kg 氧，产生 9kg 水蒸气）

1　　8　　　　9

$$S+O_2 \longrightarrow SO_2$$（1kg 硫燃烧需要 1kg 氧，产生 2kg 二氧化硫）

32　　32　　64

煤的燃烧过程是包括流体流动、传质过程、传热过程及化学动力学等在内的系统工程。吹入锅炉炉膛内的煤粉，在锅炉中的燃烧过程中，由于外来的辐射热等原因而受热，温度逐渐上升，煤中水分被蒸发，这时的热量几乎都用在水分的蒸发上而被消耗。随着煤中水分的蒸发，表面温度继续上升，当升到某一温度时，挥发分开始逸出，挥发分的燃烧即可燃气体的燃烧，残留的碳（即固定碳）就和自表面渗透进来的氧进行反应而燃烧。这种燃烧，称为余烬燃烧。余烬燃烧完成后留下来的就是残存灰渣，通常其中多少含有一些未燃烧的固定碳，这是锅炉的热损失之一。在实际燃烧中，必须提供所需的氧量（空气量），氧量不足，燃烧就不可能完全。为了计算某一定量的煤完成燃烧必需的空气量，就要对煤进行元素分析，根据其元素组成，按反应式计算出必需的空气量，称为理论空气量（A_o）。如果不供给超过理论空气量一定量的空气，就不可能燃烧完全。因此，理论空气量 A_o 总是小于实际空气量 A，即

$$A = \alpha A_o \tag{6-1}$$

式中　α——过量空气系数。

α 值越小越经济，α 值的大小，可根据煤的种类、燃烧装置及经验来确定。燃煤锅炉 α 一般为 1.15～1.25。

二、煤中碳氢的测定

煤中碳氢含量的测定方法有多种，国标 GB/T 476 规定了碳氢测定的元素炉法和电量-重量法，GB/T 30733 规定了仪器法，即高温燃烧红外吸收法。元素炉法测定煤中碳、氢又分三节炉法和二节炉法，其中三节炉法可作为仲裁法。本节主要介绍元素炉法，仪器法见第三节。

（一）元素炉法

1. 方法原理

将一定量的煤样置于氧气流中完全燃烧，生成的二氧化碳和水分别用吸水剂和二氧化碳吸收剂吸收，根据吸收剂的增重，就可计算出煤中碳和氢的含量，即

$$\text{煤} + O_2 \xrightarrow[Cr_2O_3]{800℃} CO_2\uparrow + H_2O\uparrow + SO_2\uparrow + SO_3\uparrow + Cl_2\uparrow + NO_x\uparrow + N_2\uparrow + \cdots$$

应该注意的是，硫、氯、氮等元素对碳的测定有干扰，燃烧后生成的二氧化硫、三氧化硫、氮氧化物等酸性氧化物以及氯可与碱性吸收剂反应被固定下来，导致碳含量的测定结果偏高。采用三节炉法时，硫、氯的干扰可用铬酸铅和银丝卷消除，氮的干扰利用填装二氧化锰的除氮管去除。同时，为防止燃烧不完全而产生一氧化碳，要在燃烧管中加装针状氧化铜，使一氧化碳进一步氧化成二氧化碳。采用二节炉法时，采用高锰酸银热解产物去除硫和氯的干扰，氮的干扰利用也用填装有二氧化锰的除氮管去除。高锰酸银热解产物化学组成 Ag∶Mn∶O=1∶1∶2，既是氧化剂，又可消除干扰，兼具氧化铜、铬酸铅和银丝卷的作用，因此只需二节炉，反应式为

$$4PbCrO_4 + 4SO_2 \xlongequal{600℃} 4PbSO_4 + 2Cr_2O_3 + O_2$$

$$4PbCrO_4 + 4SO_3 \xlongequal{600℃} 4PbSO_4 + 2Cr_2O_3 + 3O_2$$

$$2Ag + Cl_2 \xlongequal{180℃} 2AgCl$$

$$2NO_2 + MnO_2 \xlongequal{} Mn(NO_3)_2$$

$$CuO + CO \xlongequal{800℃} Cu + CO_2$$

2. 测定装置

元素炉法采用的测定装置是三节或两节的管式电炉，因此元素炉法有三节炉法和两节炉法之分。三节炉法的测定装置由三部分组成：氧气净化系统、燃烧系统及反应产物吸收系

统，如图 6-1 所示。

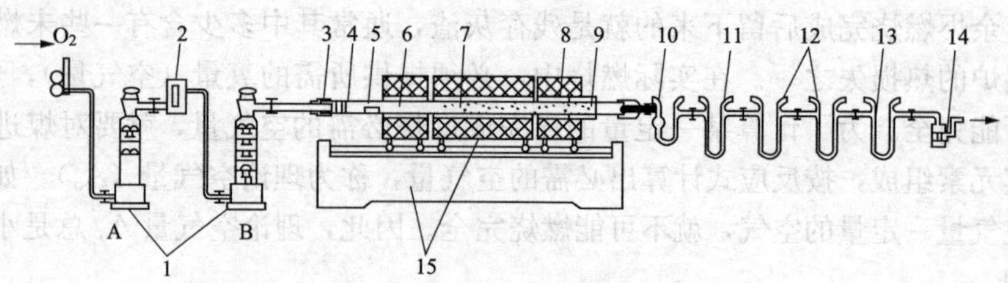

图 6-1　三节炉法测定装置

1—气体干燥塔；2—流量计；3—橡皮塞；4—铜丝卷；5—燃烧舟；6—燃烧管；7—氧化铜；8—铬酸铅；9—银丝卷；10—吸水 U 形管；11—除氮氧化物 U 形管；12—吸收二氧化碳 U 形管；13—空 U 形管；14—气泡计；15—三节电炉及控温装置

(1) 氧气净化系统。为保证煤中碳、氢测定结果准确可靠，必须清除氧气源及管路中的二氧化碳和水分。为此，令氧气通过二氧化碳及水分吸收剂而加以净化。为了指示氧气流速，在氧气净化系统中间串联一微型浮子流量计。

(2) 燃烧系统。燃烧系统由燃烧管构成。燃烧管一般采用气密刚玉管、不锈钢管、素瓷管或石英管，应用较多的是前两种，素瓷管价格低但气密性稍差。燃烧管长 1100～1200mm（三节炉用）或 800mm（两节炉用），内径 20～22mm，壁厚约 2mm。对三节炉来说，第一节炉温控制在（850±10)℃，第二节炉温控制在（800±10)℃，第三节炉温控制在（600±10)℃，上下侧温度应均匀。位于第二节炉的管段填装针状氧化铜，位于第三节炉的管段填装粒状铬酸铅，在中间及前后均用铜丝卷隔开。铜丝卷还起着分散气流的作用，可以保证燃烧过程中生成的一氧化碳、二氧化硫与管中所填装的试剂充分反应，并被有效地转化或去除。在燃烧管出口端填装银丝卷，以消除氯的干扰。

三节炉燃烧管的填充方式如图 6-2 所示。

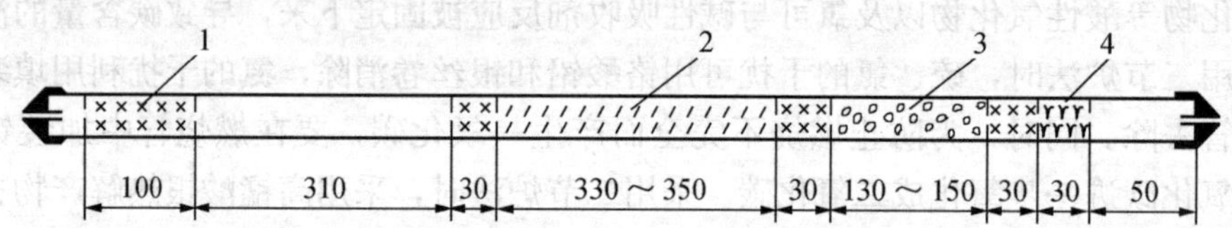

图 6-2　三节炉燃烧管填充方式

1—铜丝卷；2—氧化铜；3—铬酸铅；4—银丝卷

若采用二节炉，则第一节炉温控制在（850±10)℃，第二节炉温控制在（500±10)℃。位于第二节炉的管段填装高锰酸银热解产物。二节炉燃烧管的填充方式如图 6-3 所示。

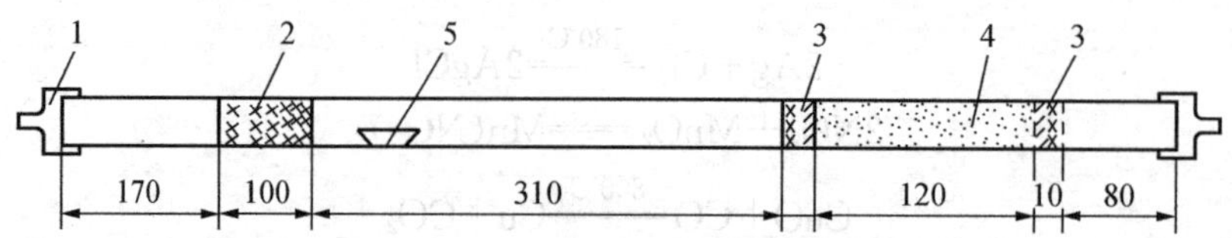

图 6-3　二节炉燃烧管填充方式

1—橡皮帽或橡皮塞；2—铜丝卷；3—铜丝布卷；4—高锰酸银热分解产物；5—瓷舟

（3）吸收系统。为了定量地吸收反应产物水分及二氧化碳，可采用多种吸收剂。水分吸收剂，可选用粒状无水过氯酸镁、浓硫酸、无水氯化钙等；二氧化碳吸收剂，可选用粒状碱石棉、钠石灰、40%的氢氧化钾溶液等。为了称量方便，减少通气阻力，现在一般多选用高效固体吸收剂，尤以粒状无水过氯酸镁吸收水分，粒状碱石棉吸收二氧化碳较为普遍。二氧化碳与水的吸收反应式如下：

$$2NaOH + CO_2 \longrightarrow Na_2CO_3 + H_2O$$

$$CaCl_2 + 2H_2O \longrightarrow CaCl_2 \cdot 2H_2O$$

$$CaCl_2 \cdot 2H_2O + 4H_2O \longrightarrow CaCl_2 \cdot 6H_2O$$

$$Mg(ClO_4)_2 + 6H_2O \longrightarrow Mg(ClO_4)_2 \cdot 6H_2O$$

在吸收系统中，国标中用装有吸收剂的U形管来吸收水分及二氧化碳，见图6-1，其中，二氧化碳吸收管前2/3部分装碱石棉或碱石灰，后1/3部分装无水氯化钙或无水高氯酸镁。二氧化碳与碱性吸收剂中NaOH反应时生成H_2O，通过管内后部吸水剂吸收，因此吸收管的质量变化完全由二氧化碳引起。

3. 主要试剂材料

（1）CO_2吸收剂。碱石棉，化学纯，粒度1～2mm；或碱石灰，化学纯，粒度0.5～2mm。

（2）吸水剂。无水氯化钙，分析纯，粒度2～5mm；或无水高氯酸镁，分析纯，粒度1～3mm。

（3）氧化铜，化学纯，线状，长约5mm。

（4）铬酸铅，分析纯，粒度2～5mm。

（5）银丝卷，丝直径约0.25mm。

（6）铜丝卷，丝直径约0.5mm；铜丝网，0.15mm。

（7）高锰酸银热分解产物。在使用两节炉法时，需制备高锰酸银热分解产物。制法：称取100g化学纯高锰酸钾溶于2L蒸馏水中，煮沸。取107.5g硝酸银溶于约50mL蒸馏水中，然后在不断搅拌下缓慢注入沸腾的高锰酸钾溶液中。冷却并静置过夜，将生成的有光泽的深紫色结晶用蒸馏水洗涤数次，在60～80℃下干燥1h。取少量晶体放在瓷皿中，在电炉上缓缓加热到骤然分解，得到疏松银灰色残渣，收集在磨口瓶中备用。

注意：未分解的高锰酸银易受热分解，不宜大量储存。

此外，燃烧管中的填充物（氧化铜、铬酸铅和银丝卷）经70～100次测定后应检查或更换。氧化铜可用1mm孔径筛子筛去粉末，铬酸铅可用热的稀碱液浸渍，用水洗净、干燥，并在500～600℃下灼烧0.5h，银丝卷用浓氨水浸泡5min，在蒸馏水中煮沸5min，用蒸馏水冲洗干净并干燥，经处理后可以重复使用。

4. 测试步骤

（1）系统气密性检查。将仪器连接好后，旋开所有U形管磨口塞，与仪器相连。接通氧气，调节氧气流量约120mL/min。关闭靠近气泡计处U形管磨口塞，此时若氧气流量降至20mL/min以下，表面气密性良好，否则应检查漏气处，予以解决。

（2）三节炉法空白试验。将装置按图6-3连接后，检查整个系统的气密性，直到各部分都不漏气为止。开始通电升温并接通氧气。在升温过程中，将第一节电炉往返移动数次，新装好的吸收系统通气 20min 左右。取下吸收系统，用绒布擦净，在天平旁放置 10min 后称量，当第一节炉达到并保持在（850±10)℃，第二节炉达到并保持在（800±10)℃，第三节炉达到并保持在（600±10)℃时，开始做空白试验。将第一节炉移动使之紧靠第二节炉，接上已称量过的吸收系统并接通氧气。在燃烧舟中放入三氧化二铬（质量与煤样分析时相当）。

打开橡皮塞，取出铜丝卷，将装有三氧化二铬的燃烧舟推到第一节炉入口处。塞紧橡皮塞，调节氧气流量为 120mL/min。移动第一节炉，使燃烧舟位于第一节炉中心处。通气 23min，将第一节炉移回原位；2min 后取下吸收管，用绒布擦净，在天平旁放置 10min 后称量。水分吸收管的增加量就是空白值。重复上述空白试验，直到连续两次所得空白值相差不超过 0.001 0g，除氮 U 形管和二氧化碳吸收管最后一次质量变化不超过 0.000 5g 时为止。取最后两次空白值的平均值作为当天空白值。

做空白试验前，应先确定燃烧管的位置，使出口端温度尽可能高而又不会使橡皮帽或橡皮塞受热分解。若空白值不易达到稳定，可适当调节燃烧管的位置。

(3) 可靠性检查。为了检查测定装置和操作技术是否可靠，可称取标准煤样约 0.2g，按规定步骤操作，若实测值与标准值的差值在规定的不确定度内且无系统偏差，表明装置和操作正常；否则，须查明原因，彻底纠正后才能进行正式测定。

(4) 三节炉法测试步骤。将第一节的炉温控制在（850±10)℃，第二节的炉温控制在(800±10)℃，第三节的炉温控制在（600±10)℃，并使第一节炉紧靠第二节炉。

在预先灼烧过的燃烧舟中称取一般分析试验煤样 0.2g（称准到 0.000 2g）均匀铺平。在煤样上铺一层三氧化二铬。

将已恒重的吸收系统 U 形管磨口塞旋开后，接入燃烧系统，以 120mL/min 的流量通入氧气。打开入口端的橡皮塞，取出铜丝卷。将盛有煤样的燃烧舟迅速放入燃烧管中，用推棒推入，使瓷舟前端刚好在第一节炉口，将铜丝卷放在燃烧舟后面，塞上橡皮塞。通入氧气，流量保持在 120mL/min。1min 后，移动第一节炉，使燃烧舟的一半进入炉口；过 2min，移动炉子，使舟全部进入炉口；再过 2min，再移动炉子，使燃烧舟位于炉子中心处。保温 18min 后，把第一节炉移回原位。2min 后，拆下吸收系统的 U 形管并关闭其磨口塞，用绒布擦净，在天平旁放置 10min 后称量（除氮 U 形管不必称量）。

(5) 二节炉法试验步骤。采用二节炉法时，第一节炉温控制在（850±10)℃，第二节炉温控制在（500±10)℃，并使第一节炉紧靠第二节炉，每次空白试验时间为 20min，燃烧舟移至第一节炉子中心后，保温 18min，其他步骤同三节炉法。进行煤样试验时，燃烧舟移至第一节炉子中心后，保温 13min，其他操作同三节炉法。

5. 结果计算

空气干燥煤样的 C_{ad} 和 H_{ad} 测定结果按下列公式计算：

$$C_{ad}=\frac{0.272\,9m_1}{m}\times 100 \tag{6-2}$$

$$H_{ad}=\frac{0.111\,9(m_2-m_3)}{m}\times 100-0.111\,9M_{ad} \tag{6-3}$$

式中 C_{ad}——空气干燥煤样中碳含量，%；

H_{ad}——空气干燥煤样中氢含量，%；

m——空气干燥煤样质量，g；

m_1——二氧化碳吸收管的增量，g；

m_2——水分吸收管的增量，g；

m_3——空白值，g；

0.272 9——由二氧化碳折算碳的因数；

0.111 9——由水折算氢的因数。

当需要测定有机碳时，有机碳的质量分数计算式为

$$C_{O,ad}=\frac{0.2729m_1}{m}\times 100-0.2729CO_{2,ad} \tag{6-4}$$

式中　$C_{O,ad}$——煤样中有机碳质量分数，%；

$CO_{2,ad}$——煤样中碳酸盐二氧化碳质量分数，%。

6. 方法精密度

碳氢测定的重复性限和再现性临界差规定见表 6-1。

表 6-1　碳、氢测定结果的精密度规定　（%）

重复性限		再现性临界差	
C_{ad}	0.50	C_d	1.00
H_{ad}	0.15	H_d	0.25

7. 测定中的技术问题

试样正式测定以前，吸收水分的 U 形管及吸收二氧化碳的吸收瓶必须达到恒重，当水分吸收管前后两次称重差值不超过 0.001 0g，二氧化碳吸收瓶不超过 0.000 5g 时，即认为达到恒重，此时方可正式测定煤样。

为使试样充分燃尽，应适当控制氧气流速，且氧气还起到载气的作用。若氧气流速太低，则试样中的碳有可能燃烧不完全，同时燃烧后的水汽有可能部分滞留在燃烧管内，不能完全随氧气带出，从而使碳、氢测定结果偏低；氧气流速太高，燃烧产物则有可能来不及吸收而部分地排出系统外，从而也会导致测定结果偏低。在测定全过程中，氧气流的流速必须稳定在 120mL/min。

为确保试样的燃烧完全，试样应由低温段逐渐移入高温段，对于易爆燃的煤样，可先将盛有试样的燃烧舟的 1/3 进入第一节炉中，保持 5min；再移动第一节炉，使燃烧舟的 2/3 进入第一节炉中，保持 5min；再移动第一节炉，使燃烧舟全部进入第一节炉中，保持 5min；最后移动第一节炉，令燃烧舟处于第一节炉的中心处，并保持 15min，最后再缓慢地将第一节炉推回原处。对低挥发分、高灰分的劣质煤，燃烧时间可适当延长 3～5min。

各部件及系统均须保证其严密性。如果发现流量计指示不稳定，且流速呈下降趋势，说明净化系统中有漏气之处；如果流量计指示稳定，但气泡计不冒泡，则说明自流量计后的系统中有漏气或堵塞之处。漏气的原因则多为橡胶塞或玻璃磨口塞未能塞紧管口或瓶口；堵塞的原因则多为活塞孔未能对齐或被凡士林堵住所致。如遇到堵塞情况，应尽快查找堵塞的位置，否则，系统内积存的充足氧气有可能将管塞或瓶塞冲开而影响试验

的顺利进行。

拓展资源 3-电量-重量法

净化剂经 70～100 次测定后，应进行检查或更换。当出现下列现象时，应更换 U 形管中试剂：①吸水 U 形管中的氯化钙开始溶化并阻碍气体畅通；②第二个吸收二氧化碳的 U 形管一次试验后的质量增加达 50mg 时，应更换第一个 U 形管中的二氧化碳吸收剂；③二氧化锰一般使用 50 次左右应更换。上述 U 形管更换试剂后，应以 120mL/min 的流量通入氧气至质量恒定后方能使用。橡皮塞使用前在 105～110℃下干燥 8h 左右。

第二节　煤中氮含量的测定（开氏法）

煤中氮含量不高，但其存在形态极为复杂。一般认为，煤中氮来源于植物有机体，主要以吡啶环、吡咯环及氨基、亚氨基等形式存在。煤中氮含量的测定，GB/T 19227 规定了半微量开氏法和半微量蒸汽法。其中开氏法适用于褐煤、烟煤、无烟煤；蒸汽法适用于烟煤、无烟煤和焦炭。但对于高变质程度的无烟煤，开氏法消化样品时间过长，可能导致测定结果偏低，此时可采用蒸汽法（见拓展资源 4）。

一、方法原理

将一定量的空气干燥基煤样置于开氏瓶中，加入浓硫酸和混合催化剂，在电炉上加热至沸腾，使煤样发生消解反应。煤中的氮元素转化为硫酸氢铵，碳元素氧化为二氧化碳，氢元素氧化成水，硫元素氧化二氧化硫。然后加入过量的氢氧化钠溶液，中和剩余的硫酸并与硫酸氢铵发生反应使其中的铵离子转变成游离的氨。通入蒸汽加热，使氨分馏出来，冷凝液用硼酸溶液吸收。最后用硫酸标准溶液滴定硼酸与氨的混合溶液。根据硫酸的用量计算煤的氮元素含量。根据上述原理，开氏法测定煤中氮含量，实际上包括试样的消化、消化液的蒸馏、氨的吸收、硫酸滴定四个反应阶段。

（1）消化。煤样在浓硫酸及催化剂的作用下加热分解，煤中氮转化成硫酸氢铵的反应，称为消化反应，其反应式为

$$\text{煤中有机组分}\xrightarrow[\text{催化剂}]{\text{浓硫酸}\triangle}CO_2\uparrow+CO\uparrow+SO_2\uparrow+H_2O+SO_3\uparrow+Cl_2\uparrow+NH_4HSO_4+H_2\uparrow$$

（2）蒸馏。消化反应中生成的硫酸氢铵在过量碱的作用下析出氨，它可通过水汽蒸馏法来加以收集。原消化液中残存的硫酸在过量氢氧化钠作用下被中和掉，故蒸馏反应可直接用硫酸氢铵与氢氧化钠的反应。

$$NH_4HSO_4+2NaOH\overset{\triangle}{=\!=\!=}Na_2SO_4+2H_2O+NH_3\uparrow$$

（3）吸收。蒸馏过程中析出的氨可用硼酸溶液来吸收，其反应式如下：

$$H_3BO_3+xNH_3=\!=\!=H_3BO_3\cdot xNH_3$$

（4）滴定。一般采用硫酸标准溶液来滴定上述硼酸吸收液。以甲基红亚甲基蓝混合指示剂来判断终点，其反应式为

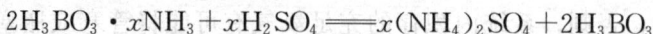

$$2H_3BO_3\cdot xNH_3+xH_2SO_4=\!=\!=x(NH_4)_2SO_4+2H_3BO_3$$

二、测定装置

测定装置包括消化装置与蒸馏装置两部分。消化装置是一个铝加热体（见图 6-4），将称好试样与试剂的开氏瓶放入铝加热体的孔中，并用石棉板盖住开氏瓶的球形部分，此为国标中所介绍的消化装置。而实际上应用较多的是将装有试样与试剂的开氏瓶置于可调电炉上加热消化，其开氏瓶的球形部分可用切除去半圆形的两块泡沫保温砖包住，以利于消化。蒸馏装置如图 6-5 所示。

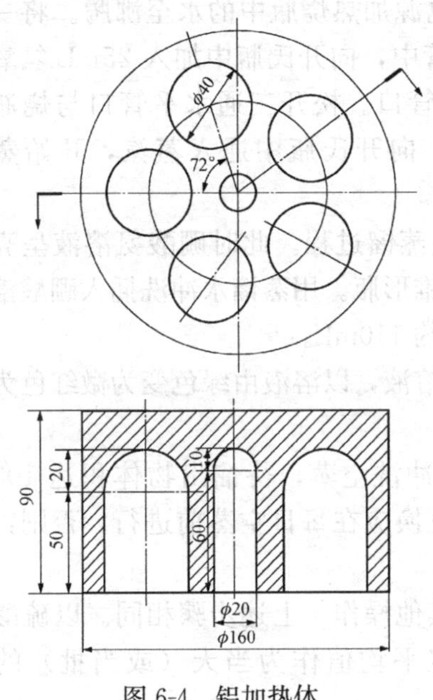

图 6-4　铝加热体

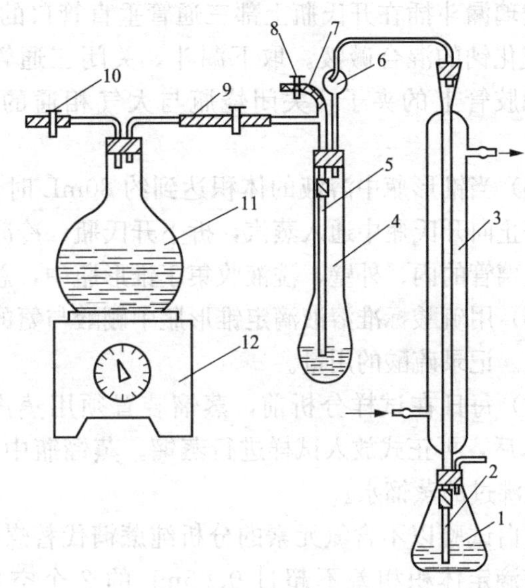

图 6-5　蒸馏装置

1—锥形瓶；2—玻璃管；3—直型玻璃冷凝管；4—开氏瓶；5—玻璃管；6—开氏球；7(9)—橡皮管；8(10)—夹子；11—圆底烧瓶；12—加热电炉

三、测定步骤

(1) 用薄纸（擦镜纸或其他纯纤维纸）或滤纸移取空气干燥基煤样 0.2g，称准至 0.000 2g。将煤样包好，放入 50mL 的开氏瓶中，加入 2g 混合催化剂（无水硫酸钠、硫酸汞和化学纯硒粉质量比 64∶10∶1）和 5mL 浓硫酸，将开氏瓶放入铝质加热体的孔穴中，用石棉布盖住开氏瓶的球形部分。在瓶口插入一只小型漏斗，防止硒粉飞溅。在铝质加热体的中心孔中插入一支能测温至 400℃温度计。将此加热体置于通风橱中，通电加热，缓缓升温至 350℃左右，保持此加热温度至开氏瓶中漂浮的黑色颗粒完全消失，溶液变清澈透明为止。若遇难以消解完全的煤样，应将煤样磨细至 0.1mm 以下，加入铬酸酐 0.2～0.5g 后，再按上述方法消解，当溶液中无黑色颗粒且呈草绿色浆状，表明煤样消解完全。

(2) 待消解液冷却后，用少量蒸馏水稀释。将此溶液转移至 250mL 的大开氏瓶中，充分洗涤小开氏瓶，使稀释液体积约为 100mL。当加入铬酸酐消化样品时，需用热水溶解消化物，必要时用玻璃棒将粘物刮下后进行转移。将大开氏瓶装在蒸馏装置上准备蒸馏。

(3) 蒸馏装置由蒸汽发生部分、酸碱中和与汽水分离部分、蒸汽冷凝部分和氨吸收部分组成。电炉上的圆底烧瓶，容量为1000mL，内装蒸馏水或除盐水约800mL，上端有两个蒸汽出口，一个出口排空，另一个出口通过一只三通管与开氏瓶相通。开氏瓶上端有一只兼作加碱液和通入蒸汽的玻璃三通管及一只用作汽水分离的玻璃开氏球。直形玻璃冷凝管上端与开氏球相连，下端与氨吸收液相通、玻璃管深入吸收液中至出口离锥形瓶底约2mm。锥形瓶内装浓度为3%的硼酸溶液20mL，加甲基红和亚甲基蓝混合指示剂1～2滴，溶液呈紫红色，锥形瓶塞上有一只短管与大气相通。

(4) 开通圆底烧瓶与大气相通的出口，接通电炉电源加热烧瓶中的水至沸腾。将一支小型玻璃漏斗插在开氏瓶上部三通管垂直管口的橡胶管中，向开氏瓶中加入25mL氢氧化钠和硫化钠的混合碱液。取下漏斗，关闭三通管垂直管口。松开三通水平管口与烧瓶相通的橡胶管上的夹子，关闭烧瓶与大气相通的出口，向开氏瓶中通入蒸汽，开始蒸馏过程。

(5) 当锥形瓶中溶液的体积达到约80mL时，停止蒸馏过程。此时硼酸氨溶液呈亮绿色。停止向开氏瓶中通入蒸汽，拆下开氏瓶、冷凝管、锥形瓶。用蒸馏水冲洗插入硼酸溶液中的玻璃管的内、外壁，洗液收集于锥形瓶中，总体积约110mL。

(6) 用硫酸标准溶液滴定锥形瓶中硼酸与氨的混合溶液，以溶液由绿色变为微红色为滴定终点。记录硫酸的用量。

(7) 每日在试样分析前，蒸馏装置须用蒸汽进行冲洗空蒸，待馏出物体积达100～200mL后，再正式放入试样进行蒸馏。蒸馏瓶中水的更换应在每日空蒸前进行，否则，应加刚煮沸过的蒸馏水。

空白试验以不含氮元素的分析纯蔗糖代替煤样，其他操作与上述步骤相同。以硫酸标准溶液滴定体积相差不超过0.05mL的2个空白测定平均值作为当天（或当批）的空白值。

四、结果计算及方法精密度

1. 结果计算

煤样氮元素含量结果的计算式为

$$N_{ad} = 0.014\frac{c(V_1 - V_2)}{m} \times 100 \tag{6-5}$$

式中 N_{ad}——空气干燥煤样氮含量，%；

c——硫酸标准溶液的浓度，mol/L；

V_1——样品试验时硫酸标准溶液的用量，mL；

V_2——空白试验时硫酸标准溶液用量，mL；

0.014——氮的摩尔质量，g/mol；

m——空气干燥基煤样的质量，g。

2. 方法精密度

氮测定的重复性限和再现性临界差规定见表6-2。

表6-2 氮测定方法精密度 (%)

重复性限（N_{ad}）	再现性临界差（N_d）
0.08	0.15

五、测定中的主要技术问题

1. 煤样的消化

煤样的消化应在通风橱中进行。各种试剂加入量应根据试样量来加以适当控制，消化温度宜在350℃左右。如在消化过程中，煤样溅于瓶壁，可将开氏瓶移出电炉，稍冷后用少量浓硫酸沿瓶壁将附于其上的少量煤粉样带入瓶底反应液中，然后继续消化，直至溶液呈透明状而不再有残存煤粉颗粒为止。

煤样消化时间不宜过长，否则因硫酸的蒸发导致形成 $(NH_4)_2SO_4$，而 $(NH_4)_2SO_4$ 在280℃时分解释放出 NH_3。一般煤样消化时间随煤的变质程度加深而延长，对无烟煤或贫煤，试样可磨细一些，同时，可加入氧化铬，以促进消化反应的进行。

2. 蒸馏与吸收

试样消化完毕，往开氏瓶中加入适量水，摇匀后，按图6-5将蒸馏装置组装好。将混合碱液加入开氏瓶中，由于加碱时伴随发热，且反应激烈，故开始加碱时速度要慢，而后可适当快一些。

如采用的是含有硫酸汞的混合催化剂消化煤样，测定时应加入含有硫酸钠的混合碱液。如果催化剂中不含硫酸汞，则可加入40%的氢氧化钠溶液来代替混合碱液。这是因为汞与氨能形成稳定的汞氨络离子，而混合碱中含有硫酸钠，可生成硫化汞沉淀破坏汞氨络离子，从而使氨能顺利蒸出。

蒸馏液要直接通入吸收液中，以防氨的逸出而使氮的测定结果偏低，蒸馏液应适当过量，以防蒸馏不完全。

如在煤样的消化时采用500mL的开氏瓶，则消化后可直接将此开氏瓶移至蒸馏装置中，这样一方面由于瓶口较大，开氏球及加碱漏斗易于安装在开氏瓶的瓶塞上方，另一方面，也简化了操作。

3. 硫酸标准溶液的标定

称取0.02g无水碳酸钠，称准至0.000 2g，置于锥形瓶中，加入50～60mL蒸馏水使之溶解，然后加入2～3滴甲基橙指示剂，用硫酸标准溶液滴定到由黄色变为橙色。煮沸，赶出二氧化碳，冷却后，继续滴定到橙色。按式(6-6)计算硫酸标准溶液的浓度，即

$$c=\frac{m}{0.053V} \tag{6-6}$$

式中 c——硫酸标准溶液的浓度，mol/L；

m——称取碳酸钠的质量，g；

V——硫酸标准溶液用量，mL；

0.053——碳酸钠$\left(\frac{1}{2}Na_2CO_3\right)$的摩尔质量，g/mmol。

标定试验需2人标定，每人各做4次重复标定，8次重复标定结果的极差不大于0.000 60mol/L，其算术平均值作为硫酸标准溶液的浓度，保留4位有效数字。若极差超过0.000 6mol/L，应再补做2次试验，取符合要求的8次结果的算术平均值作为硫酸标准溶液的浓度，若任何8次结果的极差都超过0.000 60mol/L，则舍弃全部结果，并对标定条件和操作技术仔细检查和纠正存在的问题后，重新进行标定。

4. 滴定

试验表明：若硫酸溶液浓度高，则滴定终点易于判断，但耗酸量少，滴定误差大；如硫

酸溶液浓度过低，则滴定终点较难判断。综合考虑上述因素，在滴定中对硫酸溶液浓度应予以适当选择。一般硫酸溶液浓度在 0.005～0.025mol/L 范围内选用。

5. 消化操作的改进

测定煤中氮含量的标准法的不足之处就在于：煤样消化时间过长，这会使生成的硫酸氢铵部分分解，而导致测定结果偏低。许多人对开氏法做了改进，力图使煤样在较短的时间内消化完全，快速法在消化反应中采用了三氧化二钴作催化剂、焦硫酸钾与铬酸所组成的混合氧化剂。控制不同的操作条件，可使煤样的消化在 1h 内完成，其他方面则与标准法基本一样。此快速法完成煤中氮的测定，测定结果的重现性很好，但该法称量试样少，为获得准确的测定结果，各项操作要求更为严格。

拓展资源 4-半微量蒸汽法

第三节 煤中碳氢氮含量的快速分析方法

由于传统的测定碳氢氮含量的操作十分烦琐，且检测时间长，易受环境条件影响，现已逐渐被淘汰而代之以检测速度快、精密度高的仪器法，该类仪器是依据高温燃烧红外吸收与热导法原理设计而成的一体化仪器，可同时测量煤中碳氢氮元素。煤样在高温纯氧气环境下生成了 $H_2O(g)$（含原试样中水分）和 CO_2 以及 NO_x。$H_2O(g)$ 和 CO_2 分别用红外检测器检测，而 NO_x 被还原为 N_2 后用热导检测器检测。国内电力行业应用较早的为美国力可公司生产的 CHN 测定仪，从 20 世纪 80 年代初期的 CHN-600 型，到目前较为先进的 TRUSPEC 系列，仪器性能不断改进、自动化水平不断提高。近年来，国内煤质仪器厂家也陆续推出了元素分析仪，如 SDCHN 系列元素分析仪、5E-CHN2000 元素分析仪。随着 CHN 元素分析仪在国内电力行业煤质实验室的逐渐推广使用，相应标准体系也不断完善，DL/T 568《燃料元素的快速分析法》于 2014 年修订，GB/T 30733《煤中碳氢氮的测定 仪器法》于 2014 年颁布。

一、CHN 元素分析仪测定原理

吸收光谱法是基于物质对光的选择性吸收而建立起来的分析方法。红外光谱法是其中的一种方法，它是利用物质对红外光区电磁辐射的选择性吸收来进行分析的一种方法，碳氢氮测定仪中的碳、氢红外池就是根据这一原理设计的。在红外光谱分析中，通常把红外光区分为三部分，即近红外、中红外及远红外区，它们的波长分别为 0.78～2nm、2～25nm、25～300nm。在分析测定中，经常使用的为 2～25nm。该区的吸收光谱主要是由分子中的原子振动能级跃迁时产生的。

热导法是基于不同的气体具有不同的热力学性质，它们的导热系数之间存在差异而建立的一种测试方法。对多种组分共存的混合气体，其导热系数随组分含量的不同而变化。根据此原理，把测量导热系数的差异转变为测量热敏元件上的电阻变化，而电阻变化很容易用电桥加以测量，碳氢氮测定仪中的热导池就是一种电桥系统。

通过仪器，煤样在高温、高纯氧气条件下完全燃烧，燃烧气体由氧气携带进入气体净化系统，燃气中的硫氧化物和氯被装填其中的氧化钙（热）吸收除去，只含有 $H_2O(g)$、CO_2、N_2/NO_x 和 O_2 的燃气则被携带进入混气罐，待混匀稳定后，一部分定量气体被输送到两个独立红外线检测池（IR）检测碳、氢质量分数；另一部分定量燃气流在 N 催化剂作用下，

将其中的 NO_x 还原为 N_2，之后采用热纯铜丝脱除氧气，经碱石棉和高氯酸镁分别除去气体中的 CO_2 和 $H_2O(g)$，这时气体中只含有 N_2 和 He，最后经热导池检测器（TCD）检测出氮元素的质量分数。

二、CHN 元素分析仪的组成

CHN 元素分析仪主要由自动进样系统、燃烧系统、载气供给净化系统、红外线和热导池检测系统以及微机数据采集及控制系统等组成。某 CHN 元素分析仪的系统流程如图 6-6 所示。

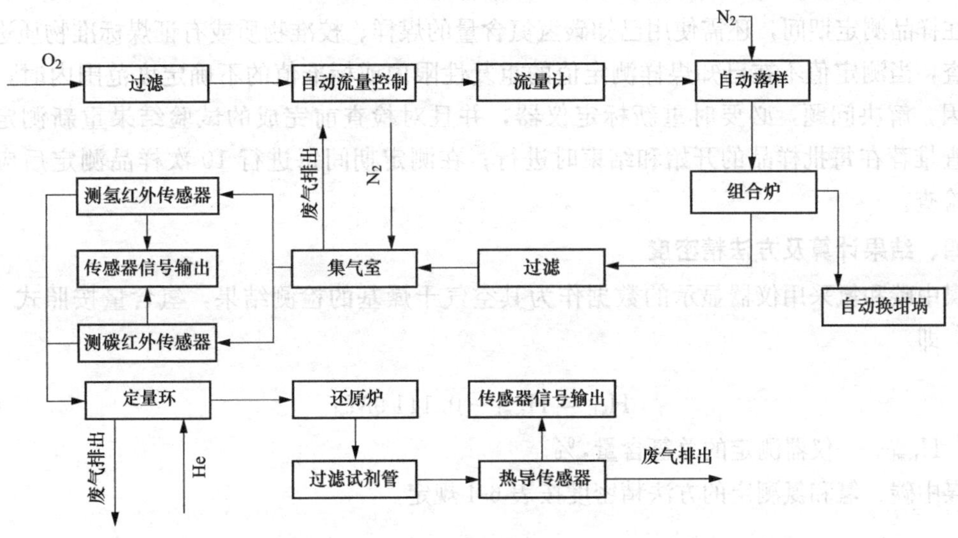

图 6-6　某 CHN 元素分析仪的系统流程

该仪器附有可装 35 个试样的自动进样装置，适合于大量样品的自动检测。整机自动化程度高，操作方便。仪器检测范围广：碳，0～100%；氢，0～100%；氮，0～100%。分析时间短：碳，200s；氢，200s；氮，240s。试样量范围大：0～0.500 0g，一般为 0.200 0g。

三、仪器标定方法

CHN 元素分析仪检测信号与待测物质含量之间的关系式可通过仪器标定得到。

1. 标定用物质

标定所用物质见表 6-3。

表 6-3　　常用校准物质及其碳、氢和氮质量分数

名称	分子式	碳	氢	氮
EDTA（乙二胺四乙酸）	$C_{10}H_{16}N_2O_8$	41.098	5.518	9.586
苯丙氨酸	$C_9H_{11}NO_2$	65.438	6.712	8.479
乙酰苯胺	C_8H_9NO	71.089	6.712	10.363
BBOT［2，5-双（5-叔丁基-2-苯唑基）噻吩］	$C_{26}H_{26}N_2O_2S$	72.528	6.087	6.506

注　有证煤标准物质可用于煤中氢和氮的校准，苯甲酸不宜作为校准物质。

2. 标定方法

标定方法可以用单点标定法或多点标定法。单点标定即选用与被测样品中碳、氢和氮含量相近的校准物质进行标定；多点标定则选用一个或多个校准物质进行标定。其中若使用一个校准物质，则通过改变校准物的称样量来进行标定。所标定的校准曲线的测量范围应能覆盖全部被测煤样中碳、氢和氮的含量范围。

按照规定的方法标定完仪器，再另外选取 1 或 2 个校准物质或其他控制样品，测定其碳、氢和氮含量，若测定值与标准值（或控制值）之差在标准值（或控制值）的不确定度范围内，说明标定有效，否则应查明原因，重新标定。

在样品测定期间，还需使用已知碳氢氮含量的煤样、校准物质或有证煤标准物质进行标定检查，当测定值不在已知煤样测定值的重复性限内或标准值的不确定度范围内时，应查找原因，解决问题，必要时重新标定仪器，并且对检查前完成的试验结果重新测定。标定检查推荐在每批样品的开始和结束时进行；在测定期间每进行 10 次样品测定后应进行标定检查。

四、结果计算及方法精密度

煤中碳和氮采用仪器显示的数据作为其空气干燥基的检测结果，氢含量按照式（6-7）计算，即

$$H_{ad} = H_{t,ad} - 0.1119M_{ad} \tag{6-7}$$

式中 $H_{t,ad}$——仪器测定的总氢含量，%。

煤中碳、氢和氮测定的方法精密度按表 6-4 规定。

表 6-4 方法精密度 （%）

元素	重复性限（以 X_{ad} 表示）	再现性临界差（以 X_d 表示）
碳	0.50	1.30
氢	0.15	0.40
氮	0.08	0.15

第四节 煤中全硫的测定

任何商品煤均含有硫，只是含量不同，含量高低与成煤时期的沉积环境有密切关系。硫在煤中分布很不均匀，故它可用来表征煤的不均匀程度。煤中硫对电力生产有着重要影响，对动力用煤的燃烧特性、燃烧设备、废气排放等方面都是有害的杂质，所以硫是评价煤质的一项重要指标，也是电厂煤质监督的重点检测项目之一。煤中全硫的测定是电厂燃料监督的必测项目，同时是入厂煤的计价指标。

一、煤中硫的赋存形式

煤中硫按其存在形态通常可分为有机硫和无机硫，煤中无机硫又可分为硫化物硫和硫酸盐硫两种，有时还有微量的元素硫。煤中各种硫的赋存形态如下：

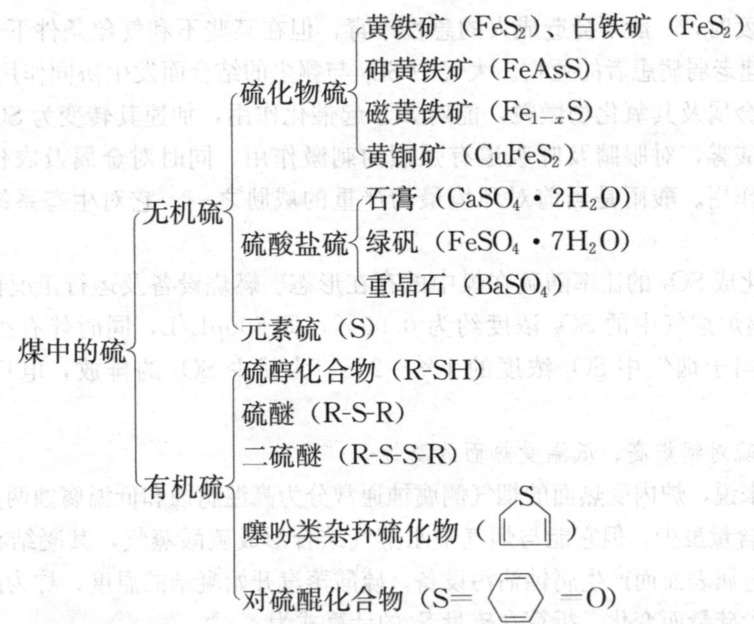

不同形态的硫对煤质及其燃烧的影响也不相同，因此根据其燃烧特性划分，煤中硫又可分为可燃硫及不可燃硫两大类。其中有机硫化物、无机硫化物及元素硫均属可燃硫；煤烧后残留于灰中的硫均以硫酸盐形式存在，这其中大部分为有机及无机硫化物燃烧后被煤质吸收和固定下来的新生成的硫酸盐，只有少量是煤中的天然硫酸盐。

一般来说，当全硫含量低于1%时，往往以有机硫为主；当全硫含量高时，则大部分是硫化铁硫，而硫酸盐硫也就是不可燃硫一般含量极少，通常为0.1%～0.2%。煤中各种形态硫的总和即全硫，用 S_t 表示。硫酸盐硫、黄铁矿硫、有机硫分别用 S_s、S_p、S_o 表示，关系式为

$$S_t = S_s + S_p + S_o \tag{6-8}$$

根据煤中全硫与灰中含硫量（通常用 SO_3 含量表示），可计算出煤中可燃硫含量，而不必对各种形态硫的含量分别加以测定。

【例 6-1】 某一煤样中全硫含量为0.98%，灰中 SO_3 含量为1.12%，A_{ad} 为25.61%，计算该煤可燃硫的含量。

解： 灰中含硫量 $\frac{M_s}{M_{SO_3}} \times S_{t,ad} = \frac{32}{32+16\times3} \times 1.12 = 0.45(\%)$

灰中硫在煤中的含量，即煤中不可燃硫为 $\frac{A_{ad}}{100} \times 0.45 = \frac{25.61}{100} \times 0.45 = 0.12(\%)$

故煤中可燃硫含量为0.98%－0.12%＝0.86%

二、煤中硫对电力生产的影响

煤中硫对动力用煤及其他用途的煤来说，都是十分有害的杂质，动力用煤在燃烧及排放过程中，煤中硫将产生一系列不利影响及不良后果，既影响了电力生产的安全，又降低了经济效益。

1. 煤中硫在燃烧过程中的迁移与危害

煤燃烧后，煤中的可燃硫大都转化为 SO_2。SO_2 是一种无色有刺激性臭味的气体。大气

中 SO_2 在低浓度时，一般不会造成人的急性中毒，但在某些不利气象条件下，可能会发生急性中毒，加速老弱病患者的死亡。大气中 SO_2 与飘尘的结合而发生协同作用则危害更大，飘尘中许多重金属及其氧化物微粒，能对 SO_2 起催化作用，加速其转变为 SO_3，它与湿气结合后形成硫酸雾，对眼睛及呼吸道有强烈的刺激作用，同时对金属及农作物有着严重的腐蚀与伤害作用。酸雨是当前对环境最为严重的威胁之一，它对生态系统的破坏力极其巨大。

煤中硫转化成 SO_2 的比率随硫在煤中的存在形态、燃烧设备及运行工况而异。煤中每含1%的硫，锅炉烟气中的 SO_2 浓度约为0.05%，即500μL/L，同时伴有少量的 SO_3 产生，其浓度相当于烟气中 SO_2 浓度的1%～2%。为减少 SO_2 的排放，电厂可安装脱硫装置。

2. 三氧化硫对锅炉高、低温受热面的腐蚀

对煤粉炉来说，炉内受热面的烟气侧腐蚀通常分为高温腐蚀和低温腐蚀两类。煤中硫的燃烧产物 SO_3 含量虽少，但它能与烟气中水蒸气结合形成硫酸蒸气，其凝结在温度低于烟气露点温度的金属表面而产生腐蚀沾污设备。硫酸蒸汽开始凝结的温度，称为露点。烟气露点随煤的折算含硫量而变化。折算含硫量 S_{zs} 的计算式为

$$S_{zs} = \frac{4182S_{t,ar}}{Q_{net,ar}} \tag{6-9}$$

式中 $S_{t,ar}$——收到基全硫含量，%；

$Q_{net,ar}$——收到基低位发热量，J/g。

由式（6-9）可知，煤中 $S_{t,ar}$ 值越大，$Q_{net,ar}$ 值越小，则 S_{zs} 越大。在实际运行中，烟气中的 SO_3 含量约为0.001%，露点已达120～140℃，其后露点温度随 SO_3 含量增高而增高的趋势渐缓。当煤中含硫量高时，露点温度也高。这将加剧锅炉尾部受热面，主要是低温段空气预热器的腐蚀与堵灰。

对煤粉炉来说，煤中全硫含量 $S_{t,d}$ 小于1.5%时，尾部受热面不会发生明显的堵灰与腐蚀情况；当煤中 $S_{t,d}$ 达到1.5%～3.0%时，如不采取措施，锅炉尾部受热面就会出现严重的腐蚀与堵灰情况，从而大大缩短空气预热器的使用寿命，严重影响锅炉的安全经济运行。故燃用高硫煤的电厂，往往要采取各种措施，如提高预热器的进风风温、采用耐腐蚀材质的预热器及提高排烟温度等来减轻煤中硫的危害，然而采取这些措施都将付出经济上的代价。如提高了排烟温度，则降低了锅炉效率，使其运行经济性受到影响。

3. 煤中含硫量与锅炉结渣的关系

单纯从煤中含硫量的大小是不能判断该煤是否容易结渣的，由式（6-9）可知，只有当煤灰中碱性氧化物与酸性氧化物比值相近时，结渣指数的大小才取决于煤中含硫量的高低。

对同一煤源同一品种的煤来说，煤灰成分变化不大，由于硫是煤中分布最不均匀的组分之一，故含硫量有可能变化较大。在这种情况下，煤中含硫量的增高，将导致煤灰熔融温度下降，结渣指数增高，致使锅炉易于结渣或加剧结渣。

4. 加速磨煤机部件及输煤管道的磨损

煤在破碎和送粉过程中，将不可避免地对金属磨件与输粉管道产出一定的磨损作用，煤的磨损主要因煤中矿物质所致，尤其是硬度较大的盐类使磨损加重。煤中矿物质多存于灰

中，而黄铁矿作为矸石的主要成分混杂于原煤中，黄铁矿的莫氏硬度仅次于石英，为6～6.5。从测试结果来看，煤中可燃硫越大，它对磨煤机内部金属磨件的磨损就越严重，从而缩短了磨煤机的检修周期，增大了钢球的消耗量，并影响制粉量与煤粉细度。

5. 煤中含硫量增高将会促进煤的自燃

煤在储存过程中与空气长时间接触，会发生缓慢氧化，这种氧化现象会随温度升高而急剧加速，导致自燃。煤中可燃硫含量高，一般是煤中黄铁矿硫较多，在储存过程中可燃硫氧化成 SO_2，它易溶于水生成亚硫酸并伴随着放热，致使煤堆温度升高，从而进一步加速了煤的氧化与自燃。对变质程度较浅的煤，若其黄铁矿含量较大，尤其要加强对储煤的测温监督，以便及时消除隐患。制粉系统内积粉往往是煤粉爆炸的主要原因。煤中含硫量增高，煤粉的阴燃倾向增大，煤粉阴燃明显放热的温度大致是：$V_{daf}<5\%$的煤，可高达500℃；V_{daf}为15％～30％的煤，则为300～270℃；V_{daf}为40％的煤，则为210℃左右；挥发分在其余范围内的煤，其温度水平也相应地介于上述各间隔之间。

三、煤中全硫测定方法

目前，煤中全硫测定方法很多，常用的除GB/T 214—2007规定的艾士卡法、库仑滴定法及高温燃烧中和法三种方法外，还有红外光谱法。在几种方法中，艾士卡法是最准确的测硫方法，通常作为仲裁方法；库仑法测定速度较快，在电力系统中应用较为普遍；燃烧中和法应用很少；红外光谱法测定结果准确，测试周期短，自动化程度高。本节介绍艾士卡法、库仑法和红外光谱法（燃烧中和法见拓展资源5）。

1. 艾士卡法

艾士卡法简称艾氏法，是一种经典的重量分析方法，测试结果准确可靠，且不需用专门的仪器设备，所有煤质试验室均可开展该项试验。但是艾氏法测定煤中全硫操作比较烦琐，在测定过程中，两次使用高温炉、两次进行过滤，操作要求高，适用于批量测定。

（1）测定原理。将一定量的煤样和适量（2份质量的化学纯轻质氧化镁与1份质量的化学纯无水碳酸钠）的艾士卡试剂（简称艾氏剂）在坩埚中混合均匀，置于通风良好的高温炉中，从室温开始加热温至800～850℃，并在此温度下灼烧足够长的时间，确保试样燃烧完全。在试样被加热和灼烧过程中，煤样中的可燃硫被氧化成二氧化硫气体，进而与碱性的艾士卡试剂作用转变成可溶性硫酸盐；煤样中的硫酸盐与艾士卡试剂发生复分解反应也转变成可溶性硫酸盐。用热的除盐水浸提灼烧后的残渣中的可溶性硫酸盐，用定性滤纸过滤后，将浸提液用盐酸酸化，在微酸性和沸腾条件下滴加氯化钡溶液，使浸提液中可溶性硫酸盐转变成硫酸钡沉淀。用致密无灰定量滤纸滤取硫酸钡，经灰化和灼烧后，称量其质量。最后根据硫酸钡的质量计算煤样中的全硫含量。

艾士卡试剂中的氧化镁可以防止碳酸钠在较低温度下熔化，使煤样与混合试剂保持疏松状态，有利于氧的渗入，促进氧化反应的进行。同时硫氧化物也可以直接与氧化镁反应，在空气中氧的作用下，生成硫酸镁。上述反应的反应式为

$$\text{煤}+O_2 \xrightarrow{\triangle} CO_2\uparrow + H_2O + N_2\uparrow + SO_2\uparrow + SO_3\uparrow$$

$$2Na_2CO_3 + 2SO_2 + O_2 = 2Na_2SO_4 + 2CO_2\uparrow$$

$$Na_2CO_3 + SO_3 = Na_2SO_4 + CO_2\uparrow$$

$$2MgO + 2SO_2 + O_2 = 2MgSO_4$$

$$MgO + SO_3 \xlongequal{} MgSO_4$$

煤中的不可燃硫，如硫酸钙等在受热条件下，与艾氏剂中的碳酸钠发生复分解反应，也转化为硫酸钠，其反应式为

$$CaSO_4 + Na_2CO_3 \xlongequal{\triangle} CaCO_3 + Na_2SO_4$$

可见，艾氏剂可使煤中的可燃及不可燃的硫均转化为极易浸出的可溶性的硫酸钠与硫酸镁进入溶液。在一定的酸度下，向过滤后的滤液中加入氯化钡溶液，则可溶性的硫酸盐全部转成硫酸钡沉淀，其反应式为

$$Na_2SO_4 + MgSO_4 + 2BaCl_2 \xlongequal{\text{一定酸度}} 2BaSO_4 \downarrow + 2NaCl + MgCl_2$$

最后按重量法测出硫酸钡的量，从而计算煤中全硫含量。因此，只要实验条件控制得当，用艾氏法测定全硫是准确可靠的。

（2）测定步骤。

1）熔样。将样品氧化灼烧，用容积为30mL且已知质量的坩埚称取1g的煤样（全硫超过8%时称取0.5g），称准至0.000 2g。另取2g艾氏剂，加入坩埚中，仔细混合均匀，再取1g艾氏剂覆盖在混合物上。艾氏剂只需称准至0.1g。将盛有煤样的坩埚放入通风良好的马弗炉中，从室温开始加热，在1～2h内升温到800～850℃。在此温度下灼烧1～2h。从马弗炉中取出坩埚，在空气中冷却至室温。用玻璃棒搅动并捣碎坩埚内的灼烧物，检查煤样是否燃烧完全。如果发现有未燃烧完全的黑色炭粒，应继续在800～850℃的温度下灼烧半小时。如试样燃烧完全，则将灼烧物移到400mL的烧杯中。用热蒸馏水冲洗坩埚内壁，将洗液收集于烧杯中，再加入100～150mL煮沸的蒸馏水，用玻璃棒充分搅拌，使可溶性硫酸盐完全浸提出来。如果烧杯中有黑色煤粒漂浮，那么此试样的试验作废。

2）硫酸钡沉淀。用中速定性滤纸以倾泻法过滤浸提液，用热的蒸馏水冲洗烧杯中的残渣3次，然后将残渣移入滤纸中，用热蒸馏水仔细清洗至少10次。控制滤液总体积约为250～300mL。向滤液中滴加2～3滴甲基橙指示剂，再加入（1+1）盐酸中和溶液中的碳酸盐，之后再加入2mL HCl，使溶液呈微酸性，以防止空气中的CO_2溶入。将溶液加热到沸腾，在不断搅拌的条件下，滴加浓度为0.1g/mL的氯化钡溶液10mL。在微沸状况下保持约2h，控制最终溶液体积为200mL左右。溶液冷却或静置过夜后，用致密无灰定量滤纸过滤，并用热蒸馏水洗涤沉淀物至无氯离子为止（用硝酸银溶液检验滤液，无白色沉淀产生）。

3）灼烧。将带有沉淀物的滤纸移入已知质量的瓷坩埚中，先在低温下灰化滤纸，然后在温度为800～850℃的马弗炉内灼烧20～40min，取出坩埚，在空气中稍加冷却后，放入干燥器中冷却到室温（25～30min），用分析天平称量质量。

每配制一批艾氏剂或更换其他任一试剂时，应在相同条件下（仅加试剂不加煤样，其余全部操作与上述步骤相同）进行两次以上空白试验。全部空白试验所得硫酸钡质量的极差不得大于0.001 0g，取算术平均值作为空白试验值。

（3）测定中的主要技术问题。煤样必须与艾氏剂充分混匀，熔样的温度与时间控制也很重要。为防止挥发物过快逸出，试样应从低温放入高温炉中，并缓慢升温，同时在试样与艾氏剂的混合物上再覆盖1g艾氏剂，这样就可确保硫氧化物跟碳酸钠与氧化镁反应完全。在灼烧时，高温炉中不能放置其他灼烧物。如果同时灼烧多个不同含硫量的试样，则应将硫含量高的样品放在炉膛后靠近烟囱的位置。

煤与艾氏剂在氧渗入的条件下反应，所生成的硫酸钠及硫酸镁为可溶于水的盐类。用热水浸取并适当煮沸数分钟，就可以使它们进入溶液。用定性滤纸过滤，把滤液收集起来进行下一步操作。为了防止可溶性硫酸盐附着在滤渣上，要用热水充分洗涤滤纸上的沉淀物，如洗涤不充分，可能导致测定结果偏低。

沉淀时，应控制好硫酸钡溶液的酸度。在加入氯化钡溶液前，洗涤液总体积为250～300mL。然后滴加（1＋1）盐酸，使溶液呈中性后再加2mL。在这种微酸性条件下，可溶性硫酸盐可以与氯化钡反应生成硫酸钡沉淀。硫酸钡的颗粒很细，易透过滤纸。为了能获得较粗的硫酸钡沉淀颗粒，最好将沉淀保温静置过夜。

过滤时，应采用致密定量滤纸（红带滤纸）。烧杯中的硫酸钡沉淀务必完全转移到滤纸上，沉淀应用热水多次洗涤直至无氯离子为止。同时，还应注意防止硫酸钡细小颗粒复溶造成损失，故过滤时应避免滤纸上积存滤液过多。

灼烧硫酸钡沉淀时，将带有沉淀的滤纸转移到已恒重的坩埚中，可先在低温下令滤纸碳化，而后转入高温炉中，将炉温升到850℃。

（4）计算结果与方法精密度。

煤中全硫含量按下式计算：

$$S_{t,ad}=\frac{(m_1-m_2)\times 0.1374}{m}\times 100 \tag{6-10}$$

式中　m_1——硫酸钡质量，g；

m_2——空白试验的硫酸钡质量，g；

0.1374——由硫酸钡折算成硫的系数；

m——煤样质量，g。

艾氏法测定全硫的方法精密度应符合表6-5的规定。

表6-5　**方法精密度**　（%）

S_t	重复性 $S_{t,ad}$	再现性 $S_{t,d}$
≤1.50	0.05	0.10
＞1.50～4.00	0.10	0.20
＞4.00	0.20	0.30

2. 库仑滴定法

库仑法测定煤中全硫在电力系统中应用较为普遍，其特点是操作比较简单，测定速度较快，设备成本较低，但准确度不及艾士卡法。近年来，国产库仑测硫仪的质量已有显著提高，故用户日益增多，在日常入厂煤验收与入炉煤监督中被广泛应用。

（1）基本原理。库仑滴定法测定煤中全硫是根据法拉第定律提出来的，即当电流通入电解液中，在电极上析出物质的量与通过电解液的电量成正比。在电解液电解过程中，若电极反应的电子转移数为1，则每通入96500C（即1F）电量，在电极上析出1mol的物质。若电子转移数为n，则电极上析出物质的质量计算式为

$$m=\frac{M}{nF}I\cdot t \tag{6-11}$$

式中　m——电极上析出物质的量，g；

M——物质的摩尔质量，g/mol；

n——电子转移数；

F——法拉第电量（96 500C）；

I——通入电解液的电流，A；

t——通入电流的时间，s。

用瓷舟称取一定量空气干燥基煤样，在上面覆盖少量三氧化钨（WO_3）作为催化剂。试样在1150℃的空气流中发生燃烧和分解反应，煤中可燃硫被氧化转变成二氧化硫，煤中硫酸盐在催化剂和高温作用下被分解成为 SO_3 和相应的金属氧化物；部分 SO_3 进一步被还原成 SO_2。反应生成的 SO_2 气体被引入碘化钾和溴化钾的混合溶液中。同时通电电解，所产生的碘和溴在溶液中与 SO_2 发生氧化还原反应，SO_2 被氧化成 H_2SO_4，碘和溴则被还原成碘离子和溴离子。

阳极 $2I^- - 2e = I_2$

$$2Br^- - 2e = Br_2$$

碘和溴与亚硫酸的反应为

$$I_2 + H_2SO_3 + H_2O \longrightarrow H_2SO_4 + 2H^+ + 2I^-$$

$$Br_2 + H_2SO_3 + H_2O \longrightarrow H_2SO_4 + 2H^+ + 2Br$$

通过库仑积分仪计量所消耗的电量，据此计算出反应生成的 SO_2 质量并进一步计算出煤样的全硫含量，由库仑定硫仪显示结果。

（2）测定装置。库仑测硫仪由高温炉、空气的预处理及输送装置、库仑积分仪、程序控制器、温度控制器、电解池及电磁搅拌器等部件组成。从形式上，库仑测硫仪有分体式与一体式之分，控制装置又有微机与单片机之别。通常，库仑测硫仪结构及流程如图6-7所示。

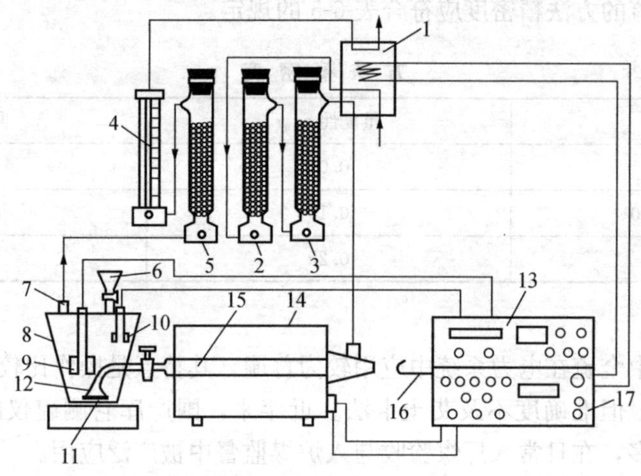

图6-7 库仑测硫仪结构及流程

1—电磁泵；2—硅胶过滤塔；3—氢氧化钠过滤塔；4—流量计；5—硅胶过滤塔；6—加液漏斗；7—排气口；8—电解池；9—电解电极；10—指示电极；11—搅拌棒；12—微孔熔板过滤器；13—库仑积分仪；14—燃烧炉；15—石英管；16—进样器；17—程序控温仪

高温炉：硅碳管高温炉，能加热到1200℃以上，并有至少70mm长的高温恒温带(1150±10)℃，带有铂铑-铂热电偶测温及控温装置，炉内装有耐温1300℃以上的异径燃烧管。

空气净化系统：由电磁泵所提供的约1500mL/min空气，抽气量约1000mL/min。净化管内填装氢氧化钠及变色硅胶。

送样程序控制器：盛煤样燃烧舟能按指定的程序前进或后退，并使煤样预分解及高温分解的位置分别处于500℃和1150℃。

库仑积分器：电解电流在0～350mA范围内线性误差应小于0.1%，配有4～6位数字显示器或打印机。

电解池：容量不少于400mL，内有面积约150mm^{2}的铂电解电极对和面积约15mm^{2}的铂指示电极对。指示电极响应时间应小于1s，电磁搅拌器转速约500r/min且连续可调。

（3）测定步骤。

1）将管式高温炉炉温控制在（1150±5）℃，抽气泵的抽速调节至1000mL/min。开动抽气和供气泵，将抽气流量调节到1000mL/min，然后关闭电解池与燃烧管之间的活塞，若抽气量能降到300mL/min以下，则证明仪器各部件及各接口气密性良好，可以进行测定；否则应检查仪器各个部件及接口情况，直至系统气密性合格。

2）使用有证煤标准物质进行测硫仪标定。可以采用多点标定法，即用硫含量能覆盖被测样品硫含量范围的至少3个有证煤标准物质进行标定，也可采用单点标定法，用与被测样品硫含量相近的标准物质进行标定。标定时，首先测定煤标准物质的空气干燥基水分，计算其空气干燥基全硫标准值。仪器测定煤标准物质的硫含量，每一标准物质至少重复测定3次，以3次测定值的平均值作为煤标准物质的硫测定值。将煤标准物质的硫测定值和空气干燥基标准值输入测硫仪，生成校正系数。

3）另外选一两个煤标准物质或者其他控制样品，测定其全硫含量。若测定值与标准值（控制值）之差在标准值（控制值）的不确定度范围（控制限）内，说明标定有效，否则应查明原因，重新标定。

4）称取煤样量为（0.05±0.005）g，称准至0.000 2g，其上覆盖一薄层三氧化钨，然后由程序控制器将燃烧舟自动推入高温炉中，库仑滴定随即开始。积分仪显示或打印机打出硫的百分含量。

库仑滴定法全硫测定结果的精密度与艾士卡法的规定相同。

（4）库仑滴定法测硫中的几个技术问题：

1）称样量45～55mg，且在煤样上应覆盖一薄层三氧化钨，以确保硫酸盐在1150℃完全分解。

2）新配制的电解液为淡黄色，pH值应为1～2。当电解液pH<1或呈深黄色时，要及时更换。

3）载气为空气，不能使用氧气，空气流量不低于1000mL/min。在测定过程中，应保持系统中的气路通畅，流量稳定。

4）电解池内应保持清洁。在测定样品时，电解池应保持完全密封，要防止电解液倒吸。搅拌速度要尽可能快。

5）电解液在放置过程中，由于碘的析出，影响测定结果。因此在正式测定试样前，应先测定废样。在瓷舟中放入少量非测定用的煤样，进行终点电位调整试验。如试验结束后库仑积分器的显示值为0，应再次测定，直至显示值不为0。

6）铂电极宜用棉球蘸丙酮或酒精擦拭，然后用纯水冲洗干净后使用。切不可将丙酮液倒入电解池中浸泡电极。因为有的电解池系有机玻璃加工而成，而丙酮为有机溶剂。

拓展资源 5-高温燃烧中和法

7）库仑滴定法测试结果在不同程度上有偏低倾向。需要严格按照仪器标定的有关要求进行校正。

3. 红外光谱法

红外测硫仪因其具有测定结果准确、测试周期短、自动化程度高的特点在科研院所及大型电厂煤质试验室得到大量应用。目前，国内电力行业应用较多的主要是美国力可（LECO）公司生产的 SC132、SC432、SC-144DR 等型号的红外测硫仪。2010 年，GB/T 25214《煤中全硫测定红外光谱法》正式颁布。

（1）测定原理。某些气体分子如 CO、SO_2、CO_2 等对红外线具有吸收作用，而某些双原子分子如 O_2、N_2 等则对红外线没有吸收作用。气体对红外线的吸收遵循比尔定律，即

$$I = I_0 e^{-kcl} \tag{6-12}$$

式中 I——透射光强度；

I_0——入射光强度；

k——红外线吸收常数；

c——被测物质浓度；

l——光路长度。

将式（6-12）转换后，则

$$c = k' \ln \frac{I}{I_0}$$

$$k' = -\frac{1}{kl}$$

对某一测硫仪来说，光路长度 l 是确定的，故 k' 也为一常数。

测定煤中全硫含量时，将一定量的煤样置于高温炉中燃烧完全，在吹入氧气的条件下，煤中各种形态的硫均氧化成 SO_2 及少量 SO_3，经除水剂除去其中水分后，随载气（氧）进入红外池检测硫分。因为 SO_2 气体分子能按比尔定律吸收与它本身所具有的特征频率的红外线，通过红外检测器检测、计算机系统将信号进行积分、空白补偿、校正及质量校正等，测定结果在计算机系统上显示、打印出来。

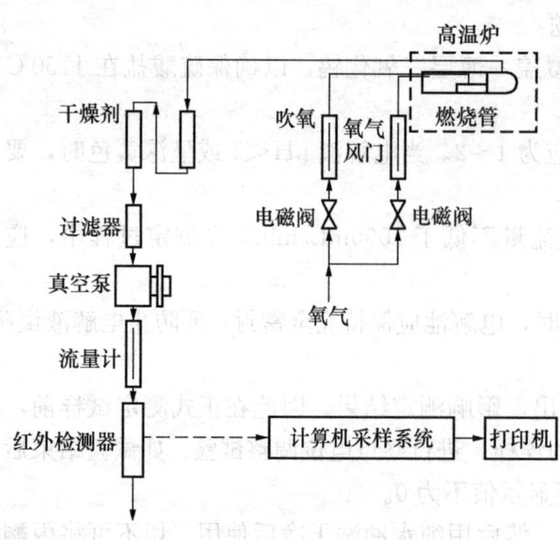

图 6-8　红外测硫仪工作流程

（2）仪器结构。红外测硫仪工作流程如图 6-8 所示。

高温炉预先加热稳定在 1350℃，试样完全燃烧，煤中各种硫大都氧化成 SO_2，电磁泵按一定流量连续不断地将燃烧后产生的气体送入红外线检测器中，红外传感器根据比尔定律将 SO_2 浓度的变化转化为电信号的变化。该电信号经滤波放大处理后，进行 V/F 转换，即将 SO_2 的浓度转换到与其相应的一定频率，

通过光电隔离，输入微机进行采样处理，微机将每次采样得到的信号进行积分，并按预先绘制的曲线进行折算，最后就可准确得到试样中硫的含量。

(3) 测定步骤。首先使用有证煤标准物质进行测硫仪标定。可以采用多点标定法，即选用多个不同含量的有证煤标准物质进行标定，这些标准物质的硫含量应能覆盖被测样品的硫含量范围；也可采用单点标定法，选用与被测样品硫含量相近的标准物质进行标定。

测定有证煤标准物质的空气干燥基水分，换算硫标准值为空气干燥基全硫。测定有证煤标准物质的全硫含量。每一标准物质重复测定4次，以4次测定值的平均值为有证煤标准物质的全硫测定值。将有证煤标准物质的全硫测定位值和标准值（换算的空气干燥基值），输入测硫仪，生成工作曲线或校正系数。

另外选取一两个有证煤标准物质或者其他控制样品，测定其全硫含量，若测定值与标准值（或控制值）之差在标准值（或控制值）和测定值的合成不确定度范围内，说明标定有效，否则应查明原因，重新标定。

仪器标定并经标定有效性核验后，在燃烧舟中称取0.3g左右，粒度小于0.2 mm的一般分析试验煤样（称准至0.000 2g)。将燃烧舟推入燃烧管的恒温区，待燃烧完全后，仪器会显示或打印出样品中的硫毫克数或质量分数。

红外光谱法测定全硫精密度应符合表6-6的规定。

表 6-6　红外光谱法测定煤中全硫精密度 (%)

S_t	重复性 $S_{t,ad}$	再现性 $S_{t,d}$
≤1.50	0.05	0.15
1.50~4.00	0.10	0.25
>4.00	0.20	0.35

(4) 测试中应注意的若干问题：

1) 保持气路的通畅。在红外法测硫时，燃烧产生的较细灰粒有可能随氧气进入气路系统在局部积灰造成气路不畅，抽气受阻，测定时间延长，检测结果偏低，因此应及时清理气路系统。一般情况下，对0.35g试样来说，每测100个样品宜清灰一次；对0.15g试样来说，每测200个样品宜清灰一次。

2) 样品的测定。为了保证所测结果准确可靠，每天在正式测定样品前，均应用标准煤样对定硫仪进行校正。如测试结果精密度合格，其平均值落在标准煤样不确定度范围内，说明仪器的校准系数是稳定的，则可开始测定样品。如发现标准煤样的测定结果不准，则应检查测试条件是否已有变化。如对含硫量不同的标准煤样进行测定，其结果普遍发生明显差异，则须对仪器进行全面检查后，重新标定校准系数，并经精密度、准确度检验合格后，再开始测定样品。

四、煤中各种形态硫的测定与计算

GB/T 215《煤中各种形态硫的测定方法》规定了煤中硫酸盐及硫化铁硫测定用的试剂和材料、仪器设备、测定步骤、结果计算及精密度和有机硫的计算方法，该标准适用于褐煤、烟煤及无烟煤。

1. 硫酸盐硫的测定

(1) 测定原理。煤中硫酸盐硫主要存在形式是石膏（$CaSO_4 \cdot 2H_2O$），也有少量硫酸亚铁（$FeSO_4 \cdot 7H_2O$）。测定硫酸盐硫的方法是基于硫酸盐能溶于稀盐酸，而硫铁矿硫及含硫有机物不受稀盐酸的作用，因此，在稀盐酸的作用下可直接测定硫酸盐硫的含量。用稀盐酸直接浸出煤中的硫酸盐硫，加入氯化钡形成硫酸钡沉淀，根据硫酸钡的量就可计算出煤中硫酸盐硫的含量，其反应式为

$$CaSO_4 \cdot 2H_2O + 2HCl = CaCl_2 + H_2SO_4 + 2H_2O$$

$$H_2SO_4 + BaCl_2 = BaSO_4 \downarrow + 2HCl$$

（2）测定步骤。准确称取分析煤样 1g，放入 250mL 锥形瓶中，加入 0.5～1mL 酒精润湿煤样，然后加入 5mol/L 盐酸 50mL，摇匀，加热至微沸，保持微沸状态 30min。稍冷后用致密定性滤纸过滤，用热水冲洗煤样数次，然后将煤样全部转移到滤纸上，用热水洗至无铁离子为止（加数滴过氧化氢和硫氰酸钾溶液于小管中，再滴入数滴洗涤液，观察溶液颜色，洗到无红色为止）。如滤液呈黄色，表示含铁量较高，这时应加入少许铁粉或锌粉使铁还原，黄色消失后再过滤。过滤后，将滤纸与煤样一起叠好后，放入原锥形瓶中，供测定硫化铁硫用。往滤液中加入 2～3 滴甲基橙指示剂，用（1＋1）氨水中和至微碱性，此时溶液呈黄色，之后加 5mol/L 盐酸溶液调节至红色，再过量 2mL，溶液呈微酸性。将溶液体积调整到 200mL 左右，最后按照艾氏法测定全硫的步骤进行加氯化钡溶液、保温、静置、沉淀过滤、洗涤、灼烧和称量等操作。

（3）硫酸盐硫的计算与精密度。硫酸盐硫的计算方法也与艾士卡法计算全硫方法相同。

硫酸盐硫测定方法的允许差：重复性限为 0.03%，再现性为 0.10%。

2. 硫化铁硫的测定

煤中硫化铁硫绝大部分均以硫铁矿的形态存在，所以常常把硫化铁硫简称为硫铁矿硫。国标 GB/T 215 规定了硫铁矿硫的测定方法可采用氧化法及原子吸收分光光度法。以下仅对氧化法进行介绍。

用氧化法测定硫铁矿硫有两种方法。一种是直接测定氧化生成的硫酸盐，由于该法操作烦琐，而且对硫铁矿含量较高的煤会产生部分元素硫，造成测值偏低，因此较少应用；另一种方法是测定经氧化剂处理后的溶液中的总铁量，由总铁量减去盐酸可溶铁含量，或先用盐酸浸出硫酸盐和非硫铁矿铁，然后用硝酸浸出硫铁矿铁，再由铁硫之比（1.148）换算求得煤中硫铁矿硫含量，称为间接测铁氧化法，目前，各国均采用此法。

（1）测定原理。将一定量的煤样用稀盐酸浸出其中的非硫铁矿铁，再将除铁后的煤样用稀硝酸溶解，使硫铁矿中的铁氧化成三价铁离子。过滤后，用 H_2O_2 氧化滤液中可能产生的硝基腐殖酸类物质。再加入氨水（$NH_3 \cdot H_2O$），使 Fe^{3+} 转变成 $Fe(OH)_3$ 沉淀析出。滤出 $Fe(OH)_3$，再用盐酸溶解。在加热条件下，加入 $SnCl_2$ 溶液，使溶液中 Fe^{3+} 的还原为 Fe^{2+}。待溶液冷却后，用 $HgCl_2$ 将剩余 Sn^{2+} 氧化为 Sn^{4+}。加入硫酸，将溶液调节成酸性。以二苯胺磺酸钠为指示剂，以磷酸为络合剂，用重铬酸钾标准溶液滴定至终点。根据此标准溶液的消耗量计算煤样中硫铁矿硫含量。

（2）测定方法。将用盐酸浸取过的残煤连同滤纸一起放入原烧杯中，加入（1＋7）硝酸 50mL，煮沸 30min，用致密定量滤纸过滤，并用热水洗至无铁离子为止。在滤液中加入 2mL 过氧化氢，煮沸约 5min，以消除由于煤分解时所产生的颜色。

向煮沸的溶液中加入（1＋1）氨水直至出现铁的沉淀，待沉淀完全，再多加 2mL 氨水，将溶液煮沸，用快速定性滤纸过滤，用热水冲洗沉淀及烧杯。穿破滤纸，用热水流把沉淀洗

到原烧杯中，并用 5mol/L 的盐酸 10mL 冲洗滤纸四周，以除去其上的痕量铁，再用热水洗至无铁离子为止。

盖上表面皿，将溶液加热至沸，溶液体积为 20～30mL，在不断搅拌的条件下滴加氯化亚锡溶液，直至黄色消失，多加 2 滴，迅速冷却，冲洗表面皿及杯壁。加入 10mL 氯化汞饱和溶液，形成丝状氯化亚汞沉淀。

用水稀释至 100mL，加入 15mL 的硫酸-磷酸混合液及 5 滴二苯胺磺酸钠指示剂，用重铬酸钾标准溶液滴定到稳定的紫色为终点。根据重铬酸钾标准溶液的消耗量及空白试验的消耗量计算出煤中硫化铁硫含量。

(3) 结果计算与精密度。空气干燥煤样的硫铁矿硫含量的计算式为

$$S_{p,ad}=\frac{(V_1-V_0)c}{m}\times 0.05585\times 1.148\times 100 \tag{6-13}$$

式中 $S_{p,ad}$——空干基煤中硫化铁硫的含量，%；

V_1——测定煤样时重铬酸钾标准溶液用量，mL；

V_0——空白试验时重铬酸钾标准溶液用量，mL；

c——重铬酸钾标准液的浓度，mol/L；

m——煤样质量，g；

0.055 85——铁的摩尔质量；

1.148——由铁换算成硫的因数。

3. 有机硫的计算

根据煤中全硫、硫酸盐硫、硫化物硫的测定结果，可求出煤中有机硫含量，即

$$S_{o,ad}=S_{t,ad}-(S_{s,ad}+S_{p,ad}) \tag{6-14}$$

式中 $S_{o,ad}$——一般分析试验煤样中有机硫含量，%；

$S_{t,ad}$——一般分析试验煤样中全硫含量，%；

$S_{s,ad}$——一般分析试验煤样中硫酸盐硫含量，%；

$S_{p,ad}$——一般分析试验煤样中硫铁矿硫含量，%。

五、煤中氧含量的计算

氧是煤中重要的组成元素。它以有机和无机两种状态存在。有机氧主要存在于含氧官能团，如羧基（$-COOH$）、羟基（$-OH$）和甲氧基（$-OCH_3$）等；无机氧主要存在于煤中水分、硅酸盐、碳酸盐、硫酸盐和氧化物中等。煤中有机氧随煤化度的加深而减少。

氧含量一般采用计算法，计算公式为

$$O_{ad}=100-C_{ad}-H_{ad}-N_{ad}-S_{t,ad}-M_{ad}-A_{ad} \tag{6-15}$$

当空气干燥煤样中碳酸盐二氧化碳含量大于 2%时，则

$$O_{ad}=100-C_{ad}-H_{ad}-N_{ad}-S_{t,ad}-M_{ad}-A_{ad}-(CO_2)_{ad} \tag{6-16}$$

第五节　煤中碳酸盐二氧化碳的测定

煤中常含有一些碳酸盐矿物质（碳酸钙、碳酸镁和碳酸亚铁等），在加热到高温的过程中会全部分解，放出二氧化碳，导致在煤的元素分析中所测碳含量偏高；在煤的挥发分测定中，也造成挥发分测值的偏高。此外，由于碳酸盐的分解过程是吸热反应，对煤的发热量测

定也有影响。我国多数煤中碳酸盐二氧化碳含量低于1%，但也有少数高达10%以上的。因此，为了得到准确的元素分析中碳含量测定结果和煤的挥发分或发热量测定结果，特别是当煤中碳酸盐含量超过2%时，应测出碳酸盐二氧化碳并进行校正。煤中二氧化碳的方法可分为重量法和容量法两种。国标 GB/T 218—1996 采用了重量法测定褐煤、烟煤及无烟煤中碳酸盐二氧化碳含量。

一、方法提要

称取一定量的空气干燥煤样，用盐酸处理，煤中碳酸盐分解出二氧化碳，用碱石棉吸收。根据吸收剂的增重，计算出碳酸盐二氧化碳含量。测定过程的化学反应为

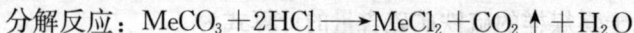

分解反应：$MeCO_3+2HCl \longrightarrow MeCl_2+CO_2\uparrow+H_2O$

吸收反应：$2NaOH+CO_2 \longrightarrow Na_2CO_3+H_2O$

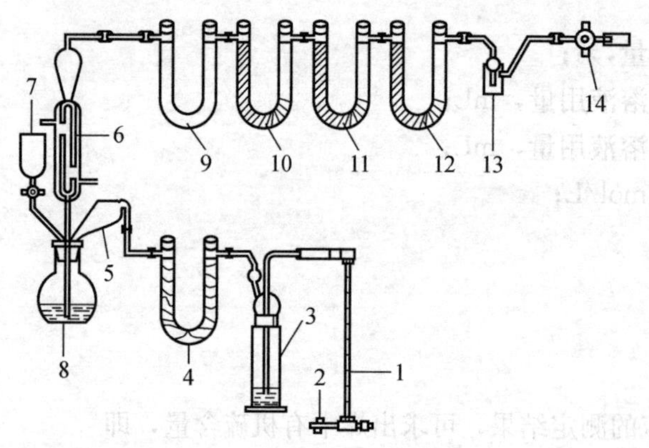

图 6-9　二氧化碳测定装置

1—气体流量管；2—弹簧夹子；3—洗气瓶；4、9～12—U形管；5—梨形进气瓶；6—双壁冷凝器；7—管状带活塞漏斗；8—带橡皮塞的平底烧瓶；13—10mL 气泡计；14—二通玻璃活塞

二、仪器与试剂

（1）二氧化碳测定装置如图6-9所示。

1）反应系统：由一个300mL的平底烧瓶8，活塞漏斗7，冷凝器6和梨形进气瓶5组成。

2）净化系统：由内装浓硫酸的洗气瓶3和内装碱石棉（粒度1～2mm）的U形管4组成，以除去空气中的水分和酸性气体。

3）吸收系统：由U形管9～12组成：

U形管9，内装无水氯化钙（粒度3～6mm），用于吸收从反应系统带出的水分；

U形管10，前2/3装粒状无水硫酸铜浮石，后1/3装无水氯化钙，吸收煤分解出的硫化氢（无水硫酸铜浮石由粒度1.5～3mm的浮石浸入硫酸铜饱和溶液中煮沸2～3h，取出后放入干燥箱中，在160～170℃下搅拌干燥到白色）；

U形管11、12，前2/3装碱石棉，后1/3装无水氯化钙，确保即使空气流速发生变化，CO_2 及其与碱石棉反应生成的水分也能被完全吸收，而且第二个吸收管还可显示第一个吸收管的吸收剂是否失效。

（2）盐酸（GB/T 622）：（1+3）水溶液。

（3）硫酸（GB/T 625）：化学纯，相对密度为1.84。

（4）无水氯化钙（HGB 3208）：粒度为3～6mm。

（5）碱石棉：粒度为1～2mm（10～20网目）。

（6）无水硫酸铜浮石：把粒度为1.5～3mm的浮石浸入饱和硫酸铜（GB 665 化学纯）溶液中，煮沸2～3h。取出浮石置于搪瓷盘内，放入干燥箱中，在160～170℃下干燥到白色，保存在密闭瓶中备用。

（7）乙醇（GB/T 679）：95%，作润湿剂用。

三、试验准备

将二氧化碳测定装置各部件连接好，夹好弹簧夹，关闭漏斗上的活塞，打开各U形管和二通活塞，开启水力泵抽气，经1～2min后，如气泡计每分钟漏气不超过2个气泡，即达到气密的要求。

四、试验步骤

准确称量粒度小于0.2mm的空气干燥基煤样5g（准确到0.001g），放入平底烧瓶，加50mL水用力摇动，以润湿煤样，再用50mL水将黏附的煤样洗入瓶中，若煤样难以润湿，可先加5mL润湿剂（如95%乙醇）后再加水。

连接好装置，检查气密性。打开弹簧夹，抽进空气速度约（50±5）mL/min，约10min后，关闭U形管9～12及二通活塞14，取下U形管11、12，擦净后在天平室冷却到室温称量。再将其连接到系统上，重复以上操作，至U形管质量恒定（质量变化不超过0.001g）。

将质量恒定的U形管连进系统，继续抽气。打开冷凝水，在漏斗中加入25mL（1+3）盐酸，慢慢滴入烧瓶中。为防止空气进入烧瓶，漏斗内应留少量盐酸。慢慢加热烧瓶，使其中液体在7～8min后沸腾，并保持微沸30min。停止加热，关闭全部U形管及活塞，然后取下U形管11、12，擦净、称量。

每天开始试验时，应按上规定，进行空白试验（即不加煤样测定）。

五、测定结果计算与方法精密度

空气干燥煤样中碳酸盐二氧化碳含量的计算式为

$$[CO_2]_{ad}=\frac{[(m_2-m_1)-m_3]}{m}\times 100 \tag{6-17}$$

式中　$[CO_2]_{ad}$——一般分析试验煤样中碳酸盐二氧化碳含量，%；

m_1——试验前U形管11、12的总质量，g；

m_2——试验后U形管11、12的总质量，g；

m_3——空白值，g；

m——空气干燥煤样的质量，g。

煤中碳酸盐二氧化碳测定方法精密度：重复性限为0.1%，再现性临界差为0.15%。

课件

练习题

第七章 煤的发热量测定

发热量是动力用煤的重要质量指标，它既是入厂煤采购、计价的主要依据，又是锅炉热平衡、物料平衡及标准煤耗计算的主要参数，同时还是锅炉燃烧工况调整的重要依据。因此发热量的准确测定对于电厂的安全生产和经济运行具有双重意义。国内外普遍采用氧弹法测定煤的发热量，各种类型的氧弹热量计的性能及操作自动化水平得到不断改善与提高。本章以发热量的测定原理、检测方法为重点，并介绍测定中应掌握的有关校正计算与设备性能检验等方面的内容。

第一节 发热量测定原理

一、发热量的定义

单位质量的煤完全燃烧时所放出的热量，称为煤的发热量（或称发热量）。在阐述发热量的含义时，一定要指明：一是单位质量（克或千克）；二是必须完全燃烧。

煤发热量的高低主要取决于煤中可燃物质的化学组成，同时也与燃烧条件有关。根据不同的燃烧条件，可将煤的发热量分为弹筒、高位及低位发热量。

1. 弹筒发热量 Q_b

单位质量的煤在充有过量氧气的氧弹内燃烧，其燃烧后的物质组成为二氧化碳、氧气、氮气、硫酸、硝酸、液态水以及固态灰时放出的热量称为弹筒发热量。

2. 恒容高位发热量 $Q_{V,gr}$

单位质量的煤在充有过量氧气的氧弹内燃烧，其燃烧后的物质组成为二氧化碳、二氧化硫、氧气、氮气、液态水和固态灰时放出的热量称为恒容高位发热量。

实际上，由弹筒发热量减去硝酸形成热和硫酸校正热（硫酸和二氧化硫生成热之差）为恒容高位发热量。

3. 恒容低位发热量 $Q_{V,net}$

单位质量的煤在充有过量氧气的氧弹内燃烧，其燃烧后的物质组成为二氧化碳、氧气、氮气、二氧化硫、气态水（额定压力为0.1MPa）以及固态灰时放出的热量称为恒容低位发热量，其数值等于由恒容高位发热量减掉水（煤中原有的水和煤中氢燃烧生成的水）的气化潜热。

4. 恒压低位发热量 $Q_{p,net}$

单位质量的煤在恒压条件下，在过量氧气中燃烧，其燃烧产物组成为氧气、氮气、二氧化碳、二氧化硫、气态水（额定压力为0.1MPa）以及固态灰时放出的热量。

5. 热容量

量热系统产生单位温升所需的热量，通常以J/K表示。

二、单位

我国计量法规定热量的单位为焦耳，符号为J。其定义为：1N的力在力的方向上通

过 1m 的距离所做的功，即

$$1\text{焦耳(J)} = 1\text{牛顿} \times 1\text{米} = 1\text{牛顿米(N} \cdot \text{m)}$$

煤的发热量单位为 MJ/kg（或 J/g），这也是国际上通用的发热量单位。我国过去惯用的热量单位为卡，人们习惯用卡/克（cal/g）或千卡/千克（kcal/kg）或大卡/公斤（kcal/kg）来表示发热量的单位。20℃卡的含义是：在标准大气压下，1g 纯水由 19.5℃升高到 20.5℃时所需要的热量，它与基本单位焦耳的关系如下：

$$1\text{卡}_{20℃}(\text{cal}_{20℃}) = 4.1816\text{焦耳(J)}$$

两种单位表示的发热量可据此关系式进行换算。

英制中所用的热量单位是 Btu/lb，根据 Btu 与卡的近似关系（1Btu=252cal）和 1 磅=453.6g 的关系，表示发热量 cal/g 和 Btu/lb 的换算关系为

$$1\text{Btu/lb} = \frac{1}{1.8}\text{cal/g}, \quad 1\text{cal/g} = 1.8\text{Btu/lb}$$

三、氧弹法的测定原理

煤以及各种固体燃料和液体燃料的发热量，国内外普遍采用氧弹式热量计测定。热量计一词由英国人 Josef Black1770 年首次提出，1780 前后法国人拉瓦锡及拉普拉斯研制出首台热量计。其原理为：首先把氧弹放在一个盛有足够浸没氧弹的水的容器（通常称水筒或内筒）中，再使一定量的试样在充氧的弹筒中完全燃烧。释放出的热量被氧弹及周围的水吸收，其水的温升与试样燃烧所放出的热量成正比，准确测定水的温升值，并对点火热等附加热进行校正后，即可求得试样的弹筒发热量。在一定温度下，吸收热量的水以及水中各个器件构成的量热体系的热容量是一个常数。根据水的温升值可计算试样的发热量，即

$$Q = \frac{E(t_n - t_0)}{m} \tag{7-1}$$

式中 Q——燃料试样的发热量，J/g；

E——量热体系的热容量，J/K；

t_0——量热体系在试样开始燃烧时的温度，℃；

t_n——量热体系在试样燃烧完毕且热量释放完全，系统所达到的最高温度，℃；

m——燃料试样的质量，g。

量热体系是指发热量测定过程中，接受试样所放出热量的各个部件。除了内筒水外，还包括内筒、氧弹及搅拌器、温度计浸没于水中的部分。量热系统在试验条件下温度上升 1K 所需的热量称为热量计的有效热容量（以下简称热容量），以 J/K 表示。E 为一常数值，由量热体系各部分的热容量构成，即

$$E = C_{H_2O} \cdot m_{H_2O} + C_1 \cdot m_1 + C_2 \cdot m_2 + \cdots + C_i \cdot m_i \tag{7-2}$$

式中 C_{H_2O}——水的比热容，J/(g·K)；

m_{H_2O}——内筒中水的质量，g；

C_i——量热体系各部件的比热容，J/(g·K)；

m_i——量热体系各部件的质量，g。

仪器热容量通常采用发热量已知的量热标准物质来标定。取一定量的标准物质，按与测定燃料发热量操作基本相同的步骤，令其在氧弹内完全燃烧，根据量热体系的温升值，热量

计热容量的计算式为

$$E = \frac{Qm}{t_n - t_0} \tag{7-3}$$

式中 Q——标准物质的发热量标准值，J/g；

m——标准物质的质量，g。

第二节 热量计通用要求

一、热量计的类型

根据外筒温度的不同控制方式，将热量计分为恒温式热量计和绝热式热量计两种。它们的量热系统均被包围在充满水的双层夹套（外筒）中，其差别只在于外筒及附属的自动控温装置不同。

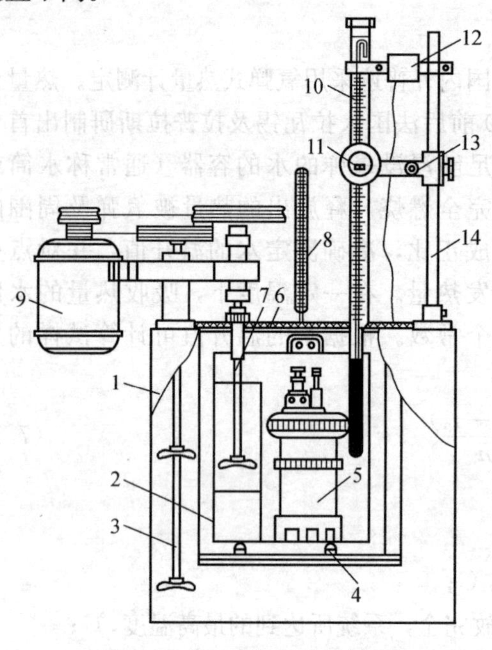

图 7-1 恒温式热量计的结构

1—外筒；2—内筒；3—外筒搅拌器；4—绝缘支柱；5—氧弹；6—盖子；7—内筒搅拌器；8—温度计；9—电动机；10—贝克曼温度计；11—放大镜；12—电动振荡器；13—计时指示灯；14—导杆

1. 恒温式热量计

恒温式热量计的外筒水的温度通过一定的控温装置维持恒定不变。其主体由氧弹、内筒、外筒、搅拌器、量热温度计等部件组成。传统的、应用贝克曼温度计的恒温式热量计的结构如图 7-1 所示。

恒温式热量计以适当方式使外筒温度保持基本不变，以便应用较简便的计算公式来校正热交换的影响。外筒内所装水量应不少于内筒水量的 5 倍，加上内外筒之间有一定距离的间隔，外筒温度在测热过程中可基本保持恒定。

测定发热量时，将氧弹充氧后，置于盛有一定量水的内筒中，再将内筒放入外筒内。试样燃烧后，所放出的热量被内筒水吸收，而外筒温度在测热过程中可基本保持恒定，所以这种热量计称为恒温式热量计。

2. 绝热式热量计

绝热式热量计在测热的过程中，量热体系内外筒之间不发生热交换。可以通过一套内外筒测温装置随时检测试验过程中内外筒的温差，根据温差采取一定的方式调节外筒温度，使之跟踪内筒温度变化，以此方法消除内外筒之间热量的传递，从而实现在整个实验过程中，内筒处于一种相对的绝热状态。绝热式热量计在量热实验中，由点火到终点外筒水温必须紧密跟踪内筒温度，以避免热交换。但实际上任何自动控温装置的控温精度均达不到这种理想程度。热量计的绝热性能用两个指标来描述。GB/T 213 和 JB/T 9507 均规定：绝热式热量计平衡点内筒温度变化在 5min 的平均值不超过 0.000 5K/min；在一次试验升温过程中内外筒之间的热交换量不超过 20J。

二、热量计的主要部件

1. 氧弹

无论何种类型的热量计，氧弹都是热量计最为重要的部件。目前常见的氧弹有三头和单头两种，其结构分别见图 7-2 及图 7-3。氧弹由氧弹头、连接环及弹筒三部分组成，由耐热、耐腐蚀的镍铬或镍铬钼合金钢制成气密容器。供氧及排气的阀门、点火电极、燃烧皿架等都装在氧弹头上。弹头与弹筒由连接环组合在一起。当氧弹充入高压氧气时，氧弹应具有良好的气密性。氧弹需要具备三个主要性能：①不受燃烧过程中出现的高温和腐蚀性产物的影响而产生热效应。②能承受充氧压力和燃烧过程中产生的瞬时高压。试样在氧弹内燃烧时的瞬时压力一般为充氧压力的 2.5～3 倍，即 7.5～9.0MPa，所以使用氧弹首先要注意其安全性。③试验过程中能保持完全气密。

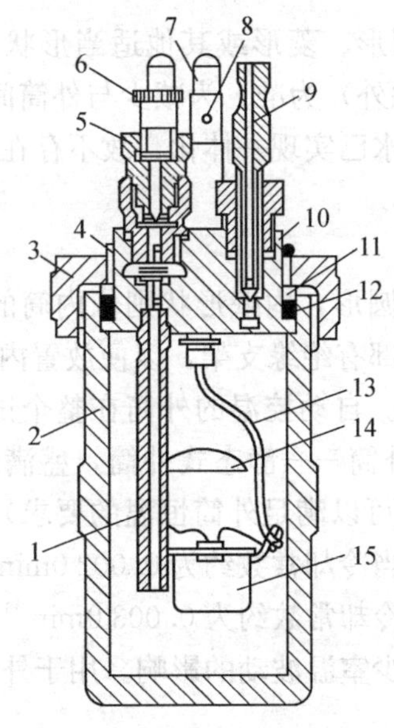

图 7-2 三头氧弹

1—进气管；2—弹筒；3—连接环；4—弹簧圈；5—进气阀；6、7—电极柱；8—圆孔；9—针形阀；10—弹头；11—金属垫圈；12—橡胶垫圈；13—燃烧皿架；14—防火罩；15—燃烧皿

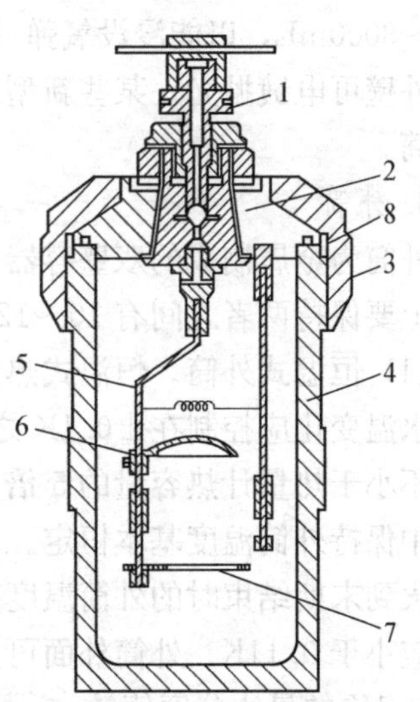

图 7-3 单头氧弹

1—进气口；2—弹头；3—连接环；4—弹筒；5—电极；6—防火罩；7—燃烧皿架；8—橡胶垫圈

新氧弹和新换部件（弹体、弹盖、连接环）的氧弹应经 20.0MPa 的水压试验：向氧弹内注入常温水，加压至 20.0MPa 并维持 10min，观察和测量试验前后氧弹变化。应满足以下要求：

（1）氧弹无明显泄漏，10min 内压力降不大于 0.1MPa。

（2）卸压后，螺纹的配合依然平滑，各部件应没有不可恢复的明显的永久变形。

（3）水压试验前后杯体中部半高处直径弹性变形量和杯体底部中心至杯口高度的弹性变形量均不大于 0.13mm；而它们相应的永久变形量均不大于 0.02mm。

每次水压试验后，氧弹的使用时间不得超过 2 年。此外，应经常注意观察与氧弹强度有关的结构，如杯体和连接环的螺纹、氧气阀、出气阀和电极同弹盖的连接处等，如发现显著磨损或松动，应进行修理，并经水试验后再用。

为保证氧弹使用的安全，在日常试验中还应注意以下问题：

（1）氧弹的体积一般为250～300mL，可承受的最大热量为25 000～30 000J。因而测定高发热量的样品时，称样量应酌量减少，尤其是测定燃油的发热量时，不能称取1g，称样量一般为0.6g左右。

（2）氧弹、氧气表、氧气导管等严禁与油脂接触。新氧弹及刚做过水压试验的氧弹应使用热碱液浸泡，去除油污后，方可使用。

（3）当使用同一热量计配用不同氧弹时，每个氧弹都必须作为一个完整的单元使用，不可将氧弹部件混用，否则可能导致安全事故的发生。

2. 内筒

内筒用紫铜、黄铜或不锈钢制成，断面可为椭圆形、菱形或其他适当形状。筒内装水2000～3000mL，以能浸没氧弹（进、出气阀和电极除外）为准。为减少与外筒间的热辐射，内筒外壁可电镀抛光。某些新型自动热量计内、外筒水已实现一体化，故不存在传统意义上的内筒。

3. 外筒

外筒为金属制成的双壁容器，并有上盖。外壁为圆形，内壁形状则依内筒的形状而定；原则上要保持两者之间有10～12mm的间距，外筒底部有绝缘支架，以便放置内筒。

（1）恒温式外筒。恒温式热量计配置恒温式外筒。自动控温的外筒在整个试验过程中，外筒水温变化应控制在±0.1K之内；非自动控温式外筒——静态式外筒，盛满水后其热容量应不小于热量计热容量的5倍（通常12.5L的水量可以满足外筒恒温的要求），以便试验过程中保持外筒温度基本恒定。外筒的热容量应满足当冷却常数约为0.002 0min^{-1}时，从试样点火到末期结束时的外筒温度变化小于0.16K；当冷却常数约为0.003 0min^{-1}时，此温度变化应小于0.11K。外筒外面可加绝热保护层，以减少室温波动的影响。用于外筒的温度计应有0.1K的最小分度值。

（2）绝热式外筒：绝热式热量计配置绝热式外筒。外筒中水量应较少，最好装有浸没式加热装置，当样品点燃后能迅速提供足够的热量以维持外筒水温与内筒水温相差在0.1K之内。通过自动控温装置，外筒水温能紧密跟踪内筒的温度。外筒的水还应在特制的双层盖中循环。自动控温装置的灵敏度应能达到使点火前和终点后内筒温度保持稳定（5min内温度变化平均不超过0.000 5K/min）；在一次试验的升温过程中，内、外筒间热交换量应不超过20J。

4. 搅拌器

搅拌器的作用是使试样燃烧放出的热量尽快在量热系统内均匀散布，以保证内筒水温测定准确。可采用螺旋桨式或其他形式，转速400～600r/min为宜，并应保持稳定。搅拌效率应能使热容量标定中由点火到终点的时间不超过10min，同时又要避免产生过多的搅拌热。标准规定，当内、外筒温度和室温一致时，连续搅拌10min所产生热量不应超过120J。

5. 量热温度计

内筒水温的测量是发热量测定中的一个关键步骤，应正确选择和使用温度计。常用的量热温度计有玻璃水银温度计和数字式温度计两类。量热温度计应经过计量部门检定，至少应有 0.001K 的分辨率，以便能以 0.002K 或更好的分辨率测定 2K 到 3K 的温升；它代表的绝对温度应能达到近 0.1K。

(1) 玻璃水银温度计。常用的玻璃水银温度计有两种：一种是固定测温范围的精密温度计，一种是可变测温范围的贝克曼温度计。两者的最小分度值应为 0.01K。使用时应根据计量机关检定证书中的修正值做必要的校正。两种温度计都应进行刻度修正（贝克曼温度计称为孔径修正）。贝克曼温度计除这个修正值外，还有一个称为“平均分度值”的修正值。

(2) 数字式量热温度计。常用的数字式温度计主要有铂电阻温度计、热敏电阻温度计和石英晶振温度计。现在多采用铂电阻温度计，其测温准确度应不低于贝克曼温度计。数字式温度计利用某些物理量（如电阻、晶振频率等）与温度变化具有相关性的特性，将测热过程温度的变化通过电路运算放大器转变为微机能识别的电信号，从而达到自动测温的目的。国标规定这类温度计短期重复性不应超过 0.001K，6 个月内的长期漂移不应超过 0.05K。

6. 压力表和氧气导管

压力表由两个表头组成，一个指示氧气瓶中的压力，一个指示充氧时氧弹内的压力。表头上应装有减压阀和保险阀。压力表每两年应经计量机关检定一次，以保证指示正确和操作安全。压力表通过内径 1～2mm 的无缝铜管与氧弹连接，或通过高强度尼龙管与充氧装置连接，以便导入氧气。压力表和各连接部分禁止与油脂接触或使用润滑油，如不慎沾污，应依次用苯和酒精清洗，并待风干后再用。

7. 点火装置

点火采用 12～24V 的电源。线路中应串接一个调节电压的变阻器和一个指示点火情况的指示灯和电流计。点火电压应预先试验确定。方法：接好点火丝，在空气中通电试验。在熔断式点火的情况下，调节电压使点火丝在 1～2s 内达到亮红；在非熔断式点火的情况下，调节电压使点火丝在 4～5s 内达到暗红。电压和时间确定后，应准确测出电压、电流和通电时间，以便计算电能产生的热量。

如采用棉线点火，则在遮火罩以上的两电极柱间连接一段直径约 0.3mm 的镍铬丝，丝的中间预先绕成螺旋数圈，以便发热集中。根据试样点火的难易，调节棉线搭接的多少。

8. 燃烧皿

燃烧皿一般选用镍铬钢或其他合金钢，形状为盆状，底部直径为 19～20mm，上部直径为 25～26mm，高为 17～18mm，厚为 0.5mm，坩埚内壁与底面夹角为圆角，坩埚质量以不超过 6～7g 为宜，太厚太重的坩埚不利于燃烧完全。燃烧皿也可选用铂坩埚或石英坩埚，以铂制品最为理想。

三、整机性能要求

热量计由燃烧氧弹、内筒、外筒、搅拌器、温度传感器和试样点火装置、温度测量仪及控制系统构成。各种形式的热量计虽然控制方式不同，但国家标准对其做了统一的规定，只要热容量的标定条件和发热量测定时条件（试样质量、充氧压力、氧弹中加水量等）一致，测定的精密度和准确度等方面符合要求，各类热量计均可使用。

整机的精密度和准确度的要求如下：

(1) 应用标准物质苯甲酸标定热容量 5 次的相对标准偏差不大于 0.20%。

(2) 应用标准煤样检验发热量测定结果与标准煤样的标准值（名义值）之差都在不确定

范围内，或用苯甲酸作为样品进行 5 次发热量测定，其平均值与标准发热量相差不超过 50J/g。

需特别指出的是，自动热量计虽然不需人工计算冷却校正值、发热量数值等，但应在每次试验后，能以打印或其他方式提供测试中的有关信息，包括温升、冷却校正值、有效热容量样品质量、电火热以及其他附加热，以便进行人工复算。

四、测热环境条件

测热室作为进行发热量测定的试验室，对环境条件要求较为严格。

（1）试验室应设有一单独房间，不得在同一房间内同时进行其他试验。

（2）室温应尽量保持恒定，每次测定室温变化不应超过 1℃。全年室温以 15～30℃ 为宜。

（3）室内应无强烈的空气对流，因此不应有强烈的热源、冷源和风扇等。试验过程中应避免开启门窗。

（4）试验室最好朝北，以避免阳光照射，否则热量计应放在不受阳光直射的地方。

第三节 冷却校正原理及计算

对于恒温式热量计，在测热过程中内、外筒水温始终存在差别，这就造成内外筒之间的热交换。由于绝大多数情况下内筒是散热的，使实际测得的温升值偏低。为消除冷却作用的影响，必须在结果计算中对温升进行冷却校正。

一、量热体系的热交换

量热体系在量热过程中存在以下几种形式的热交换：

（1）内筒外表面与外筒内表面间的辐射作用。

（2）内筒与外筒之间空气夹层的对流与传导。

（3）量热体系中露出在空气部分的热传导。

（4）搅拌器与量热液体间的摩擦作用。

（5）电流温度计测量电流的热效应。

（6）内筒水的蒸发作用。

（7）点火时，电流的热效应。

这些作用因素共同影响着量热体系的实际温升值，需要在测量过程中将影响部分扣除。

二、冷却校正值的定义

在恒温式热量计测定发热量的过程中，它的内外筒水温之间始终存在着一定的温度差，此差值随测定过程而变化。一般情况下，点火前内筒温度总是低于外筒温度，这时内筒是吸热的，但在点火以后，随着试样热量的释放，内筒水温升高，它将越过吸热与散热的分界线而高于外筒温度，此时内筒是散热的。总体上，实际测量出的内筒温升值，比内外筒之间无热量交换情况下内筒能够达到的温升值要小，这种对温升的影响通常称为冷却作用。为了消除内外筒热交换对温升的影响，必须对内筒温升加上一校正值，称为冷却校正，其值通常用符号 C 表示。

三、牛顿冷却定律

根据牛顿冷却定律，一个物体的冷却速度与该物体的温度和环境温度之差成正比。对于热量计来说，量热体系的冷却速度，除了与内外筒温差有关外，还与搅拌热和内筒水面蒸发热有关。因此，将牛顿冷却定律应用于热量计，内筒的冷却速度可表示为

$$v = K(t - t_{j}) + A \tag{7-4}$$

式中　v——内筒冷却速度，K/min；

K——热量计冷却常数，min^{-1}；

t——内筒温度，K；

t_j——外筒（即环境）温度，K；

A——综合常数，K/min。

冷却校正值 C 由内筒冷却速度对试验时间的积分值来表示，即

$$C = \int_{0}^{n} v \mathrm{d}\tau$$

将式（7-4）代入得

$$C = K\int_{0}^{n}(t - t_{a})\mathrm{d}\tau \tag{7-5}$$

式中　t_a——$\frac{\mathrm{d}t}{\mathrm{d}\tau}=0$ 时的内筒温度；

$\mathrm{d}\tau$——时间（分）的微分。

四、冷却校正公式

在计算冷却校正值的各种公式中，应用最多的是国标公式、瑞-方（Regnault-Pfaundler）公式及本特（Bunte）公式。几种公式的理论基础均为牛顿冷却定律，所不同的是计算方法有所差异。其中，瑞-方公式公认是最准确的，被各国标准所普遍采用。

1. 国标公式（罗-李公式）

GB/T 213 采用的近似冷却校正公式，形式为

$$C = (n - a)v_{n} - v_{0} \tag{7-6}$$

式中　n——主期时间，min；

v_0——初期降温速度，℃/min；

v_n——末期降温速度，℃/min；

a——当 $\Delta/\Delta_{1'40''}$ 不大于 1.20 时，$a=\Delta/\Delta_{1'40''}-0.10$；当 $\Delta/\Delta_{1'40''}$ 大于 1.20 时，$a=\Delta/\Delta_{1'40''}$。其中 Δ 为主期内总温升，$\Delta_{1'40''}$ 为主期内第 1min40s 时的温升。

根据点火时和终点时的内外筒温差（t_0-t_j）和（t_n-t_j）从 v～（$t-t_j$）关系曲线中查出 v_0 及 v_n（见 GB/T 213），或者根据预先标定出的冷却常数 K 及综合常数 A 值计算出 v_0 及 v_n，即

$$v_{0} = K(t_{0} - t_{j}) + A \tag{7-7}$$

$$v_{n} = K(t_{n} - t_{j}) + A \tag{7-8}$$

式中　t_0——点火温度，℃；

t_n——终点温度，℃。

【例 7-1】　已知某次热量测定的主期 8min，校正后外筒平均温度差为 1.83℃，$t_0=0.254$℃，$t_n=3.279$℃，$t_{1'40''}=2.82$℃，并查得 $v_0=-0.0042$℃/min，$v_n=0.0030$℃/min，计算冷却校正值 C。

解：
$$\Delta = t_{n} - t_{0} = 3.279 - 0.254 = 3.025$$

$$\Delta_{1'40''}=t_{1'40''}-t_0=2.82-0.254=2.566$$

$$\frac{\Delta}{\Delta_{1'40''}}=\frac{3.025}{2.566}=1.18<1.20$$

$$a=1.18-0.10=1.08$$

$$\begin{aligned}C&=(n-a)v_n+av_0\\&=(8-1.08)\times 0.0030-1.08\times 0.0042\\&=0.0162(℃)\end{aligned}$$

2. 瑞-方公式

国标规定，在自动热量计中或在特殊需要的情况下，可使用瑞-方公式。瑞-方公式是最准确也是最具实用价值的计算公式，各个国家普遍以此公式为标准来计算冷却校正值。瑞-方公式可表达为

$$C=nV_0+\frac{V_n-V_0}{t_n-t_0}\left[\frac{1}{2}(t_0+t_n)+\sum_{1}^{n-1}(t)-n\bar{t}_0\right] \tag{7-9}$$

$$\sum_{1}^{n-1}(t)=(t_1+t_2+\cdots+t_{n-1})$$

式中 $\bar{t}_0$——主期内筒平均温度；

$\bar{t}_n$——末期内筒平均温度。

【例 7-2】 某次发热量测定过程的温度变化如下：

初　期	主　期		末　期
0.848	1.06	2.608	2.620
0.849	1.84	2.621	2.618
0.850	2.32	2.623	2.616
0.851	2.516	2.622	2.614
0.852	2.579		2.612
0.853			

计算该次测定的冷却校正值。

解：

$$V_0=-0.001℃/\text{min}$$

$$V_n=+0.002℃/\text{min}$$

$$n=9\text{min}$$

$$t_0=0.853℃$$

$$t_n=2.622℃$$

$$\bar{t}_0=0.8505℃$$

$$\bar{t}_n=2.616℃$$

$$\sum_{1}^{n-1}t=18.167℃$$

将上述参数代入瑞-方公式

$$C=9\times(-0.001)+\frac{0.002-(-0.001)}{2.616-0.8505}\left(18.167+\frac{0.853+2.622}{2}-9\times 0.8505\right)$$

$$=-0.009+\frac{0.003}{1.7655}(18.167+1.7375-7.6545)=0.0118(℃)$$

第四节 仪器热容量的标定

热容量是计算发热量的最基本参数，因此发热量测定的准确度关键在于标定热容量所能达到的准确度，以及热容量标定条件与发热量测定条件的相似性。恒温式热量计的冷却常数 K 和综合常数 A 用于国标公式计算冷却校正值，常数 K 和 A 的确定与热容量的标定同时进行。

一、热容量与温度的关系

热量计的热容量是指量热系统升高 1℃所吸收的热量，单位为 J/K，用符号 E 表示。热量计的热容量，包括内筒水及浸没于内筒水中的氧弹、搅拌器、温度计等各部件热容量之总和。

由式（7-2）可知，量热系统各部件的质量不变，热容量的大小随量热系统各部件的比热容而变化。对于不同热容量的热量计，内筒水吸收的热量都是主要的，而水的比热并不是一个常数，随温度变化而变化，温度越高，水的比热越小，相邻温度间的差值也越小，见表 7-1。同时，水的汽化热也随温度的升高而降低。

表 7-1　水的比热容与温度的关系

水温（℃）	10	12	14	16	18	20	22	24	26	28	30
比热容［J/(g·℃)］	4.186 99	4.184 11	4.181 68	4.179 72	4.178 00	4.176 71	4.175 62	4.174 83	4.174 11	4.173 61	4.173 32

对于量热系统中的其他材料，如主要部件氧弹，由不锈钢加工而成，它的比热容远比水的比热容小，例如 1Cr18Ni9Ti 不锈钢的比热容为 0.50J/(g·℃)，而它的比热容随温度的升高而增大，因而得以部分地抵消了水的比热容受温度变化对热容量的影响。

国标规定，实测发热量和标定热容量时，内筒温度差限制在 5℃以内，就是考虑到各种因素受温度变化而致使热容量值有所改变。

二、标准量热物质——苯甲酸

目前，国内外普遍使用的量热基准物是苯甲酸。苯甲酸又名安息香酸，具有化学性质稳定、易于提纯、不易吸潮和燃烧热与发热量相当等特点。一等量热标准苯甲酸的纯度为 99.999%，其发热量精密度优于±0.01%；二等量热标准苯甲酸的纯度为≥99.9%，其发热量精密度优于±0.1%。苯甲酸的吸湿性能低，在室温 23℃、相对湿度为 90%的条件下，暴露 42 天未发现有增重现象。在常温下苯甲酸没有显著的挥发性。在室温 29～32℃，21 天平均每天减少量为 0.01%。

由于苯甲酸的粉末燃烧性能较差，可能出现燃烧不完全的情况，因此在使用前必须压成片剂。标定热容量用的苯甲酸，应当选用经国家计量机关检定的，标准物质证书标明发热量的苯甲酸。由于人工压饼时，异物（压饼机电镀粉末）的引入很难完全避免，最好使用机械加工的苯甲酸片剂。

苯甲酸干燥处理方法：预先研细，置于盛有浓硫酸的干燥器中干燥 3 天或者在 60～70℃的烘箱中干燥 3～4h，冷却后压成片。苯甲酸也可在燃烧皿中熔融后使用。熔融可在 121～126℃的烘箱中放置 1h，或在酒精灯的小火焰上进行，放入干燥器冷却后使用。如熔体表面出现针状结晶，应用小刷刷掉，以防燃烧不完全。苯甲酸片剂长期在空气中放置，使用前也必须预先干燥。

三、热容量标定的周期

热容量标定的有效期为 3 个月，超过此期限应进行复查。如果遇到下列情况，应立即重测：

(1) 更换量热温度计。

(2) 更换热量计大部件如氧弹盖、连接环等，由厂家供给的或自制的相同规格的小部件如氧弹密封圈、电极柱、螺母等不在此列。

(3) 测定发热量与标定热容量时的内筒温度相差超过 5K。

(4) 热量计经过较大搬动之后。

如果热量计的量热系统没有显著改变，重新标定的热容量值与前一次的热容量值相差不应大于 0.15%，否则应检查试验程序，解决问题后重新进行标定。

对于不按经典理论设计的自动热量计，应视情况经常复查仪器的热容量。

四、热容量标定方法要点

在充有氧气的弹筒中燃烧一定量已知发热量的苯甲酸，准确测量量热系统的温升值，由点火后产生的总热量（包括苯甲酸的燃烧热以及点火丝产生的热量和生成硝酸放出的热量）和内筒水温升高的度数（做必要校正），求出量热系统的温度每升高 1K 所需要的热量。

标定热容量时的试验条件应同测定发热量时一致：①相同的内筒装水量（相差不超过 0.5g）；②同一支温度计，相同的浸没深度；③相近的终点温度（相差不超过 5℃）。

五、热容量标定步骤

1. 传统贝克曼热量计热容量标定

(1) 标定热容量前，按要求干燥苯甲酸并压成片剂。在燃烧皿中称取 1.0g±0.1g 苯甲酸，应称准到 0.000 2g。

(2) 结点火丝及棉纱线（测煤样时无须棉纱线）。将装有苯甲酸试样的燃烧皿安放在弹头下的环形支架上。取一根已知长度或已知质量的金属点火丝，将两端分别接在两支点火电极柱上，并保证接触良好，点火丝中段与试样接触。如选用棉纱线，需要准确称量，从而计算出棉纱线的热量。将棉纱线在点火丝中部打一个结，其尾部拧成一股并与苯甲酸试饼相接触。点火丝不能触及燃烧皿，两头不能触及弹筒，以免形成短路，导致点火失败。支持燃烧皿的圆环及燃烧皿边缘不能与另一支电极柱相接触。

(3) 借助于带刻度的量管往氧弹中加入 10mL 水。小心拧紧氧弹盖，注意避免燃烧皿和点火丝的位置因受震动而改变。往氧弹中充以 2.8～3.0MPa 的氧气，充氧时间不得少于 15s。如果不小心充氧压力超过 3.2MPa，应排掉氧气后，重新充氧至 3.2MPa 以下。当钢瓶中氧气压力降到 5.0MPa 以下时，充氧时间应酌量延长；当瓶内压力低于 4.0MPa 时，则应更换新的钢瓶氧气。充氧过程应避免振动、倾斜，充氧速度不能过快，以避免气流冲起氧弹内的水打湿试样、冲动燃烧皿或使点火丝位置改变，保证点火成功且使试样燃烧完全。

(4) 调节内筒水温。往内筒加入一定量的蒸馏水或除盐水，水量以浸没氧弹、使其顶面在水面下 10～20mm，同时保持带绝缘套的电极上的绝缘套露出水面约 10mm 为准。根据试样燃烧后的终点温度与外筒水温的温差确定内筒水温，一般应控制此温差为 1～1.5℃。若此温差太小则终点不易判断；温差太大则散热速度快，易造成较大误差。因此，一般应事先调节内筒水温低于外筒水温 0.5～0.8℃。对同一台热量计来说，二者的差值随产生热量的增大而增大。总之，调节内筒水温的原则是使得终点时内筒温度得以缓慢下降。注意测量水温时务必先将水温调匀，内筒水温应用0.1℃分度的温度计测量。

(5) 应用感量1g、量程5kg的工业电子天平或机械天平称量内筒及其水量。如无合适的称量用工业天平，也可改用容量法量取一定体积的水注入内筒中。但应注意水的密度随温度升高而减小，应对温度变化的影响加以修正。

(6) 将充好氧的氧弹置于已装有一定量水的内筒中，接上电极。此时要特别留心观察一下氧弹是否漏气，如漏气，则应排掉氧气，检查原因并消除漏气后重新充氧。内筒水此时也应重新称量。盖上热量计盖，插上温度计。

(7) 量热系统各部件装配完毕，打开控制器电源，开动搅拌器，试验即进入预备期。设冷却校正值采用瑞-方公式计算，约5min后开始计时，读取温度，每隔1min读取一个温度值。初期为5min，随即点火则进入主期，当出现第一个下降温度则为终点温度，随后进入末期，持续5min，试验结束。

(8) 取出氧弹，排出弹内气体，观测苯甲酸是否燃烧完全。苯甲酸完全燃烧后燃烧皿内不会留有任何残渣；如燃烧不完全，则在燃烧皿底部存有一层碳黑，此时标定结果作废。若试样燃烧完全，取下未燃尽的点火丝，测量其长度，计算出实际消耗点火丝的质量，用于计算点火热。收集弹筒洗液，用NaOH标准溶液滴定其酸度，记录所消耗体积，用作硝酸热效应值的计算。也可采用经验公式计算硝酸形成热。

(9) 热容量应重复标定5次，计算5次热容量测定值的平均值和标准差。其相对标准差不应大于0.20%；若超过0.20%，再补做一次试验，取符合条件的5次标定结果的平均值(修约到1J/K)，作为该热量计在该温度下的热容量。若任何5次结果的相对标准差都超过0.20%，则应对试验条件和操作仔细检查并纠正存在的问题后，舍弃已有的全部结果，再重新标定。

2. 自动热量计热容量标定

标定程序与传统贝克曼热量计热容量标定中的(1)～(6)相同，然后按热量计说明书输入试样量、苯甲酸发热量，并选择冷却校正值计算公式。从开始记录温度、试样点火、全部数据的处理与计算等均由微机完成，其热容量标定结果还可由打印机打印出来。热量计的热容量是计算发热量测定结果必不可少的基础数据。准确标定热容量是准确测定发热量的前提。通常在标定热容量的同时，根据试验数据确定量热仪的冷却常数K和综合常数A。这两个常数，既是表征热量计冷却特性的特征参数，又是采用国标冷却校正公式计算冷却校正值时要用到的基础数据。

六、热容量标定结果的计算

1. 点火热计算

在熔断式点火法中，点火热为点火丝放出的热量q_1和电能热q_2之和。试验中点火丝放出的热量应由点火丝的实际消耗量g和点火丝的燃烧热p计算，即

$$q_1 = gp \tag{7-10}$$

式中 g——点火丝实际消耗质量，g；

p——点火丝燃烧热，J/g。

常用点火丝燃烧热为：铁丝6700J/g，镍铬丝6000J/g，铜丝2500J/g，脱脂棉线17 500J/g。

电能产生的热量q_2=电压(V)×电流(A)×时间(s)

2. 硝酸校正热的计算

在苯甲酸燃烧过程中，由于高温和高压的作用，氧弹充氧前封入的空气中的氮气有少量反应生成硝酸并放出热量。根据弹筒洗液的酸度计算硝酸校正热 q_n：

$$q_n = 60cV \tag{7-11}$$

式中 c——NaOH 标准溶液的浓度，mol/L；

V——滴定弹筒洗液消耗 NaOH 的体积，mL。

q_n 也可按下式计算：

$$q_n = 0.0015Qm \tag{7-12}$$

式中 0.001 5——硝酸校正热系数；

Q——标准苯甲酸的发热量，J/g；

m——标准苯甲酸试样的质量，g。

3. 热容量的计算

热容量标定结果按下列公式计算：

$$E = \frac{Qm + q_1 + q_n}{t_n - t_0 + C} \tag{7-13}$$

【例 7-3】 标定某恒温式热量计的热容量，称取苯甲酸 1.001 0g，其标准发热量为 26 456J/g，点火热和硝酸生成热为 87J，修正后内筒温升 2.074℃，计算本次测定的热容量。

解：已知 $q_1 + q_n = 87$J，$\Delta t = 2.074$℃

则 $E = \frac{Qm + q_1 + q_n}{t_n - t_0 + C} = \frac{26\,456 \times 1.001\,0 + 87}{2.07} = 12\,811$ (J/K)

七、热容量标定中的几个技术问题

1. 新型热量计热容量的有效工作范围的确定

某些新型热量计的热容量值在整个工作范围内并不是一个常数，即热容量值随被测样品发热量的大小（温升的大小）而变。热容量有效工作范围是指在某一温度下，标定的热容量能适应多大的温升范围，即在此有效工作范围内，其热容量不随温升发生明显变化，可近似视为一个常数。因此，在使用新型热量计前，需确定热容量的有效工作范围。其方法是：至少进行 8 次苯甲酸的热容量标定试验，苯甲酸片的质量从 0.7g 至 1.3g，或根据被测样品可能涉及的发热量范围确定苯甲酸片的质量。然后绘制温升与热容量值的关系图，或求出热容量值与温升的关系式，即

$$E = a + b \cdot \Delta t \tag{7-14}$$

并计算线性回归方程的估计方差 S^2，其相对标准差不应超过 0.20%。精密度符合要求，在测定样品的发热量时，就可根据实际的温升确定所用的热容量值；若精密度不满足要求，应查找原因，解决问题后，进行一组新的标定。

2. 热容量标定与发热量测定条件的一致性

热容量标定条件一旦确定，发热量测定时就必须保证与其一致。如要求内筒装水量必须一致；必须使用同一支量热温度计，并保持相同的浸没深度（即温度计位置固定）；测定终点温度相近，这样可使引起误差的一些因素相互抵消，从而有助于提高发热量测定结果的可靠性。

第五节 发 热 量 的 测 定

煤的发热量是电力用煤的最重要指标之一，它既关系到入厂煤的煤质结算，又是计算电厂效益指标——标准煤耗率的主要参数，因此，发热量的准确测定对于电厂的安全生产和经济运行都具有重要意义。

一、恒温式热量计的测热

1. 方法要点

把氧弹放在内筒中，再使一定量的试样在充氧的弹筒中完全燃烧。释放出的热量被氧弹及周围的水吸收，其水的温升与试样燃烧所放出的热量成正比，准确测定水的升温值，并对点火热、冷却校正值等进行校正后，即可求得试样的弹筒发热量。

2. 测定步骤

(1) 在燃烧皿中精确称取一般分析试验煤样 0.9～1.1g。燃烧时易飞溅的煤样，可先用已知发热量和质量的擦镜纸包紧再进行测试，也可用压饼机将煤样压成饼并切成 2～4mm 的小块后使用。不易燃烧完全的煤样（无烟煤、高灰分低发热量煤以及焦炭等），可用石棉绒做衬底（先在皿底铺一层石棉绒，然后用手压实），石英燃烧皿不需任何衬垫。如仍燃烧不完全，可提高充氧压力到 3.2MPa；或用已知发热量和质量的擦镜纸包裹称好的试样并用手压紧，然后放入燃烧皿中。

(2) 取一段已知质量的点火丝，把两端分别接在两个电极柱上，注意保持良好接触。把盛有试样的燃烧皿放在支架上，调节下垂的点火丝使与试样接触（对难燃的煤如无烟煤等），或保持微小距离（对易燃或易飞溅的煤），并注意勿使点火丝接触燃烧皿，以免形成短路，导致点火失败，甚至烧毁燃烧皿及支架，同时还应注意防止两电极间以及燃烧皿同另一电极之间的短路。

如采用棉线点火，则把棉线的一端接在固定的点火丝上（最好夹紧在点火丝的螺旋中），另一端搭接在试样上。根据试样的点火难易程度，调节棉线搭接的多少。

往氧弹中加入 10mL 水，拧紧弹盖。往氧弹中充以 2.8～3.0MPa 氧气，充氧时间不得少于 15s。如果不小心充氧压力超过 3.2MPa，应排掉氧气后，重新充氧至 3.2MPa 以下。当钢瓶中氧气压力降到 5.0MPa 以下时，充氧时间应酌量延长；当瓶内压力低于 4.0MPa 时，则应更换新的钢瓶氧气。

(3) 对于普通恒温式热量计，操作时，往内筒中加入足够的蒸馏水，使氧弹盖的顶面能淹没在水面之下 1～2cm。每次试验时的用水量应与标定仪器热容量时的用水量一致（相差 0.5g 以内）。水量最好用称重法测定。如用容量法量水，必须对温度变化进行校正。预先调好外筒水温，使与室温相差不超过 1.5K。内筒水的最初温度应稍低于外筒温度并能使试验终期的温度比外筒温度高 1K 左右，内外筒终期的过大温差将导致过大的冷却校正而引起误差。发热量过低的试样温升达不到 1K 或 1.5K 时，内筒水的初始温度不要求一定要低于外筒温度，只要终点温度能超过外筒温度 0.5～1.0K，以便终点时有明显下降即可。

目前大多数自动恒温式热量计的内筒水与外筒水相通，由微机操作系统控制电磁阀的开启与关闭，既不用人工调节水温，又不需人工计量水量。

(4) 把装好水的内筒放在外筒中的绝缘支架上，再把氧弹小心地放入内筒，并检查氧弹的气密性。如有气泡出现，表明氧弹漏气，应找出原因，加以纠正，重新充氧。然后接上点火线，装上搅拌器和温度计，并盖上外筒的盖子。温度计测温点应与氧弹主体（氧气阀和电极除外）的中部位于同一水平，温度计和搅拌器均不得接触弹筒和内筒。

（5）开动搅拌器，搅拌5min后，内筒各部温度已达均衡，可开始测定。准确读取内筒温度 t_0 并立即通电点火。随后记下外筒温度。温度应测准至0.001K。

（6）观察内筒温度。注意点火后20s内不要把身体的任何部位伸到热量计上方。30s内如果温度急剧上升，这表明点火成功。1分40秒后再读取一次内筒温度 $t_{1'40''}$。点火后最初几分钟内，温度急剧上升，读温精确到0.01K即可，但只要有可能，读温应精确到0.001K。

（7）接近终点时，开始按1min间隔读取内筒温度，以第一个下降温度作为终点温度，试验主要阶段到此结束。一般热量计由点火到终点的时间为8～10min。若终点时不能观察到温度下降（内筒温度低于或略高于外筒温度时），可以随后连续5min内温度读数增量（以1min间隔）的平均变化不超过0.001K/min时的温度为终点温度。

（8）停止搅拌，从内筒中取出氧弹。开启放气阀，放出燃烧废气。放气完毕后，打开氧弹，仔细观察弹筒和燃烧皿内部，如有试样燃烧不完全的迹象或有碳黑存在，试验应立即作废。

需要时，用蒸馏水冲洗氧弹内各部分、放气阀和燃烧皿。把全部洗液（共约100mL）收集在一个烧杯中，以供测硫用。

3. 测定中的若干技术问题

（1）冷却校正值的确定。恒温式热量计的冷却校正值随环境条件、热量计设计参数、内外筒水温及其差值、试样燃烧速度及发热量高低等多种因素变化而变化，故每次测定发热量时，均需计算冷却校正值。即使连续对同一试样重复测定，此两次的冷却校正值也不相同。

根据冷却校正值的计算可知：在测热前，内外筒水温调节的温差越小，末期温度下降速度越快，冷却校正值越大。新型自动热量计中的内筒水直接引自外筒，即内外筒水温温差为零（内置式热量计就是如此，外置式热量计则固定容器置于空气中平衡时间的长短不同有所差异），则冷却校正值必然较大。对热容量为10 000J/K左右的热量计来说，冷却校正值常可达0.02～0.03K，也就是说，一般相当于200～300J，故冷却校正值能否正确确定，将是影响发热量测定结果可靠性的重要因素。

（2）不完全释放热量时测热结果的推断。这一问题又分为两种情况：一是专指测定苯甲酸，例如检查发热量测定结果的准确性，可通过反标苯甲酸来加以检验，这在标准中作出了具体规定；二是对标准煤样的测定，由于各种煤质特性的不同，特别是热量高低及燃烧速度的差异，要根据数分钟内（例如5min）试样释放的局部热量来准确地推断该样品完全燃烧时可释放的全部热量并不容易。测热时间越短，推断而得的热量准确性就越差。因此，不同应用要求的场合对测量时间有不同的要求。由于苯甲酸是高度纯净的有机试剂，并用作标准量热物质，故各次测定，其燃烧情况可以认为是基本一致的。但对煤样来说，则会出现相当复杂的情况，故利用推断法来确定煤的发热量，其可靠程度尚值得研究。

（3）自动热量计外筒水温不断升高的问题。恒温式热量计的特点之一，就是在测热过程中，外筒水温基本保持恒定，而上述自动热量计中的内筒水直接引自外筒，水在热量计内部循环，随连续测热次数的增多，将存在外筒水温不断上升的问题。例如，台式自动热量计外筒水量为内筒的10倍，即一次测热内筒温升以2K计，则外筒温升约0.2K（外筒系处于封闭状态，在室温下自然散热量很小）。再由于这种热量计测热周期较短，故适用于大批量试样的测定，这样外筒水一天可升高2～3K，甚至更多，因而在一天的不同时间对同一煤样进行重复测定时，其结果往往出现明显的差异。

（4）较高及较低发热量样品的测定。对于低挥发分和低发热量的难燃煤，应先用已知发热量的擦镜纸包裹。对于高挥发分煤样，为防样品飞溅，也可采用此法。一般煤样分析试验粒度小于0.2mm，对于难燃煤，粒度最好小于0.1mm。对于易于飞溅的高挥发分样品，点火丝只能与样品表面接触，不可埋入样品内。必要时，可改用棉线点火。

（5）测热结果系统偏差的处理。微机热量计测热结果略呈偏低倾向。经检验，常常表明用微机热量计测热，精密度往往较好，就是结果偏低，存在系统误差的可能性较大。

例如，某热量计热容量为11 460J/K，用反标苯甲酸来检查，其热量测定结果$Q_{gr,d}$比标准值平均偏低0.08MJ/kg。为了进行校正，可先计算出标定热容量时的内筒温升。设苯甲酸发热量已知为26 450J/g，则标定热容量时内筒温升约为2.4K。测热结果偏低，可通过适当提高热容量值来加以修正。由于反标苯甲酸的热量偏低80J/g，故可将原热容量增加80/2.4＝33（J/K），即热容量修正为11 460＋33＝11 493（J/K）。

二、绝热式热量计的测热

1. 测定步骤

（1）观测室温与冷却水温。由于当天第一次标定时，外套水温总是接近室温，故可提前使水泵运转，以加速外套水的冷却。调节内筒水温尽量接近室温，相差不要超过5K，以稍低于室温最为理想。内筒温度过低，易引起内筒外面凝结水珠；内筒温度过高，易造成内筒水在试验过程中蒸发过多，这对测定结果都有一定影响。

（2）按照恒温式热量计测定步骤中的第（4）项安放内筒和氧弹。

（3）开动搅拌器和外筒循环水泵，开通加热器和外筒冷却水。当内筒温度趋于稳定时，调节冷却水流速，使外筒加热器每分钟接通3～5次（由电流计或指示灯观察）。如果自动控温线路采用可控硅代替继电器，则冷却水的调节应以加热器中有微弱电流通过（由电流计观察）为准，过大的电流只会消耗电能。

（4）调好冷却水后，开始读取温度，读准确到0.001K。当4min内温度变化不超过0.002K时，即可通电点火。否则，应调节电桥平衡钮，直到内筒温度稳定。最后一次温度就是点火温度t_0。如内筒温度略有变化，可适当地调节冷却水流速，直至内筒温度稳定后再行点火。

（5）点火后6～7min，再以1min间隔读取温度，直到连续3次读数相差不超过0.001K为止，取最高一次读数为终点温度t_n。如温度略有变化，取最高一次温度作为终点。

（6）关闭加热开关，取下温度计，取出氧弹及内筒。可让水泵继续运转，并加大冷却水流速，以加速外套水的冷却。当恢复到上一次测定时的外套温度，即可进行第二次测定。

2. 测定中应注意的几个问题

（1）各温度参数的控制。利用绝热式热量计测定燃料发热量，较为理想的情况是：内筒水温低于室温1～1.5K，外套水温低于内筒水温0.5～3K，冷却水温低于内筒水温3K以上。

（2）对外套水导电性的要求。外套水应具有一定的导电能力，其导电性能决定极板加热电流的大小。外套水导电性能是否合适，由实验来决定。

首先需要确定最大加热电流，将平衡调节钮旋到最大刻度处，然后逐步调节外套水的导电性，以电流不超过12A为宜。由于外套水中加入电解质，故对设备的腐蚀性较大。为延长换水周期及减轻对热量计的腐蚀，也可改用纯水中掺加部分自来水的办法来满足外套水导电性能的要求。如果加热电流太小，在确定的时间内（5～8min），外套水温跟不上内筒水温，则说明外套水导电能力太差。这时可排掉部分外套水而以自来水来补充，直至外套水调节到导电性能合适为止。

（3）冷却水流速的控制。冷却水的流速应根据内筒水温与冷却水温温差的大小来控制。温差大，应将流速减小；反之则应加大。

一般平衡点确定以后，可以保证内筒水温的基本稳定。而对冷却水流速的控制，有助于内筒水温的进一步稳定。故在发热量测定过程中，一般不要变动平衡调节钮的位置。测热时，由于内筒水温要稍高于外套水温，开始时内筒温度会有所下降，但随着外套水温跟上内筒水温，内外筒之间的热交换趋近于零，因而内筒温度得以保持恒定。如果在开始搅拌5～8min后，内筒水温缓缓下降，则说明内外水温温差较大，此时应适当地降低冷却水流速以减少冷却水所带走的热量，从而加速内筒水温的稳定。

（4）平衡点的调节。平衡点一旦调节好，一般不要再变动其位置。如果重新调节平衡点，就得重新标定热容量。平衡点的调节可参照下述步骤进行：

在已确定外套水导电能力的条件下，控制内筒水温稍高于外套水温（0.5～3K均可），根据冷却水温与内筒水温的温差，控制冷却水流速在一个适当范围内。按照热容量标定要求，将准备好的氧弹放在内筒水中，盖上盖，使热量计处于运转状态。打开加热开关，5min后开始记录内筒与外套温度，而后每隔1min记录一次，如连续三次温度不变或变化不超过0.001K，则说明内筒水温已经稳定，可以点火。否则，应再按前所述，进一步调节平衡钮的位置，直到内筒温度达到完全稳定为止。平衡点调好，终点与点火时一样，同样能够实现内筒温度的稳定。

三、发热量测定的精密度要求

发热量测定的重复性限和再现性临界差规定见表7-2。

表7-2 发热量测定的重复性限和再现性临界差

	重复性限 $Q_{gr,ad}$	再现性临界差 $Q_{gr,d}$
高位发热量（J/g）	120	300

四、发热量的计算

1. 弹筒发热量 $Q_{b,ad}$ 的计算

$$Q_{b,ad}=\frac{E[(t_n+h_n)-(t_0+h_o)+C]-(q_1+q_2)}{m} \tag{7-15}$$

式中 E——热量计的热容量，J/K；

q_1——点火热，J；

q_2——添加物（如包纸等）产生的总热量，J；

m——试样质量，g；

C——冷却校正值（绝热式热量计 $C=0$）。

2. 高位发热量 $Q_{gr,ad}$ 的计算

$$Q_{gr,ad} = Q_{b,ad} - (94.1S_b + \alpha Q_{b,ad}) \tag{7-16}$$

式中　$Q_{gr,ad}$——分析试样的高位发热量，J/g；

$Q_{b,ad}$——分析试样的弹筒发热量，J/g；

94.1——煤中每1%硫的校正值，J；

S_b——由弹筒洗液测得的煤的含硫量，%；

α——硝酸校正系数（当 $Q_b \leqslant 16.70$MJ/kg 时，$\alpha = 0.0010$；当 $16.70 < Q_b \leqslant 25.10$MJ/kg 时，$\alpha = 0.0012$；当 $Q_b > 25.10$MJ/kg 时，$\alpha = 0.0016$）。

国标规定，当煤中全硫含量低于4.00%或弹筒发热量 Q_b 大于14.60MJ/kg 时，可用全硫代替弹筒洗液硫 S_b。在不知道煤样全硫的情况下，既要求酸的热效应值有一定的准确度，又要求测定操作简便，则可以通过测定弹筒洗液总酸度的方法实现。在需用弹筒洗涤液测定 S_b 时，用 NaOH 标准溶液滴定，求出洗液中的总酸量，然后按下式计算出 S_b：

$$S_b = 1.6(CV/m - \alpha Q_{b,ad}/60.0) \tag{7-17}$$

式中　S_b——弹筒洗液中硫含量，%；

C——NaOH 标准溶液的物质的量浓度，约0.1mol/L；

V——滴定用去的 NaOH 溶液的体积，mL；

m——分析试样的质量，g；

60.0——相当1mmol 的硝酸生成热。

【例 7-4】　设试样量为1.0000g，滴定消耗的0.1mol/L NaOH 为14.8mL，$Q_{b,ad} = 22500$J/g，求弹筒硫的含量。

解：因为 $Q_{b,ad} = 22500$J/g，则 α 取0.0012。将上述数据代入式（7-17）得

$$\begin{aligned} S_b &= 1.6(CV/m - \alpha Q_{b,ad}/60.0) \\ &= 1.6(0.1 \times 14.8/1.0000 - 0.0012 \times 22500/60.0) \\ &= 1.65(\%) \end{aligned}$$

3. 收到基低位发热量 $Q_{net,ar}$ 的计算

煤的高位发热量减去煤燃烧产物中全部水的汽化热，就是低位发热量，它是真正能够利用的有效热量。

煤在氧弹中与在锅炉中燃烧条件不同，其燃烧产物也不一样，故发热量有弹筒、高位及低位之分。此外，它们还有一点不同之处，就是煤样在氧弹中燃烧，是在恒容状态下进行的，而煤在工业锅炉中燃烧，是在恒压状态下进行的，前者发热量称为恒容发热量，后者则称为恒压发热量。在恒容条件下，燃烧产生的气体膨胀做功，所以恒容发热量要比恒压发热量略高。

恒容低位发热量计算式为

$$Q_{net,ar} = (Q_{gr,ad} - 206H_{ad}) \times \frac{100 - M_t}{100 - M_{ad}} - 23M_t \tag{7-18}$$

式中　H_{ad}——煤的空气干燥基氢含量，%；

M_t——煤的全水分，%；

M_{ad}——煤的空气干燥基水分，%。

恒压低位发热量计算式为

$$Q_{net,p,ar} = [Q_{gr,v,ad} - 212H_{ad} - 0.8(O_{ad} + N_{ad})] \times \frac{100 - M_t}{100 - M_{ad}} - 24.4M_t \quad (7\text{-}19)$$

式中 O_{ad}——煤的空气干燥基氧含量，%；

N_{ad}——煤的空气干燥基氮含量，%。

可见，计算恒压低位发热量还需知道煤样中氧和氮的含量。

由于两者数值相差不大，电厂都采用恒容低位发热量计算公式。

4. 各种发热量基准间的换算

发热量的计算中，可能既包括基准间的换算，又涉及不同发热量之间的换算。

（1）除低位发热量以外的各种基准间的换算式为

$$Q_{ar} = Q_{ad} \times \frac{100 - M_t}{100 - M_{ad}}$$

$$Q_d = Q_{ad} \times \frac{100}{100 - M_{ad}}$$

$$Q_{daf} = Q_{ad} \times \frac{100}{100 - N_{ad} - A_{ad} - CO_{2,ad}}$$

（2）低位发热量的不同基准间的换算公式为

$$Q_{net,d} = (Q_{net,ad} + 23M_{ad}) \times \frac{100}{100 - M_{ad}}$$

$$Q_{net,daf} = (Q_{net,ad} + 23M_{ad}) \times \frac{100}{100 - M_{ad} - A_{ad}}$$

【例 7-5】 已知某煤样 $M_{ar}=8.0\%$，$M_{ad}=1.34\%$，$H_{ad}=2.98\%$，$S_{b,ad}=1.37\%$，$Q_{b,ad}=24\,008J/g$，$A_{ad}=25.02\%$，计算其空气干燥基高、低位发热量，收到基、干燥无灰基低位发热量是多少？

解：

$$\begin{aligned} Q_{gr,ad} &= Q_{b,ad} - 94.1S_{b,ad} - \alpha Q_{b,ad} \\ &= 24\,008 - 94.1 \times 1.37 - 0.0012 \times 24\,008 \\ &= 23\,850(J/g) \\ &= 23.85(MJ/kg) \end{aligned}$$

$$\begin{aligned} Q_{net,ad} &= Q_{gr,ad} - 206H_{ad} - 23M_{ad} \\ &= 23\,850 - 206 \times 2.98 - 23 \times 1.34 \\ &= 23\,205(J/g) \\ &= 23.20(MJ/kg) \end{aligned}$$

$$\begin{aligned} Q_{net,ar} &= (Q_{gr,ad} - 206H_{ad}) \times \frac{100 - M_{ar}}{100 - M_{ad}} - 23M_{ar} \\ &= (23\,850 - 206 \times 2.98) \times \frac{100 - 8.0}{100 - 1.34} - 23 \times 8.0 \\ &= 2148(J/g) \\ &= 21.48(MJ/kg) \end{aligned}$$

$$\begin{aligned} Q_{net,d} &= (Q_{net,ad} + 23M_{ad}) \times \frac{100}{100 - M_{ad}} \\ &= (23\,205 + 23 \times 1.34) \times \frac{100}{100 - 1.34} \end{aligned}$$

$$=23\,551(\mathrm{J/g})$$
$$=23.55(\mathrm{MJ/kg})$$

$$Q_{net,daf}=(Q_{net,ad}+23M_{ad})\times\frac{100}{100-M_{ad}-A_{ad}}$$
$$=(23\,205+23\times1.34)\times\frac{100}{100-1.34-23.02}$$
$$=31\,553(\mathrm{J/g})$$
$$=31.55(\mathrm{MJ/kg})$$

第六节 自动热量计性能检验

一、自动热量计

自动热量计一般以数字显示温度计监测温度变化，由微机自动控制测热过程及计算测定结果。近二十年来，各种形式的具有自动测温、自动控制、自动计算等功能的微机控制的自动热量计得到长足发展，有效地提高了发热量的测定速度和计算速度。几经更新换代，国产微机热量计的性能及操作自动化程度得到不断改善与提高，特别是近几年来出现的免除内筒水温调节及称量水量的热量计，这种新一代的热量计往往被生产厂称为“全自动”热量计。其自动化程度更高，操作更简便，测试周期更短，因此得到广泛的应用。

二、综合性能要求

自动热量计原则上应按国标规定的原理和要求设计，其综合性能必须符合下述技术要求：

(1) 不论自动热量计还是传统热量计，其主要部件如内外筒、测温装置、氧弹、充氧装置、点火系统、搅拌装置均应具备应有的功能，符合测热的要求。

1) 如对氧弹进行不低于 20MPa、5min 的水压试验；

2) 用于内筒温度测量的各类温度计至少应有 0.001K 的分辨率，测热温度计在测量的温度变化范围内应呈线性；

3) 搅拌器的搅拌效率及搅拌热符合要求。

(2) 自动热量计在每次试验中必须详细给出规定的参数，打印的或以其他方式记录的各次试验的信息（如温升、冷却校正值、有效热容量、样品质量、点火热和其他附加热）；仪器说明书应给出所用的计算公式，方便人工验证微机进行的计算，计算中用到的附加热应清楚地确定，所用的点火热、副反应热的校正应明确说明。

(3) 热量计的精密度与准确度应符合要求。

1) 测热精密度的要求：应用标准物质苯甲酸标定热容量 5 次，其相对标准偏差不大于 0.20%；

2) 应用标准煤样检验发热量测定结果与标准值之差在不确定度范围内，或者用苯甲酸作为样品进行 5 次发热量测定，其平均值与标准值之差不超过 50J/g。

三、热量计精密度与准确度的评价

热量计测试结果的精密度与准确度评价方法很多，不同方法对其评价结论也不尽一致。

1. 精密度评价

按标准规定：热量计热容量重复性相对误差应不大于 0.20%。热容量应进行重复 5 次标定，计算 5 次重复试验结果的平均值 E 和标准差 S。其相对标准差不应超过 0.20%，否则再补做一次试验。

【例 7-6】 对某热量计进行热容量标定，五次测定结果分别为 11 428、11 456、11 433、11 437、11 422J/K，问该热量计的精密度是否合格？

解：

$$S=\sqrt{\frac{\sum_{i=1}^{n}(x_i-\overline{x})^2}{n-1}}=12.91(\text{J/K})$$

平均值 $$\overline{E}=11\,435\ (\text{J/K})$$

则相对标准偏差 $$\text{RSD}=\frac{S}{\overline{E}}=\frac{12.91}{11\,435}\times100\%=0.11\ (\%)$$

因此，该热量计的精密度符合要求。

2. 准确度评价

准确度检验通常可采用测定标准物质（如苯甲酸）或测定标准煤样来加以评价。

（1）应用标准物质评价准确度。GB/T 213 规定，用苯甲酸作为样品进行 5 次发热量测定，其平均值与标准值之差不超过 50J/g，则热量计的准确度合格。也可对不同生产厂或批号的苯甲酸进行热量测定，如重复测定的平均值与标准苯甲酸标准值之间的差值不超过表 7-3中规定的界限，则认为准确度合格；反之为不合格。

表 7-3　测定苯甲酸差值的显著性界限　(J/g)

测定次数 n	1	2	3	4	5	6	7	8	9	10
差值显著性界限	±88	±63	±51	±44	±40	±36	±34	±31	±30	±28

为了检验准确度，通常最少应作 2 次重复测定。例如某批标准苯甲酸的标准发热量为 26 456J/g，如 2 次测定平均值落在 26 393～26 519J/g 之间，就认为准确度合格。

（2）应用标准煤样来评价准确度。应用标准煤样，重复测定其发热量几次，如其平均值与标准煤样标准值的差值不超过表 7-4 所列的显著性界限，则认为准确度合格；反之为不合格。

表 7-4　应用标准煤样时差值显著性界限　(J/g)

测定次数	1	2	3	4	5	6	7	8	9	10
差值显著性界限	±225	±212	±208	±206	±204	±203	±203	±202	±202	±201

表 7-4 中所列差值的显著性界限与标准煤样不确定度基本一致，故有时也可用标准煤样的不确定度作为评价测试准确度的界限。但它是一种较低标准的评价方法，它是建立在国标所规定的同一试验室与不同试验室发热量测定允许差在 120J/g 及 300J/g 基础之上的。如按 t 检验法检验，则对某些热量计的测试准确度可能得出不同的结论。

t 检验法首先用 Dixon 法检验有无异常值，再计算平均值与标准偏差 S，然后按下式计算统计量 t 值：

$$t=\frac{|\overline{x}-\mu|}{S}\sqrt{n}$$

式中　μ——苯甲酸的标准发热量，J/g；

n——测定次数。

对计算的 t 值与其临界值 $t_{0.05,f}$ 进行比较，0.05 为显著性水平，f 为自由度，$f=n-1$。如 t 值 $<t_{0.05,f}$，则说明二者之间无显著性差异，准确度合格；反之为不合格。

【例 7-7】 测定某标准煤样的发热量四次，测定结果分别为 24 543、24 585、24 446、24 432J/g，已知标准值为 24 330J/g，评价该热量计的准确度。

解： 四次测定平均值　$\bar{x}=24\,502\text{J/g}$

标准偏差　$S=74\text{J/g}$

计算统计量　$t=\dfrac{(24\,502-24\,330)\times\sqrt{4}}{74}=4.64$

查 t 值表，$t_{0.05,3}=3.18$。由于 $4.64>t_{0.05,3}$，故测定平均值与标准煤样标准值之间存在显著性差异，由此判断，认为准确度不合格；如按测定平均值与标准煤样标准值的差值不超过表 7-3 中所列的差值显著性界限（因为重复测定 4 次，其显著性界限为±206J/g）来衡量，则应判为准确度合格。

另外，有时测定标准煤样其测试结果准确性符合要求，但是当反标苯甲酸时，其测定值与标准值相比，则超过允许差范围。因为苯甲酸为标准量热物质，它的标准值较标准煤样的标准值（名义值）更具可靠性与权威性。对于量热基准物质的苯甲酸来说，其纯度相当高，使用各种热量计测定的发热量都是十分接近的；而对标准煤样来说，则受定值单位所用热量计及操作条件的影响，标准煤样的名义值总不及苯甲酸的标准值可靠。故在这种情况下，应以反标苯甲酸来检查测试结果的准确度。

课件

练习题

第八章 煤与煤灰的物理特性及检测

煤与煤灰的物理特性与火力发电厂的生产密切相关。电厂需定期测定煤的堆密度，用于煤场存煤量盘点；煤的可磨性、磨损性影响电厂磨煤机选择及运行；煤粉细度反映出电厂磨煤系统的磨制效果以及煤粉是否控制在经济细度范围；煤灰熔融性影响锅炉结渣、高温腐蚀等；煤灰比电阻是决定电除尘器效率的重要参数。总之，煤与煤灰的物理特性对火力发电厂的安全经济运行具有重大的影响。本章主要介绍与电力生产关系密切的一些煤与煤灰的物理特性及其检测技术。

第一节 煤的密度及其测定

一、煤的密度

煤的密度是指单位体积煤的质量，单位为 kg/m^3，常用的单位还有 g/cm^3。在测定煤的密度时，常以同温度同体积煤与水的质量比表示，即相对密度，它是无量纲量。物质的密度与标准大气压、4℃时纯水的密度（$1g/cm^3$）之比，称为相对密度，它也是无量纲量。

煤的密度是反映煤的性质和结构的重要参数。煤是具有孔隙的疏松结构的固体物料，必须考虑其孔隙所占有体积对密度的影响，煤的密度有三种表示法：真相对密度、视相对密度、堆密度（散密度）。

1. 真相对密度（TRD）

在 20℃时煤（不包括煤的孔隙）的质量与同体积水的质量之比，称为真相对密度。

2. 视相对密度（ARD）

在 20℃时煤（包括煤的孔隙）的质量与同温度、同体积水质量之比，称为视相对密度。

煤的视相对密度是计算煤炭储量的重要参数，也是研究煤的物理量性质及其变质程度之间关系的一项重要指标。

真、视相对密度的不同之处，就在于是否包括煤的内外表面孔隙，由此可根据煤的真、视相对密度计算其孔隙率，即

$$孔隙率=\frac{真相对密度-视相对密度}{真相对密度}\times 100\% \quad (8\text{-}1)$$

3. 堆密度

煤的堆密度是设计储煤仓、估算煤场存煤及验收进厂煤量的一个基本参数，故了解其含义，掌握其测试技术，具有实际意义。

煤的堆密度是指在规定条件下，单位体积散状煤的质量，通常以 t/m^3 表示。由于煤的堆积是自由堆积，不是人为压实，所以煤的堆密度受装煤容器的大小、形状，煤的粒度及其水分含量、装样方式等因素的影响，必须对上述影响因素做出严格规定，否则就不具可比性。不同煤种，堆密度不同。堆密度随煤的变质程度加深而增大。各种煤的堆密度列于表 8-1 中。

表 8-1　　**各种煤的堆密度**　　(t/m^3)

煤　别	无烟煤	烟煤	褐煤	泥煤	焦煤	煤粉
堆密度	0.9～1.0	0.8～0.95	0.65～0.85	0.3～0.53	0.36～0.53	≈0.7

由于煤是古代植物经过质变而形成的一种可燃矿石，其组成和结构非常复杂而极不均匀，因而影响密度这一最基本的物理性质的因素很多，其中主要是煤化程度，岩相成分和煤种中矿物质的含量和种类等。

拓展资源 6-密度的测定

二、堆密度的测定

真相对密度、视相对密度在生产上的实际应用远不及堆密度，堆密度是计量煤量的一种方便的方法。对于它的测定没有一个统一的标准方法，多是由生产单位之间约定，以共同认可的方法进行测定。测定所用的容器越大，其准确性就越高，因此，测定粒度偏大的煤块时，应使用较大的容器；测定粒度较小的煤块时可用较小的容器，所用容器的规格和形状也应尽可能接近生产上使用的设备。由于测定堆密度的可变性较大，各生产单位都根据各自的实际情况和具体的要求制定出不同的测定方法。

1997 年煤炭部颁布了煤炭行业标准 MT/T 739《煤炭堆密度小容器测定方法》及 MT/T 740《煤炭堆密度大容器测定方法》。

MT/T 739 适用于粒度小于 150mm 的褐煤、烟煤及无烟煤。装煤用的是 200L ($0.200m^3$)，内边长为 585mm 的正方体容器。称量用的台秤最大称量为 500kg，称量准确度不小于 0.1%。

测定时，先称准装煤容器，准确至 0.5kg；用铁铲将有代表性的煤样装于容器中，煤样下落高度应尽可能小，最大不能超过 0.6m，煤样装至高出容器顶面约 100mm，用硬直板将高出容器的煤样除去，使煤样面与容器顶部平齐。称量装有煤样的容器，从而计算出堆密度。对另一部分煤样进行重复测定，其精密度要求为 $0.03t/m^3$。此测定结果为收到基煤炭堆密度 $D_{s,ar}$；可按基准换算方法，在已知煤样含水分条件下，换算出干煤基煤炭堆密度 $D_{s,d}$。测定结果保留小数点后两位。

MT/T 740 适用于褐煤、烟煤和无烟煤。装煤用的方形容器至少可容 3t 样，如货车或翻斗车等。称重用汽车衡或轨道衡，称量准确度不小于称量质量的 0.2%。

测定时，先称准装煤容器，准确至 0.1%。小心地将有代表性的煤样装于容器中，当煤样表面整体高出容器顶面约 150mm 时，用硬直板条和铁铲将煤样平整至容器顶面平齐，称量装有煤样的容器，从而计算出堆密度。对另一部分煤样进行重复测定，其精密度要求为 $0.04t/m^3$。

上述两项标准均规定，在出具测定报告时，均应注明测定地点、煤炭粒级和煤种。

原电力部颁发的《火力发电厂按入炉煤量正平衡计算发供电煤耗的方法》中，附有推荐确定原煤与煤粉堆密度的方法，此测定方法是：将原煤或煤粉从 1m 高空中自由落入一直径约 0.4m、高约 0.5m 的容器中，勿敲打容器与捣实，然后称出其质量，再计算出单位体积下原煤或煤粉的量，即求出其堆密度。

目前，电厂多用电力系统传统方法测定煤的堆密度，煤炭行业标准 MT/T 740 与 MT/T 739 对电厂在测定煤的堆密度时，仍然具有指导及参考价值。特别是 MT/T 739 所规定的方法，更接近电厂的实际使用方法。

三、密度在电力生产中的应用

由于密度是体积与质量关系的一项指标，因而凡是涉及由煤的体积计算质量的工作，都要使用它。例如：煤田地质勘探部门和生产矿井计算煤层平均质量，确定采区的含矸率；煤质研究部门确定煤的变质程度，进行煤的分类，以及实验室对煤样减灰、计算减灰重液的密度时，都要掌握煤的真相对密度。视相对密度主要在计算煤的储量、运输量及煤仓设计时使用；堆密度则在商品贸易、燃料管理、生产应用等的计量上被采用，如在设计煤仓、盘点煤堆质量、计算焦炉装煤及商品煤装车等方面都要使用堆密度。其中，在煤场盘点中测定堆密度的应用最为普遍。

为了进行煤场盘点，必须测出煤堆体积，通常可以使用激光盘点仪或者人工测量法。在人工测量中，煤堆体积的计算应根据煤堆形状而定，通常分为45°自然堆积角、梯形、长方形、三角形、圆锥形及不规则煤堆顶面摊平，在表面拉成几何图形，按其不同形状分别计算其体积，而后计算出整个煤堆总体积。

确定了煤堆体积后，还必须测定存煤的堆积密度，才能求出煤量。煤堆中煤处于不同的高度，它们的密度因受压不同而有差异。

对于存煤堆密度的测定，可以采用模拟法及挖坑法。

(1) 模拟法。制作一个80cm×50cm×30cm的铁箱，先将此铁箱称重，然后装满煤刮平，过磅后求出密度，称为不加压密度，用它来代表煤堆上层煤的密度。如先在煤堆内挖一坑，将上述铁箱埋入，用推土机堆满煤并往返压几次，然后将铁箱取出，刮平称重，求出密度则称为压实密度，用它来代表煤堆下层煤的密度。

有抓吊的电厂因抓吊离地面的高度不等，故煤堆各部位的密度也不尽相同。为了准确地测得不同高度的密度，应把铁箱放在煤堆的不同高度，以求出实际密度。

(2) 煤堆挖坑法。在煤堆顶面，挖一个0.5m×0.5m×0.5m的小坑，将挖出的煤称重，计算出密度。

各电厂不管采用何种方法，对存煤的密度均应反复测定，并分别采样，根据分析结果，不断积累资料，以掌握不同存煤的灰分含量与堆密度之间的关系，从而为准确地进行煤场盘煤提供依据。

电厂定期要对煤场存煤进行盘点，故必须经常实测煤的堆密度。由于堆密度与煤种、煤的品种、粒度大小、水分含量、测定容器、压实程度等多种因素有关，故不同单位所测结果的可比性不强。如果能测定出适合电厂所用不同煤种的原煤、洗煤产品在不同水分及粒度范围内的堆密度值（采用相同装煤容器及同一称量设备，在相同压实条件下进行上述测定），然后绘制出各煤质特性如煤种、品种、粒度与水分范围内各参数与堆密度之间的关系曲线，并进行数据的回归处理，得到一系列计算各种条件下煤的堆密度的计算公式，这不仅方便各电厂直接应用，而且使得各电厂的盘煤结果具有可比性。

第二节 煤的哈氏可磨性

一、可磨性的基本概念

1. 可磨性的含义

可磨性是指煤磨制成粉的难易程度，主要通过煤炭磨制前后粒度的变化情况来表示。不同煤种煤的可磨性不同，当煤被研磨时，煤粒受机械能作用被破碎产生新的表面，所消耗的能量与新增加的表面积成正比。煤越难磨，消耗的能量就越多；煤研磨得越细，表面积就越大，能量消耗也就越多。

由于直接测定研磨时所消耗的能量、研磨后增加的新表面积是很困难的，所以可将可磨性的值用一个无量纲的相对值来表示，称为可磨性指数。

2. 可磨性指数

可磨性指数是指在空气干燥条件下，把试样与标准煤样制成规定粒度，并破碎到相同细度时所消耗的能量比。可磨性指数是一个无量纲量，它的大小反映了不同煤种的煤破碎成粉的相对难易程度，煤的可磨性指数越大，将其磨至一定细度时所消耗的能量就越小。

发电用煤的可磨性通常用哈氏可磨性指数（HGI）表示，它是无量纲量。

二、哈氏可磨性的测定原理

1. 测定原理

测定可磨性虽然有多种方法，但其基本原理是一样的。除苏联及东欧某些国家外，世界上普遍采用哈德格罗夫法（简称哈氏法）作为可磨性的标准测定法。

哈氏可磨性指数是由哈德格罗夫于1930年根据雷廷吉尔（Rittenger）定律提出来的。该定律指出：磨碎时所做的功与产生的新表面积成正比，这是哈氏可磨性指数计算公式的理论基础。

美国材料及试验协会（ASTM）标准中规定取粒度为0.60～1.18mm的试样50g，研磨后用0.075mm的筛子来判断细度。以宾夕法尼亚州的一种低挥发分煤的可磨性指数100为准，设S为刚通过1g该煤样之面积总和。测定煤样的总面积为67.0S，则50g试样在研磨后新增加的面积为205S。据此，可从理论上推导出哈氏可磨性指数计算公式。式（8-2）就是ASTM标准方法中所使用的公式，即

$$\mathrm{HGI} = 13 + 6.93W \tag{8-2}$$

式中 W——通过孔径为0.071mm筛的式样质量，g。

在计算公式的推导中，有如下基本假设与原则：在HGI测定中，并不直接测量煤粉的表面积，并假设其表面积与粒径大小成反比；假定用于磨制煤粉的功率为常数；凡是在两个不同筛子之间的粒径，以两种筛子孔径的平均值计算；凡是通过某一筛号的煤样，以该筛子的孔径表示。

哈氏法操作简单，计算容易，但由于它的规范性很强，试验时必须在严格遵守哈氏法所规定的实验条件下进行，才能得到具有可比性的试验数据。

需要指出的是，国家标准中所用试验筛与ASTM标准规定不完全一致，对这测试结果多少有所影响，尤其是与外国测试结果相比时更需要注意。

ASTM标准中规定的制样筛0.060～1.18mm，筛分筛0.075mm；我国标准中规定制样筛0.063～1.25mm，筛分筛0.071mm。表8-2列出了我国某些矿区煤的哈氏可磨性指数。

表8-2　我国一些矿区煤的哈氏可磨性指数

矿区	HGI	矿区	HGI	矿区	HGI	矿区	HGI
焦作	41.8	永红	127.5	松藻	65.5	肥城	58.7
南桐	93.8	徐州	58.8	峰峰	79.3	义马	57.2
鹤岗	62.2	六枝	88.1	阳泉	60.3	新汶	60.9
石嘴山	62.1	本溪	126.9	萍乡	73.6	邯郸矸石	72.1

2. 测定方法

将 50g 0.063～1.25mm 的空气干燥煤样，放入标准中速球磨机即哈氏可磨性测定仪（俗称哈氏磨）中旋转 60 转，球的载荷为 29kg。而后用 0.071mm 筛子筛分，称量筛上煤样的质量，由研磨前的煤样量减去筛上煤样质量得到筛下煤样的质量，由煤的哈氏可磨性指数标准物质绘制的校准图上查得或者从一元线性回归方程中计算出煤的哈氏可磨性指数。

3. 哈氏可磨性的测定仪

哈氏可磨性测定仪如图 8-1 所示。在研磨机的下部有一个挂在机座并用螺栓固定的研磨碗，研磨碗内置有 8 个直径为 25.4mm 的钢球，这些球被研磨环压紧，并承受一定的重力。研磨件由主轴、研磨碗、研磨环、钢球组成，其规格尺寸有严格要求，如图 8-2 所示。研磨碗与研磨环要用相同的材料制成，并经过淬火处理。

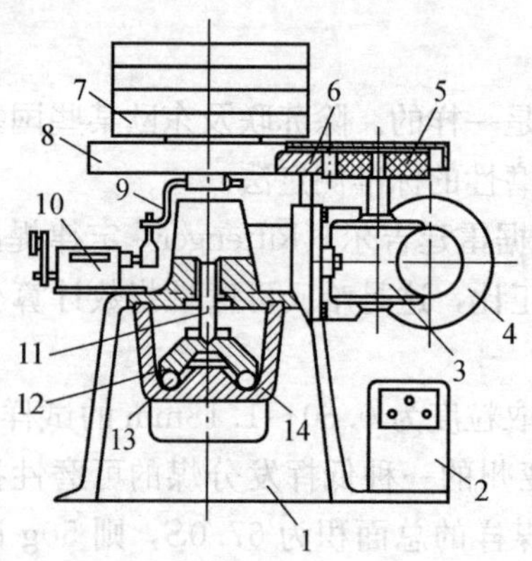

图 8-1　哈氏可磨性测定仪

1—机座；2—电气控制盒；3—蜗轮盒；4—电动机；5—小齿轮；6—大齿轮；7—重块；8—护罩；9—拔杆；10—计数器；11—主轴；12—研磨环；13—钢球；14—研磨碗

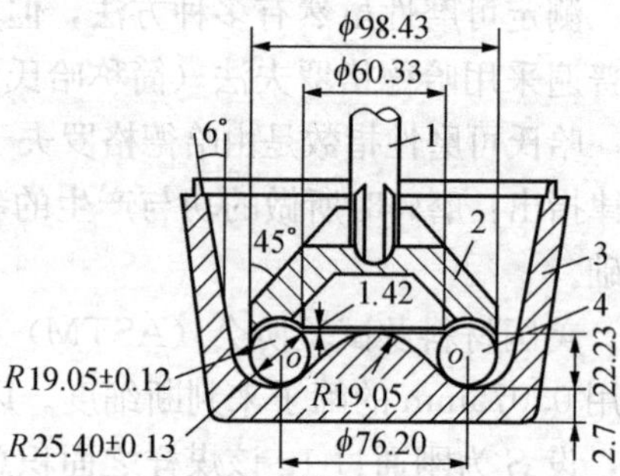

图 8-2　研磨件

1—主轴；2—研磨环；3—研磨碗；4—钢球

筛分时采用振筛机，要求振筛机的垂直振动次数为 149 次/min；水平回转数为 220 次/min；回转半径为 12.5mm。振筛机的结构见图 8-3。

三、测试步骤

1. 煤样制备

（1）原煤样中的大块煤先用破碎机破碎至 6mm 的粒径，用二分器缩分出约 1kg 煤样，将煤样进行空气干燥，称量煤样质量（称准到 1g）。

（2）将孔径为 1.25mm 及 0.63mm 的制样筛以及筛子底盘相重叠，把上述试样分批（每批约 200g）在振筛机上筛分，未通过 1.25mm 的粗粒煤样应用圆盘磨或辊式破碎机再次破碎，并按上述操作再行筛分，直到全部试样通过 1.25mm 的筛子为止。留取 0.63～1.25mm 的煤样，弃去筛下物。

（3）称量 0.63～1.25mm 的煤样质量（称准至 1g），计算该粒度范围煤样质量占破碎前煤样的中质量的百分数，若出样率小于 45%，则煤样作废，重新制备。

（4）可磨性测定所用试样不应搁置过久，因为任何一种煤长期暴露于空气中，均不可避免地产生不同程度的风化作用。故对搁置较久的试样，在测定前需重新筛分一次，以除去试样表面所附着的细粉。如进行不同试样的对比实验，相应地尽可能在较短时间内一并完成。

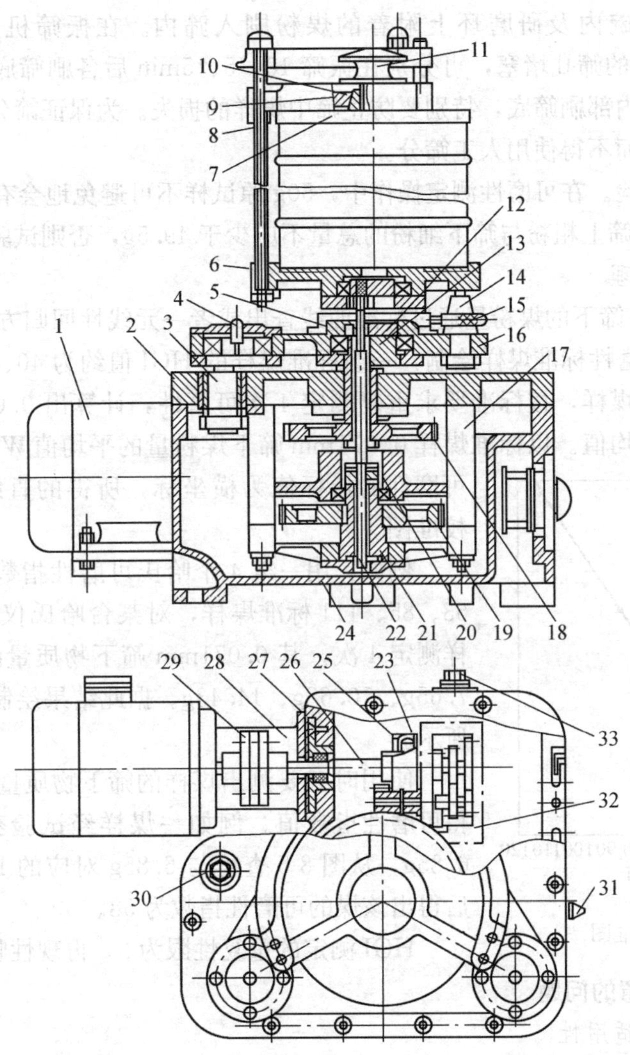

图 8-3　标准筛振筛机结构

1—电动机；2—箱盖；3—副偏心轴；4—压注油嘴；5—上顶座；6—筛托盘；7—筛盖；8—导杆；9—顶杆；10—退按螺母；11—扭紧螺栓；12—主偏心轴上盖；13—主偏心轴；14—弹簧套；15—手把；16—活动架；17—高支架；18—斜齿轮；19—大斜齿轮；20—上端面凸轮；21—下端面凸轮；22—打击轴；23—轴套；24—箱体；25—离合体；26—传动轴；27—油封座；28—电动机板；29—联油器；30—测油杆；31—倒顺开关；32—轴承座；33—油塞

2. 测定步骤

（1）试样的称量。称量 50g 煤样，称准到 0.01g。

（2）研磨碗的安装。将称好的试样置于研磨碗中，稍许振动使之摊平，钢球均匀地置于碗内，盖上研磨环。安装研磨碗时，要注意保持平稳，使全部承重能均匀地加在钢球上。

（3）严格控制转数。按规定哈氏磨旋转 60 转以后自动停止，其偏差不应超过 1/4 转。保持相同转数是获得标准测定结果的重要条件。

（4）筛分操作。煤样在哈氏磨中研磨结束后，将 0.071mm 孔径的筛分筛及筛子底盘叠加在一起，将研磨碗内及研磨环上附着的煤粉刷入筛内。在振筛机上筛分时，为防止 0.071mm 孔径筛子的筛孔堵塞，可分别在振筛 10、5、5min 后各刷筛底一次。注意从筛的外部而不应从筛的内部刷筛底，特别要防止筛中煤样的损失。为保证筛分完全，规定采用回旋振击式振筛机，而不得使用人工筛分。

（5）检查性试验。在可磨性测定操作中，50g 原试样不可避免地会有损失，但其损失量不得超过 0.5g，即筛上粗粉与筛下细粉的总量不应少于 49.5g，否则试验作废。

3. 测定数据处理

根据 0.071mm 筛下的煤粉量通过标准曲线查出或者一元线性回归方程计算出 HGI。标准曲线采用哈氏可磨性标准煤样绘制，一组标准煤样的 HGI 值约为 40、60、80 及 110。将上述 4 个一组标准煤样，按标准要求重复测定 4 次可磨性，计算出 0.071mm 筛下煤样的质量，取其算术平均值。以标准煤样 0.071mm 筛下煤粉量的平均值 W 为纵坐标，以哈氏可磨性的指标值为横坐标，所得的直线就是试验所用的校准图。

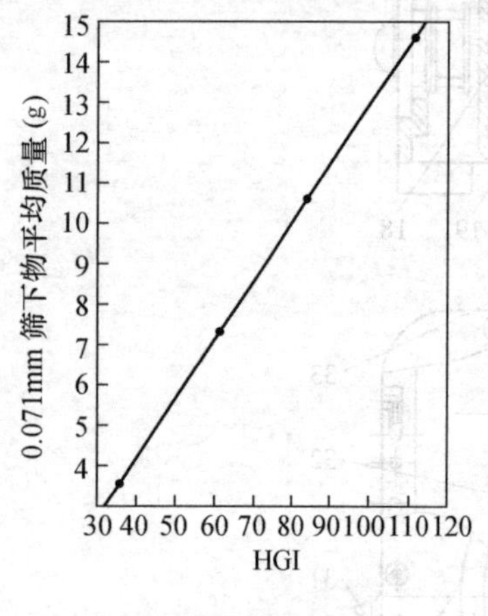

图 8-4　校准图

例如：用一组 4 个哈氏可磨性指数标准值分别为 36、63、85、111 标准煤样，对某台哈氏仪进行试验。每个煤样测定 4 次，其 0.071mm 筛下物质量的平均值为 3.75g、7.65g、10.68g、14.43g。据此结果绘制出校准图如图 8-4 所示。

使用时只要测出煤样的筛下物质量就可从校准图上查得可磨性指数值。例如一煤样经试验获得筛下物质量为 6.85g，从图 8-5 查得与 6.85g 对应的 HGI 为 57.6，修约后得出该煤的可磨性指数为 58。

HGI 测定的重复性限为 2，再现性临界差为 4。

四、其他应注意的问题

1. 测定方法的适用性

HGI 测定方法只适用于无烟煤及烟煤。而褐煤、油母页岩等均不能采用硬煤的可磨性测定方法。否则，其测试结果可能与工业磨煤机的实际情况有较大的差别。

利用哈氏法，即使测定硬煤，也是 HGI 在 30～100 范围内，即 0.071mm 筛上的筛余煤粉占总试样量的 95%～75%，其测试结果才比较稳定。对特大及特小指数的样煤，其测试结果的可靠性往往很差。

2. 混煤可磨性测定

如测混煤，应将原煤按要求混合后制样，而不应该将各自制好的试样按求比例进行混合后测定。混煤可磨性一般可按组成的单一煤种的比例关系计算而得。例如某一混煤由哈氏指数 90 及 60 的两种煤所组成，前者占 60%，后者占 40%，则此混煤的可磨性指数应为 $0.6\times90+0.4\times60=78$。

不过还应指出：实测混煤的可磨性指数通常要比计算值略高，故在工业上磨制混煤比磨单一煤种出力要大一些。

3. HGI 与磨煤机出力的关系

HGI 越大，在消耗一定能量条件下，磨煤机出力越大。HGI 相差 10 个指数，磨制相同细度情况下，磨煤机约相差25%的出力。

由于HGI值与煤中水分含量有关，因此应采用煤在磨煤机破碎区域近似水分的可磨性指数来计算磨煤机出力。一般情况是：它比磨煤机给煤水分含量约低10%（相对值）。考虑到水分对可磨性的影响，国内外有些单位提供煤的HGI值时，注明了其水分含量。

第三节 煤的磨损指数

本节主要介绍煤的磨损指数的测定方法、煤的冲刷磨损指数的测定方法等内容，具体内容可扫描二维码获取。

拓展资源7-煤的磨损指数

第四节 煤 粉 细 度

在燃煤电厂中，通常是将煤送入磨煤机磨成粉状，然后送入锅炉内燃烧。煤粉越细，在锅炉内燃烧就越完全，但磨制单位质量的煤所需的能量大；煤磨得粗一些，虽降低了单位能耗，但粗粒煤粉在燃烧过程中难以燃尽，从而增加了固体和可燃气体未完全燃烧热损失；故锅炉煤粉应有一个合理的细度要求。煤粉细度的测定，成为煤粉炉运行中的一个主要监督项目。电厂锅炉普遍采用煤粉悬浮燃烧。对煤粉细度的测定，列为煤粉炉运行的主要监督试验项目。

煤粉细度的概念前已述及，本节介绍煤粉细度特性、煤粉细度测试技术及其与电力生产的关系，是电厂煤质检验人员需要掌握的基本内容。

一、煤粉细度的测定方法

1. 测定步骤

测定煤粉细度需用90μm和200μm两个标准筛，用人工或机械方法筛分。测定步骤为：将筛底孔径90μm和200μm的筛子，自下而上依次重叠在一起；称取煤样25g（称准到0.01g），置于孔径为200μm筛内，而后盖好筛盖；将已叠好的筛子装入振筛机的支架上，振筛10min，取下筛子，刷孔径为90μm筛的筛底一次，装上筛子再振筛5min；取下筛子，分别称量孔径为200μm筛和孔径为90μm筛上的煤粉质量（精确到0.01g）。

2. 测定结果的计算

煤粉细度的计算式为

$$R_{200} = \frac{a}{25} \times 100 \tag{8-3}$$

$$R_{90} = \frac{a+b}{25} \times 100 \tag{8-4}$$

式中 a——未能通过200μm筛的煤粉质量，g；

b——未能通过 90μm 筛的煤粉质量，g。

注意：同一试验平行两次试验结果允许误差应小于 0.5%。试验时必须按规定要求操作，筛分必须完全。所谓筛分完全，是指达到规定的筛分时间后再振筛 2min，若筛下的煤粉量不超过 0.1g 时，则认为筛分完全。

3. 测试中的主要技术问题

(1) 试样。试样必须达到空气干燥状态，称样前应将试样充分混匀，或将其放置于浅盘中多点取样。

(2) 试验筛。应该采用规定筛网孔径的标准筛，并配有底盘及筛盖。使用前检查筛帮及筛网应无破损或变形者才能使用。试验筛应定期送国家计量机关检定，检定周期为一年。

(3) 筛分。达到规定的筛分时间后，再振筛 2min，若筛下的煤粉量不超过 0.1g 时，则认为筛分完全。

在测定中按规定在振筛一定时间后刷筛底一次，以防煤粉堵塞筛网而导致测定结果产生较大误差。在试验结束时，由于是根据试验筛上的筛余量来计算煤粉细度的，故在刷筛底时，应用软毛刷刷试验筛的外底而不是内底，并注意不要使筛底受损。

4. 煤粉经济细度的确定

煤粉越细，在锅炉中的燃尽度就越高，灰渣未完全燃烧热损失 q_4 值就越小，同时也有助于减少锅炉的结渣。另外，煤粉磨制越细，制粉系统单耗就越高。因此，煤粉细度也不是越细越好。综上所述，入炉煤粉要有一个合理的细度，此时磨煤机能耗及灰渣未完全燃烧热损失均处于较低水平，这一细度称为经济细度。图 8-5 中，以热损失 q 为纵坐标，以 R_{90} 为横坐标绘制成的曲线，反映了它们之间的关系。此时 R_{90} 为 16%，为经济细度。

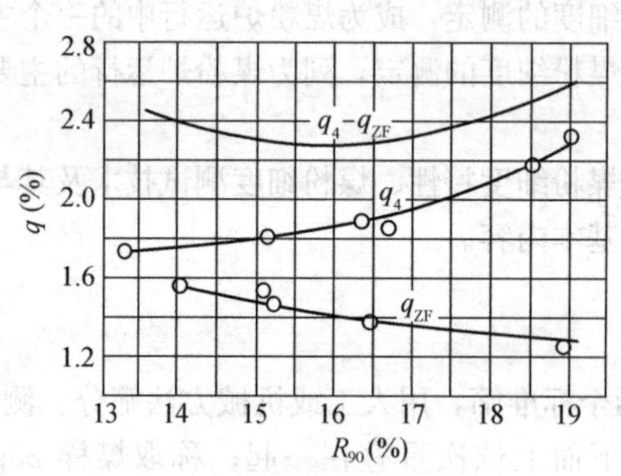

图 8-5 煤粉经济细度的确定

q_4—灰渣未完全燃烧损失；q_{ZF}—磨煤机能耗折算的热损失

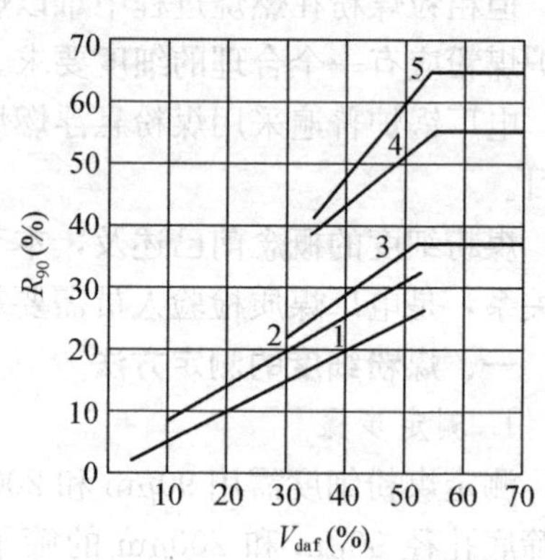

图 8-6 煤粉经济细度 R_{90} 与 V_{daf} 的关系

经济细度还取决于煤种及磨煤机的类型，在实际运行中，与燃烧工况也有关系。煤的挥发分越高，着火温度就越低，越易完全燃烧，其煤粉细度可以稍高些，因此煤粉经济细度与 V_{daf} 相关，通过试验可得二者关系曲线，见图 8-6。曲线 1 用在具有离心式粗粉分离器的钢球磨、高速锤击磨、中速磨磨制无烟煤及烟煤上；曲线 2 用在回转式粗粉分离器的中速磨磨制烟煤上；曲线 3 用在竖井式磨煤机磨制烟煤及各类磨煤机磨制褐煤上；曲线 4 与 5 分别用在中速磨及竖井磨磨制褐煤上。

影响煤粉经济细度的主要因素是煤的挥发分和煤粉颗粒分布的均匀性。高挥发分的煤由于容易燃烧，可以比低挥发分的煤磨得粗些；煤粉均匀性好，则造成固体不完全燃烧热损失的大煤粉颗粒就少些，此时也可以磨得粗些。煤粉均匀性主要取决于制粉设备的形式和运行工况。

二、煤粉细度特性

由不同类型燃烧和磨制方法所得到的大量煤粉颗粒组成特性曲线的分析表明，所有曲线都可用一个统一的指数方程来表示，即

$$R_x = 100e^{-bx^n} \tag{8-5}$$

式中 R_x——在孔径为 x 微米筛上残留物的百分率，%；

e——自然对数的底（e=2.718）；

b——煤粉研磨的特性系数；

x——煤粉粒或筛网孔径，μm；

n——煤粉粒度分布的特性系数。

式（8-5）表示煤在破碎过程中各粒级含量之间的分配关系。对式（8-5）进行适当变换，得

$$\frac{100}{R_x} = e^{bx^n} \tag{8-6}$$

等号两侧取自然对数，则

$$\lg\ln\frac{100}{R_x} = \lg b + n\lg x \tag{8-7}$$

式（8-7）中 R_x 与 x 之间的函数关系可表示为 $R_x = f(x)$。在 $\lg\ln 100/R_x \sim \lg x$ 坐标中，式（8-7）为一直线，该直线的斜率就是煤粉粒度分布系数 n，如图 8-7 所示。

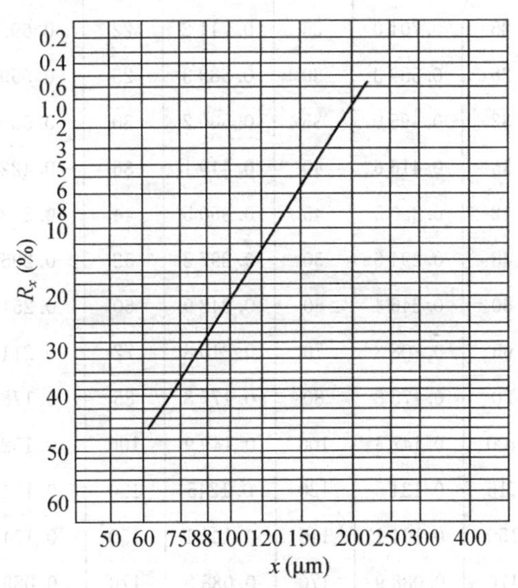

图 8-7　煤粉细度特性关系曲线

测定煤粉细度时，利用两个筛孔孔径相差足够大的筛余百分率，例如采用孔径为 90μm 及 200μm 试验筛，利用式（8-6），也可求出煤粉粒度分布特性系数 n 值。

当 x_1 为 200μm 时，则

$$\ln\frac{100}{R_{200}} = b200^n$$

当 x_2 为 90μm 时，则

$$\ln\frac{100}{R_{90}} = b90^n$$

将上两式联立，消去 b，得

$$\frac{\ln\frac{100}{R_{200}}}{\ln\frac{100}{R_{90}}} = \left(\frac{200}{90}\right)^n$$

则

$$n = \frac{\lg\ln\frac{100}{R_{200}} - \lg\ln\frac{100}{R_{90}}}{\lg 200 - \lg 90} \tag{8-8}$$

煤粉均匀性是指煤粉颗粒大小的均匀程度。煤粉均匀性对燃烧和制粉系统的经济性均有

影响，因此，它是一个衡量煤粉品质的重要指标。式（8-8）中 n 值的变化能明显地反映了煤粉均匀性的变化，因此可以将煤粉细度测定结果带入式（8-8）来判断煤粉粒度分布的均匀性。当 $n>1$ 时，煤粉粒度分布较均匀；当 $n<1$ 时，颗粒分布均匀性较差。发电厂制粉系统的 n 值一般为 0.8～1.2。

三、标准试验筛及其应用

1. 标准试验筛的规格

以往使用的标准试验筛规格不一，其表示方法也有所不同，这给应用带来诸多不便。在各工业部门中，过去较多地使用美国的泰勒筛，ASTM 标准筛、英国标准（BS）筛、德国工业标准（DIM）筛等。在各种标准筛中，有的以筛孔孔径表示，有的则以网目表示，还有的以筛号来表示。不同国家标准筛的比较见表 8-3。

表 8-3　　各国标准试验筛的比较

美国泰勒筛		美国 ASIM 筛		英国标准筛		德国工业标准筛			苏联筛		
筛号	孔边长	筛号	孔边长	筛号	孔边长	筛号	孔数/cm²	孔边长	筛号	孔数/cm²	孔边长
12	1.397 0	14	1.409 7	12	1.405	—	—	—	1.4	20	1.4
14	1.168 4	16	1.191 3	14	1.204	5	25	1.20	1.2	28	1.2
16	0.990 6	18	1.000 8	16	1.003	6	36	1.02	1.0	40	1.0
20	0.833 1	20	0.840 7	18	0.853	—	—	—	0.85	50	0.85
25	0.701 0	25	0.711 2	22	0.699	8	64	0.75	0.7	76	0.70
28	0.589 3	30	0.589 3	25	0.599	10	100	0.600	0.6	100	0.60
32	0.495 0	35	0.500 2	30	0.500	12	144	0.490	0.5	140	0.50
35	0.416 6	40	0.419 1	36	0.422	14	196	0.430	0.42	194	0.42
42	0.350 5	45	0.350 5	44	0.353	16	256	0.385	0.355	250	0.355
48	0.294 6	50	0.297 2	52	0.295	20	400	0.300	0.3	372	0.300
60	0.246 4	60	0.248 9	60	0.251	24	576	0.250	0.25	540	0.250
65	0.208 3	70	0.210 8	72	0.211	30	900	0.200	0.21	735	0.210
80	0.175 3	80	0.177 8	85	0.178	—	—	—	0.18	990	0.180
100	0.147 3	100	0.149 9	100	0.152	40	1600	0.150	0.15	1370	0.150
115	0.124 5	120	0.1245	120	0.124	50	2500	0.120	0.125	1980	0.125
150	0.104 1	140	0.104 1	150	0.104	60	3600	0.102	0.105	3640	0.105
170	0.088 9	170	0.088 9	170	0.089	70	4900	0.088 9	0.085	4170	0.085
200	0.073 7	200	0.073 7	200	0.076	80	6400	0.076 2	0.075	5500	0.075
250	0.061 0	230	0.061 0	240	0.066	100	10 000	0.061 0	0.063	7200	0.063

由表 8-3 可以看出，各国标准试验筛的含义是不同的。例如，美国的泰勒筛与 ASTM 标准筛，筛号是每英寸长度内的筛孔数；德国工业标准筛是以每厘米长度内的筛孔数作为筛号的；苏联筛则以实际孔数作为筛号。

近年来各国新修改的标准，一律以实际孔径作为标准筛筛级的名称，这样在选择及使用标准筛时就方便多了。事实上，标准筛的最重要技术参数就是筛孔的实际孔径。在规定了筛孔的孔径及其允许差，编网金属丝的直径及其允许差后，就可以对标准筛的规格加以确定。

目前，我国生产的试验筛也是以实际孔径作为筛级名称，例如：0.2mm 筛。

2. 标准试验筛使用中的注意事项

除了用于煤粉细度测定外，标准试验筛在电力用煤的其他特性检测中还有多方面应用。

(1) 分析煤样的制备。为了制备分析煤样，必须将煤样磨制成粉，一般情况下，要求分析煤样应全部通过孔径为 0.2mm 的标准试验筛。

(2) 可磨性指数的测定。在测定煤的可磨性时，煤样的制备应使用 0.63mm 和 1.25mm 的标准筛，筛分时使用 0.071mm 的标准筛。

(3) 使用中的注意事项。①标准筛属于强制检定计量器具，应每年检定一次，各省市计量检定部门能对标准试验筛进行计量检定；②使用前应检查筛网是否有松弛、抽丝、损伤或孔径明显不均匀，如果有上述缺陷，则不能使用；③使用中应注意标准筛的维护，一段时间后，最好用酒精清洗筛网，去除堵塞在网眼中的煤粉，也可用棉球蘸着酒精擦拭筛网；④不用时，应将标准筛平放叠层，其最上层筛用筛盖盖好，并注意防潮。

第五节　煤 灰 熔 融 性

一、煤灰熔融性概述

煤灰熔融性是动力用煤和气化用煤的重要指标。煤灰熔融性是表征煤灰在一定条件下随加热温度而变化的变形、软化、呈半球和流动特征的物理状态。当在规定条件下加热煤灰试样时，随着温度的升高、煤灰试样会从局部熔融到全部熔融并伴随产生一定的特征物理状态——变形、软化、半球和流动。人们以这 4 个特征物理状态相对应的温度来表征煤灰熔融性。

煤灰是由多种矿物质构成的复杂混合物，由 SiO_2、Al_2O_3、Fe_2O_3、CaO、MgO、SO_3、Na_2O、K_2O、TiO_2、P_2O_5、Mn_3O_4、V_2O_5 等组成，其中 SiO_2、Al_2O_3、Fe_2O_3、CaO 及 MgO 为其主要组成部分。SiO_2、Al_2O_3、Fe_2O_3 三项组分往往高达 90%以上。这种混合物并没有一个特定的熔点，而只有一个熔化温度的范围。开始熔化的温度比煤中任一组分的纯净矿物质的熔点都低。这些组分在一定温度下还会形成一种共熔体，这种共熔体在熔化状态时有熔解煤灰中其他高熔点物质的性能，从而改变熔体的成分及其熔化温度。中国煤灰中，SiO_2、Al_2O_3、Fe_2O_3 三项组分往往高达 90%以上。

煤灰的主要组分，在其纯净状态时，均具有较高的熔点，见表 8-4。由于煤灰中所含矿物质在高温下易形成低共熔混合物，因而煤灰的熔融温度均低于其难熔组分的熔点。多数煤灰的熔融温度为 1200～1400℃，但高于 1500℃者也不少见。

表 8-4　纯净状态时某些氧化物熔点　(℃)

氧化物	SiO_2	Al_2O_3	Fe_2O_3	CaO	MgO	FeO
熔点	1625	2050	1565	2570	2800	1420

煤灰熔融性对锅炉燃烧有重要影响。在一般的固态排渣锅炉中，锅炉结渣是生产中的一个严重问题，结渣给锅炉燃烧带来困难，影响锅炉正常运行，甚至造成停炉事故。因此，在固态排渣的锅炉中，原料煤的灰熔融温度越高越好。

二、煤灰熔融性的测定方法

1. 方法概要

将煤灰制成一定尺寸的三角锥，在一定的气体介质中，以一定的升温速度加热，观察灰锥在受热过程中的形态变化，观测并记录变形温度、软化温度、半球温度和流动温度 4 个特征熔融温度。灰熔融过程中的形态变化如图 8-8 所示。

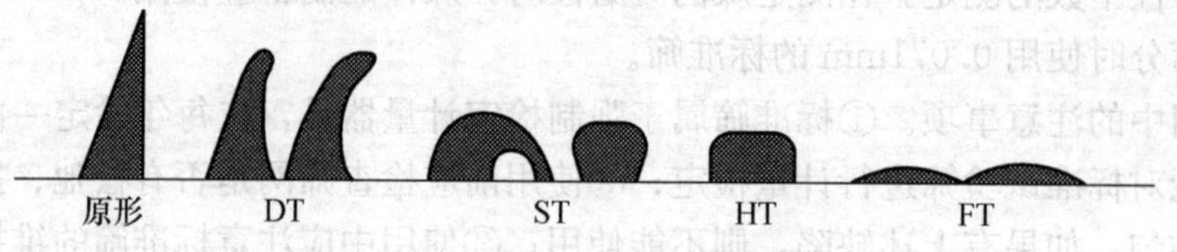

图 8-8 灰熔融过程中的形态变化

(1) 变形温度 DT。灰锥尖端开始变圆或弯曲时的温度。如灰锥保持原形，则锥体收缩和倾斜不算变形温度。

(2) 软化温度 ST。灰锥弯曲至锥尖触及托板或灰锥变成球形（高等于底宽）时的温度。

(3) 半球温度 HT。灰锥形变成近似半球，即高约等于底长的一半时的温度。

(4) 流动温度 FT。灰锥熔化展开成高度在 1.5mm 以下的薄层时的温度。

2. 仪器设备和材料

(1) 高温炉。凡能满足以下条件的高温炉都可使用：能加热到 1500℃以上；有足够的恒温带（各部位温差小于 5℃）；能按规定的程序加热；炉内气氛可控制为弱还原性和氧化性；能在试验过程中观察试样形态变化。图 8-9 为一种适用的管式硅碳管高温炉。

(2) 热电偶及高温计。测定范围 0～1500℃，最小分度为 1℃，加气密刚玉保护管使用。高温计和热电偶至少每年校准一次。

(3) 灰锥模子。如图 8-10 所示，灰锥模子为由对称的两个半块构成的黄铜或不锈钢制品。

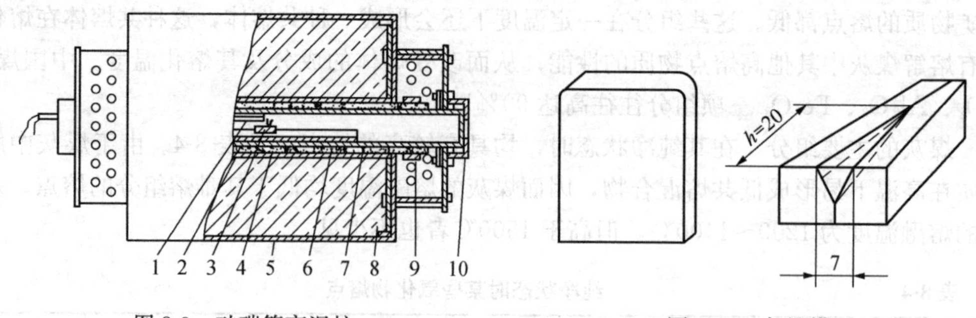

图 8-9 硅碳管高温炉

1—热电偶；2—硅碳管；3—灰锥；4—刚玉舟；5—炉壳；6—刚玉外套管；7—刚玉内套管；8—泡沫氧化铝保温砖；9—电极片；10—观察孔

图 8-10 灰锥模子

(4) 灰锥托板模。如图 8-11 所示，灰锥托板模由模座、垫片和顶板三部分构成，用硬木或其他坚硬材料制作。

(5) 刚玉舟。如图 8-12 所示，刚玉舟耐温 1500℃以上，能盛足够量的高碳物质。

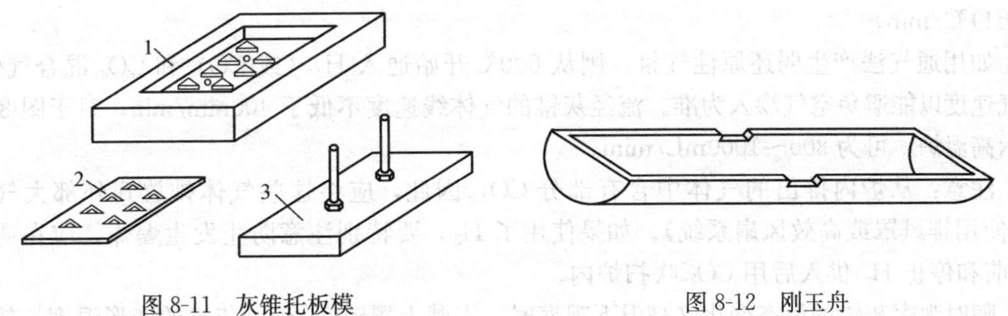

图 8-11　灰锥托板模
1—模座；2—垫片；3—顶板

图 8-12　刚玉舟

(6) 灰锥托板。在 1500℃下不变形、不与灰锥作用、不吸收灰样。灰锥托板可购置或按下述方法制作：取适量氧化镁，用糊精溶液润湿成可塑状。将灰锥托板模的垫片放入模座，用小刀将氧化镁铲入模中，用小锤轻轻锤打成型。用顶板将成型托板轻轻顶出，先在空气中干燥，然后在高温炉中逐渐加热到 1500℃。

除氧化镁外，也可用 Al_2O_3 或用等质量比的高岭土和氧化铝粉混合物制作托板。

3. 试验条件

(1) 试样形状和尺寸。试样为三角锥体，高 20mm，底为边长为 7mm 的正三角形，锥体的一侧面垂直于底面。

(2) 试验气氛及其控制。试验气氛分弱还原性气氛和氧化性气氛两种。

弱还原性气氛可用下述两种方法之一控制：①炉内通体积分数为（50±10)％的氢气和(50±10)％的二氧化碳混合气体，或（60±5)％的一氧化碳和（40±5)％的二氧化碳混合气体；②炉内封入高碳物质。

氧化性气氛，炉内不放任何含碳物质，并使空气自由流通。

4. 灰锥准备

(1) 灰的制备。取粒度小于 0.2mm 的空气干燥煤样，按 GB 212 的规定将其完全灰化，然后用玛瑙研钵研细至 0.1mm 以下。

(2) 灰锥的制作。取 1～2g 煤灰放在瓷板或玻璃板上，用数滴糊精溶液润湿并调成可塑状（注：除用糊精溶液外，也可视煤灰的可塑性用水或 100g/L 的可溶性淀粉溶液），然后用小尖刀铲入灰锥模中挤压成型。用小尖刀将模内灰锥小心地推至瓷板或玻璃板上，于空气中风干或于 60℃下干燥备用。

5. 测定步骤

(1) 在弱还原性气氛中测定。用糊精溶液将少量氧化镁调成糊状，用它将灰锥固定在灰锥托板的三角坑内，并使灰锥垂直于底面的侧面与托板表面垂直。

将带灰锥的托板置于刚玉舟上。如用封碳法来产生弱还原性气氛，则预先在舟内放置足够量的高碳物质。炉内封入的碳物质种类和量根据炉膛大小的密封性用试验的方法确定。

打开高温炉炉盖，将刚玉舟徐徐推入炉内，至灰锥位于高温带并紧邻电偶热端（相距 2mm 左右）。

关上炉盖，开始加热并控制升温速度为：900℃以下，15～20℃/min；900℃及以上，

(5±1)℃/min。

如用通气法产生弱还原性气氛，则从600℃开始通入H_2（或CO）和CO_2混合气体，通气速度以能避免空气渗入为准。流经灰锥的气体线速度不低于400mm/min，对于图8-13所示高温炉，可为800～1000mL/mim。

注意：从炉内排出的气体中含有部分CO，因此，应将这些气体排放到外部大气中（可使用排风罩或高效风扇系统）。如果使用了H_2，要特别注意防止发生爆炸，应在通入H_2前和停止H_2供入后用CO_2吹扫炉内。

随时观察灰锥的形态变化（高温下观察时，需戴上墨镜）。记录灰锥的变形温度、软化温度、半球温度和流动温度4个温度。待全部灰锥都到达流动温度或炉温升至1500℃时结束试验。待炉子冷却后，取出刚玉舟，拿下托板，仔细检查其表面，如发现试样与托板作用，则另换一种托板重新试验。

（2）在氧化性气氛下测定。测定步骤与（1）相同，但刚玉舟内不放任何含碳物质，并使空气在炉内自由流通。

6. 试验气氛性质的检查

定期或不定期地用下述方法之一检查炉内气氛性质：

（1）标准物质测定法。用煤灰熔融性标准物质制成灰锥并测定其熔融特征温度DT、ST、HT和FT，如其实际测定值与弱还原性气氛下的标准值相差不超过40℃，则证明炉内气氛为弱还原性；如超过40℃，则根据它们与强还原性或氧化性气氛下的标准比值的接近程度以及刚玉舟中碳物质的氧化情况来判断炉内气氛。

（2）取气分析法。用一根气密刚玉管从炉子高温带以6～7mL/min的速度取出气体进行成分分析。如在1000～1300℃范围内，还原性气体（CO、H_2和CH_4等）的体积百分含量为10％～70％，同时1100℃以下还原性气体的总体积和CO_2体积比不大于1∶1，O_2含量低于0.5％，则炉内气氛为弱还原性。

7. 精密度

煤灰熔融件测定的精密度见表8-5。

表8-5　　煤灰熔融性检测精密度　　（℃）

灰熔融特征温度	允许差	
	重复性限	再现性临界差
DT	60	
ST	40	80
HT	40	80
FT	40	80

8. 试验记录和报告

（1）记录试样编号和依据标准。

（2）记录DT、ST、HT和FT，计算重复测定值的平均值，并修约到10℃报出。

（3）记录试验气氛性质及其控制方法。

（4）记录托板材料及试验后的表面状况。

（5）记录试验过程中产生的烧结、收缩、膨胀和鼓泡等现象及其相应温度。

三、自动化煤灰熔融性测定仪

1. 全自动测定仪

美国某公司所生产的灰熔融性测定仪是一种全自动的测定仪，此仪器具有以下功能：一是自动升温控制功能，可自动按所要求的升温速度升温。炉内最高温度可达1650℃；二是自动根据样品的熔融形态判断样品熔融温度的功能，此仪器利用数字照相技术将灰锥的形状转变成数字信号，并通过判断样品的高、宽比来确定其熔融特征温度，测定结果通过打印机打印出来。此仪器的自动化程度很高，但缺点是测定结果的准确性不很高。这是因为在煤灰熔融性测定中，主要是根据试块的形态变化而不是尺寸变化来判断熔融特征温度，而且试块的形态变化是多种多样的，试块膨胀、收缩、起泡等现象经常发生，这些都不能简单地以试块的高、宽比来描述。

2. 具有摄像和录像功能的测定仪

此类测定仪一般是用摄像机摄取并用录像机记录煤灰试块在加热过程中的形态变化和相应温度，试验结束后可通过重放录像而反复观看灰锥在受热过程中的形态变化，从而精确判断出灰锥的特征熔融温度。此类仪器均具有升温速度自动控制的功能。

由某煤炭科学研究院研制的灰熔融性测定仪（见图8-13）也可以实现煤灰熔融性的自动测定。

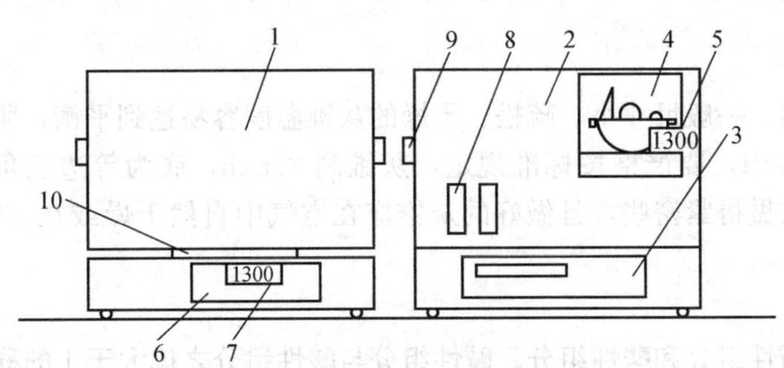

图8-13　灰熔融性测定仪外观示意

1—高温炉；2—摄像控制仪（内置摄像机）；3—录像机部分；4—监视器显示屏；5—显示屏温度窗口；6—温度控制仪；7—温控仪温度窗口；8—流量计；9—摄像机取像孔；10—高温炉转盘

测定仪操作极其简单：按国家标准方法制备灰锥及进行测定气氛控制。将灰锥放入高温炉的高温恒温带，接通仪器电源，依次按动“加热”“复位”及“控温”键，此时温控系统开始自动按国家标准中规定的升温速度使高温炉升温；按动“摄像”键，此时即启动了自动摄、录像功能，控制系统自动控制在900℃开始录像，在1500℃时停止录像并自动降温。通过监视器的显示屏幕，测定人员可在测定过程中观察灰锥的变化，记录其特征熔融温度，也可在试验结束后，反复重放录像，以快速、准确地判定灰锥的特征熔融温度。使用该仪器可提高测定的准确度及精密度，提高工作效率，减轻劳动强度，并避免高亮度光线对人眼的损伤。

四、煤灰熔融性测定需要注意的问题

1. 测定气氛的控制

煤灰熔融性测定结果主要受测定气氛影响，不同气氛下，其熔融温度不同。电力用煤通常说的煤灰熔融温度，是指在弱还原性气氛中测得的温度。在测定中采用封碳法来对实验炉内的气氛进行控制。

可以用标准灰样制成灰锥，测其熔融时的温度来判断是否为弱还原性气氛。如果试样的DT、ST和FT测值与参比值相差不超过40℃，可证明炉内气氛为弱还原性；超过40℃时，可根据实验后残留的含碳物质量和氧化程度，以及测值与氧化性和强还原性气氛下参比值的接近程度来判断炉内气氛。

2. 灰锥形状异常的处理

有些灰锥可能会出现下列情况而得不到相应的特征温度。

（1）烧结。灰锥明显缩小至似乎熔融，但实际却变成烧结块而保持一定轮廓。

（2）收缩。灰锥由于挥发而明显缩小，但却保持原来形状。

（3）膨胀和鼓泡。锥体明显长大和鼓泡。

此时，应记录试验现象，给出说明。

3. 加热速度

煤灰熔融是煤灰样从局部熔融到全部熔融的过程。加热炉热量传到试样并使试样温度达到均匀都需要一定时间。因此，测定时，炉温上升速度不能太快，也不能太慢。太快，炉体温度指示值高于试样温度，使测试结果偏高；太慢，又使实验周期过长而使实验数据不准。

4. 试样尺寸

由于传热原因，一般尺寸小、疏松、干燥的灰锥温度容易达到平衡，所以其测值一般比尺寸大的低。实验中，要严格按标准规定，灰锥高20mm，底为等边三角形，边长7mm。做灰锥时，应尽量做得紧密些，且做好的灰锥应在空气中自然干燥或在60℃以下烘箱中烘干后使用。

5. 托板材料

煤灰成分分碱性组分和酸性组分。碱性组分与酸性组分之比大于1的称碱性灰；二者之比小于1的称酸性灰。煤灰会和其酸碱性相反的托板发生作用而造成测定误差。因此，实验中要根据煤灰成分选择不同托板，碱性灰应选用氧化镁制托板，酸性灰应选择氧化铝制托板。常见煤灰均为酸性灰。

五、煤灰的熔融性与电力生产

煤灰的熔融性是动力用煤高温特性的重要测定项目之一，是动力用煤的重要指标，它反映煤中矿物质在锅炉中的变化动态。测定煤灰熔融性温度在工业上特别是火电厂中具有重要意义。

第一，可以提供锅炉设计选择炉膛出口烟温和锅炉安全运行的依据。在设计锅炉时，炉膛出口烟温一般要求比煤灰的软化温度低50～100℃，在运行中也要控制在此温度范围内，否则，会引起锅炉出口过热器管束间灰渣的“搭桥”，严重时甚至发生堵塞，从而导致锅炉出口左右侧过热蒸汽温度不正常。

第二，可以预测燃煤的结渣。因为煤灰熔融性温度与炉膛结渣有密切关系。根据煤粉锅炉的运行经验，煤灰的软化温度小于1350℃就有可能造成炉膛结渣，妨碍锅炉的连续安全运行。

第三，可为不同锅炉燃烧方式选择燃煤。不同锅炉的燃烧方式和排渣方式对煤灰的熔融性温度有不同的要求。煤粉固态排渣锅炉要求煤灰熔融性温度高些，以防炉膛结渣；相反，对液态排渣锅炉，则要求煤灰熔融性温度低些，以避免排渣困难。因为煤灰熔融性温度低的煤在相同温度下有较低的黏度，易于排渣。

第四，可判断煤灰的渣型。根据 ST 和 DT 之间温度差的大小，可粗略判断煤灰是属于长渣或短渣。一般认为当两者之间的温差为 200～400℃时为长渣；温差为 100～200℃时为短渣。通常锅炉燃用长渣煤时运行较安全。燃用短渣煤时，由于炉温增高，固态排渣炉可能在很短的时间内就出现大面积的严重结渣情况；燃用长渣煤时，DT、ST 之间的温差虽超过 200℃，但固态排渣炉的结渣相对进行得较为缓慢，一旦产生问题，也常常是局部性的。

综上所述，由于煤灰熔融性对电力生产十分重要，必须掌握煤灰熔融性的准确测定方法，以达到确保锅炉安全经济燃烧的目的。

第六节　飞灰和炉渣可燃物测定方法

电厂锅炉燃烧后，剩余的灰烬以飞灰以及炉渣的形式排出，其中总是或多或少地含有未燃尽的残碳，样品含碳量越高，说明煤炭可利用的燃烧热中损失的部分越多。对飞灰和炉渣可燃物进行检测，可以直接反映锅炉机械未完全燃烧热损失的大小，对锅炉燃烧效率提供运行监控的指标。此外，电厂产生的粉煤灰正逐渐成为水泥建材等行业的原料，含碳量的大小是衡量粉煤灰质量的一项重要指标。

一、飞灰和炉渣样品的采集与制备方法

由于经过了高温烧结，飞灰和炉渣样品的硬度较大，均匀性较差，因此应按照规范的程序采集样品，保证样品的代表性。具体采集与制备方法见本书第四章。

二、测定原理

飞灰和炉渣是煤炭在 1500～1600℃高温燃烧后的产物，其中含有没有燃尽的可燃成分，这些成分在一定的高温条件下，仍然可以被燃烧释放。

称取一定质量的飞灰或炉渣样品，使其在（815±10)℃下缓慢灰化，根据其质量的减少量计算其中可燃物的含量。此时的可燃物并非严格意义上的可燃成分，其中还包含有少量的水分。

需要对锅炉机组性能考核及精确性进行热力计算时，应同时测定其中的水分和碳酸盐二氧化碳含量，并在测定结果中扣除。

三、测定步骤

(1) 在已称重的灰皿中称取 1g 左右的飞灰、炉渣样品，称准至 0.000 2g。

(2) 按照缓慢灰化法的步骤，将灰皿置于高温炉中灰化，灼烧温度控制（815±10)℃。

(3) 根据灼烧前后质量的变化，计算飞灰和炉渣样品中灰分含量 A_{ad}%，并据此计算可燃物含量，即

$$CM_{ad} = 100 - A_{ad} \tag{8-9}$$

CM_{ad}——空气干燥基灰渣样的可燃物含量，%。

(4) 用于对锅炉机组性能考核及精确的热力计算时，应同时测定样品中的水分和碳酸盐二氧化碳，并采用式（8-10）计算可燃物含量，即

$$CM_{ad} = 100 - A_{ad} - M_{ad} - (CO_2)_{car,ad} \tag{8-10}$$

$(CO_2)_{car,ad}$——灰渣中碳酸盐二氧化碳的含量，%。

【例 8-1】 某灰皿质量 16.487 3g，飞灰样品质量 0.998 7g，经高温灼烧后，称量其总质量为 17.418 9g，求样品中可燃物含量为多少？

解： 灰分　　17.418 9－16.487 3＝0.931 6g

$$A_{ad}\ (\%)=\frac{0.931\,6}{0.998\,7}\times100=93.28$$

$$CM_{ad}\ (\%)=100-A_{ad}=6.72$$

【例 8-2】 已知某灰皿质量 17.123 8g，飞灰样品质量 1.000 3g，灼烧后灰皿加样品质量为 18.071 7g。又经试验检验其水分为 0.15%，碳酸盐二氧化碳含量为 0.38%，计算该样品的可燃物含量。

解：

$$A_{ad}\ (\%)=\frac{18.071\,7-17.123\,8}{1.000\,3}\times100=94.76$$

$$\begin{aligned}CM_{ad}(\%)&=100-A_{ad}-M_{ad}-(CO_2)_{car,ad}\\&=100-94.76-0.15-0.38\\&=4.71\end{aligned}$$

四、测定中的注意事项

(1) 由于飞灰和炉渣样品粒度往往大于 0.2mm，表面可能有一定程度烧结，质量不均匀，因此对取到的样品需要按规定磨制，并注意对设备的“冲洗”，防止样品制备过程中的污染。

(2) 飞灰、炉渣样品，放置在空气中会吸收少量的水分，通常样品水分的测定结果在 0.1%～0.2%，精确计算可燃物含量时应实测样品水分含量并扣除。

五、测试结果精密度

飞灰与炉渣可燃物测定精密度见表 8-6。

表 8-6　　测试结果精密度　　（%）

方法	含量	重复性	再现性	方法	含量	重复性	再现性
常规测定	≤5	0.3	无	精确计算	≤5	0.2	0.4
	＞5	0.5			＞5	0.4	0.8

第七节　煤灰比电阻

本节主要介绍煤灰比电阻、煤灰比电阻的测定、煤灰比电阻测定影响因素、煤制特性对煤灰比电阻的影响等内容，具体内容可扫描二维码获取。

拓展资源 8-煤灰比电阻

课件

练习题

第九章 煤灰化学组分检测

第一节 煤灰成分测定基本原理

煤燃烧后形成的煤灰，是煤的矿物质中金属、非金属氧化物和盐类经高温后形成的混合物。

根据煤灰组成，可以大致判断出煤的矿物质成分。在地质勘探过程中，可以用煤灰成分作为煤层对比的参考依据之一，因为同一煤层的煤灰成分变化较小，而不同成煤时代的煤灰成分往往变化较大。在电厂，煤灰成分是锅炉设计的基础资料之一，根据煤灰成分可以初步判断煤灰的熔融温度，根据煤灰中钾、钠和钙等碱性氧化物成分的高低，大致判断煤在燃烧时对锅炉的腐蚀情况。煤灰成分可以为灰渣的综合利用提供基础技术资料。

目前标准中规定的煤灰成分检测元素有Si、Al、Fe、Ti、Ca、Mg、S、K、Na、Mn、P等，以各元素氧化物 SiO_2、Al_2O_3、Fe_2O_3、TiO_2、CaO、MgO、SO_3、K_2O、Na_2O、MnO_2 和 P_2O_5 质量分数形式报出。煤灰成分分析方法是将重量分析法、络合滴定法、紫外-可见分光光度法等具体应用于煤灰测定，各类分析方法的基本原理概要介绍如下。

一、重量分析法

煤灰中 SiO_2 和 SO_3 的测定可采用重量分析法。即先用适当的方法将被测组分与其他组分分离，转化为一定的称量形式，之后称取其质量，通过称量物与待测组分之间的换算关系，计算所测组分含量。

重量分析对沉淀的基本要求是：

（1）沉淀的溶解度必须很小，保证沉淀完全；

（2）沉淀应易于过滤和洗涤；

（3）沉淀应纯净，避免其他杂质沾污；

（4）沉淀易于转化为称量形式。

（一）沉淀的类型

沉淀按其物理性质，分为两类：一是晶形沉淀，二是无定形沉淀。他们的最大差别是沉淀颗粒大小不同，晶形沉淀直径为0.1～1μm，无定形沉淀直径一般小于0.02μm。煤灰中 SiO_2 重量分析法是典型的无定形沉淀方法，SO_3 重量分析法则是典型的晶形沉淀方法。

（二）沉淀条件的选择

1. 晶形沉淀的沉淀条件

（1）沉淀应当在适当的稀溶液中进行。在稀溶液中，溶液相对过饱和度小，容易得到大颗粒的晶形沉淀。同时，因溶液稀，杂质浓度小，有利于得到纯净的沉淀。

（2）不断搅拌下，缓慢加入沉淀剂。当沉淀剂加入溶液中时，应尽快扩散，否则会局部过浓产生颗粒小、纯度差的沉淀。通过搅拌，缓慢加沉淀剂可减小局部过浓。

（3）在热溶液中进行沉淀。在热溶液中可增大沉淀的溶解度，降低溶液的相对过饱和度，获得大的晶粒，还可减少杂质的吸附量。此外，升高温度有利于加快离子的扩散速度，加速晶体生长。热溶液中析出沉淀后，宜冷至室温再过滤，减小沉淀的溶解度。

（4）陈化。沉淀完成后，让生成的沉淀与母液一起放置一段时间，这一过程称为陈化。经过陈化，小晶粒因溶解度比大晶粒的大，会不断溶解并在大晶粒上沉积，直到小晶粒消失。陈化过程还可使不完整晶粒转化为较完整晶粒、亚稳态的沉淀转化为稳态的沉淀。陈化作用还可使沉淀变得纯净，减少表面吸附的杂质以及小颗粒内部夹带的杂质。通常可采用加热的方法缩短陈化时间。

2. 无定形沉淀的沉淀条件

无定形沉淀溶解度一般都很小，所以很难通过减小溶液的相对过饱和度来改变沉淀的物理性质。无定形沉淀结构疏松，比表面积大，吸附杂质多，容易胶溶，不易过滤和洗涤。

形成无定形沉淀，需要设法破坏胶体，防止胶溶，加速沉淀微粒的凝聚，以便于过滤和减少杂质吸附。具体条件如下：

（1）应当在较浓的溶液中进行沉淀。此条件下可以减小离子的水化程度，得到的沉淀含水量少，结构较紧密，沉淀微粒容易凝聚。但缺点是浓溶液中杂质吸附量增加，需在沉淀完全后，加适量热水稀释、搅拌，减少沉淀表面杂质的吸附。

（2）沉淀在热溶液中进行。不仅减小了离子的水化程度，还可防止形成胶体溶液，减少对杂质的吸附。

（3）通过加入电解质或带相反电荷的胶体破坏胶体的形成。电解质还可降低沉淀的水化程度，在洗涤沉淀时，洗涤液中也应加入适量电解质。电解质溶液通常采用易挥发的铵盐或稀的强酸溶液。

煤灰成分 SiO_2 的测定中，通过加入带相反电荷的胶体动物胶，中和硅胶的正电荷，使硅胶沉淀完全。洗涤沉淀时先用（1＋3）HCl 洗涤，再用（1＋50）HCl 洗涤，最后用热水洗净。

（4）不必陈化。沉淀完毕后，趁热过滤，不要陈化。此外沉淀时搅拌对无定形沉淀也有利。

（三）影响沉淀溶解度的因素

1. 同离子效应

组成沉淀晶体的离子称为构晶离子。当沉淀反应达到平衡后，如果向溶液中加入适当过量的含有某一种构晶离子的试剂，则沉淀的溶解度减小。

2. 盐效应

在强电解质存在时，沉淀的溶解度比在纯水中大，这一现象称为盐效应。

由于盐效应的存在，利用同离子效应降低沉淀溶解度时，应考虑盐效应的影响。一般情况下，非挥发性沉淀剂过量 20%～30%为宜，挥发性沉淀剂过量 50%～100%为宜。

3. 酸效应

溶液酸度对沉淀溶解度的影响称为酸效应。为避免酸效应，对于弱酸盐，应在较低的酸度下进行沉淀。如果沉淀是强酸盐，溶液酸度对沉淀影响不大。对于硫酸盐沉淀，由于硫酸二级解离常数不大，所以酸度太高会增加沉淀溶解度，其中还伴有盐效应。硅酸（$SiO_2 \cdot nH_2O$）本身是弱酸，易溶于碱，应在强酸性介质中沉淀。

（四）结果换算

大多数情况下，重量分析法获得的称量形式（沉淀物）与待测组分的形式不同，需要进行换算。待测组分的摩尔质量与称量形式的摩尔质量之比是常数，通常称为换算因数，可以根据有关化学式求得。

【例 9-1】 已知待测组分为 SO_3，得到的称量形式为 $BaSO_4$，求换算因数。

解：

$$M_{SO_3}=80\text{g/mol}，M_{BaSO_4}=233\text{g/mol}$$

换算因数

$$k=\frac{M_{SO_3}}{M_{BaSO_4}}=0.3433$$

二、络合滴定法

络合滴定法是以络合反应为基础的分析方法，测定煤灰成分的常量分析法是采用 EDTA 络合滴定法测定铁、铝、钙、镁含量。

（一）EDTA 络合特点

EDTA 是乙二胺四乙酸的简称，因其溶解度小，通常用它的二钠盐 $Na_2H_2Y \cdot 2H_2O$，也简称为 EDTA。295K 时，每 100mL 水可溶解 11.2g，此时溶液浓度约 0.3mol/L，pH 值约为 4.4。

EDTA 酸根离子 Y^{4-} 与金属离子形成的配合物具有以下特性：

(1) 螯合比恒定。EDTA 与金属离子形成的配合物的螯合比一般都是 1∶1。

(2) 稳定性高。配位反应表达可简写为：M+Y=MY

MY 的稳定常数

$$K_{MY}=\frac{c(MY)}{c(M)\cdot c(Y)} \tag{9-1}$$

K_{MY}越高，平衡时 MY 的浓度就越高，配合物就越稳定。通常金属离子 EDTA 的稳定常数大于 10^{10}。煤灰成分含有的金属离子与 EDTA 的配合物的稳定常数见表 9-1。

表 9-1 煤灰成分中金属离子 EDTA 配合物的稳定常数 $\lg K_{MY}$（$I=0.1$，293～298K）

离子	$\lg K_{MY}$
Al^{3+}	16.3
Ca^{2+}	10.69
Fe^{3+}	25.1
Mg^{2+}	8.7
Ti^{2+}	17.3

(3) EDTA 与无色金属离子形成无色配合物，与有色金属离子形成颜色更深的配合物。

（二）影响 EDTA 络合稳定性的因素

在煤灰成分待测溶液中，含有多种金属离子，EDTA 除与被测金属离子络合外，也会和其他金属离子络合，此外，EDTA 自身还会与 H^+ 结合。对于金属离子也存在水解或者与其他络合剂的相互作用而干扰与 EDTA 的络合反应，因此络合滴定反应的条件需要严格控制。一方面控制溶液的酸度；另一方面对溶液中其他的金属离子，通过加入掩蔽剂或调整 pH 值等方式消除干扰。

（三）络合反应指示剂的作用原理与要求

金属离子指示剂滴加入测试溶液中，与少量待测金属形成一种与指示剂自身颜色不同的络合物。滴加 EDTA 时，金属离子逐步被络合，当游离的金属离子与 EDTA 基本络合完时，EDTA就会夺取与指示剂络合的金属离子，释放出指示剂，引起溶液颜色的变化。这就是络合反应中金属离子指示剂的作用原理，可表示为

$$\underset{\text{颜色1}}{M+In} \rightleftharpoons \underset{\text{颜色2}}{MIn}$$

$$\underset{\text{颜色2}}{MIn+EDTA} \rightleftharpoons \underset{\text{颜色1}}{M\text{-}EDTA+In}$$

金属离子指示剂使用中应注意：

(1) 调节体系的酸度，保证指示剂显色反应灵敏、迅速。

(2) 指示剂配制成溶液后，应在规定的有效期内使用，否则可能会影响变色的敏锐程度。

（四）灰成分测定中使用的络合掩蔽剂及注意事项

1. 氟化物（KF）

在灰成分中，KF用于 Al^{3+} 的测定，既是一种置换试剂，也是一种掩蔽剂。

HF是中强酸，溶液酸度不高时，酸度对氟化物掩蔽能力的影响不大。氟化物可以与灰成分中的 Al^{3+} 和 Ti^{4+} 生成稳定的络合物。溶液中 Al^{3+}、Ti^{4+} 与其他干扰离子共存，先用EDTA将它们完全络合，再加入KF，KF与 Al^{3+}、Ti^{4+} 结合更为稳定，能夺取EDTA络合物中的 Al^{3+}、Ti^{4+}，释放出一定量的EDTA，用金属离子标准溶液滴定释放的EDTA，即可计算出 Al^{3+}、Ti^{4+} 的含量总和。

氟化物溶液应保存在塑料试剂瓶中。

2. 三乙醇胺

三乙醇胺是无色黏稠液体，通常配制成（1+3）或（1+4）的水溶液使用，不纯的试剂因有重金属而显黄色。(1+3) 表示三乙醇胺与水的体积比是1∶3。

三乙醇胺用于在碱性溶液中掩蔽 Fe^{3+}、Al^{3+} 和 Ti^{4+}。使用时应在酸性溶液中加入，再调节pH值至碱性。如果原溶液是碱性则应酸化后再加入三乙醇胺，防止因金属离子的水解而无法掩蔽。

三、紫外-可见分光光度法

紫外-可见光区指波长在200～750nm范围内的光波，紫外-可见分光光度法是利用某些物质的分子吸收该光谱区的辐射来进行分析测定的方法。

1. 吸收光谱的产生

吸收光谱有原子吸收光谱和分子吸收光谱，原子吸收光谱需要用原子吸收分光光度计检测。分子吸收光谱较复杂，分子中包含许多电子能级，同一电子能级中有几个振动能级，而同一振动能级中又有几个转动能级。电子能级间的能量差一般在1～20eV，由电子能级跃迁产生的吸收光谱位于紫外和可见光区。分子转动和振动能级的跃迁产生的光谱位于红外光区。因此紫外-可见分光光度法测定的是分子内电子能级间的跃迁。

紫外光指波长在200～400nm范围的光，可见光指波长在400～750nm范围的光。可见光由红、橙、黄、绿、青、蓝、紫等色光按照一定比例混合而成，物质具有颜色是因为物质对于特定的光波具有选择性的吸收作用。

物质对不同波长的光线具有不同的吸收能力，物质也只能选择性地吸收那些能量相当于其内部能级能量变化总和的辐射，因而表现出对特定波长的光具有最大吸收的特点。以高锰

酸钾的光吸收曲线为例，吸收峰在525nm处得到最大值，这一波长称为最大吸收波长，浓度不同，最大吸收波长不变，但吸光度的大小发生了改变，由此可以建立吸光度与测量物质的量之间的定量关系。

2. 光吸收的朗伯-比尔定律

当一束单色光通过均匀、非散射的固体、液体或气体时，一部分光被吸收，一部分光透过，一部分光被器皿表面反射。其中反射光可由参比的器皿抵消，因此入射光强度 I_0 等于吸收光强度 I_α 与透过光强度 I_t 之和，即

$$I_0 = I_\alpha + I_t \tag{9-2}$$

透过光强度与入射光强度之比称为透光度，用 T 表示，即

$$T = \frac{I_t}{I_0} \tag{9-3}$$

对于溶液，透射比越大，表明溶液对光的吸收越小，而透射比越小，溶液对光的吸收就越大。如果保持入射光波长不变，则溶液对光的吸收程度只与溶液浓度和厚度有关。这种定量关系用光的吸收定律，即朗伯-比尔定律表示。

设入射光强度为 I_0，液层厚度为 b，溶液浓度为 c，由于溶液对光波的吸收，光的强度减弱为 I，则

$$A = \lg\frac{I_0}{I} = Kbc \tag{9-4}$$

式中　A——吸光度；

　　　K——比例常数。

A 与 T 的关系为

$$A = \lg\frac{I_0}{I} = \lg\frac{1}{T} \tag{9-5}$$

可见，当一束单色光通过含有吸光物质的溶液时，溶液的吸光度与吸光物质的浓度及吸收层的厚度成正比，对于固定的检测设备，比色皿的厚度一致，吸光度与溶液的浓度成正比。

检测样品时，首先借助一系列标准溶液的吸光度，绘制标准工作曲线，然后根据待测物质的吸光度，求其浓度或含量。

3. 紫外-可见分光光度计

紫外-可见分光光度计可测波长通常为200～1000nm，主要部件有光源、单色器、比色皿、检测器和显示器。

光源有钨丝灯和氢灯（或氘灯）两种，可见光区360～1000nm使用钨丝灯，紫外光区使用氢灯或氘灯。光源应该稳定，因此通常配有稳压器。

单色器是将光源发出的连续光谱分解为单色光的装置，即分棱镜和光栅。由于玻璃吸收紫外光，因此单色器要用石英棱镜或光栅。采用紫外光检测时，盛溶液的比色皿要用石英制品，可见光区检测样品可以采用玻璃比色皿。

检测器是将透射光信号转化为电信号的装置。紫外-可见分光光度计使用两只光电管，一个是氧化铯光电管，用于625～1000nm波长检测；一个是锑铯光电管，用于200～625nm波长检测。光电倍增管也是常用的检测器，灵敏度比一般的光电管高两个数量级。

紫外-可见分光光度计结构示意见图9-1。

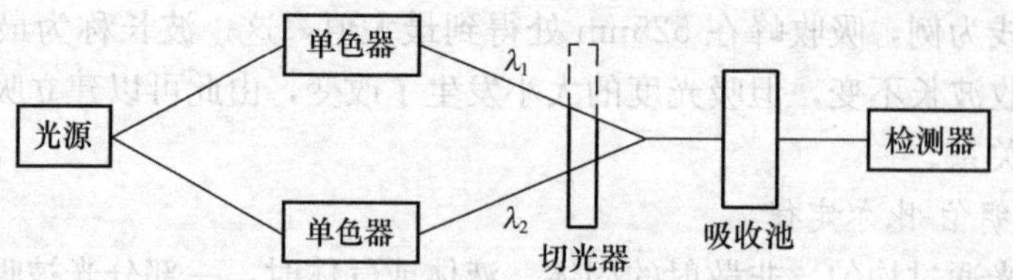

图 9-1 紫外-可见分光光度计结构示意

第二节 常量分析法测定煤灰成分

国家标准中规定了几种测定煤灰成分的方法，包括：①SiO_2、Fe_2O_3、TiO_2、Al_2O_3、CaO 和 MgO 的半微量分析法；②SiO_2、Fe_2O_3、Al_2O_3、CaO、MgO 和 TiO_2 的常量分析法；③K、Ti、Te、Ca、Mg、Mn 的原子吸收法。此外，SO_3 采用硫酸钡质量法、燃烧中和法或库仑滴定法测定，氧化钾和氧化钠还可采用火焰光度法测定。

常量分析法是用 NaOH 高温碱熔样品，用动物胶凝聚重量法测定 SiO_2，滤液不经分离直接用 EDTA 络合滴定法测定 Fe、Al、Ca、Mg、Ti 等氧化物含量的方法。半微量分析法也是采用 NaOH 高温碱熔样品，但 SiO_2 含量的测定采用硅钼蓝比色法，络合滴定法测定其他元素的步骤与常量法也有所不同。原子吸收分光光度法是利用原子吸收分光光度计来测定煤灰中各元素含量的方法。本节简要介绍常量分析法。

一、常量法测定煤灰成分的流程

常量分析法测定煤灰成分（SiO_2、Fe_2O_3、Al_2O_3、CaO、MgO 和 TiO_2）的流程如图 9-2 所示。

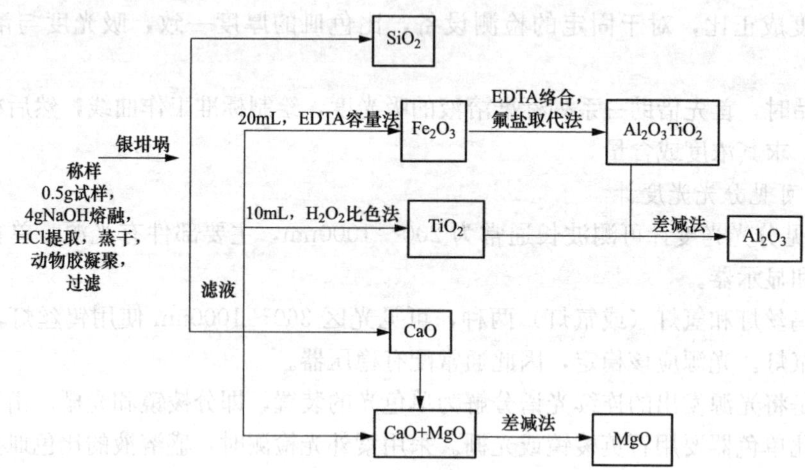

图 9-2 常量法测定煤灰成分的流程图

二、煤样的处理

（一）煤样灰化

按照煤的灰分测定方法，将一定量的煤样烧制成灰。取出冷却后，用玛瑙研钵磨至小于

0.1mm。之后，再将样品置于（815±10)℃灼烧，直至恒重（质量变化不超过灰样质量的1‰)，将制得的灰样放入干燥器作为检测用样品。

（二）熔样

用银坩埚称取0.48～0.52g灰样，滴加几滴乙醇润湿后，覆盖4g NaOH，盖上盖，放入马弗炉中，将炉温从室温缓慢升至650～700℃，在此温度下熔融15～20min。

（三）样品转移

取出坩埚，用水激冷，擦净坩埚外壁，放于250mL烧杯中。在坩埚中加入1mL乙醇和适量沸水后，立即用表面皿盖住烧杯。待剧烈反应停止后，用少量（1+1）盐酸和热水交替冲洗坩埚和坩埚盖，使熔融物全部转至烧杯中，之后加浓盐酸20mL搅匀。

尽量少用盐酸，避免因坩埚的腐蚀导致溶下大量银离子。乙醇的作用十分明显，乙醇与水的共沸点低，加入沸水后反应剧烈，可以加快熔样的浸出。

三、重量法测 SiO_2

（一）测定原理

煤灰中硅元素主要是以各种硅酸盐形式存在，如高岭土 $Al_2O_3 \cdot 2SiO_2 \cdot 2H_2O$，此外还有少量游离 SiO_2。经过碱熔后，灰样中的各种形态的硅都转化为可溶性的偏硅酸钠，再用盐酸酸化，使硅酸转变为不易解离的偏硅酸，形成稳定的胶体溶液，胶粒带负电荷。动物胶溶于水也形成胶体，强酸性条件下，因吸附氢离子而带正电荷。把动物胶与硅酸溶胶混合，就可以使硅酸聚沉。

主要的化学反应方程式如下：

$$SiO_2 + 2NaOH = Na_2SiO_3 + H_2O$$

$$SiO_2 \cdot AL_2O_3 \cdot 2H_2O + 4NaOH = 2NaAlO_2 + Na_2SiO_3 + 4H_2O$$

$$MSiO_3 + 2NaOH = M(OH)_2 + Na_2SiO_3$$

$$Na_2SiO_3 + 2HCL = 2NaCL + H_2SiO_3$$

（二）测定步骤

将上述盛有熔融物的烧杯置于电热板上，缓慢蒸干（带黄色盐粒），取下，稍冷，加盐酸20mL，盖上表面皿，热至约80℃。加70～80℃动物胶溶液10mL，剧烈搅拌1min，保温10min，取下稍冷，加热水约50mL，搅拌，使盐类完全溶解。用中速定量滤纸过滤于250mL容量瓶中，将沉淀先用（1+3）盐酸洗涤四五次，再用带橡皮头的玻璃棒，以（1+50）热盐酸擦净杯壁和玻璃棒，并洗涤沉淀3～5次，再用热水洗涤10次左右。灰化灼烧，温度（1000±20)℃，灼烧1h，冷却后称重。

（三）结果计算

$$SiO_2 = \frac{m_1 - m_2}{m} \times 100\% \tag{9-6}$$

式中　m_1——SiO_2 质量，g；

m_2——空白值，g；

m——分析灰样的质量，g。

（四）操作的技术要求

1. 加盐酸的作用

灰样加氢氧化钠熔融后，硅的化合物变成硅酸钠，用水提取并酸化后，可使硅酸钠转变成不易解离的偏硅酸和金属氧化物。形成的硅酸为胶体，带有负电荷，同性电荷排斥，降低胶粒碰撞形成较大颗粒的可能，同时硅酸溶胶具有亲水性，胶体微粒周围形成的水化层也阻碍胶粒析出。因此必须脱水破坏胶体稳定性，使之聚沉。

盐酸是比较适宜的脱水剂，因为盐酸和水的恒沸点组成固定，浓度为20.2%。当盐酸的浓度超过此含量时，氯化氢首先挥发；如果盐酸的浓度低于此含量时，水首先被蒸发；当盐酸浓度达到20.2%时，二者共同蒸发，因而在加热时可将硅酸颗粒的水分不断脱去。用盐酸脱水的另一优点是其沸点较低，为110℃（硝酸为120℃，硫酸为330℃），用一般的加热方法就可以将盐酸除去。

2. 溶液蒸干脱水

将溶液蒸干脱水，使可溶性硅酸转变为不溶性硅酸，可以采用沙浴加热，防止样品溅出。

3. 动物胶使用中注意事项

动物胶是一种富含氨基酸的蛋白质，在水中能形成胶体，其结构为

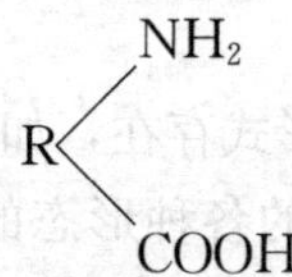

动物胶在水溶液中，既能电离产生 H^+，又能接受 H^+ 形成 $NH_3{}^+$，是两亲物质。随溶液 pH 值的变化，动物胶所带电荷也发生变化，即

$$R\begin{cases}NH_2\\ COOH\end{cases} \xrightarrow{+H^+} R\begin{cases}NH_2^+\\ COOH\end{cases}$$

$$R\begin{cases}NH_2\\ COOH\end{cases} \xrightarrow{-H^+} R\begin{cases}NH_2^+\\ COO^-\end{cases}$$

pH＝4.7时，动物胶粒子的总电荷为零，即体系处于等电态。

pH＜4.7时，胶粒吸附溶液中的氢离子带正电荷。

pH＞4.7时，胶粒羧基电离出氢离子而带负电荷。

硅酸胶体本身带负电荷，要破坏胶体，需加入带正电荷的动物胶，因此需加入盐酸使溶液呈酸性。当加入盐酸20mL，盐酸酸度在 c(HCl)＝8moL/L以上时，硅酸凝聚最完全。

动物胶在温度高时，会部分分解，凝聚硅酸的能力减弱，当温度过低时，会吸附较多杂质。在加入动物胶时，搅拌和保温的目的都是为了使动物胶与硅酸充分接触以加速凝聚。

动物胶溶液易变质，需现用现配。

4. 过滤及沉淀的洗涤

洗涤硅酸沉淀时，先用热的稀盐酸洗，再用热水洗至无氯离子。

稀盐酸是电解质，可以将硅酸吸附的 Fe^{3+}、Al^{3+}、Ti^{4+} 等金属盐类除去。如果开始用热水洗，Fe^{3+}、Al^{3+}、Ti^{4+} 易发生水解形成碱式盐或氢氧化物，与硅酸沉淀共存，使二氧化硅测值偏高，同时也可能使硅酸重新形成胶体溶液透过滤纸造成损失。

氯离子是最难洗净的阴离子，用硝酸银检验无氯离子即认为洗涤完全。洗涤过程采用热

水，既能洗除杂质离子，又可将硅酸沉淀中存在的少量盐酸和残留的氯化钠微粒沉淀除去。

5. 灰化灼烧

先低温烤干除去水分并使滤纸灰化，再高温灼烧，防止形成碳化硅，影响测定结果。硅酸与水的结合能力很强，只有在1000℃下灼烧1h才能完全脱水。

四、Fe_2O_3 和 Al_2O_3 的连续测定（EDTA容量法）

（一）测定原理

在pH=1.8～2.0的条件下，以磺基水杨酸为指示剂，用EDTA标准溶液滴定铁。磺基水杨酸在pH=1.8～2.0的条件下，能与Fe^{3+}生成紫红色络合物，它的稳定性小于Fe^{3+}与EDTA络合物，到终点时，EDTA夺取与指示剂络合的Fe^{3+}，而使指示剂呈现出原来的颜色，即

$$Fe^{3+} + HIn^- = FeIn^+ + H^+$$

无色　紫红色

$$H_2Y^{2-} + FeIn^+ = FeY^- + HIn^- + H^+$$

紫红色　亮黄色　无色

于测定完铁的溶液中加入过量EDTA，使铁铝钛铜铅锌等离子与EDTA络合完全，在pH=5.9条件下，用二甲酚橙作指示剂，以乙酸锌溶液回滴剩余的EDTA。再加入KF溶液，使铝钛与之生成更稳定的AlF_6^{3-}、$TiOF_4^{2-}$络离子，置换出EDTA，然后用锌盐滴定EDTA。钛与铝在测试过程中同时被检测，计算铝含量时需扣除TiO_2含量。

铝测定过程反应方程式如下：

（1）加入过量的EDTA（不用计量）

$$Al^{3+} + H_2Y^{2-} \longrightarrow AlY^- + 2H^+$$

$$Ti^{4+} + H_2Y^{2-} \longrightarrow TiY + 2H^+$$

（2）加锌盐回滴剩余的EDTA（不用计量）

$$Zn^{2+} + H_2Y^{2-} \longrightarrow ZnY^{2-} + 2H^+$$

（3）加过量KF

$$2H^+ + AlY^- + 6F^- \longrightarrow AlF_6^{3-} + H_2Y^{2-}$$

$$2H^+ + TiY + 6F^- \longrightarrow TiF_6^{2-} + H_2Y^{2-}$$

（4）用锌盐滴定AL、Ti释放出的EDTA（计量）

$$Zn^{2+} + H_2Y^{2-} \longrightarrow ZnY^{2+} + 2H^+$$

（5）终点

$$Zn^{2+} + HIn \longrightarrow ZnIn^+ + H^+$$

（二）测定步骤

用移液管吸取20mL试液于250mL烧杯中，加水稀释至约50mL，加磺基水杨酸指示剂0.5mL，滴加（1+1）氨水至溶液由紫色恰变为黄色，再加入盐酸，调节溶液pH值至1.8～2.0（用精密pH试纸检验）。

将溶液加热至约70℃，取下，立即以EDTA标准溶液滴定至亮黄色（铁低时无色），终点时温度应在60℃左右。

于滴完铁的溶液中，加入20mL EDTA溶液，加二甲酚橙指示剂1滴，用氨水中和至刚出现浅藕荷色，再加冰乙酸溶液至浅藕荷色消失，然后，加缓冲溶液10mL，于电炉上微沸

3～5min，冷至室温。

加入二甲酚橙指示剂四五滴，立即用乙酸锌溶液滴定至近终点时，再用乙酸锌标准溶液滴定至橙红色（或紫红色）。

加入KF溶液10mL，煮沸2～3min，冷至室温，补加二甲酚橙指示剂2滴，用乙酸锌标准溶液滴定至橙红色（或紫红色），即为终点。

（三）结果计算

1. Fe_2O_3 的计算

（1）Fe_2O_3 的滴定度

$$T_{Fe_2O_3}=\frac{10\times c}{V_1} \tag{9-7}$$

式中 10——吸取的 Fe_2O_3 标准溶液的毫升数，mL；

c——Fe_2O_3 的标准溶液的浓度，mg/mL；

V_1——标定时所消耗的EDTA标准溶液的体积，mL。

（2）Fe_2O_3 检验结果计算

$$w(Fe_2O_3)=\frac{1.25\times T_{Fe_2O_3}\times V_2}{m} \tag{9-8}$$

式中 $T_{Fe_2O_3}$——EDTA标准溶液对 Fe_2O_3 的滴定度，mg/mL；

V_2——试液所耗EDTA标准溶液的体积，mL；

m——分析灰样的质量，g。

2. Al_2O_3 的计算

（1）Al_2O_3 的滴定度：

$$T_{Al_2O_3}=\frac{10\times c}{V_3} \tag{9-9}$$

式中 10——吸取的氧化铝标准溶液的毫升数，mL；

c——Al_2O_3 的标准溶液的浓度，mg/mL；

V_3——标定时所消耗的EDTA标准溶液的体积，mL。

（2）Al_2O_3 的检验结果计算：

$$Al_2O_3=\frac{1.25\times T_{Al_2O_3}\times V_4}{m}-0.638\times TiO_2 \tag{9-10}$$

式中 $T_{Al_2O_3}$——乙酸锌标准溶液对氧化铝的滴定度，mg/mL；

V_4——试液所耗乙酸锌标准溶液的体积，mL；

m——分析灰样的质量，g；

0.638——由 TiO_2 换算成 Al_2O_3 的因数。

（四）测定中技术要求

1. 铁的测定技术

保证铁测定结果的可靠，关键要控制溶液的酸度和温度。

滴定时酸度应控制在pH=1.8～2.0。pH<1时，磺基水杨酸的络合能力降低，而且EDTA与 Fe^{3+} 不能定量络合；pH值为1～1.5时，滴定终点变色缓慢；当pH值过大时，磺基水杨酸与 Fe^{3+} 形成稳定的络阴离子，使磺基水杨酸根离子不易被EDTA取代，测定结果偏高，而且pH值过大时，对滴定有干扰的元素将增多，铁、铝也易水解，甚至形成 $Fe(OH)_3$ 沉淀。

磺基水杨酸铁与EDTA的络合反应较慢，若温度低容易滴定过量；温度高可以加快反应速度，但铝也能与 EDTA 络合，而使铁的测值偏高。因此控制在 60～70℃，既可加快置换反应，又可避免干扰。

2. 铝的测定技术

EDTA 本身为四元酸，溶解于水时，如果溶液酸度高，可以再接受 H^+，形成 H_6Y^{2+}，相当于六元酸。在水溶液中有六级解离平衡。

当酸度降低时，Y^{4-} 浓度增大，络合能力增强；当酸度升高时，络合能力减弱。Al^{3+} 在酸度太低时，会水解生成多核氢氧化物，使 Al^{3+} 浓度降低，络合能力减弱。因此通过加缓冲溶液控制溶液 pH=5.9。

室温下 Al^{3+} 与 EDTA 络合反应非常缓慢，只有在过量 EDTA 及在沸腾的溶液中才能较快地络合完全，因此加入过量 EDTA 后需煮沸。

必须将试液冷至室温后再用乙酸锌滴定过剩的 EDTA，因为指示剂二甲酚橙也能与铝络合，而且此络合物的稳定性比 EDTA-铝络合物的稳定性高。但是二甲酚橙和铝的络合速度在室温下非常缓慢，因此，需在加入该指示剂之前将试液冷却，以免指示剂从 EDTA-铝络合物中夺取 Al^{3+} 形成红色络合物，影响滴定终点的判断。

二甲酚橙存放时间不超过两周。

五、CaO 的测定

（一）测定原理

以三乙醇胺掩蔽铁、铝、钛、锰等离子，在 pH≥12.5 的条件下，以钙黄绿素-百里酚酞为指示剂，用 EDTA 滴定。使用三乙醇胺应在酸性条件下加入。

EDTA 与 Ca^{2+} 在 pH=8～13 下能定量络合，但是 pH=8～9 时没有适当的指示剂，所以一般在 pH=10 以上进行测定，而当 pH>12 时，镁已生成 $Mg(OH)_2$ 沉淀，从而避免了 Mg^{2+} 对 Ca^{2+} 的干扰，因此在 pH≥12.5 下，可以对 Ca^{2+} 定量测定。

（二）测定步骤

用移液管吸取 10mL 溶液于 250mL 烧杯中，加水稀释至约 100mL，加三乙醇胺 2mL，氢氧化钾溶液 10mL，钙黄绿素-百里酚酞混合指示剂少许。每加一种试剂均应搅匀，于黑色底板上，立即用 EDTA 标准溶液滴定至绿色荧光完全消失，即为终点，同时做空白试验。

（三）结果计算

（1）CaO 的滴定度

$$T_{CaO}=\frac{15\times c}{V_1-V_2} \tag{9-11}$$

式中 c——CaO 标准熔液的浓度，mg/mL；

V_1——标定时所耗 EDTA 标准溶液的体积，mL；

V_2——空白测定时所耗 EDTA 标准溶液的体积，mL。

（2）CaO 检验结果

$$\omega(CaO)=\frac{2.5\times T_{CaO}\times(V_3-V_4)}{m} \tag{9-12}$$

式中 T_{CaO}——EDTA 标准溶液对 CaO 的滴定度，mg/mL；

V_3——试液所耗 EDTA 标准溶液的体积，mL；

V_4——空白测定时所耗 EDTA 标准溶液的体积，mL。

（四）测定中技术要求

1. 三乙醇胺使用要求

三乙醇胺用于在碱性溶液中掩蔽Fe^{3+}、Al^{3+}、Ti^{4+}和少量Mn^{2+}。使用三乙醇胺时，应在酸性溶液中加入，然后调节至碱性，如果原溶液是碱性，应先酸化后再加入，否则，已水解的高价金属离子不易被掩蔽。

2. 钙黄绿素指示剂

钙黄绿素是一种常用的荧光黄指示剂，溶于水溶液为黄色而有绿色荧光。在pH>12的溶液中，钙黄绿素指示剂本身呈橘红色，与Ca^{2+}、Sr^{2+}、Ba^{2+}等离子络合时则呈黄绿色荧光。它对Ca^{2+}特别灵敏，可指示出0.08μg的Ca^{2+}，终点时，颜色由绿色荧光变为绿色荧光完全消失，溶液呈紫红色，变化敏锐，所以是滴定钙的一种良好的指示剂。

3. 用氢氧化钾调节溶液碱性

在强碱性溶液中，钙黄绿素-百里酚酞混合指示剂能与钠盐产生微弱的荧光（钾盐也能产生荧光但极弱），而且大量的Na^+存在会使滴定无终点，所以通常用KOH而不用NaOH调节溶液的酸度。

4. 其他注意事项

（1）必须按顺序，加入各试剂，次序不能颠倒。

（2）加入氢氧化钾溶液后应立即滴定，否则随放置时间的延长，钙将被氢氧化镁沉淀所吸附，造成结果偏低。

（3）不能在直接照射的太阳光下滴定，而且在烧杯底部应以黑色作衬底，从溶液上面向下观察颜色的变化。

六、MgO的测定

（一）测试原理

以三乙醇胺、铜试剂掩蔽铁、铝、钛及微量的铅、锰等，在pH≥10的氨性溶液中以酸性铬蓝K-萘酚绿B为指示剂，以EDTA标准溶液滴定钙镁合量，再扣除氧化钙的含量后即为氧化镁含量。

（二）测定步骤

用移液管吸取10mL溶液于250mL烧杯中，加水稀释至约100mL，加三乙醇胺10mL，氨水10mL和铜试剂1滴，每加一种试剂均应搅匀，再加少许于滴钙时所耗EDTA标准溶液的量，然后加酸性铬蓝K-萘酚绿B混合指示剂少许，继续用EDTA标准溶液滴定，接近终点时，应缓慢滴定至纯蓝色。

（三）结果计算

（1）MgO的滴定度

$$T_{MgO} = 0.7187 \times T_{CaO} \tag{9-13}$$

式中 T_{CaO}——EDTA标准溶液对CaO的滴定度，mg/mL；

0.7187——由CaO换算成MgO的因数。

（2）MgO检验结果

$$\omega(MgO) = \frac{2.5 \times T_{MgO} \times (V_1 - V_2)}{m} \tag{9-14}$$

式中 T_{MgO}——EDTA标准溶液对MgO的滴定度，mg/mL；

V_1——试液所消耗的EDTA标准溶液的体积，mL；

V_2——滴定CaO时所消耗的EDTA标准溶液的体积，mL。

（四）测试技术要点

1. 酸性铬蓝K指示剂使用特点

酸性铬蓝K指示剂在酸性介质中呈玫瑰色，在碱性介质中呈蓝灰色，有萘酚绿B衬托时呈蓝绿色，于碱性溶液中与Ca^{2+}、Mg^{2+}、Mn^{2+}、Zn^{2+}、Cu^{2+}等形成玫瑰红色络合物，在pH为9～13范围内，对Ca^{2+}、Mg^{2+}的灵敏度分别为1.4×10^{-7}g/mL、2×10^{-8}g/mL。萘酚绿B是一种染料，呈绿色，在滴定中颜色不起变化，只起到底色的衬托作用，为了提高酸性铬蓝K的终点变化敏锐性，通常将它们混合使用，简称K-B指示剂。酸性铬蓝K的水溶液不稳定，如将K-B指示剂用固体氯化钾粉末稀释，则可长期保存。

2. 铜试剂的作用

加入铜试剂是起掩蔽作用。铜试剂是二乙基胺二硫代甲酸钠，它是白色结晶，易溶于水和乙醇，其水溶液呈碱性，缓慢分解。它能和Cu^{2+}、Hg^{2+}、Cd^{2+}、Bi^{2+}生成沉淀而被掩蔽，从而避免了这些离子对镁的干扰。

七、TiO_2的测定

（一）测试原理

在硫酸介质中，以磷酸掩蔽Fe^{3+}，Ti与H_2O_2形成过钛酸黄色络合物，用分光光度法进行测定。

（二）测定方法

用移液管分别移取一定量的TiO_2标准溶液组成一个系列，按照标准规定的步骤测定形成的络合物的吸光度，得到吸光度与TiO_2质量的标准工作曲线。吸取待测溶液，测定形成络合物后的吸光度，从工作曲线上查得对应的TiO_2质量，根据公式计算灰中含有的TiO_2的质量百分含量。

（三）测定技术要求

1. 用硫酸介质

过钛酸黄色络合物在硫酸而非盐酸介质中显色。Ti^{4+}极易水解，即使在强酸性介质中，Ti^{4+}也易水解生成钛氧基离子，反应式为

$$TiO_2 + H_2O \longrightarrow TiO^{2+} + 2H^+$$

在强酸溶液中，Ti^{4+}与H_2O_2生成黄色络合物，反应式为

$$TiO^{2+} + H_2O_2 \longrightarrow [TiO(H_2O_2)_2]^{2+}$$

此黄色络合物只有在强酸性溶液中才是稳定的，在盐酸介质中，此络合物的颜色强度比在硫酸溶液中稍强一些，但当盐酸浓度达$c(HCl)=2$mol/L以上时，氯离子浓度很大，钛则以$TiCl_6^{2-}$状态存在，与H_2O_2作用时，也形成黄色络合物，但颜色较浅，且易褪色，因此宜在硫酸溶液而不宜在纯盐酸介质中进行显色。

2. H_2O_2用量

钛与H_2O_2的络合物很不稳定，如H_2O_2的量不足，或由于H_2O_2分解而降低了浓度，则会使络合物离解而颜色变浅，因此，在被测溶液中，应保证有足够量的H_2O_2存在，但H_2O_2的量也不宜过多，否则，H_2O_2分解放出氧气产生细小气泡分散或附着于比色皿壁，会妨碍比色的进行，通常在50mL溶液中有2～3mL 3%的H_2O_2即可。

3. 铁的干扰的消除

Fe^{3+}在盐酸介质中，因能形成黄色的［$FeCl_4$］$^-$而影响钛的黄色，此时可加入适量的H_3PO_4，使形成［$Fe(HPO_4)$］$^{2-}$无色络合物，但由于H_3PO_4能与TiO_2生成$Ti(HPO_4)_2$沉淀，所以应正确加入H_3PO_4的量，同时，在标准系列中也必须加入等量的H_3PO_4以抵消其影响。

（四）结果计算

$$\omega(TiO_2) = \frac{2.5 \times m_{TiO_2}}{m} \tag{9-15}$$

式中　m_{TiO_2}——由工作曲线上查得的二氧化钛的质量，mg。

第三节　半微量分析法测定煤灰成分

半微量分析法测定煤灰成分，与常量法的不同之处有：称样量减小，是常量法的五分之一；SiO_2的测定是利用与显色剂形成显色配合物，在特定波长下有吸收，利用分光光度计检测含量；钙镁的测定采用EGTA络合滴定法，替代常量法的EDTA。

一、半微量分析法测定煤灰成分的流程

半微量分析法测定煤灰成分的流程如图9-3所示。

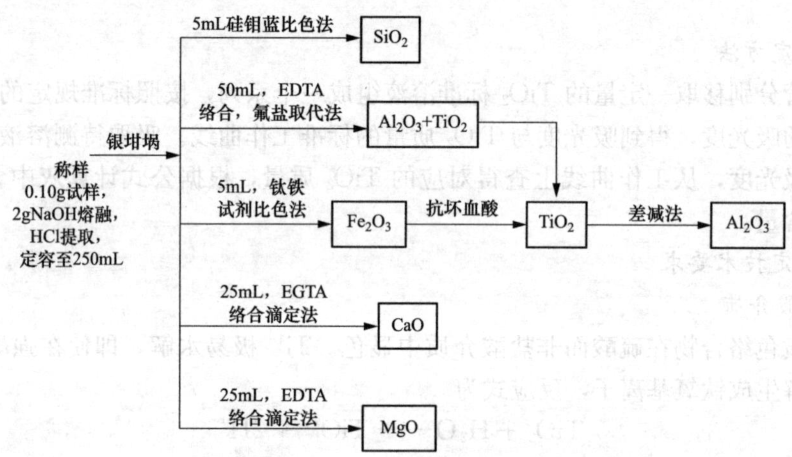

图9-3　半微量分析法测定煤灰成分流程图

二、样品溶液的制备

煤样灰化方法同常量法。称取灰样0.10g，准确到0.0002g，于银坩埚中，加几滴乙醇润湿，加氢氧化钠2g覆盖。于马弗炉中升温至650～700℃，熔融15～20min。取出坩埚用水抽提熔融物，转移至烧杯中，加入盐酸，放置电炉上微沸，冷至室温后，转移到250mL容量瓶中，定容备用。

三、硅的测定

（一）测试原理

在乙醇存在的条件下，于c=0.1moL/L盐酸介质中，正硅酸与钼酸生成稳定的硅钼黄，提高酸度至c=2.0moL/L，以抗坏血酸还原硅钼黄为硅钼蓝，采用分光光度法测定SiO_2

含量。

反应方程式如下：

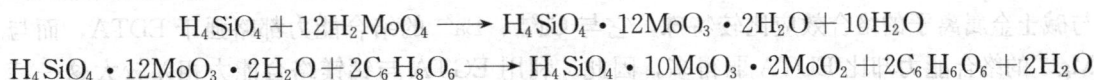

$$H_4SiO_4 + 12H_2MoO_4 \longrightarrow H_4SiO_4 \cdot 12MoO_3 \cdot 2H_2O + 10H_2O$$

$$H_4SiO_4 \cdot 12MoO_3 \cdot 2H_2O + 2C_6H_8O_6 \longrightarrow H_4SiO_4 \cdot 10MoO_3 \cdot 2MoO_2 + 2C_6H_6O_6 + 2H_2O$$

（二）测试技术要求

1. 硅酸溶液的制备

用硅钼蓝分光光度法测定 SiO_2 的关键步骤是硅酸溶液的制备。硅酸在酸性溶液中有聚合作用，以双分子、三分子、……多种聚合物状态存在。其中只有单分子硅酸能与钼酸盐生成黄色硅钼杂多酸，再进一步被还原成硅钼蓝，因此，防止硅酸聚合是分光光度法测定 SiO_2 的关键。

据文献报道，在 pH＝1～3 范围内，硅酸不易聚合，pH＜1 硅酸聚合的速度明显增加；pH 在 3～8 的范围内硅酸聚合速率较大，其中 pH＝5～6 时最大；当 pH＞9 时，由于形成硅酸盐，使硅酸的溶解度显著增加，在强碱性溶液中，硅酸几乎不聚合。因此，实际操作中将灰样碱熔后，用水浸出，增大溶液体积，在不断搅拌下，将酸迅速地一次倒入进行酸化，得到单分子硅酸溶液。

2. SiO_2 的标准溶液的制备

SiO_2 的标准溶液中的硅酸必须以单硅酸形式存在，一般是用光谱纯的 SiO_2 经碳酸钠或苛性钠熔融，再以蒸馏水提取后，放入塑料瓶中保存。由于在强碱性溶液中硅酸几乎不聚合，因此，SiO_2 的标准溶液在碱性介质中保存。

四、Fe_2O_3 和 TiO_2 的连续测定

在 pH＝4.7～4.9 条件下，三价铁离子与钛铁试剂生成紫色络合物，以分光光度法测定 Fe_2O_3。之后加入适量抗坏血酸与铁离子络掩蔽铁离子，使溶液的紫色消失，四价钛离子与钛铁试剂生成黄色的络合物，以分光光度法测定 TiO_2。

TiO_2 还可用二安替比林甲烷分光光度法单独测定。

在 (0.5～1.0)mol/L 的酸度下，以抗坏血酸消除铁的干扰，四价钛离子与二安替比林甲烷生成黄色络合物，用分光光度法测定 TiO_2 的含量。

五、Al_2O_3 的测定

于弱酸性溶液中，加入过量的 EDTA 溶液，使与铁、钛、铝离子络合，在 pH＝5.9 条件下，用二甲酚橙作指示剂，用锌盐滴定剩余的 EDTA。之后，加入氟化钾溶液，氟离子夺取铝、钛络合物中的铝离子和钛离子，形成更稳定的络合物，置换出 EDTA。最后，用乙酸锌标准溶液滴定释放出的 EDTA，扣除钛的含量，计算出 Al_2O_3 的质量分数。

测试过程的化学反应方程式及测试技术要求同常量分析法。

六、CaO 的测定（EGTA 容量法）

在适当的稀释的溶液中，用三乙醇胺掩蔽铁、铝、钛和锰离子，在 pH≥12.5 的条件下，以钙黄绿素-百里酚酞为指示剂，用 EGTA 标准溶液滴定 Ca^{2+}，根据 EGTA 用量，计算 CaO 的百分含量。

常量法中，用 EDTA 滴钙时，是将溶液的 pH 值调至大于或等于 12.5，此时 Mg^{2+} 生成 $Mg(OH)_2$ 沉淀，消除了 Mg^{2+} 对 Ca^{2+} 的干扰。当镁含量低时，这种干扰可消除，当镁含量高时，生成的 $Mg(OH)_2$ 沉淀会吸附钙离子，使钙的测定结果偏低，也影响从钙镁合量中减去钙来计算镁的结果的准确性。

EGTA 与大多数金属离子形成的络合物的稳定性一般都比相应的 EDTA 络合物低，但与碱土金属离子的络合效应比较特殊，它与 Ca^{2+}、Ba^{2+} 的络合能力都略强于 EDTA，而与 Mg^{2+} 的络合能力却比 EDTA 弱得多，因此。利用 EGTA 与钙镁络合能力相差较大这一特性，可在镁的存在下，用 EGTA 单独滴定钙，以得到准确的结果。

七、MgO 的测定（EDTA 容量法）

在适当稀释的溶液中，以三乙醇胺和酒石酸钾钠掩蔽铁、铝、钛和锰等离子，以 EGTA 掩蔽钙离子，在 pH>10 的溶液中，以酸性铬蓝 K-萘酚绿 B 为指示剂，以 EDTA 标准溶液滴定 Mg^{2+}，计算 MgO 的含量。

第四节　原子吸收分光光度法测定煤灰成分

本节主要介绍原子吸收定量测定原理、原子吸收分光光度计的组成结构、原子化方法、光源等内容，具体内容可扫描二维码获取。

拓展资源 9-原子吸收分光光度法测定煤灰成分

第五节　煤灰成分中硫磷的测定

煤灰成分测定方法中，常量分析法，半微量分析法以及原子吸收分光光度法可以一次称量，一次熔样，系统测定硅、铝、铁、钛、钙、镁、钾、钠、锰等元素。硫和磷由于测定原理和样品处理方法的不同，需要单独称取或预处理灰样进行测定。

一、硫的测定

煤灰成分分析方法中规定了三种测定硫（SO_3）的方法，即硫酸钡质量法、燃烧中和法、库仑滴定法。各测定方法简要介绍如下。

（一）硫酸钡质量法

1. 方法

用盐酸浸取灰样中的硫，将溶液过滤，滤液用氢氧化铵中和并沉淀铁。过滤后的溶液，加氯化钡，生成硫酸钡沉淀，灼烧后称重，计算灰中 SO_3 的百分含量。

2. 测试步骤

称取 0.2～0.5g 灰样于烧杯中，加入盐酸，加热微沸 20min，取下，趁热加入甲基橙指示剂，滴加氨水中和至溶液刚好变色，再过量 3～6 滴，待 $Fe(OH)_3$ 沉淀聚沉后，迅速过滤，用热水洗涤沉淀，向滤液中加盐酸至溶液刚好变色，再过量 2mL，加水稀释。

将溶液煮沸，不断搅拌下加入氯化钡溶液，在电热板或沙浴上微沸 5min，保温 2h，溶液最后体积保持在 150mL 左右。

用慢速无灰定量滤纸过滤，并用热水洗至无氯离子。将沉淀连同滤纸移入已恒重的坩埚，低温灰化再高温灼烧，温度控制为800～850℃，灼烧40min。取出坩埚，稍冷，放入干燥器中，冷至室温称重。

（二）燃烧中和法

1. 方法

用活性炭粉作为添加剂，把灰样置于1300℃的空气流中加热分解，用H_2O_2溶液吸收，以甲基红-溴甲酚绿作为指示剂，用NaOH标准溶液滴定，根据标准溶液用量计算灰样中SO_3的百分含量。测试装置如图9-4所示。

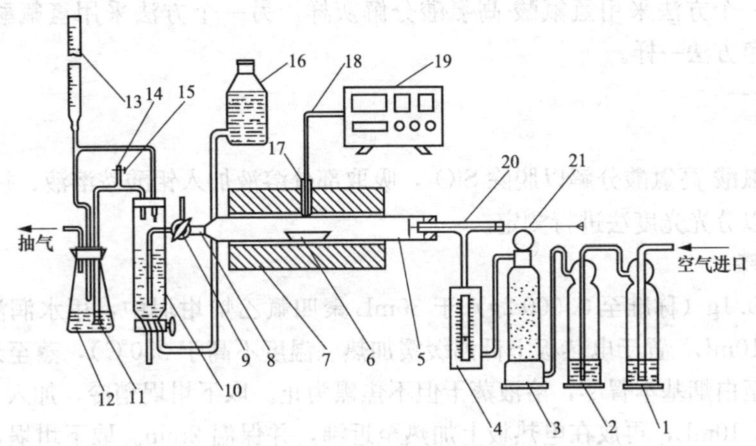

图9-4　燃烧中和法测定灰中SO_3装置

1—洗气瓶（内装NaOH溶液）；2—洗气瓶（内装浓硫酸）；3—干燥塔（内装变色硅胶）；4—气体转子流量计；5—异径燃烧管；6—燃烧舟；7—燃烧炉；8—硅橡胶管；9—玻璃三通活塞；10—定硫吸收器；11—气体过滤器；12—锥形瓶；13—滴定管；14—玻璃三通；15—弹簧夹；16—盛吸收液的下口瓶；17—热电偶套管；18—热电偶；19—控温器；20—T形玻璃管；21—推棒

2. 测定步骤

在定硫吸收器和锥形瓶中加H_2O_2溶液，按照图9-10安装检测装置。将管状燃烧炉升温至（1300±20）℃。打开抽气泵，调节空气流速为500mL/min，用NaOH标准溶液调节混有指示剂的H_2O_2溶液至亮绿色。

称灰样并加入定量活性炭粉，放入燃烧舟，混匀后放入燃烧管内，用带有推棒的塞子塞住，用推棒把燃烧舟推入燃烧管中心。燃烧10min后，用NaOH标准溶液滴定定硫吸收器中的H_2O_2溶液，使之由红色变为绿色，调节玻璃三通活塞，将侧管内的水抽入定硫吸收器，继续滴定至溶液呈亮绿色。

关抽气泵，换样品，重复操作，即可进行连续的样品测定。

（三）库仑滴定法

1. 方法简介

灰样在催化剂WO_3作用下，在1150℃高温条件下燃烧，灰中硫酸盐分解为SO_2和少量SO_3气体，被空气带入库仑测硫仪的电解池内形成亚硫酸和少量硫酸，其中的亚硫酸与电解池中的碘发生氧化还原反应，破坏了I_2与I^-电对的电位平衡，仪器即自动电解KI溶液生成碘，继续氧化溶液中的H_2SO_3直至反应完全。电解所消耗的电量与溶液中H_2SO_3的含量线性相关，进行换算后即可计算出灰样中 SO_3 的含量。

2. 测定步骤

将高温炉温度升至 1150℃。将抽气泵速度调至 1L/min，抽气条件下，把电解液注入电解池内，开动电磁搅拌器。

称取灰样于燃烧舟中，覆盖一层 WO_3，将燃烧舟放在石英托管上。开启测试程序，样品自动进入高温炉，并进行库仑滴定，检测完毕，仪器显示检验结果。

二、煤灰成分中磷（五氧化二磷）的测定

煤灰成分分析方法国家标准中规定了两种 P_2O_5 的测定方法。两种方法不同之处在于样品分解方法，一个方法采用氢氟酸-高氯酸分解灰样，另一个方法采用氢氟酸-硫酸分解灰样。磷钼蓝显色方法一样。

（一）方法一

1. 原理

灰样用氢氟酸-高氯酸分解以脱除 SiO_2，吸取部分溶液加入钼酸铵溶液、抗坏血酸溶液，生成磷钼蓝，以分光光度法进行测定。

2. 测定步骤

称取灰样 0.1g（称准至 0.000 2g）于 30mL 聚四氟乙烯坩埚中，用水润湿，加高氯酸 2mL、氢氟酸 10mL，置于电热板上低温缓缓加热（温度不高于 250℃），蒸至近干，再升高温度继续加热至白烟基本冒尽，溶液蒸干但不焦黑为止。取下坩埚稍冷，加入（1+1）盐酸溶液 10mL、水 10mL，再放在电热板上加热至近沸，并保温 2min。取下坩埚，用热水将坩埚中的试样溶液移入 100mL 容量瓶中，冷至室温，用水稀释至刻度，摇匀。

准确吸取 P_2O_5 标准工作溶液 0、1、2、3mL，分别注入 50mL 容量瓶中，加入试剂溶液（抗坏血酸、酒石酸锑钾、钼酸铵-硫酸混合溶液）5mL，放置 1～2min 后，用水稀释至刻度，摇匀。于 20～30℃下放置 1h 后，在分光光度计上，用 1～3cm 的比色皿，在波长 650nm 处，测定吸光度。以 P_2O_5 的质量（mg）为横坐标，吸光度为纵坐标，绘制工作曲线。

准确吸取待测样品溶液 10mL，注入 50mL 容量瓶中，按照上述方法进行操作（若测得的吸光度超出工作曲线范围，应适当减少分取溶液的量）。从工作曲线上查得相应的 P_2O_5 的质量（mg）。

P_2O_5 的质量分数 $\omega(P_2O_5)$ 的计算式为

$$\omega(P_2O_5)=\frac{10\times m(P_2O_5)}{m\times V_1} \tag{9-16}$$

式中 $m(P_2O_5)$——由工作曲线上查得的 P_2O_5 的质量，mg；

V_1——从灰样溶液总体积（100mL）中分取的溶液的体积，mL。

（二）方法二

灰样用氢氟酸-硫酸分解以脱除 SiO_2，吸取部分溶液加入钼酸铵溶液、抗坏血酸溶液，生成磷钼蓝，以分光光度法进行测定。

称取灰样 0.2g（称准至 0.000 2g），置于 30mL 聚四氟乙烯坩埚中，加入氢氟酸 10mL、硫酸 0.5mL，于通风橱内，在电热板上低温缓缓加热，蒸至近干，再升高温度继续加热至白烟基本冒尽，溶液蒸干但不焦黑为止。取下坩埚冷却后，用热水将坩埚中的熔融物洗入

100mL 烧杯中，加 $c\left(\frac{1}{2}H_2SO_4\right)=0.2mol/L$ 的 H_2SO_4 溶液 20mL 和适量水，加热至盐类溶解，冷至室温，移入 200mL 容量瓶中，并用水稀释至刻度，摇匀，澄清后备用。

准确吸取 P_2O_5 标准工作溶液 0、1、2、3mL 分别注入 50mL 容量瓶中，加入试剂溶液（抗坏血酸、酒石酸锑钾、钼酸铵-硫酸混合溶液）5mL，放置 1～2min 后，用水稀释至刻度，摇匀。于 20～30℃下放置 1h 后，在分光光度计上，用 1～3cm 的比色皿，在波长 650nm 处，测定吸光度。以 P_2O_5 的质量（mg）为横坐标，吸光度为纵坐标，绘制工作曲线。

准确吸取待测样品溶液 10mL，注入 50mL 容量瓶中，按照上述方法进行操作（若测得的吸光度超出工作曲线范围，应适当减少分取溶液的量）。从工作曲线上查得相应的 P_2O_5 的质量（mg）。

P_2O_5 的质量分数 $\omega(P_2O_5)$ 的计算式为

$$\omega(P_2O_5)=\frac{20\times m(P_2O_5)}{m\times V_2} \tag{9-17}$$

式中　V_2——从灰样溶液总体积（200mL）中分取的溶液的体积，mL。

注意：在显色反应中，显色酸度必须严格控制，酸度过低，钼酸本身也能被还原产生蓝色，酸度过高，磷钼蓝会被分解破坏。

课件

练习题

第十章　煤中有害微量元素检测

本章共四节，主要介绍煤中微量元素的分布及迁移规律、煤中氟的测定、煤中氯的测定、煤中其他有害微量元素的测定等内容，具体内容可扫描二维码获取。

拓展资源 10-煤中有害微量元素检测

第十一章 煤炭检验质量控制

煤炭是一种质量不均匀、数量较大的散状物料，需要严格按照规定的程序采集、制备具有代表性的少量样品，并对其进行准确可靠的检验。由于影响煤炭检验质量的因素很多，有必要采取适当的方法控制煤炭检验质量，使获得的结果能正确反映煤炭的实际质量。

本章介绍煤炭检验的一般规定，常用的控制煤炭检验质量以及评价分析结果准确性的方法，用以保证检验结果的准确可靠。

第一节 煤炭检验的一般规定

煤炭检验结果关系到煤炭的质量评定、商业价格、安全生产和环境保护等诸多方面，既有企业之间的结果认可，又有企业内部的质量控制。为使同一实验室内部、不同实验室之间的检验结果具有可靠性、一致性和可比性，有必要严格约定检测方法、样品条件和检验结果的表达形式。

一、煤炭检验方法、环境和设备的规定

煤炭的检验方法，一般应选用国家或行业标准所规定的方法。电力用煤常用检验方法及设备配备要求见表 11-1。

表 11-1　　电力用煤常用检验方法及设备配备要求

序号	标准名称	标准号①	基本设备配备要求
1	煤中全水分的测定方法	GB/T 211	① 分析天平，感量 0.001g； ② 工业天平，感量 0.1g； ③ 鼓风干燥箱，控温 105～110℃
2	煤的工业分析	GB/T 212	① 分析天平，感量 0.000 1g； ② 鼓风干燥箱，控温 105～110℃； ③ 马弗炉，控温（815±10）℃、（900±10）℃
3	煤的发热量测定方法	GB/T 213	① 分析天平，感量 0.000 1g； ② 工业天平，量程 5kg，感量 1g（视需要）； ③ 热量计
4	煤中全硫的测定方法	GB/T 214 GB/T 25214	① 分析天平，感量 0.000 1g； ② 库仑测硫仪或红外测硫仪
5	煤中碳酸盐二氧化碳含量的测定方法	GB/T 218	分析天平，感量 0.000 1g
6	煤灰熔融性的测定方法	GB/T 219	① 马弗炉，控温（815±10）℃； ② 管式高温炉，可加热至 1500℃以上
7	煤的元素分析方法	GB/T 476 GB/T 30731 DL/T 568	① 分析天平，感量 0.000 1g； ② 三节或二节管式炉或 CHN 元素分析仪

续表

序号	标准名称	标准号①	基本设备配备要求
8	煤灰成分分析方法	GB/T 1574	① 分析天平，感量 0.000 1g； ② 马弗炉，控温（815±10）℃、（1000±10）℃； ③ 紫外-可见分光光度计； ④ 火焰光度计； ⑤ 库仑测硫仪或红外测硫仪
9	煤的可磨性指数测定方法（哈德格罗夫法）	GB/T 2565	① 天平，量程 100g，感量 0.01g； ② 振筛机； ③ 哈氏磨
10	煤粉细度的测定	DL/T 567.5	① 天平，感量 0.01g； ② 振筛机
11	飞灰和炉渣可燃物测定方法	DL/T 567.6	① 分析天平，感量 0.000 1g； ② 鼓风干燥箱，控温 105～110℃； ③ 马弗炉，控温（815±10）℃

① 每项标准均应使用其最新版本。

煤炭检验实验室的检验设备除了符合相关标准的规定外，其中的强制检定计量器具包括天平、马弗炉、管式高温炉、干燥箱、热量计、温度计、压力表和试验筛等，均应按照规定定期检定。

二、样品

1. 一般分析试验煤样

供检验用的一般分析试验煤样，又称空气干燥煤样，是指粒度缩制至小于 0.2mm，并与周围空气湿度达到平衡，可用于进行大部分物理和化学特性测定的煤样。一般分析试验煤样应具有代表性并达到空气干燥状态，以保证检验结果的稳定性和可靠性。煤样在室温下连续干燥 1h 后煤样质量变化不超过 0.1%，即达到空气干燥状态。在此状态下，煤样与所处实验室环境湿度平衡，可以减小环境条件对样品称重及存放过程稳定性的影响。

2. 全水分煤样

采集到的原始煤样没有制备全水分前，存放时应保持密封状态，否则应注明水分有损失。测定全水分的样品粒度规定为小于 13mm 或者小于 6mm，当收到的样品粒度小于方法规定的粒度时，不能进行全水分的测定。全水分样品检测前，必须注意密封，防止水分的散失。

3. 用于物理机械特性检测的样品

煤的物理机械特性，包括煤的破碎难易程度和磨损性能等。

制备用于检测物理机械特性的煤样，应达到空气干燥状态。测定哈氏可磨性指数的样品可在粒度小于 6mm 并缩分后干燥，磨损指数测定用煤样在粒度小于 13mm 并缩分后干燥。样品应符合规定的粒度。测定哈氏可磨性指数的样品，规定粒度为 0.63～1.25mm；测定磨损指数的样品，规定粒度为小于 9.5mm。破碎时应采用颚式破碎机和对辊磨进行逐级破碎，避免破碎过程中样品过热以及样品的过度破碎。

三、测定

煤炭检验中，除特别要求外，每一分析项目需对样品进行两次测定，即重复测定。

1. 重复测定与平行测定

根据国际标准的定义，重复测定是指在同一实验室内进行的多次测定，应该是在短期内做的连续测定。平行测定是指同设备中同时进行的测定。

例如测定挥发分时，平行测定是指将同一煤样的两个单样同时放置于高温炉中，在同样的时间和条件下检测。而重复测定是将两个单样分别在规定的条件下测定。重复测定比平行测定更能及时发现操作过程中的问题，避免粗大误差的产生。

2. 重复测定次数的规定

煤样的每个检验项目都需进行两次重复测定，并规定了重复性限，以 T 表示。将实际检测中两次重复测定结果间的差值与规定的重复性限进行比较，决定对检验结果的处理方法，具体规定如下：

如果两次测定结果的差值不超过规定数值，则取其算术平均值作为测定结果。如果超差，则需进行第三次测定。当三次测定极差小于或等于 $1.2T$ 时，取三次测值的算术平均值作为测定结果，否则需进行第四次测定，如四次测值的差值小于或等于 $1.3T$，则取四次平均值，如极差大于 $1.3T$，而其中三个测值的极差小于或等于 $1.2T$，则可取此三个的平均值。如条件均未达到，则应舍弃全部测定结果，并检查仪器和操作，重新进行测定。

3. 检测结果精密度

煤样检测精密度以重复性限和再现性临界差来表示。

重复性限是指在同一实验室中，由同一操作者，用同一台仪器，对同一分析试验煤样，于短期内所做的重复测定，所得结果的差值（在 95%概率下）的临界值。

再现性临界差是指在不同试验室中，对从煤样缩制最后阶段分取出来的、具有代表性的部分所做的重复测定，所得结果的平均值间的差值（在 95%概率下）的临界值。

同一实验室检测结果差值不大于重复性限规定时，检验结果取算术平均值为实验室报出结果。

不同实验室检验结果比较再现性临界差，在规定范围内，表明两个实验室的检验结果在 95%概率下没有显著性差异。

四、结果表达

煤质检测中，对于组分含量的测定均以质量分数表示。试样中含待测物质 B 的质量以 m_B 表示，试样的质量以 m_s 表示，它们的比值称为物质 B 的质量分数，以 w_B 表示，则

$$w_B = \frac{m_B}{m_s} \tag{11-1}$$

煤炭中各组分指标，除煤灰成分外，大都以其实际存在或约定的成分表征，并规定了量的符号。

煤灰成分含量类似于矿物分析，待测组分的实际存在形式不清楚，因此分析结果以各元素氧化物含量的形式（如 SiO_2、Fe_2O_3、Al_2O_3、TiO_2、CaO、MgO、SO_3、K_2O、Na_2O）来表示。

对于可磨性、磨损指数和发热量等表征煤的物理或物理化学性质的指标，按照给定的定义和符号来表征。

测定值和报告值的表示及其保留位数的规定见表 11-2。

表 11-2 测定值和报告值的表示及其保留位数的规定

检测项目		符号	单位	测定值位数	报告值位数
全水分		M_t	%	小数后一位	小数后一位
工业分析	水分	M	%	小数后两位	小数后两位
	灰分	A	%	小数后两位	小数后两位
	挥发分	V	%	小数后两位	小数后两位
元素分析	碳	C	%	小数后两位	小数后两位
	氢	H	%	小数后两位	小数后两位
	氮	N	%	小数后两位	小数后两位
	硫	S_t	%	小数后两位	小数后两位
发热量		Q	MJ/kg J/g	小数后三位 个位	小数后两位 十位
碳酸盐二氧化碳		CO_2	%	小数后两位	小数后两位
哈氏可磨性指数		HGI	无	小数后一位	个位
磨损指数		AI	mg/kg	小数后一位	个位
灰熔融性特征温度		DT，ST，HT，FT	℃	十位	十位
灰成分		各元素氧化物	%	小数后两位	小数后两位
氟		F	μg/g	个位	个位
氯		Cl	%	小数后三位	小数后三位
煤粉细度		R	%	小数后两位	小数后一位
飞灰和炉渣可燃物		CM	%	小数后两位	小数后两位

第二节 煤炭检验中的误差

同其他检验一样，煤炭检验过程中，误差是难免的，是客观存在的。误差表示测量值与被检测特性的真实值之间的差值。为减小误差，有必要对误差的性质、特点及其规律进行分析，保证测量结果的准确可靠。

一、误差的基本定义及表示方法

1. 真实值

真实值是指测量对象的某一参数的客观存在值。真实值通常是未知的，有时可以用精度高一个数量级的测定值作为低一级测量的真实值。

煤炭检测使用的标准煤样，其给定的标准值即可作为真实值。量热标准物质苯甲酸给出的燃烧热数值也作为真实值。利用标准样品给定的相对标准值，可以评定仪器设备状态及检验质量。

2. 平均值

通常，对于一批煤炭，其真实值无法确定，常常使用多次重复测量结果的平均值来代替。所谓平均值，是指对同一个待测量进行一系列等精度的重复测量，所得全部数据的算术平均值。计算方法如下：

$$\bar{x}=\frac{(x_1+x_2+x_3+\cdots+x_n)}{n}=\frac{\sum x_i}{n} \tag{11-2}$$

平均值比单次测定结果更接近真值，在没有系统误差时，平均值即为最佳值。

3. 误差与偏差

测定结果（x）与真实值（μ）之间的差值称为误差（E），误差可以用绝对误差 E_a 和相对误差 E_r 来表示，即

绝对误差
$$E_a=x-\mu \tag{11-3}$$

相对误差
$$E_r=\frac{E_a}{\mu}\times 100\% \tag{11-4}$$

误差越小，表示测定结果与真实值越接近，准确度就越高。在比较不同情况下测定结果的准确度时，采用相对误差更方便。

当真实值不可知时，通常用平均值代替真实值，来衡量检测结果优劣。与误差相对应，测定结果（x）与平均值（$\bar{x}$）之间的差值称为偏差（d），即

$$d=x-\bar{x} \tag{11-5}$$

用偏差可以衡量所得结果与平均值的接近程度。一组测量数据的偏差，必然有正有负，还有一些偏差可能是零，如果将各单次测量值的偏差相加，结果为零。

用多次测定的平均值代替真实值时，通常用平均偏差和相对平均偏差表示检测结果与多次测定平均值的离散程度。平均偏差是指单次测量偏差的绝对值的平均值，相对平均偏差是平均偏差占测量结果平均值的百分率。

平均偏差
$$\bar{d}=\frac{\sum_{i=1}^{n}\sum|x_i-\bar{x}|}{n} \tag{11-6}$$

相对平均偏差为
$$\frac{\bar{d}}{\bar{x}}\times 100\% \tag{11-7}$$

4. 精密度和准确度

精密度和准确度是两个不同的概念。精密度是指用同一测定方法在同样条件下对一试样重复测定多次的一组测定值之间互相接近的程度。它是由随机误差引起的，系统误差不影响精密度。准确度是指用一个确定的测定方法所得到的单次测定值或多次测定值的平均值与真实值之间接近的程度。测定值或平均值越接近真实值，误差越小，测定结果就越准确。准确度是由系统误差和随机误差总和引起的，所以它和精密度有所不同，在消除系统误差之后，精密度就相当于准确度。

5. 极差

一组测量数据中，最大值与最小值之间的差值称为极差，用 R 表示，即

$$R=x_{\max}-x_{\min} \tag{11-8}$$

用极差表示误差十分简单，但不足之处是没有利用全部测量数据，适用于粗略估计少数几次测定中误差的范围。

6. 标准偏差与方差

（1）标准偏差。用平均偏差和相对偏差表示精密度时，小偏差和大偏差所占权重是均等的，不能反映出数据的优劣。

例如：两组数据 $d=x-\bar{x}$ 结果见表 11-3：

表 11-3 两组检验结果的偏差比较

组别	d_1	d_2	d_3	d_4	d_5	d_6	d_7	d_8	d_9	d_{10}	$\bar{d}$
1	+0.3	−0.2	−0.4	+0.2	+0.1	+0.4	0	−0.3	+0.2	−0.3	0.24
2	0	+0.1	−0.7	+0.2	−0.1	−0.2	+0.5	−0.2	+0.3	+0.1	0.24

从表 11-3 中数据可见，两组测定结果的平均偏差相同，但实际上第二组数据中出现两个较大偏差（−0.7，+0.5），测定结果精密度较差。

这种差别可以通过标准偏差反映出来。对于有限次测定，标准偏差用 S 表示，是表示检验结果精密度的基本概念。

$$S=\sqrt{\frac{\sum(x_i-\bar{x})^2}{n-1}} \tag{11-9}$$

上述两组数据的标准偏差分别为 $S_1=0.28$，$S_2=0.33$，可以判断出第一组数据精密度优于第二组。

当比较不同的测定时，可以用相对标准偏差（RSD）。相对标准偏差又称变异系数（CV），是指标准偏差占测定平均值的百分率。

$$\text{RSD(CV)}=\frac{S}{\bar{x}}\times 100\% \tag{11-10}$$

【例 11-1】 测定煤中全硫，得到下列结果：1.23%，1.25%，1.26%，1.30%，1.24%，计算单次测定结果的平均偏差、相对平均偏差、标准偏差和相对标准偏差。

解： $\bar{x}=1.256\%$

平均偏差

$$\bar{d}=\frac{|1.23-1.256|+|1.25-1.256|+|1.26-1.256|+|1.30-1.256|+|1.24-1.256|}{5}$$

$$=0.0192\%$$

相对平均偏差 $\frac{\bar{d}}{\bar{x}}\times 100\%=\frac{0.0192}{1.256}\times 100\%=1.53\%$

标准偏差 $S=\sqrt{\frac{\sum(x_i-\bar{x})^2}{n-1}}=0.027\%$

相对标准偏差 $\text{RSD(CV)}=\frac{S}{\bar{x}}\times 100\%=\frac{0.027}{1.256}\times 100\%=2.15\%$

（2）方差。在一组测定值中，各测定值（x_i）同其平均值（$\bar{x}$）之差的平方和的平均值叫做方差。它也能表示测定值的离散程度，通常用 V 表示，它的单位为测定值单位的平方。方差的数学表达式为

$$V=\frac{\sum(x_i-\bar{x})^2}{n} \tag{11-11}$$

方差具有可加性，而标准偏差则无这种性质，因而方差是数理统计中的一个重要的统计量。当有两个或两个以上的操作步骤组成一个复合试验过程时，不管它是由各步骤的最终结果的相加还是相减组成的，其总方差均等于各操作步骤方差的总和。例如，一个完整的煤质分析过程包括采样、制样和化验三个环节，因此，煤质分析的总方差（V_0）等于采样方差（V_S）、制样方差（V_P）和化验方差（V_T）之和，其数学表达式为

$$V_0=V_S+V_P+V_T \tag{11-12}$$

若用 S 表示标准偏差时，则相应可写成

$$S_0^2 = S_S^2 + S_P^2 + S_T^2 \tag{11-13}$$

在煤分析中，用 P_L 表示采样、制样和化验三者的总精密度，通常认为采样方差约为 $0.20P_L^2$，制样方差约为 $0.04P_L^2$，而分析方差约为 $0.01P_L^2$，故其采样制样和化验的总方差约为 $0.25P_L^2$。

二、误差的来源

1. 系统误差

系统误差产生的原因有下列几方面：

(1) 方法误差。由分析方法本身不完善造成。如库仑法测全硫时，煤中硫总有少量转化为三氧化硫，不能全部转化为二氧化硫，使硫的测定结果偏低。

(2) 仪器和试剂的误差。如测定挥发分时高温炉控温仪表指示偏高，炉膛实际温度低于设定温度，使挥发分实际测定结果偏高。再如试剂不纯或基准物质定值有偏差等。

(3) 操作误差。由分析工作者操作不正规，试验条件控制不当造成。如试验人员在称取样品时未注意防止试样吸湿，洗涤沉淀时洗涤过分或不充分，灼烧沉淀时温度过高或过低，称量时坩埚或称量瓶未完全冷却。

(4) 主观误差。这种误差是由分析人员本身的一些主观因素造成的。如用指示剂判定滴定终点时，有人偏深，有人偏浅；读取的刻度示值，有人偏高，有人偏低。

2. 随机误差

随机误差是由偶然因素引起的误差（正负误差出现的概率相等），所以也叫偶然误差。它是由一些来源不十分清楚的偶然因素引起的单次测定值（x_i）与多次测定值的平均值（$\bar{x}$）之间的偏差。随机误差可用下式表示：

$$\text{随机误差} = x_i - \bar{x} \tag{11-14}$$

随机误差是由一些无法控制的因素，如样品质量不均匀，环境温度、压力的变化所引起。随机误差是不可测量的，也是无法校正的，但对一个量重复进行多次测量，然后把测量结果进行统计分析，就会发现随机误差（偶然误差）是具有正态分布规律的，即

(1) 绝对值相等的正、负误差出现的机会大致相等。

(2) 小误差出现的次数多，大误差出现的次数少，个别大的误差出现的次数极少。

(3) 如果消除了系统误差，则随着测定次数的增加，误差的算术平均值趋近于零。

若操作仔细并进行多次测定，大部分的随机误差可在平均值中互相抵消。

3. 过失误差

过失误差也称粗大误差，是超出在规定条件下预期的误差，是由分析人员疏忽大意，误操作，看错、记错等造成的。过失误差使测定值产生明显的差异，应予弃去。过失误差无规律可循，需要试验人员通过加强责任心，遵守操作规程，养成良好的科学工作作风，细心操作，来避免过失误差的产生。

三、提高检验结果准确度的方法

根据系统误差产生的原因就可以找出消除的方法，从而提高检验结果的准确度。通常可以通过以下几种方式提高检验结果的准确度。

1. 选择准确度高的分析方法

在很多情况下，系统误差是由于分析方法本身的缺陷造成的，选择高准确度的分析方法

是消除系统误差的有效措施。

2. 对照实验

在相同条件下，将标准试样与被测试样同时进行测定，把标准试样的分析结果与其标准值进行比较，判断测定结果是否存在系统误差。

对照实验不仅可以发现系统误差，还可以根据与标准值的校正曲线来消除分析结果中的系统误差。例如：每次使用库仑测硫仪时，都应用标准煤样校正库仑测硫仪测定结果，消除系统误差。

3. 空白试验

由于试剂不纯或外来杂质带进的系统误差可用空白实验来消除。空白实验是在不加试样情况下，按照与测定样品相同的操作程序进行检测，所得的测定结果称为空白值。当空白值较低时，直接在待测样的结果中扣除空白值，就可消除因试剂不纯造成的系统误差。艾士卡法测定煤中全硫以及煤灰成分测定中均通过空白试验减小或消除系统误差。

4. 仪器校正

根据测定项目的实际情况对所需仪器及测量仪表进行校准。如挥发分测定中，要求严格控制温度在（900±10)℃，要定期对控温仪表进行校准。

5. 增加重复测定次数

在消除系统误差的前提下，重复测定次数越多，平均值就越接近真实值。通常煤炭特性指标检验需进行两次重复测定，如果检验结果用于仲裁，则需增加重复测定次数。

第三节 分析数据的处理方法

一、有效数字

在分析检验工作中，需要用数据记录检验结果。通常可将用到的数据分为两类：一类是准确数字，包括自然数、分数以及某些纯数学数字，如 lg6，$\sqrt{3}$，sin36…；另一类则是实验测得的数据。

所谓有效数字是指该分析方法实际能测量到的数字，它不仅表示测量数值的大小，而且表示反映了仪器性能及测定数据的准确度。最终报出的数据只包含有效数字，其中只有最后一位是不确定的，其他数字都真实可靠。例如，用台秤称量样品，如称得质量为 5.6g，可将称量结果表示成（5.6±0.1)g，5 是准确数，0.6 则可能存在一定偏差。

有效数字保留的位数应如实反映仪器或器皿的测量精度，否则会影响检验结果的准确性。在记录和处理检验数据时，需要明确有效数字的位数，掌握有效数字的运算法则。

1. 有效数字位数的确定

凡仪器测得或者器皿量取的有效数字，包括最后一位可疑的数字在内都是有效数字，包含在有效数字位数中。如上述 5.6g，有效数字位数为两位。又如，分析天平称取样品 1.121 3g，其有效数字的位数为五位。

在有效数字中，数字“0”如果作为定位数字，则不是有效数字，如果作为普通数字，就是有效数字。如：0.004 9g，前面三个“0”均不是有效数字，因此其有效数字位数为两位，而对于数据 5.00mL，两个“0”都是测量得到的数据，其有效数字位数为三位。当在数的末尾加“0”作定位用时，需要采用科学记数法。如 20.30g，用 mg 做单位时，应记作 2.030×10^5。

有效数字的确定不能超过分析方法所能达到的精度。在运算中，不能利用保留小数点的位数来提高数据的准确度。

2. 有效数字的运算法则

在加减法的计算中，所得结果的小数点后位数应与各加数和减数中小数点后位数最少的数据一致。

在乘除法运算中，所得结果的有效数字位数应与各数值中有效数字最少的数据一致。

为使计算简便，结果正确，还应遵循以下原则：

(1) 各数据先修约后计算。数据修约的基本规则为"四舍六入五成双"。如 20.342 修约到小数点后第二位，则为 20.34；将 20.347 修约到小数点后第二位，为 20.35。对于最后一位是 5 的数据，修约到其前面一位时，按照成双原则修约。如 20.345，修约到小数点后第二位时，应为 20.34，将 20.355 修约到小数点后第二位时，应为 20.36。

(2) 不能对舍去的数连续修约。

(3) 第一位有效数字等于或大于 8 时，有效数字可以多计一位。

使用计算器进行连续运算时，过程中不必对每一步的计算结果进行修约，但是应正确保留最终计算结果的有效数字位数。

二、可疑数据剔除方法

煤炭检验得到的一批试验数据中，往往存在个别偏差较大的数据，这类数据称为可疑值或异常值。可疑数据有时是由于过失误差引起，其存在会歪曲试验结果，这样的异常数据应该剔除。但是，有时可疑数据是由于仪器设备或方法本身造成的，如果人为剔除，就会产生虚假的高精度，依靠这些数据做出的判断会与实际情况不符。

一般，在试验过程中已发现有明确的技术原因或过失而造成的可疑数据，不管它的误差多大多小，随时发现随时剔除；对于没有明确原因的可疑值，不管它多大多小，都不能随意舍去，而应按一定的统计学方法进行处理。

常用的处理方法有 Q 检验法、格鲁布斯（Grubbs）检验法和皮尔逊（Pearson）检验法。

1. Q 检验法

将一组数据由小到大顺序排列：x_1，x_2，…，x_{n-1}，x_n，计算可疑数值与最邻近数值的差值，除以全部数值的极差得出 Q 值。

当 x_1 可疑时，统计量

$$Q=\frac{x_2-x_1}{x_n-x_1} \tag{11-15}$$

当 x_n 可疑时，统计量

$$Q=\frac{x_n-x_{n-1}}{x_n-x_1} \tag{11-16}$$

Q 值越大，说明数据离群越远。将计算得到的 Q 值与对应的置信概率下的 Q 临界值表（见表 11-4）中数据进行对照，当计算结果大于临界值时，该异常值应当剔除，否则应保留。

表 11-4　　Q 临界值

测定次数 n	3	4	5	6	7	8	9	10
$P=95\%$，$\alpha=0.05$	0.941	0.765	0.642	0.560	0.507	0.554	0.512	0.477
$P=99\%$，$\alpha=0.01$	0.988	0.889	0.780	0.698	0.637	0.683	0.635	0.597

Q 检验法还可用于同侧的两个可疑值的剔除，即最大值和次大值的剔除或者最小值和次小值的剔除。

用统计量 Q 先检验离平均值最近的那个可疑值，若此可疑值被舍弃，则另一也被舍弃；若保留，则检验另一可疑值。

2. 格鲁布斯检验法（也称 T 检验法）

将一组数据由小到大顺序排列：x_1，x_2，…，x_{n-1}，x_n。

当最小值 x_1 可疑时，计算统计量

$$T_1 = \frac{|x_1 - \bar{x}|}{S} \tag{11-17}$$

当最大值 x_n 可疑时，计算统计量

$$T_n = \frac{|x_n - \bar{x}|}{S} \tag{11-18}$$

将计算出的 T 值与从表中查得的临界值 $T_{\alpha,n}$ 进行比较，若小于该值，则 x_1，x_n 不能被舍弃，否则可被舍弃。

当同一端的最大值和次大值或者是最小值和次小值可疑时，也可以使用格鲁布斯检验法。

将数据由小到大顺序排列：x_1，x_2，…，x_{n-1}，x_n。

若 x_1，x_2 可疑，计算总方差和 $SS=\sum(x_i-\bar{x})^2$，计算删去 x_1 和 x_2 后的方差和 $SS_{1,2}=\sum(x_i-\bar{x}_{1,2})^2$，式中 $\bar{x}_{1,2}$ 为删去 x_1 和 x_2 后的平均值。

若 x_{n-1}，x_n 可疑，计算总方差和 $SS=\sum(x_i-\bar{x})^2$，计算删去 x_{n-1} 和 x_n 后的方差和 $SS_{n-1,n}=\sum(x_i-\bar{x}_{n-1,n})^2$，式中 $\bar{x}_{n-1,n}$ 为删去 x_{n-1} 和 x_n 后的平均值。

计算删去可疑值后的方差和与总方差和的比值 $SS_{1,2}/SS$ 或 $SS_{n-1,n}/SS$。

若大于等于临界值，则两个可疑值保留，若小于临界值则舍弃。T 临界值见表 11-5。

表 11-5　　**T 临界值**

测定次数 n	置信度，显著性水平		测定次数 n	置信度，显著性水平	
	$P=0.95$ $\alpha=0.05$	$P=0.99$ $\alpha=0.01$		$P=0.95$ $\alpha=0.05$	$P=0.99$ $\alpha=0.01$
3	1.15	1.15	10	2.18	2.41
4	1.46	1.49	11	2.23	2.48
5	1.67	1.75	12	2.29	2.55
6	1.82	1.94	13	2.33	2.61
7	1.94	2.10	14	2.37	2.63
8	2.03	2.22	15	2.41	2.71
9	2.11	2.32	20	2.56	2.88

3. 皮尔逊检验法

一组数据中有两个可疑值时，如果两个可疑值出现在该组数据的两端，即最大值和最小值都可疑，可以用皮尔逊检验法进行检验。

将一组数据由小到大顺序排列：x_1，x_2，…，x_{n-1}，x_n，计算极差 R 与标准方差 S 的

比值。

$$\lambda=\frac{R}{S}=\frac{x_n-x_1}{S} \tag{11-19}$$

将计算所得 λ 值与 λ 临界值表中数值比较，若 $\lambda\leqslant\lambda_{\alpha,n}$，则 x_1，x_n 都保留；若 $\lambda>\lambda_{\alpha,n}$，则 x_1，x_n 中的任何一个或两个都有可能被判为异常，此时要进一步进行检验；若 x_1 和 x_n 与平均值之差相近，即 $|x_1-\bar{x}|\approx|x_n-\bar{x}|$，两个值都作为异常值被舍弃。若 x_1 和 x_n 与平均值之差相差较大，$|x_1-\bar{x}|\neq|x_n-\bar{x}|$，即首先检验离 x 远的一个，采用上述的格鲁布斯检验法，若该值被舍弃，则对剩下的 $n-1$ 个数据，重新计算，再用格鲁布斯检验另一个可疑值，做出取舍决定。λ 临界值见表 11-6。

表 11-6　λ 临界值

测定次数 n	置信概率，显著性水平		测定次数 n	置信概率，显著性水平	
	$P=0.95$ $\alpha=0.05$	$P=0.99$ $\alpha=0.01$		$P=0.95$ $\alpha=0.05$	$P=0.99$ $\alpha=0.01$
3	1.15	1.16	10	2.18	2.41
4	1.46	1.49	11	2.23	2.48
5	1.67	1.75	12	2.28	2.55
6	1.82	1.94	13	2.33	2.61
7	1.94	2.10	14	2.37	2.66
8	2.03	2.22	15	2.41	2.70
9	2.11	2.32	20	2.56	2.88

4. 应用示例

【例 11-2】 某一煤样的灰分测定值（%）为 21.02，21.40，21.45，21.47，21.56，21.58，其中 21.02 可疑，分别用格鲁布斯检验法和 Q 检验法判断它是否需要舍弃。

解：（1）用格鲁布斯检验法：

$$\bar{x}=21.41,\quad S=0.204,\quad T=1.912$$

从表中查得 $T_{0.05,6}=1.82$，$T=1.912>1.82$，所以在 95%置信概率下，21.02 为异常值应舍弃。

（2）用 Q 检验法：

$$Q=\frac{x_2-x_1}{x_n-x_1}=\frac{0.38}{0.56}=0.679$$

因 $Q_{0.05,6}=0.560$，$Q>0.560$，所以 21.02 为异常值，应舍弃。

在利用统计判别法进行可疑值的取舍时要谨慎，尤其是遇到连续舍弃的情况，不要轻易连续舍掉多个数值，这种情况往往说明试验方法或样品或其他试验条件有问题，应仔细查找原因，重做试验，直到得出精确度较好的结果。

三、标准曲线

在煤质分析中常有许多变量存在着相关关系，为了从一个变量求出另一个变量，常用线性回归分析法求出直线方程式，或对两个变量间的关系曲线进行校准。

实际分析中，由于存在着各种随机误差因素，实测的各坐标点不完全在一条直线上，因此，也可采用线性回归的方法求出各坐标点误差都是最小的直线方程式。

设 x 为自变量，y 为因变量，直线方程式为 $y=bx+a$
其中

$$a=\frac{\sum_{i=1}^{n}y_i-b\sum_{i=1}^{n}x_i}{n}=\overline{y}-b\overline{x} \tag{11-20}$$

$$b=\frac{\sum_{i=1}^{n}(x_i-\overline{x})(y_i-\overline{y})}{\sum_{i=1}^{n}(x_i-\overline{x})^2} \tag{11-21}$$

相关系数 r 是表示变量 x 与 y 的直线相关关系密切程度的指标，是按照统计规律求出的。r 值出现的概率与自由度 $f=n-2$ 有关，n 为变量 x 与 y 搭配成的“对”数。在选定的改良下，若计算出来的 r 值大于表中临界值，则认为相关关系是显著的，所求出的回归方程式和标准曲线是有意义的［见式（11-22)］。检验相关系数的临界值见表 11-7。

$$r=b\sqrt{\frac{\sum_{i=1}^{n}(x_i-\overline{x})^2}{\sum_{i=1}^{n}(y_i-\overline{y})^2}}=\frac{\sum_{i=1}^{n}(x_i-\overline{x})(y_i-\overline{y})}{\sqrt{\sum_{i=1}^{n}(x_i-\overline{x})^2\sum_{i=1}^{n}(y_i-\overline{y})^2}} \tag{11-22}$$

表 11-7　　相关系数的临界值

$f=n-2$	1	2	3	4	5	6	7	8	9	10
$P=95\%$	0.997	0.950	0.878	0.811	0.755	0.707	0.666	0.632	0.602	0.576
$P=99\%$	0.999 8	0.990	0.959	0.917	0.875	0.834	0.798	0.765	0.735	0.708

【例 11-3】 用分光光度法检测煤中 TiO_2 含量，吸光度与 TiO_2 含量间有下列关系：

TiO_2 (mg)	0.2	0.4	0.6	0.8	未知
A	0.052	0.079	0.110	0.139	0.082

试列出标准曲线的一元线性回归方程，计算相关系数，判断线性关系如何，并计算未知试样中 TiO_2 的含量。

解： 设 TiO_2 的含量为 x，吸光度为 y，计算回归系数 a 和 b。

$$\overline{x}=0.5,\overline{y}=0.095$$

$$b=\frac{\sum_{i=1}^{n}(x_i-\overline{x})(y_i-\overline{y})}{\sum_{i=1}^{n}(x_i-\overline{x})^2}=0.146$$

$$a=\overline{y}-b\overline{x}=0.022$$

该标准曲线的回归方程为 $y=0.146x+0.022$

$$r=b\sqrt{\frac{\sum_{i=1}^{n}(x_i-\overline{x})^2}{\sum_{i=1}^{n}(y_i-\overline{y})^2}}=0.999\,7$$

查相关系数的临界值表得 $r_{0.95,f}=0.950$，该标准曲线具有很好的线性关系。

未知样品中 TiO_2 的含量：$x=\frac{y-0.022}{0.146}=\frac{0.082-0.022}{0.146}=0.41$ (mg)

四、常用统计检验方法

1. t 检验法

当测量数据不多时，用样本的标准偏差 S 来代替总体标准偏差 δ 来估计测量数据的分散情况，此时的数据分布必然与正态分布有所偏离，用 t 分布表示。检验中所用的统计量服从 t 分布的检验称为 t 检验。t 检验常用于以下三种情况：一是从一个总体中采取样本，用其算术平均值来检验总体平均值是否等于某给定值；二是从两个标准差没有显著性差异的总体中分别取得两个独立样本，用其算术平均值检验两个总体平均值是否相等；三是用于线性回归中相关系数的检验。

对于给定样本检验结果 x_1，x_2，x_3，…，x_n

$$S=\sqrt{\frac{\sum(x_i-\bar{x})^2}{n-1}}$$

统计量 t 定义为

$$t=\frac{\bar{x}-\mu}{S_{\bar{x}}} \tag{11-23}$$

若以单次测量结果 x 来估计总体平均值 μ 的范围，可表达为

$$\mu=x\pm u\sigma \tag{11-24}$$

置信概率为 68.3%时，$u=1$；置信概率为 95.4%时，$u=2$；置信概率为 99.7%时，$u=3$。

若以样本平均值来估计总体平均值可能存在的区间，则可以按照下式计算：

$$\mu=\bar{x}\pm\frac{u\sigma}{\sqrt{n}} \tag{11-25}$$

对于少量数据，根据 t 分布进行处理后，可以得出总体平均值的置信区间，它表示在一定的置信概率下，以平均值 $\bar{x}$ 为中心，包括总体平均值 μ 的范围。

$$D=\mu=\bar{x}\pm tS_{\bar{x}}=\bar{x}\pm\frac{tS}{\sqrt{n}} \tag{11-26}$$

$$t=\frac{|\bar{x}-\mu|}{S}\sqrt{n} \tag{11-27}$$

与正态分布不同，t 分布时，置信因子确定之后，置信概率与测量次数 n 有关。测量次数不同，对于统一的置信概率，置信因子是不同的。t 分布反映了重复测量次数 n 较少时，平均值误差的分布规律。t 分布有以下特征：①以 0 为中心，单峰对称分布；②样本越小，$\sqrt{n}/S$ 越小，t 值就越分散。随着 n 值的增加，t 分布渐渐逼近于正态分布；③置信因子相同时，分布概率值与样本数有关。

在检验测量数据是否包含有系统误差和在重复测量次数较少的情况下估计极限误差时，经常会用到 t 分布。当自由度 $f>20$ 时，t 分布和正态分布曲线接近。实际测量时重复次数宜取 $n\geqslant20$。

用 t 检验法对平均值作一致性判断时，可使用下式：

$$t=\frac{|\bar{x}-\mu|}{S}\sqrt{n}$$

在对同一被测量值进行两组测定时，若测定次数分别为 n_1、n_2，平均值分别为 x_1、x_2，则用 t 统计量计算公式：

$$t=\frac{|\bar{x}_1-\bar{x}_2|}{S}\sqrt{\frac{n_1n_2}{n_1+n_2}} \tag{11-28}$$

当在一定置信概率下，若上式计算出的 t 值小于 t 分布表（见表 11-8）中的 t 值，就认为平均值是一致的。

表 11-8　$t_{\alpha,f}$ 值（双边）

f	置信概率，显著性水平		
	$P=0.90$ $\alpha=0.10$	$P=0.95$ $\alpha=0.05$	$P=0.99$ $\alpha=0.01$
1	6.31	12.71	63.66
2	2.92	4.30	9.92
3	2.35	3.18	5.84
4	2.13	2.78	4.60
5	2.02	2.57	4.03
6	1.94	2.45	3.71
7	1.90	2.36	3.50
8	1.86	2.31	3.36
9	1.83	2.26	3.25
10	1.81	2.23	3.17
11	1.80	2.20	3.11
12	1.78	2.18	3.06
13	1.77	2.16	3.01
14	1.76	2.15	2.98
15	1.75	2.13	2.95
16	1.75	2.12	2.92
17	1.74	2.11	2.90
18	1.73	2.10	2.88
19	1.73	2.09	2.86
20	1.72	2.09	2.84
∞	1.64	1.96	2.58

2. F 检验法

检验中所用统计量符合 F 分布的检验常为参数检验。F 检验广泛用于对测量数据的标准差估计值的一致性检验。用 F 检验法来检验两组数据的精密度是否有显著性差异时，必须首先确定它是属于单边检验还是双边检验。前者是指一组数据的方差只能大于或等于但不能小于另一组数据的方差，后者是指一组数据的方差可能大于、等于或小于另一组数据的方差。

在对同一被测量进行两组以上的测量时，为了提高精密度，往往需要合并使用全部测量数据。因此，除了需作各组数据的平均值一致性检验外，前面还要作各组数据标准偏差的一致性检验，以衡量测试条件的稳定性或判断外界因素对测定值的异常影响。标准差一致性检

验的参数 F 可表示为

$$F=\frac{S_1^2}{S_2^2} \tag{11-29}$$

$f_1=n_1-1$，$f_2=n_2-1$，显著性水平为 $\alpha=0.05$ 的 F 分布的数表如表 11-9 所示。显著性水平不同，F 分布也不同。

表 11-9　　置信概率 95%时的 F 值（单边）

f	2	3	4	5	6	7	8	9	10	∞
2	19.00	19.16	19.25	19.30	19.33	19.36	19.37	19.38	19.39	19.50
3	9.55	9.28	9.12	9.01	8.94	8.88	8.84	8.81	8.78	8.53
4	6.94	9.59	6.39	6.26	6.16	6.09	6.04	6.00	5.96	5.63
5	5.79	5.41	5.19	5.05	4.95	4.88	4.82	4.78	4.74	4.36
6	5.14	4.76	4.53	4.39	4.28	4.21	4.15	4.10	4.06	3.67
7	4.74	4.35	4.12	3.97	3.87	3.79	3.73	3.68	3.63	3.23
8	4.46	4.07	3.84	3.69	3.58	3.50	3.44	3.39	3.34	2.93
9	4.26	3.86	3.63	3.48	3.37	3.29	3.23	3.18	3.13	2.71
10	4.10	3.71	3.48	3.33	3.22	3.14	3.07	3.02	2.97	2.54
∞	3.00	2.60	2.37	2.21	2.10	2.01	1.94	1.88	1.83	1.00

按照 F 公式计算时，选数值较大的标准差作为分子 S_1，较小的为分母 S_2，煤炭检验中一般选取显著性水平 $\alpha=0.05$。如果统计假设 $S_1=S_2$ 成立，按式（11-29）计算得到的 F 值趋近于 1，如果两者之间有显著性差异，F 值就较大。当计算出的 F 值小于表 11-9 中数值时，就可以认为 S_1 与 S_2 在一定程度上是一致的，不存在显著性差异。

对于经检验不存在显著性差异的两个样本，还需合并使用两组数据，进行 t 检验，以判断两样本是否相容，统计量 t 的计算式为

$$\begin{aligned} S&=\sqrt{\frac{\text{偏差平方和}}{\text{总自由度}}} \\ &=\sqrt{\frac{\sum(x_{1i}-\bar{x}_1)^2+\sum(x_{2i}-\bar{x}_2)^2}{(n_1-1)+(n_2-1)}} \\ &=\sqrt{\frac{{S_1}^2(n_1-1)+{S_2}^2(n_2-1)}{(n_1-1)+(n_2-1)}} \end{aligned}$$

$$t=\frac{|\bar{x}_1-\bar{x}_2|}{S}\sqrt{\frac{n_1n_2}{n_1+n_2}}$$

自由度 $f=n_1+n_2-2$，取显著性水平 $\alpha=0.05$，查表得 $t_{表}$，若 $t<t_{表}$ 则认为两样本平均值不存在显著性差异。

表 11-9 中的 F 值用于单边检验时，置信概率为 95%，显著性水平为 0.05，当用于判断两组数据的精密度是否有显著性差异，即一组数据的精密度可以大于、等于或小于另一组数据时，对应置信概率为 90%，显著性水平为 0.10。

【例 11-4】 比较三节炉法与高温燃烧红外法测定煤样的碳含量的精密度，采用同样的煤样，均重复测定七次，所得结果见表 11-10。判断两种方法有无显著性差异？（置信概率为 90%）。

表 11-10 两种检验方法所得检验结果比较（C_{ad}） （%）

检验方法	1	2	3	4	5	6	7
三节炉法	63.26	63.35	63.15	63.28	63.42	63.25	63.31
高温燃烧红外法	63.44	63.34	63.45	63.29	63.48	63.37	63.33

解：$\overline{x_1}=63.29\%$，$S_1=0.0847\%$；$\overline{x_2}=63.39\%$，$S_2=0.0714\%$。对两个样本作为方差齐性假设检验，用双边检验，统计量 $F=\dfrac{S_2{}^2}{S_1{}^2}=\dfrac{0.0847^2}{0.0714^2}=1.41$

因是双边检验，应查置信概率为95%的单边 F 值表，$F_{6,6}=4.28$，$F<F_{表}$，两样本方差没有显著性差异，可以合并使用两组数据。

$$S=\sqrt{\frac{S_1{}^2(n_1-1)+S_2{}^2(n_2-1)}{(n_1-1)+(n_2-1)}}$$

$$=\sqrt{\frac{0.0847^2\times6+0.0714^2\times6}{12}}$$

$$=0.0783\%$$

再进行 t 检验，判断两样本是否相容，统计量 t 计算如下：

$$t=\frac{|\overline{x}_1-\overline{x}_2|}{S_{合}}\sqrt{\frac{n_1n_2}{n_1+n_2}}$$

$$=\frac{|63.29-63.39|}{0.0783}\sqrt{\frac{7\times7}{7+7}}$$

$$=2.39$$

自由度 $f=12$，取显著性水平 $\alpha=0.10$，查 t 值表得 $t_{0.10,12}=1.78$，$t>t_{0.10,12}$，两种方法的检验结果有明显差异。

有关 F 检验的注意事项：①F 检验时，主要作两列测定值精密度的比较，不必考虑是否存在系统误差而影响两组测定值的准确度；②通常在 F 检验之前，不要求作样本均值是否一致的 t 检验，但是在作 t 检验之前，一定要作 F 检验。

五、统计检验方法的应用

1. 比较两种试验方法的精密度

（1）两种试验方法的精密度通过 F 检验来比较。即用两种方法分别对同一样品做若干次重复测定，然后比较两方法的重复性试验方差，若经 F 检验证明它们没有显著性差异，说明两方法的精密度相同；若有显著性差异，说明两方法的精密度不同。

具体步骤如下：

1）方法 A 和方法 B 对同一样品分别进行 n_A 次和 n_B 次重复测定，计算各自的方差。

2）计算 F 值。

3）比较 F 值与 $F_{0.05,f_1,f_2}$，如果 $F\leqslant F_{0.05,f_1,f_2}$，两种方法的精密度没有显著性差异；如果 $F>F_{0.05,f_1,f_2}$，则分母项方法的精密度显著高于分子项方法。

4）再用方法 A 和方法 B 对能代表另一些测量范围的两三个样品分别进行重复测定，然后按照上述步骤分段进行 F 检验，看看是否在整个测量范围内都是方法 A 的精密度优于方法 B 的精密度。根据不同情况，考虑不同的测量范围来选择试验方法。

(2) 成对对比法。只要每种方法对同一样品都做了重复性试验，成对对比法的结果就可用来进行两种方法的精密度比较。

先计算出每种方法的重复性方差（统计平均值），然后进行 F 检验。

$$S_A{}^2 = \sum W_A{}^2/2n_A,\quad S_B{}^2 = \sum W_B{}^2/2n_B \tag{11-30}$$

式中　W——两次重复测定结果之差。

2. 比较两种试验方法的准确度

两种方法的准确度比较，一般是针对预先并不知道这两种方法哪种更准确而言。这时可选择一种标准物质或若干种标准物质，用两种方法同时进行测定，将各方法的测定值（单次测定值或重复测定平均值）与标准值相减，得到一系列误差，分别计算两种方法测定值与标准值的算术平均偏差 δ、误差的95%置信区间和最大误差，或较大误差出现的次数等，然后根据这些统计数据对两种方法的准确度做出评价。

3. 判断两种试验方法是否可以互相代替

判断两种试验方法是否可以互相代替，用成对对比法。

(1) 对同一批样品（最好涉及方法所包括的全部测量范围）分别用方法A和方法B各进行两次重复测定，求出各自重复测定的平均值，构成数据对。

(2) 计算成对结果的差值。

(3) 计算差值的平均值 $\overline{d}$ 和标准差 $S_{\overline{d}}$。

(4) 计算统计量 t，进行 t 检验

$$t = |\overline{d}| \times \frac{\sqrt{n}}{S_{\overline{d}}} \tag{11-31}$$

根据 t 值判断有无显著性差异。

(5) 计算差值的95%置信区间

$$D = \overline{d} \pm t_{0.05,f}\frac{S_{\overline{d}}}{\sqrt{n}} \tag{11-32}$$

如果 t 检验没有显著性差异，而且差值的置信区间也很小，两种方法可以互相代替。若其中一个方法是经典的、仲裁的或标准的方法，而另一种方法是一个新的快速的方法，此时就可得出方法B是个很准确的方法的结论。

如果 t 检验有显著性差异，但差值的置信区间很小，小到基本可以忽略的程度（如小于方法本身的室内允许差），可以认为两种方法间有点系统误差，但无关大局，两种方法可以相互代替。

如果 t 检验没有显著性差异，但差值的置信区间很大，这说明两种方法之间没有系统误差，但随机误差却很大，其中必有一种方法的测试精密度很差，两种方法也不能互相代替。

如果 t 检验有显著性差异，而且差值的置信区间很大，显然两种方法不能互相代替。

六、国家标准中规定的煤和焦炭试验可替代方法

(一) 与标准物质比较

用可替代方法对标准物质进行分析，将分析结果与参比标准值进行比较。

1. 方法A

(1) 确定最大允许偏倚值为 B。

(2) 测定次数 n 的确定。国家标准方法的标准差计算式为

$$S_{GB}=\frac{r}{2\sqrt{2}} \tag{11-33}$$

式中 S_{GB}——国家标准方法在重复性条件下的标准差；

r——国家标准方法中规定的重复性限。

确定所需重复测定次数的计算因子 g 值

$$g=\frac{B}{S_{GB}} \tag{11-34}$$

根据 g 值，从表 11-11 中查得为检测最大允许偏倚所需的重复测定次数 n。用可替代方法分析标准物质 n 次。

表 11-11 计算所需分析次数的 g 值

	0	1	2	3	4	5	6	7	8	9
0				4.170	2.728	2.195	1.872	1.659	1.506	1.389
10	1.295	1.218	1.154	1.099	1.051	1.009	0.971	0.938	0.907	0.880
20	0.855	0.832	0.810	0.790	0.772	0.755	0.739	0.724	0.710	0.696
30	0.684	0.672	0.660	0.649	0.639	0.629	0.620	0.611	0.602	0.594
40	0.586	0.579	0.571	0.564	0.558	0.551	0.545	0.539	0.533	0.527
50	0.521	0.516	0.511	0.506	0.501	0.496	0.491	0.487	0.483	0.478
60	0.474	0.470	0.466	0.463	0.459	0.455	0.451	0.448	0.445	0.441
70	0.438	0.435	0.432	0.429	0.426	0.423	0.420	0.417	0.414	0.411
80	0.409	0.406	0.404	0.401	0.399	0.396	0.394	0.392	0.389	0.387
90	0.385	0.383	0.380	0.378	0.376	0.374	0.372	0.370	0.368	0.366

注 所需分析次数为与 g 相应的第 1 列与第 1 行数字之和。

计算可替代方法的标准差

$$S_{ALT}=\sqrt{\frac{\sum X_i^2-\frac{1}{n}(\sum X_i)^2}{n-1}} \tag{11-35}$$

式中 S_{ALT}——可替代方法的重复性测定标准差；

$\sum X_i$——所有分析结果的总和；

$\sum X_i^2$——所有分析结果的平方和；

n——分析结果的数目。

用 S_{ALT} 代替 S_{GB}，用式（11-34）重新计算 g 值，并由此查得 n 值。若新的 n 值比已进行的分析次数大，则补充试验，使总的分析次数达到 n。再计算新的 S_{ALT}、g 和 n 值，继续这一过程，直到已进行的分析次数达到或超过新的 n 值。

（3）统计量计算。

计算分析结果与参比标准值的平均差值

$$\overline{d}=\frac{\sum X_i}{n}-R$$

式中 $\overline{d}$——分析结果与标准值的平均差值；

n——实际进行的分析次数；

X_i——第 i 次的分析结果；

R——标准物质的参比标准值。

计算统计量 t_c

$$t_c = \frac{|\overline{d}| \times \sqrt{n}}{S_{ALT}} \tag{11-36}$$

在 t 值表中查得 $\alpha=0.05$，$f=n-1$ 时的临界值 t（本方法中 $f \geqslant 4$）（t 值表见表 11-8）。若 $t_c > t$，得出可替代方法与国家标准方法比较有偏倚的结论；否则，得出任何偏倚都显著小于最大允许偏倚的结论。对与常规试验中可遇到的相近含量和相近种类的标准物质重复这一过程。

2. 方法 B

用可替代力方法在重复性条件下分析标准物质 n 次（至少 5 次）。计算结果的平均值 $\overline{X}$。

据此计算检测结果平均值与标准值的平均差值 $\overline{d}$。采用式（11-35）计算 S_{ALT}；按照式（11-36）计算统计量 t_c。与 $\alpha=0.05$，$f=n-1$ 时的临界值 t（见表 11-8），若 $t_c > t$，得出可替代方法与国家标准方法比较有偏倚的结论。

若估计的偏倚是 $\overline{d}$，则真实偏倚在 95％置信概率下的置信区间计算式为

$$D = \overline{d} \pm \frac{t \cdot S_{ALT}}{\sqrt{n}} \tag{11-37}$$

若 $t_c \leqslant t$，此置信区间包括零，表明在 95％置信概率下统计检验没有发现显著的偏倚。但如果其中任何一端的值处在不可接受的偏倚水平上，则此结论是矛盾的。应使用方法 A。

3. 精密度估计

用式（11-33）计算国家标准方法的标准差 S_{GB}。比较 S_{GB} 和 S_{ALT}：

（1）若 $S_{ALT} \leqslant S_{GB}$，得出可替代方法的精密度与国家标准方法的精密度同样好或更好的结论。

（2）若 $S_{ALT} > S_{GB}$，按式（11-38）计算统计量 F_c，即

$$F_c = \frac{S_{ALT}^2}{S_{GB}^2} \tag{11-38}$$

（3）将 F_c 值与表 11-12 中查得的 $n-1$ 自由度下的 F 值进行比较，若 $F_c > F$，得出可替代方法的精密度比准方法的精密度差的结论。若 $F_c \leqslant F$，得出可替代方法的精密度不比国家标准方法的精密度差的结论。

注：较差的精密度不一定使可替代方法无效。精密度可通过对一个样品增加测定次数取平均值而得以改善。如果一个结果的精密度是 P，则 n 次测定的平均值的精密度将是 $P/\sqrt{n}$。对于自动化或快速的分析方法，可以通过增加测定次数改善精密度。

表 11-12　95％置信概率下的方差比（F 分布）

自由度	F	自由度	F	自由度	F	自由度	F
4	6.39	9	3.18	14	2.48	19	2.17
5	5.05	10	2.98	15	2.40	20	2.12
6	4.28	11	2.82	16	2.33	21	2.08
7	3.79	12	2.69	17	2.27	22	2.05
8	3.44	13	2.58	18	2.22	23	2.01

续表

自由度	F	自由度	F	自由度	F	自由度	F
24	1.98	28	1.88	40	1.69	60	1.53
25	1.96	29	1.86	45	1.64		
26	1.93	30	1.84	50	1.60		
27	1.91	35	1.76	55	1.56		

（二）与国家标准方法比较

用可替代方法和国家标准方法对同一批样品进行分析，对它们的分析结果进行比较。

采用两种试验方法分别对一系列样品各进行2次重复测定，对它们的结果进行比较，做出准确度和精密度估计。

若两种方法所用的试验样品规格相同，从同一试验样品中分取4份进行分析。

若两种方法所用的试验样品规格不同，例如试样粒度不同，则先制备出需要较大粒度的试验样品然后将其缩分为两份。其中一份进一步制成所需规格的第二个试验样品：从每个样品中各取两份进行重复测定。

1. 方法A

确定最大允许偏倚值为B

用式（11-33）计算出国家标准方法的标准差S_{GB}，用式（11-34）计算出g值。从表11-11求得为检验出偏倚值B所需要重复测定的次数n。

用可替代方法和国家标准方法分别对一个系列的n个常规样品进行试验，每个方法对每个样品进行两次重复测定。

用式（11-39）计算两方法结果间差值的标准差，即

$$S_d=\sqrt{\frac{\sum_{i=1}^{n}d_i^2-\frac{1}{n}\left(\sum_{i=1}^{n}d_i\right)^2}{n-1}} \tag{11-39}$$

式中　S_d——两试验方法结果之差的标准差；

d_i——两试验方法在第i个样品上的分析结果（平均值）之差。

用S_d代替S_{GB}，按照式（11-34）重新计算g值，由此从表11-11求得新的n值。如果已进行的试验次数比新的n值少，补充试验，使总的试验次数达到新的n。再重新计算S_d，g和n值，继续这一过程，直到已进行的分析次数达到或超过新的n值。

由每个样品的两方法结果之差d_i计算两方法结果间的平均差值$\overline{d}$，考虑差值的正负号，用式（11-39）计算差值的标准差S_d。

用式（11-40）计算统计量t_c，即

$$t_c=|\overline{d}|\times\frac{\sqrt{n}}{S_d} \tag{11-40}$$

将t_c值与$\alpha=0.05$，$f=n-1$时的临界值t（见表11-8），进行比较。

若$t_c>t$，得出可替代方法与国家标准方法比较有偏倚的结论，否则可得出任何偏倚都小于最大允许偏倚的结论。

2. 方法B

用可替代方法和国家标准方法对一个系列的n个（至少10个）常规分析样品分别进行

试验，每个方法对每个样品各进行 2 次重复测定，由每个样品的两方法结果之差 d_i 计算两方法间的平均差值 $\overline{d}$，考虑差值的正、负号，用式（11-39）计算差值的标准差 S_d。用式（11-40）计算统计量 t_c。

将 t_c 值与 $\alpha=0.05$，$f=n-1$ 时的临界值 t（见表 11-8），进行比较。若 $t_c>t$，得出可替代方法与国家标准方法比较有偏倚的结论。

若估计的偏倚是 $\overline{d}$，则真实偏倚在 95%概率下置信区间的计算式为

$$D=\overline{d}\pm\frac{t\cdot S_d}{\sqrt{n}} \tag{11-41}$$

若 $t_c\leqslant t$，此置信区间包括零，表明在 95%置信概率下统计检验没有发现显著的偏倚。但如果其中任何一端的值处在不可接受的偏倚水平上，则此结论是矛盾的，应使用方法 A。

3. 精密度估计

用式（11-42）分别计算国家标准方法和可替代方法的重复测定方差 S_{GB}^2 和 S_{ALT}^2，即

$$S^2=\frac{\sum_{i=1}^{n}W_i^2}{2n} \tag{11-42}$$

式中 W_i——每个方法对第 i 个样品重复测定结果对之间的差值，$W_i=X_{i,1}-X_{i,2}$；

n——重复测定结果对的个数。

比较国家标准方法的方差 S_{GB}^2 和可替代方法的方差 S_{ALT}^2。

（1）若 $S_{ALT}^2\leqslant S_{GB}^2$，得出可替代方法的精密度与国家标准方法的精密度同样好或更好的结论。

（2）若 $S_{ALT}^2>S_{GB}^2$，按式（11-38）计算统计量 F_c：将 F_c 值与表 11-12 中查得的 $n-1$ 自由度下的 F 值进行比较，若 $F_c>F$，得出可替代方法的精密度比准方法的精密度差的结论。若 $F_c\leqslant F$，得出可替代方法的精密度不比国家标准方法的精密度差的结论。

如果样品检测范围很广，不能假定试验方法在整个样品范围内都具有相同的精密度或准确度。因此，在整个范围内只做一个系列的对比试验是不恰当的。若国家标准方法中不同的浓度范围有不同的精密度，应考虑按国家标准方法中划分的浓度范围进行不同系列的比较。

第四节 检验质量控制方法

煤炭检验结果的可靠性受检测人员技术水平、仪器设备状态、样品的均匀性、环境条件等诸多因素的影响。一个化验室要保证检验结果的准确可靠，必须有相应的检查与控制煤炭检验质量的方法。检验报告的批准与审核人员还应掌握煤质指标间的相关性及某些经验公式核对检验结果的可靠性。

一、煤标准物质的类别

1. 可溯源到 SI 单位、具有长期稳定性的量值

用经典的、可靠的方法定值，量值可溯源到 SI（国际单位制）单位，其标准值基本不受煤氧化变质的影响而保持长期稳定性，通常为煤炭标准物质的成分量，如煤中全硫、煤灰成分（硅、铝、铁、钙、镁、钛、钾、钠、硫、磷等）。

标准物质的这类特性量值可用于仪器的标定或校准，仪器设备性能评价、试验方法研究

和确认以及测试质量监控等。

2. 可溯源到SI单位、具有一定稳定性的量值

定值准确可靠，量值可溯源到SI单位，其标准值易受煤氧化变质的影响而发生变化，通常仅有1年或稍长的稳定性，如煤的发热量和碳的含量。它们一般随煤样的氧化变质逐渐降低，但一年内的变化率不会超过标准值的不确定度。

标准物质的这类特性量值可用于仪器设备性能评价、试验方法研究和确认以及测试质量监控等。

3. 可溯源到试验方法标准、具有一定稳定性的量值

定值准确可靠，量值溯源到公认的国际或国家标准试验方法，通常称为条件值，具有1～2年的稳定性（如挥发分）或长期的稳定性（如灰分）。

标准物质的这类特性量值可用于仪器设备性能评价、试验方法研究和确认以及测试质量监控等。

4. 可溯源到国际或国家标准物质、具有一定稳定性的量值

定值准确可靠，量值可溯源到公认的国际或国家标准物质（根据国际或国家标准方法定值），如煤的哈氏可磨性，其标准值具有3年以上的稳定性。

标准物质的这类特性值主要用于仪器设备的标定或校准。如哈氏可磨性标准物质用于标定哈氏可磨性测定仪，制作工作曲线。

二、标准样品的使用

标准样品是对样品的某些特性指标给定了名义值和置信区间的样品。煤炭检测中可用的标准样品较多，包括工业分析、元素分析、发热量、灰成分、灰熔融性以及哈氏可磨性指数标准样品。标准样品的名义值是由许多实验室共同用标准分析方法进行协作试验，取得大量数据并经数理统计后得到的，是误差最小的总平均值，或者是由具有资质的实验室采用精密度高一个数量级的计量器具得到的检测值。

标准样品的名义值有时不是一个确定的数值，而是包含一个数值范围的区间，其定值形式为$\mu\pm\Delta x$。Δx称为标准值的不确定度，计算式为

$$\Delta x = t_{\alpha,f} S_{\mu} \tag{11-43}$$

$$S = \frac{S_{\mu}}{\sqrt{m}} \tag{11-44}$$

从上两式中可以看出，不确定度与标准值的标准偏差S_{μ}有关，同时也与概率系数t有关，而S_{μ}又与单次测定值（或一个实验室提供的平均值）的标准偏差S和实验室数目m有关。T则是显著性水平α和自由度f的函数，$t_{\alpha,f}$可由t临界值表通过α与f查出。α可以理解为产生的偏差值大于S_{μ}的概率，α值可根据需要选定，通常选$\alpha=0.05$，即偏差大于S_{μ}的概率为5%，自由度$f=m-1$。上式表示由多个实验室同时进行试验，获得大量数据后，所得的真实值的所在区间，而这个区间则是比较准确可靠的。

在使用标准样品时，若标准样品的分析结果x落在$\mu\pm\Delta x$的区间，即$\mu-\Delta x<x<\mu+\Delta x$，则认为分析结果是准确的，若偏离$\mu\pm\Delta x$区间之外，则不准确。偏离越远，就越不准确，表明有系统误差存在。煤质检验工作中常使用标准煤样作为控制分析结果准确度的标准样品，它主要应用于以下几个方面。

1. 标定或校准仪器

(1) 单点标定法。选择与被测煤样（或煤灰样）的基体和特性量值相近的标准物质。

对选定的标准物质用待标定或校准的仪器进行 4 次重复测定，如果 4 次测定结果的极差不超过 1.3r（r 为相关国家标准规定的重复性限），则以平均值为标准物质的测量值，否则，应查找原因并予纠正，重新进行标定。

仪器校准系数 f 的计算式为

$$f=\frac{C_{CRM}}{C_t} \tag{11-45}$$

式中　C_{CRM}——标准物质证书中给出的特性量值的标准值；

C_t——标准物质特性量值的仪器测量值（或响应信号）。

实际测定中，以仪器测量值（或响应信号）乘以校正系数 f，即可得待测特性量值。

(2) 多点标定法。选择特性量值基本涵盖被测煤样（或煤灰样）预期量值范围的若干个标准物质。呈线性关系的特性量值，至少选取高、中、低 3 个水平的标准物质；呈非线性关系的特性量值，至少取 5 个水平的标准物质。

对每一个标准物质进行 4 次重复测定，如果 4 次测定结果的极差不超过 1.3r，则以平均值为标准物质的测量值；否则，应查找原因并予纠正，重新进行测定。以测量值（或仪器响应值）为自变量 X，以标准值为因变量 Y，用一元线性回归法建立测量值或仪器响应值与标准值的线性关系。呈非线性关系的进行非线性拟合，建立校准曲线。

实际测定中，仪器的测量值（或仪器响应值）通过拟合方程式或校准曲线转化为待测特性量值。

(3) 测量值与标准值的基准换算。计算校正系数和建立校准曲线所依据的标准物质的测量值与标准值应为同一基准，若不为同一基准（通常标准煤样的标准值以干燥基表示，实际测量值为空气干燥基），应在标准物质测定的同时，进行标准物质空气干燥基水分的测定，根据水分将测量值和标准值换算成同一基准后再计算校正系数或建立校准曲线。

(4) 标定的有效性检查。选择合适基体和含量的标准物质（非仪器标定所用）1～3 个，用标定后的仪器测量其特性量值，每一样品重复测定 2 次。如重复测定平均值落在标准值与测定值的合成扩展不确定度范围内，说明仪器的标定有效；否则，应检查标定程序、标准物质的使用方法或仪器的稳定性等，查明原因并予纠正，必要时重新标定。

2. 仪器性能评价

(1) 仪器测量精密度评价。

1) 单个标准物质多次重复测定法。用仪器对单个标准物质进行 n 次重复测定（通常为 7～15 次），计算重复测定平均值 $\overline{X}$ 及标准差 S_{rep}。

计算相关国家标准规定的重复测定标准差 S_{GB}。

比较仪器测量标准差 S_{rep} 和国家标准规定的重复测定标准差 S_{GB}，若 $S_{rep}\leqslant S_{GB}$，仪器的测量精密度与国家标准规定的方法精密度无显著性差异，符合要求；若 $S_{rep}>S_{GB}$，进行 F 检验，将计算所得 F 值与 F 分布表中查得的临界值 $F_{0.05,n-1}$ 进行比较，若 $F\leqslant F_{0.05,n-1}$，仪器的测量精密度与国家标准规定的方法精密度无显著性差异，符合要求；否则，仪器的测量精密度不符合要求。

需要时也可计算相对标准偏差，将计算值与相关标准规定值进行比较，判断仪器的测量精密度是否符合要求。

仪器对高、中、低含量范围的标准物质分别进行重复测定，按上述方法判断仪器在不同测量范围内测量精密度是否都符合要求。

2）多个标准物质2次重复测定法。仪器对一系列（通常不少于7个）标准物质进行试验。每一标准物质进行2次重复测定。计算每一样品的2次重复测定结果的差值 ω_i，如果所有样品的 ω_i 都不超过相关国家标准规定的重复性限，则仪器的测量精密度与国家标准规定的方法精密度一致，满足要求，否则应按式（11-46）计算仪器的重复测定标准差，即

$$S_{rep}=\sqrt{\frac{\sum_{i=1}^{n}\omega_i^2}{2m}} \tag{11-46}$$

式中 ω_i——仪器对某一标准物质的2次重复测定值之差；

m——样品个数（数据对数）。

按照上述方法，将仪器的重复测定标准差 S_{rep} 与相关国家标准规定的重复测定标准差 S_{GB} 进行比较，对仪器的测量精密度做出评价。

若国家标准中规定的精密度与量值水平有关，应分段进行比较，每一段试验中的样品数应不少于5个（必要时可重复选择标准物质，但必须为另一包装单元）。

（2）仪器的测量准确度评价。

1）单个标准物质多次测定法。用待检仪器对单个标准物质进行 n 次重复测定（通常为7～15次，可与仪器的测量精密度试验同时进行），计算重复测定平均值 $\overline{X}$ 及标准差 S_{rep}。

按式（11-47）对测量值进行 t 检验，计算统计量 t，即

$$t=\frac{|\overline{X}-R|}{\sqrt{\frac{S_{GB}^2}{n}+\left(\frac{U_{CRM}}{2}\right)^2}} \tag{11-47}$$

式中 R——标准物质标准值；

n——重复测定次数；

U_{CRM}——标准值的扩展不确定度。

若 $t\leqslant 2.000$，仪器的测量值与标准值相比未检出显著性偏倚；若 $t>2.000$，仪器的测量值与标准值相比有显著性偏倚。

假定 $\overline{d}$（$\overline{d}=\overline{X}-R$）为偏倚估计值，计算真实偏倚的95％概率置信区间 $\left(\overline{d}\pm\frac{t_{0.05,n-1}\times S_{rep}}{\sqrt{n}}\right)$。

如果真实偏倚的95％概率置信区间在标准值和测量值的合成不确定度范围内，测量结果的偏倚未超出标准值的正常变动范围。

若 t 检验无显著性偏倚且真实偏倚的95％概率置信区间未超出标准值的变动范围，仪器的测量准确度满足要求；否则，仪器的测量准确度不满足要求。

有时会出现 t 检验无显著性差异而真实偏倚的95％概率置信区间超出合成不确定度范围的情况，通常此为测量结果的离散度较大所致，仪器的测量准确度不满足要求。有时还会出现 t 检验有显著性差异而真实偏倚的95％概率置信区间在不确定度范围内的情况，此时应对偏倚出现的原因进行分析，若偏倚确由样品特性量值本身属性所为，可判定仪器的测量准确度满足要求；否则，测量准确度不满足要求。

按上述方法分别对高、中、低含量范围的标准物质进行测定，如果每一标准物质的测量值的准确度都满足要求，可判定仪器的测量准确度符合要求。

2）多个标准物质 2 次重复测定法。用仪器对一系列标准物质（通常 7～15 个，尽量涵盖待检仪器可能的测量范围，高、中、低每一含量范围至少各选 2 个）进行测定。每一标准物质进行 2 次重复测定。计算每个样品的重复测定均值$\overline{X_i}$。

按式（11-48）～式（11-50）分别计算每一样品测量值与标准值之差值 d_i、差值的平均值 $\overline{d}$ 和差值的标准差 S_d，即

$$d_i=\overline{X_i}-R_i \tag{11-48}$$

$$\overline{d}=\frac{1}{m}\sum d_i \tag{11-49}$$

$$S_d=\sqrt{\frac{\sum(d_i-\overline{d})^2}{m-1}} \tag{11-50}$$

式中　$\overline{d}$——差值的平均值；

R_i——第 i 个被测标准物质的标准值；

m——样品个数（数据对数）。

计算统计量 t

$$t=\frac{|\overline{d}|}{S_d}\times\sqrt{m} \tag{11-51}$$

将 t 值与 t 分布表中查得的临界值 $t_{0.05,m-1}$ 比较，若 $t\leqslant t_{0.05,m-1}$，仪器的测量值与标准值相比未检出显著性偏倚，否则，测量值与标准值相比有显著性偏倚。

假定 $\overline{d}$ 为偏倚估计值，计算真实偏倚的 95%概率置信区间$\left(\overline{d}\pm\frac{t_{0.05,m-1}\times S_d}{\sqrt{m}}\right)$。

如果真实偏倚的 95%概率置信区间在标准值和测量值的平均合成不确定度范围内，测量结果的真实偏倚未超出标准值的合理变动范围。

若 t 检验无显著性偏倚且真实偏倚的 95%概率置信区间未超出标准值的合理变动范围，仪器的测量准确度满足要求；否则，仪器的测量准确度不满足要求。有时会出现 t 检验无显著性差异而真实偏倚的 95%概率置信区间超出平均合成不确定度范围的情况，通常为测量结果差值的离散度较大所致，仪器的测量准确度不满足要求。有时还会出现 t 检验有显著性差异而真实偏倚的 95%概率置信区间在不确定度范围内的情况，此时应对偏倚出现的原因进行分析，若偏倚确由样品特性量值本身属性所为，可判定仪器的测量准确度满足要求；否则，测量准确度不满足要求。

3. 试验方法研究和确认

取若干个标准物质，分别在试验方法拟设计的条件或程序下进行测定。每一样品在每一条件下至少进行 2 次重复测定。汇总全部测定结果，进行数据处理。

计算每一试验条件下的重复测定标准差 S_{rep}。每一样品进行 2 次重复测定时，S_{rep} 按（11-46）计算；每一样品进行 2 次以上重复测定时，S_{rep}按式（11-52）计算，即

$$S_{rep}=\sqrt{\frac{\sum_{i=1}^{m}\sum_{j=1}^{n}(X_{ij}-\overline{X_i})^2}{m(n-1)}}=\sqrt{\frac{\sum_{i=1}^{m}S_i^2}{m}} \tag{11-52}$$

式中 X_{ij}——第 i 个样品的第 j 次测量值；

$\overline{X_i}$——第 i 个样品的重复测定平均值；

m——样品个数；

n——重复测定次数；

S_i——对每个样品的重复测定标准差。

计算测量值与标准值之差 d_i［按式（11-48）］，差值的算术平均值 $\overline{d}$［按式（11-49）］和差值的标准差 S_d［按式（11-50）］。

计算统计量 t、真实偏倚的 95%概率置信区间。

按式（11-53）计算测定值的算术平均偏差 $\overline{h}$，即

$$\overline{h}=\frac{1}{m}\sum_{i=1}^{n}|d_i| \tag{11-53}$$

比较各试验条件下的上述统计参数，做出判断；比较每一试验条件下测量值的重复测定标准差 S_{rep}，S_{rep} 越小测量精密度就越好；比较每一试验条件下测量值与标准值之差的算术平均值 $\overline{d}$，$\overline{d}$ 绝对值越小偏倚（系统误差）就越小。

对每一试验条件下的 $\overline{d}$ 进行 t 检验，若 $t \leqslant t_{0.05,m-1}$，表明该试验条件下的测量值与标准值间无显著性偏倚，不存在系统误差；否则，测量值有系统误差。

比较各试验条件下真实偏倚的 95%概率置信限的最大端值，最大端值越小正确度就越好；比较每一试验条件下测定值的算术平均偏差 $\overline{h}$，$\overline{h}$ 越小正确度就越好。

综合上述统计分析和比较，选择能获得精密度高、正确度好的测量结果的试验条件。

三、实验室间的比对

实验室间再现性。它用于检验实验室之间对同一试样测定结果的精密度是否达到要求。若两个实验室测定结果的平均值之间的差值没有超过规定的临界差，则认为这两个实验室之间测定的精密度达到要求，否则就叫超差，说明其中至少有一个平均值可疑，即至少有一个实验室内存在较大的误差，这种误差可能由系统误差引起，而通过重复精密度的检查方法是检查不出来的。

例如：两实验室检验结果见表 11-13，根据标准的规定判断结果是否达到要求。

表 11-13　　不同实验室检验结果比较

实验室	$\overline{M}_{ad}$（%）	A_{ad}（%）（第一次）	A_{ad}（%）（第二次）	ΔA_{ad}（%）	$\overline{A}_d$（%）
1	1.38	35.24	35.38	0.14	35.80
2	1.56	34.26	34.46	0.20	34.90

从同一实验室重复检验结果看，两个实验室重复测定结果的精密度满足国标规定：$A_{ad}>30\%$，重复性限允许差为 0.50%。但是两个实验室间比较，A_d 差值达 0.90%，不符合国家标准中对不同实验室间再现性允许差的规定，$A_d>30\%$，再现性临界差为 0.70%。由此判断两个实验室间的检验结果存在显著性差异。

四、利用煤质指标间的相关性核查检验结果

煤炭质量特性指标间存在内在的关系，可以用于判断煤炭质量的基本状况，审核煤炭检验指标的可靠性。

（一）煤质指标的变化规律

从工业分析角度，煤可以划分为可燃组分——挥发分、固定碳，不可燃组分——水分、灰分。随着煤炭变质程度的加深，固定碳所占比例增加，水分减少、挥发分减少。从元素分析角度，随着煤炭变质程度的加深，煤的碳含量增加，氢含量和氧含量减少。

随着煤中灰分和水分含量的增加，发热量降低。元素组成中碳含量、氢含量和硫含量的增加会使发热量增加，但是随着煤化程度加深，碳含量增加而氢含量减少，并且同样质量的氢释放的热量约为碳元素的四倍，因此，由褐煤到烟煤到无烟煤，发热量呈现先增加后有所减小的趋势。煤中主要指标的变化范围及具体变化规律分述如下。

1. 水分

水分是一个既与煤化程度有关又与环境条件有关的指标，受采样时间、地点、采煤方式及环境温度、湿度等方面的影响，即使同一矿点的煤，全水分也有较大变化。煤种与水分的关系见表 11-14。

表 11-14　煤种与水分的关系　（%）

煤种	M_t	M_{ad}	煤种	M_t	M_{ad}
褐煤	约 40	5～28	1/3 焦煤	约 5	0.8～3
长焰煤	8～15	2～14	肥煤	约 5	0.3～3
不黏煤	15	3～15	焦煤	约 5	0.3～1.7
弱黏煤	约 10	0.5～5	瘦煤	约 5	0.4～1.8
1/2 中黏煤	约 10	0.5～5	贫瘦煤	约 6	0.4～1.8
气煤	约 5	1～6	贫煤	约 6	0.6～2.5
气肥煤	约 5	1～6	无烟煤	约 6	1～5

2. 挥发分

煤化程度的主要划分指标是干燥无灰基挥发分，而挥发分测定后的残渣用于判断焦渣特征，反映煤黏结性、熔融性和膨胀性。随着干燥基挥发分的降低，焦渣特征指数先增加后降低。

洗选后精煤与原煤的干燥基挥发分有差异主要是因煤中灰分含量的变化引起，此外，煤中碳酸盐、黄铁矿、黏土、硫酸盐等矿物质在加热时有气体生成或者有结晶水的析出，增加了挥发分产率。在煤炭种类划分时，要求样品灰分不大于 10%，而实际工业应用中，原煤与精煤的灰分相差越大，其 V_{daf} 的差值也就越大。

3. 煤的发热量

发热量随煤化程度的变化而变化，而干燥无灰基挥发分是煤化程度主要划分依据，因此发热量与干燥无灰基挥发分之间有良好的相关性。

煤中不可燃组分——水分、灰分含量高，会明显降低煤的发热量。不可燃组分含量高，单位质量煤能释放的热量就小，同时水分的蒸发、矿物质的热分解过程还会吸收部分热量。因此，煤中不可燃组分越多，煤的发热量就越低，对同煤种的煤，灰分含量越高，煤的发热量就越小。

4. 煤的元素分析指标

煤中 C_{daf} 一般为 65%～95%，随着煤化程度的加深，碳含量逐渐增加。煤中氢含量不高，H_{daf} 通常为 1%～6.5%，随着煤变质程度增加，煤中氢含量逐渐减少。煤中氮含量随着煤化程度的增高而降低，并且有很好的相关性，可以与干燥无灰基挥发分间建立经验关系式。煤的氧含量随着煤化程度的增高而降低。

我国煤中全硫含量大多为0.5%～3%。从分布区域看，东北地区全硫含量大多小于0.5%，全硫大于8%的煤常见于贵州、广西。绝大多数高硫煤中硫的主要存在形式为黄铁矿硫，低硫煤中则以有机硫为主。各种形态硫中，硫酸盐硫含量多在0.1%以下，某些黄铁矿含量高的煤经氧化后，其硫酸盐硫的含量也较高，可达0.2%～0.3%，超过0.5%的极少。煤中硫含量的变化没有规律，一般同矿点的煤炭，随着煤层深度的增加，热量高，全硫含量也高。

（二）常用的煤质指标的经验公式

1. 门捷列夫公式

门捷列夫公式是用煤的元素组成分析结果计算煤的发热量的经验公式，是常用的经验公式之一，该公式为

$$Q_{gr,d} = 334.5C_d + 1254.5H_d + 108.7S_{t,d} - 108.7O_d \tag{11-54}$$

式中 334.5——煤中每1%的C_d所释放的热量，J；

1254.5——煤中每1%的H_d所释放的热量，J；

108.7——煤中每1%的$S_{t,d}$所释放的热量，J；

108.7——煤中每1%的O_d所吸收的热量，J。

当$A_d \leqslant 25\%$时，差值＜627.2J/g（150cal/g）；当$A_d > 25\%$时，差值＜836.3J/g（200cal/g）。

【例11-5】 已知某样品检验结果，$M_t = 6.1\%$，$M_{ad} = 1.56\%$，$C_{ar} = 59.49$，$H_{ar} = 2.89\%$，$O_{ar} = 3.07\%$，$N_{ar} = 0.85\%$，$S_{t,ar} = 1.50\%$，$Q_{gr,ad} = 24.55MJ/kg$，试用门捷列夫公式判断结果有无异常。

解：首先计算元素分析和发热量的干燥基结果：

$C_d = 63.35\%$

$H_d = 3.08\%$

$O_d = 3.27\%$

$S_{t,d} = 1.60\%$

$Q_{gr,d} = 24.94MJ/kg$

将元素分析结果代入门捷列夫公式：

$$\begin{aligned} Q_{gr,d} &= 334.5C_d + 1254.5H_d + 108.7S_{t,d} - 108.7O_d \\ &= 334.5 \times 63.35 + 1254.5 \times 3.08 + 108.7 \times 1.60 - 108.7 \times 3.27 \\ &= 24\,873(J/g) \\ &= 24.87(MJ/kg) \end{aligned}$$

与发热量测定结果进行比较，差值为70J/g，无异常。

2. 氢含量的经验公式

氢含量用于煤的低位发热量的计算，是电厂应用较多的指标，无法测定煤中氢含量时，可以用经验公式，通过工业分析中的挥发分检验结果进行估算。

$V_{daf} > 37\%$的褐煤，用下式计算：

$$H_{daf} = 0.0835V_{daf} + 1.205 \tag{11-55}$$

$V_{daf}>24\%$的烟煤，焦渣特征 1～2，经验公式采用：

$$H_{daf}=0.074V_{daf}+2.16 \tag{11-56}$$

$V_{daf}>24\%$的烟煤，焦渣特征 3～8，经验公式采用：

$$H_{daf}=\frac{V_{daf}}{0.114V_{daf}+2.24} \tag{11-57}$$

$V_{daf}\leqslant24\%$的烟煤和无烟煤，用下式计算：

$$H_{daf}=\frac{V_{daf}}{0.1462V_{daf}+1.1124} \tag{11-58}$$

3. 氮含量的经验公式

氮含量和煤化程度也有一定的相关性，因此也可以用V_{daf}的经验关系式计算煤中氮的含量。

$V_{daf}>20\%$的一般烟煤（即焦煤、肥煤、气煤、1/3 焦煤和长焰煤等）和褐煤，可用下式求出 N_{daf}：

$$N_{daf}=0.01V_{daf}+1.36 \tag{11-59}$$

对 $V_{daf}<20\%$的各种烟煤和$V_{daf}>3.5\%\sim10\%$的无烟煤，其氮含量可按下式计算：

$$N_{daf}=0.064V_{daf}+0.68 \tag{11-60}$$

不黏煤、弱黏煤和 $V_{daf}<5\%$的年老的无烟煤，可用下式计算：

$$N_{daf}=0.027V_{daf}+0.14 \tag{11-61}$$

按照经验公式求出的 N_{daf}，与实测值之差在$\pm3\%$以内。

4. 利用煤灰成分计算煤的灰熔融性的经验公式

煤灰成分和煤的灰熔融性温度间的经验公式可以根据燃用煤炭的检测结果进行回归得到，也可以按照下式计算：

$$\begin{aligned}ST(℃)=&1804.7-4.63SiO_2+0.71Al_2O_3-11.28Fe_2O_3+23.4TiO_2-7.09CaO\\&+13.16MgO-26.01SO_3-34.2K_2O+34.91Na_2O\end{aligned}$$

$$\begin{aligned}FT(℃)=&1790.2-4.90SiO_2+0.68Al_2O_3-10.14Fe_2O_3+23.54TiO_2-6.98CaO\\&+0.43MgO-19.40SO_3+9.4K_2O-20.47Na_2O\end{aligned}$$

当 ST 计算结果与实测值之差超过 179℃时，应复查 ST 值或灰成分。当 FT 的计算结果与实测值之差超过 152℃时，应复查 FT 值或灰成分。

（三）利用煤炭指标的加成性审核检验结果

主要的煤炭指标大都具有加成性，这一特点也可以用于煤炭检验结果的审核。煤炭指标的加成性是指当两种或两种以上的煤炭掺混时，当混合均匀后，得到的煤炭的某项指标结果等于各个单煤的检验结果乘以其所占的质量权重，即

$$X=\sum_i X_iQ_i \tag{11-62}$$

$$\sum_i Q_i=1$$

式中　X——煤的可加指标；

X_i——单煤的检测指标结果；

Q_i——用于混配的单煤占的分数。

电力用煤常用的具有加和性的指标包括煤的全水分、工业分析、元素分析、发热量、哈氏可磨性指数等。也可利用此种关系知道电厂煤炭的掺配，即利用煤炭质量间的差异，相互

取长补短，使混合后的煤炭在综合指标上达到最优。

第五节 煤炭检验不确定度

一、测量结果和测量中的不确定度

由测量所得到的被测量值，可以是直接测得的，既可以是未做修正的测量结果，也可以是考虑了系统误差做出必要修正后的测量结果。

测量不确定度是表征被测量真值所处的量值的范围。用统计方法评定的不确定度称为A类（统计）不确定度，用非统计方法评定的不确定度称为B类（非统计）不确定度。

二、测量不确定度

1980年国际计量局提出了实验不确定度建议书，并于国际法制计量组织、国际标准化组织和国际电工委员会协商，对测量不确定度做了统一的规定，定义为表征被测量值所处量值范围的评定。我国于1991年在JJG 1027—1991《测量误差及数据处理》中也提出在测量结果中列出测量不确定度的要求。在此以前，一般以误差大小评价测量结果的准确性，而现在开始用不确定度来反映测量结果的准确程度。由于误差的定义是测量结果与被测量真值之差，而在实际测量中被测量真值是未知的，因此误差大小仅是个概念，是不确定的，而且误差也不能反映置信概率。测量不确定度是以被测量结果为依据，再对被测量真值所处的范围作出估计，并且给出置信概率，这就更适合于实际应用。误差与测量不确定度是相互关联的，误差是不确定度的来源，因此在确定测量不确定度时必须对测量误差进行分析，求得各项误差来源后才能计算测量不确定度。

（一）测量不确定度的国际建议

（1）测量结果的不确定度一般包含几个分量，按估计其数值使用的方法可分成两大类：A类不确定度用统计方法计算的分量；B类不确定度用其他方法计算的分量。对于不确定度的分类，A类和B类与以前的随机和系统不一定存在简单的对应关系。任何详细的不确定度报告应该有各分量的完整阐述，对每个分量应说明其数值的获得方法。

（2）A类分量用估计方差S_i^2（或估计标准差S_i）和自由度表征。必要时给出估计协方差。

（3）B类分量用μ_j表征。可以认为μ_j是假设存在的方差近似，可以像方差那样去处理μ_j^2，并用标准差的形式来表示。

（4）合成不确定度应该用通常核查方差的方法所得的数值表征。合成不确定度及其分量应该用标准差的形式来表示。

（5）为了特殊用途，若需将合成不确定度乘一个因子以获得总不确定度时，必须说明此因子的数值。

（二）不确定度分量的处理方法

1. A类不确定度

A类不确定度又称统计不确定度，可用估计标准差S表示，通过多次测量求得。

理论上A类不确定度也有许多分量，但在实际测量中，测得值只有一个，也就是各个分量合成的结果。因此，对于A类不确定度就是用多次测量，求得S值来表示的，此时S值的置信概率为68.3%。

如果测量结果用平均值表示时，A类不确定度以测量列中平均值的标准差$S_{\bar{x}}$表示，即

$$S_r = \frac{S}{\sqrt{n}}$$

2. B类不确定度

B类不确定度又称非统计不确定度，它不能用统计方法求得，通过实验方法、无偿分析方法、球场测量过程中各种误差因素引入的误差极限值，乘以误差传递吸收，可计算出该误差项的极限值。由于不确定度是以一倍标准差表示的，因此，估算出的B类不确定度也应与一倍标准差所对应，除以置信系数而求得B类不确定度 u_j。

(三) 合成不确定度和总不确定度

1. 合成不确定度

合成不确定度 u 可用下式表示：

$$u=\sqrt{\sum S_i^2+\sum u_j^2+\text{协方差}} \tag{11-63}$$

当各不确定度分量相互独立时，则

$$u=\sqrt{\sum S_i^2+\sum u_j^2} \tag{11-64}$$

当不确定度间正相关，或对相关掌握不够时，或者当一个分量显著大于其余分量时，可用线性相加法，即

$$u=\sum S_i^2+\sum u_j^2 \tag{11-65}$$

2. 总不确定度

对特殊用途，即不满足于以一倍标准差表示时，可对合成不确定度乘一个因子而计算出总不确定度 U，即

$$U = Ku \tag{11-66}$$

在实际应用中，K 的取值与置信概率有关。在没有特殊约定的情况下，置信概率可取95%，则 $K=2$；在精确测量中，置信概率可取99.73%，则 $K=3$；在工业技术中，国际上推荐取95%。

(四) 测量结果的最终表达形式

测量结果应标明不确定度和置信概率，表达形式为

$$Y = y \pm U,\quad P = 0.68$$

$$Y = y \pm U$$

$$Y = y \pm U,\quad P = 0.99$$

式中　Y——被测值；

y——不再含有应修正系统误差的测量结果；

U——测量总不确定度；

P——置信概率，当 $P=0.95$ 时，可不必注明 P 值。

测量总不确定度也可用相对值表示，即

$$Y = y(1 \pm U/y) \tag{11-67}$$

检测实验室应用不确定度时可以做以下简化：①可以不给自由度；②在标准不确定度合成时可以不考虑相关性；③包含因子 K 可统一取值为2。

(五) 不确定度计算示例

以煤中空气干燥基灰分测定为例，计算其测量不确定度。

1. 测定方法及结果

被测样品的检测结果：空气干燥煤样质量 $m=1.0003$g，灼烧后残留物质量 $m_1=0.2130$g，

空气干燥煤样的灰分 $A_{ad}=21.29\%$。

2. 不确定度来源

灰分测定中不确定度来源分析如下：

（1）空气干燥煤样的质量。空气干燥煤样质量称量过程有3个不确定度来源，即称量的重复性、天平的分辨力以及由于天平校准所产生的不确定度分量。天平校准的不确度分量可以利用天平线性确定，称量的重复性可以和其他输入项的重复性合并成一个总的重复性单独考虑。

（2）灼烧后残留物的质量不确定度来源主要为质量称量的不确定度，来源分析同空气干燥煤样的称量。

（3）空气干燥基灰分重复测定不确定度。煤炭检验应做两次重复测定，重复测定结果的变化会引入测量结果的不确定度。

3. 不确定度分量的计算

（1）空气干燥煤样的质量引入的不确定度 u_{m_1} 的计算。空气干燥煤样的质量引入的不确定度，是天平线性引入的不确定度 $u_{m,a}$ 和天平分辨力引入的不确定度 $u_{m,b}$ 的合成。天平的线性就是天平托盘上的实际质量与天平读数的最大差值。分析天平线性为0.2mg，按均匀分布处理，引入的标准不确定度 $u_{m,a}=0.2/\sqrt{3}=0.12(\text{mg})$。天平的分辨率 δ 为0.1mg，根据JJF 1059—1999，天平分辨率引入的不确定度 $u_{m,b}=0.29\times\delta=0.029(\text{mg})$。由于称样时必须称两次，一次是灰皿的质量，另一次是灰皿加煤样的质量，因此，上述分量必须计算两次，$u_{m_1}=\sqrt{2(u_{m,a}^2+u_{m,b}^2)}=0.17(\text{mg})$。空气干燥煤样质量的相对标准不确定度 $u_{m_1,r}=0.000\,17/1.000\,3=1.7\times10^{-4}$。

（2）灼烧后残留物的质量引入的不确定度 $u_{m,2}$。与前面的计算相似，灼烧后残留物的相对标准不确定度 $u_{m_2,r}=0.000\,17/0.213\,0=8.0\times10^{-4}$。

（3）空气干燥基灰分重复测定引入的不确定度 u_c。根据以往的原始记录，取出20个检测结果，计算结合标准差 S，即为 u_c，假定结果为0.123%。空气干燥基灰分进行两次重复测定，故重复测定引入的标准不确定度 $u_c=0.12\%/\sqrt{2}=0.08\%$，相对不确定度为 $u_{c,r}=0.08\%/21.29\%=3.8\times10^{-3}$。

4. 标准不确定度的计算

空气干燥基灰分的合成标准不确定度：

$$u_{A_{ad}}=A_{ad}\sqrt{u_{m_1,r}^2+u_{m_2,r}^2+u_{c,r}^2}=0.083(\%)$$

5. 计算扩展不确定度 U

$$U=Ku_{ad}=2\times0.083\%=0.166\%\approx0.17(\%)$$

由此可得到所测煤样空气干燥基灰分的不确定度为0.17%。

课件

练习题

第十二章　煤炭在线检测技术

本章共四节，主要介绍射线检测基本知识、灰分的在线检测、水分的微波检测技术、瞬发 γ 中子活化分析技术等内容，具体内容可扫描二维码获取。

拓展资源 11-煤炭在线检测技术

参 考 文 献

[1] 中国电力百科全书. 3版：火力发电卷. 北京：中国电力出版社，2014.
[2] 中能电力工业燃料公司. 动力用煤煤质检测与管理. 北京：中国电力出版社，2000.
[3] 方文沐. 燃料分析技术问答. 3版. 北京：中国电力出版社，2000.
[4] 曹长武. 火电厂煤质检测技术. 2版. 北京：中国标准出版社，2008.
[5] 全国煤炭标准化技术委员会. 电力用燃料标准汇编. 2版. 北京：中国标准出版社，2003.
[6] 李英华. 煤质分析应用技术指南. 北京：中国标准出版社，1999.
[7] 杨金和. 煤炭化验手册. 北京：煤炭工业出版社，2004.
[8] 郝吉明. 燃煤二氧化硫污染控制技术手册. 北京：中国电力出版社，1995.
[9] 路春美. 煤燃烧理论与技术. 北京：地震出版社，2001.
[10] 徐旭常. 燃烧理论与燃烧设备. 2版. 北京：科学出版社，2012.
[11] 冯俊凯. 锅炉原理及计算. 3版. 北京：科学出版社，2003.
[12] 杨世铭. 传热学. 4版. 北京：高等教育出版社，2008.
[13] 武汉大学. 分析化学. 6版. 北京：高等教育出版社，2016.
[14] 朱明华. 仪器分析. 4版. 北京：高等教育出版社，2008.
[15] 中能电力工业燃料公司，中电联标准化中心. 发电用煤质量验收——解析国标 GB/T 18666—2002 专题汇编. 北京：中国电力出版社，2002.
[16] 中国机械工程学会无损检测分会. 射线检测. 3版. 北京：机械工业出版社，2004.
[17] 刘智敏. 测量不确定度手册. 北京：中国计量出版社，1997.